재미한인 50년사

後列 左로 부터
玄興澤　日人通譯　愉吉橋辺　俄商末能崔進敬

前列 右로 부터
中國人通譯　閔稅襄　全權大臣 閔泳翊　副制使 洪英植
美國人秘書　퍼-시뼐로웰 (Lowell percival)

…의 重要한 通譯任務를 外人에게 依存됨은 當時의 事情을 問題하면 實로 今昔의 感을 禁치못하였으며 韓美友好의 宿緣은 이미그 때 밑게되어 있던 만큼 오늘에 더욱새로운 追慕에 잠기게되고 時代의 精髓의 展望에 깊은 關心을 자아내게한다

It was not until the conclusion of the Korean-American Friendship Treaty in 1882 that the isolated and secluded Korea opened her long-tightly-locked door for the occidental countries. From then she began to introduce the institutions of the Western Nations. In view of this fact the Treaty had a very significant importance. As a result of this pact the first diplomatic Corps was sent to America, Mr. Min Young Ik being the head of the mission. Their full-dressed attires of seventy years ago will not fail to make the lookers feel the interesting contrast between today and yesterday. The inevitable fate of relationship between the two countries … the reminiscence of the past recalls the vivid impression of the bygone memory.

재미한인 50년사

김 원 용 지음
손 보 기 엮음

혜안

FOREWORD

The history of the Korean people in America is a drama of Korean immigration in the late nineteenth and early twentieth centuries. Many came to this land of opportunity because of economic poverty, some to escape Japanese oppression, and some in quest of democratic freedom. For these reasons they left their beloved homes. But as they became confronted with strange people, language, customs and way of life, they had to start all over again. Dissolving into the American melting pot was not as easy as it sounded.

While adapting themselves to the America way of life through bewilderment and sweat, they did not forget their brethren who still suffered under a foreign yoke. Whether ignorant or educated, they were all for freedom and independence of their mother country. Perhaps no other national group in America is more dedicated to such a cause than the Koreans.

As their life progressed in this strange land it became more complex, and in time various political and social organizations came into being.

HISTORY OF KOREAN PEOPLE IN AMERICA, by Warren Y. Kim, is the first work of its kind. The author is well qualified to write this book, for he has devoted more than forty years toward promoting the well-being of Korean communities and the cause of freedom for Korea. He has been a leader in the social and political organizations of Koreans in America and Hawaii. His important positions have included being managing editor of the KOREAN NATIONAL HERALD in Honolulu, Hawaii, manager of the Korean National Association of Hawaii, and a key executive of the United Korean Committee in America (now defunct).

It is from an intimate, first-hand knowledge that the author describes the educational, cultural, economic, social and political developments of the Koreans in America and Hawaii.

The book, in my judgment, will be not only a lasting contribution to Koreans and their descendants but also an invaluable document for research scholars and official who deal with Korean questions.

Washington, D. C.

YONGJEUNG KIM

손보기 선생 회갑

작별한후 격조하였던 중에서 관월 九월호
과저 편지를 갔삼하게 받었읍니다
일래에도 기위 일손 학산 학창에 회여가
여일 하였다가 이땀에는 우리의 갈들이 보
다 잘있으며 동의에 일반 동호들도 주안
합니다
지금 초일을 경하야 쓰고있는 재일한인 푸게시
라는것은 질직에 쏘직이 무족한 까닭으로
성심히 되는지 확신이 없었던 것입니다
그러나 선성께서 조혁의 수고를 애끼지 않앙
시뤄는 경으로써 희앙이 거졌읍니다
하여곤 시갑을 취학할 수 있는대로 속히 오시염
서 수고하여 주시기를 갈망합니다. 아직은 있음
으로 끚이니, 서량 하싶옵 소서

元元年 三月十六日 第 김원용 걸홍

북미총회관 하 미국 각 지방회 지도

머리말

재미 한인사회와 단체의 출발이 벌써 50년을 넘었는데 그 공헌은 모두 겨레와 국가를 위한 것이고 그 역사는 우리 겨레의 해외독립운동사이므로 겨레 역사의 한 부분이다.

원래 재미한인은 국가 쇠운에 밀려 망명이나 이민으로 혹은 학생으로 미주에 왔으며 1910년 국치 이후에 정치 경제에 있어 아무런 배경이 없이 해외에 표류하던 처지에서 종교와 교육과 정치 활동의 모든 기관이 뻗어가며 문화 사회를 이룩하였고 그 정신이 조국광복에 있어서 일생을 독립운동에 봉사하였다.

조국이 해방되니 대표를 보내 국내 동포와 함께 국가재건에 이바지하게 되었으나 국제충돌의 결과인 38선으로 국토가 양단되고 미군과 소련군의 점령 아래 혼란이 막심해졌다.

재미한인이 조국광복을 위하여 활동한 사실 기록을 간직하며 미주와 하와이 각지에 있던 문서들을 모으기 시작한 것이 재미한인의 50년 역사를 편찬하기에 이르렀다. 한인들은 한 뿌리에서 태어나서 미주로 건너와 자리잡게 되었는데, 나라를 되찾을 때까지 이민, 망명, 학생으로 건너왔지만 나라를 되찾기 위해 건너왔던 것이었다. 1910년 이후에 정치-경제 배경이 없이 해외에 나와서 나라잃은 처지에서 종교·교육·정치 활동을 갖추고 사회 문화를 이룩하며 한국인으로서의 기초를 다지며 조국광복을 이루어 조국으로 돌아가자는 뜻으로, 조국광복을 지상의 목표로 하고 살아왔다. 곧 재미 한인사회를 해외에서 이룩함을 단기의 소원으로 삼았다. 조국의 독립운동은 광복을 바라며 살아온 목표를 세운 것이다. 따라서 겨레에 대한 봉사를 지상의 목표로 어려운 가운데 서로의 협력발전을 위해서 노력하였다.

조국이 해방되니 대표를 보내 국내 동포와 함께 국가재건 노력에 참가하기를 꿈으로 삼게 되었다. 그러나 세계의 정세는 아직도 불리하여 국제충돌의 결과 38선으로 국토가 양분되고 남에는 미군, 북에는 소련군이 점령하는 가운데 혼란이 막심하게 되었다.

조국광복을 위하여 활동한 역사기록을 간직하고 보존하여 미주와 하와이 각지에 있던 기록들을 모으기 시작한 지 50년이지만, 역사를 편찬하는 데 힘쓰며 역사 있는 겨레가 될 수 있다고 여기고 살아왔다.

저자가 망명학생으로 미주에 와서 40여 년 체험한 경력을 가지고 하와이에서 '한인합성협회' '대한인국민회' '동지회' '갈리히·연합회' '교민단' '애국단' '한국독립당' '부인회' 들의 회록 및 『합성신보』『신한국보』『국민보』『태평양시사』『태평양주보』『교회보』『태평양잡지』를 통해서, 그리고 미주에서 '한인공립협회' '대한인국민회' '대한여자애국단' 들의 회록 및 『공립신보』『대도보』『대동공보』『신한민보』와 그 밖의 기타 문헌을 얻을 수 있는 대로 구하여 또한 재미 한인사회에서 경험있는 노인들의 의사까지 참고하면서 재료를 모으는 데 8년의 시일을 보냈다.

재미 40년에 사회봉사를 같이해 온 '김호' 동지의 동심협력과 여러 단체 및 유지 인사들의 출판비 보조에 대하여 특히 감사하는 바이다.

서력 1959년 3월 (국민회 창립기념 50주년 기념)
저자 김원용 Warren Y. Kim (김호 협찬, 손보기 필사)

새판 머리글

『재미한인 50년사』의 첫판이 출간된 지 어느덧 40여 년이 넘었다. 올해는 미주이민 100주년이 되는 해로,『재미한인 50년사』는 미주에서의 한국인 사회단체의 공헌과 나라사랑, 우리 겨레의 해외독립운동의 역사를 중요한 내용으로 다루었다.

재미한인이 조국광복을 위하여 활동한 사실을 기록으로 간직하고 보존하려는 뜻으로 미주와 하와이 각지에 있는 옛 서류들을 모으기 시작한 것이 50년사를 편찬하는 계기가 되었다. 김원용(Warren Kim) 님과 동지인 한사 김호(김정진) 님은 이러한 뜻을 함께하며 편찬을 생각해 왔다. 그러던 중 1955년 여름, 당시 국립서울대학교 역사학과 조교수로 재직중이던 본인이 연구차 버클리 가주 대학으로 오게 되었다. 당시 재미한인들이 오랫동안 광복을 위해 노력한 일에 대해서는 국내에서도 알려져 있기는 했으나 그 자세한 자료나 역사에 대해서는 소개된 바가 드물었다.

조국광복은 이루어졌으되 재미한인의 귀중한 활동의 역사가 잘 알려져 있지 않았다. 미주에서 이루어진 조국광복의 꾸준한 노력을 잘 따져서 알리는 노력이 미흡한 때였다. 이에 김호, 김원용 두 분은 본인의 뜻을 매우 반갑게 여기고 새로운 계획을 마련하게 되었다.

세 사람은 오랫동안 고심해 오던 재미50년사를 펴내기로 합의하였다. 내용은 그동안의 역사를 정리하여 참되고 정확하게 기록하기로 하였다.

김원용 님이 초고를 쓰고 공동작업으로 다듬고 이른 내가 철필로 필사하고 다음어 옵셋 방법으로 인쇄하기로 하였다. 이 때는 마침 대한인 국민회 50주년을 3년 남겨두고 있었으므로 50주년이 되는 해에 출간하기로 하고 진행하였다. 이렇게 해서 리들리에서 인쇄된 500여 부의 책은 한국의 청소년 학생들에 보냈으나 한 부도 교육기관으로 전달되지 않았고 국내에서 사라지고 말았다.

이 이야기는 당시 세계일보사 사장 이관구 님에 의해 4·19가 일어난 다음에 알려지게 되었다. 이렇게 해서 이제는 구하기 어려워진 이 책을 미주한인 하와이 이주 100주년을 기념하여 다시 출판하기에 이르렀다.

이 새판에는 원래의 책에는 없었던 미주한인 역사와 관련된 자료들을 뒤에 찾아서 덧붙였다. 모두 구하기 힘든 것들이라 역사를 연구하는 데 귀중한 자료가 될 것이다. 그리고 새판에서는 원판의 어의를 손상하지 않는 범위에서 현재의 한글맞춤법에 맞추어 바꾸었다. 단 인명, 지명 등의 고유명사는 확인 불가능한 것들이 많아 원래의 표기를 그대로 사용하였다.

손 보 기
2004년 9월

차 례

제3장 재미 한인단체 · 75

제4장 교육과 문화운동 · 183

제5장 생활 정형과 경제 상태 · 213

제6장 정치활동 · 233

제7장 대한민국 임시정부 · 333

부록 | 자료모음 · 375

제1장 재미 한인사회

　서력 1883년 5월 18일에 한미조약이 비준되고 동년 7월에 대사 민영익 일행 4인과 그 후 공사 박정양이 부임하였으며 그로부터 갑신정변의 망명객으로 서광범, 박영호, 서재필과 유학생으로 유길준, 윤치호, 김규식, 리강, 신성구 들이 왔으니 이 때부터 한인이 미주에 거류하기 시작하였다.

　1899년 이후에 인삼장수로 남북 미주에 들어온 동포가 있었으나 그 수가 많지 않았으며 1903년 이래 하와이 이민과 1905년 이래 멕시코 이민과 1910년 이후에 사진혼인으로 들어온 여자들과 망명 출국하여 여행권 없이 들어온 신도학생(新渡學生)들로써 재미 한인사회를 구성하고 그들이 개척자가 되었다.

이민의 유래

　한인의 미주 이민은 1903년부터 1905년까지 미령 하와이에 7,226명과 1905년 멕시코에 1,031명이 각각 이민하였는데 하와이 이민 중 2,011명이 미국으로 이주하고 멕시코 이민 중 288명이 쿠바에 이주하였으며 1953년 이후에는 하와이와 미국 간에 외국인 내왕이 자유롭게 되어서 미국에 이주하는 동포가 다수였다. 그리고 조국 해방 후에 들어온 이민의 수는 아직 알지 못하고 있다.

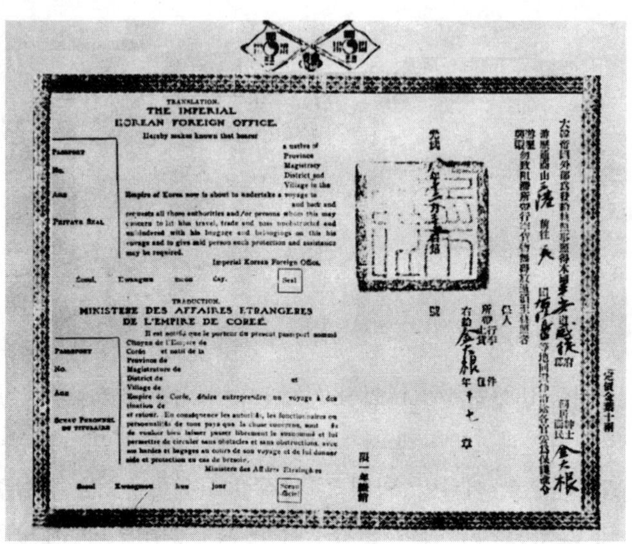

대한제국 집조

1902년 5월 9일에 하와이 사탕농사 경주(耕主)동맹회가 노동자를 모집하려고 떼슬러를 한국에 보냈는데 이 때는 마침 한국사회에서 '개국진취' 운동을 장려하던 때였으며 그 운동의 목적이 우리 동포를 해외에 보내서 신문화 수입과 무역의 길을 개척하게 되었던 때였다.

하와이 경주동맹회 특파원이 이 기회를 이용하여 주한 미국공사 엘른으로 하여금 건의하게 하여 민중 여론이 개국진취운동을 고창하니 해외에 이민을 보내는 것이 양책이라고 권고하였다.

이에 호응하여 한국 정부가 척식사업과 신문화 수입을 장려할 목적으로 1902년 8월 20일에 수민원(綏民院)을 설립하고 해외 정세에 밝은 민영환 총재와 서병호 국장을 임명하여 사업을 시작한 뒤에 이민을 보내게 되는데 서울, 인천, 부산, 원산 등지에 개발회사를 설립하고 국내 각지에 광고하여 이민을 모집하였으며 한미조약 제6조에 의하여 하와이에 이민을 보내게 하였다.

한미조약 제6조

조선 백성이 미국 어느 곳에나 왕래하고 거류하며 토지와 가옥을 매매하고 건축할 수 있으며 법률에 적당한 영업은 무엇이나 할 수 있게 하였다. 동시에 미국 백성도 조선 개항장과 통상지에 왕래하고 거류하며 토지 가옥을 매매하고 건축할 수 있으며 법률에 합당한 영업은 무엇이나 할 수 있게 하였다.

하와이 이민

하와이 이민은 대한제국 정부의 지도로 국제조약에 따라 대한제국 집조(執照 : 여행권)를 지니면 노동계약에 매이지 않고 자유노동자로서 왔고 다만 하와이에 와서 생활이 정돈되면 이민 경비 1백 달러씩을 경주동맹회에 환보할 약조 아래 이민되었으나 필경에 그것도 탕감되었다.

1902년 12월 22일에 이민 첫 번 배가 인천을 떠나게 되자 관민간 다수 사람이 전송하는 가운데 외국의 정세를 들어보지 못하고 생장한 사람들이 낯선 곳으로 떠나는 심회의 눈물을 흘리면서 친척, 벗들과 작별하던 광경이 감개무량하였다.

첫 번 이민 일행 121명이 일본 신호(고베)에 당도하여 신체검사를 받은 결과 병 있는 사람은 떨어지고 건강한 사람 101명이 통역원을 따라 미국 상선 껠릭호로 1903년 1월 13일 하와이 호노루루에 도착하여 수일을 지내고 목골리아 사탕농장으로 이민하였다.

이민 첫 번 배 껠릭호로 101명과 둘째 번 배 캅틱호로 63명과 세 번째 배 코리아호로 72명이 왔고 이와 같이 시작된 것이 1903년에 16척 선편으로 1,133명이 왔으며 1904년에 33척 선편으로 3,434명이 이민하여 1905년에 16척 선편으로 2,659명이 왔으니 그 총수가 65척 선편에 7,226명인데 그들 중에 남자가 6,048명이고 부녀가 637명이며 남녀 아이들이 541명이었다. 그리고 상인으로 하와이에 왔던 한인은 1901년 1월 9일에 홍콩마루 선편으로 온 류두표가 처음이었고 그 후 1906년에 2인과 1907년에 1인이 건너왔다.

그 이민 중에 교인들과 공부를 목적으로 한 학생들, 향리의 선비들, 광무 군인들, 농촌의 머슴들, 막벌이 하던 역부들, 유의유식하던 건달들이 혼합되어 일대 장관의 집단을 이루었다.

그들의 교육 정도는 65퍼센트가 문맹이었고 그들이 이민에 응모한 원인은 대개 일본의 침략행동으로 인하여 한인의 생활이 정치상 혼란하고 경제상 치패되어 가던 까닭이었다.

그들이 하와이 각 농장에 이민되어서 사탕농장에서 노동하고, 본국에서 지내던 처지가 무엇이었거나 계제를 찾을 수 없이 다 같은 농부들이 되어서 일을 감당할 수 있든지 없든지 일하지 않을 수 없었다.

낮이면 사탕밭에서 살고 밤이면 농막에 들어가 밤을 지낼 때 피곤한 몸의 사지가 아프고 결려서 누웠거나 앉았거나 편치 아니하여 전전 불매하던 것이 그들의 정경이었다. 그러한 형편으로 매일 10시간 일하고 69전을 받아 그날 그날을 지냈으며 그같이 한숨과 눈물에 젖은 노력이 재미 한인사회 건설과 조국광복 해외운동의 토대가 되었던 것이다.

이민동포들이 6년을 지낸 뒤인 1910년의 대한인국민회 인구조사를 보면 그 동안에 귀국한 남자가 964명이고 여자가 19명이며 미국으로 이주한 남자가 1,999명이고 여자가 12명이며, 사망자가 45명이어서 하와이 재류동포 수는 이민이 4,187명이며 하와이에서 출생한 아이들이 107명인데 이 때에 각 농장에서 자작농 하는 사람들과 각 지방에서 사업하는 수가 많아지고 차츰 생활이 안정되기 시작하였다.

1905년 11월에 일본이 5조약을 체결하고 한국의 외교권을 박탈한 후에 수민원과 개발회사를 폐지하여 한국의 이민을 중단하였다. 그리고 미국에서는 일본노동자 배척이 심하여 1907년 3월 14일부터 하와이와 미국 간에 자유로 왕래하던 동양인의 길까지 막혔던 것이다.

한국의 이민이 중단된 뒤에 미주와 하와이에 있던 동포가 6,198명이었는데 그들이 50성상 미주 생애에서 미국의 동서를 연결하는 철도 건설과 하와이 사탕농장 개척에 주로 고용되어 노동하였고 먹고 남은 것은 조국 광복운동 후원에 바쳤다.

조국광복 당시에 재미한인을 1만 명으로 계산하였는데 그 중의 2/3가 하와이와 미주에서 출생한 사람들이며 50년 동안에 우리 인구가 크게 늘지 못한 이유는 이민동포 중에 독신 생활자가 많았던 까닭이다.

하와이는 북태평양 중심 열대권 안에 있는 적은 섬들이나 온화한 해풍이 끊일 때가 없고 산야에는 녹림이 울창하고 각색 화초가 만발하여서 사시장춘을 이루고 있으며 해안의 물빛이 청랭하여 경치가 신선하므로 태평양 낙원이라 하고 동서양 물화교통이 빈번하여서 동양사람이 생활하는 데 편의가 가장 많은 곳이다.

우리 동포들이 비록 낙원에 왔으나 자본주의 세상에서 미약한 노동으로 매사의 밑천을 삼았으며 다른 나라 민족들과 같이 자기 나라 정부의 지도나 후원이 없었음은 물론 외국인 된 차별대우를 받아서 경제 발전의 기능을 낼 수 없었으니 재미한인이 망국을 한탄하던 터이었다.

조국광복까지 미주한인 이민사의 제1단계이고 이로부터 다시 이민이 시작되어서 이민사의 제2단계가 이어지고 이민의 선진들은 지나간 50년의 한탄 많던 과거를 회상하여 새로 오는 동포들에게 대한 동정이 깊고 재미 한인사회의 신 발전을 갈망하고 있다.

멕시코 이민

멕시코 이민은 한국 정부가 알지 못한 불법 행사였고 그 이민 모집에 응모한 사람들은 4개년 노동계약에 매여 불행한 길을 떠났던 것이다.

최초에 영국 사람 마야스가 멕시코 농장 주인들과 동양인 이민을 계약하고 중국과 일본에 가서 이민을 모집하려다가 실패한 후 한국에 와서 대륙식산회사를 경영하던 대정관일(다이쇼 간이치)과 약조하고 이민을 모집하는데 그것이 4개년 계약으로 노동자를 팔아먹던 협잡이었으므로 한국 정부가 알지 못하게 은밀히 모집하였던 일이었다.

일인 대정관일이 한국 사람 리준혁을 앞세우고 원산, 진남포, 부산, 인천 등지에서 이민을 은밀히 모집하였는데 이 때에 하와이 이민 모집이 널리 광고되어서 모집에 곤란이 없었고 또는 멕시코 이민에게 한국 돈 150환씩 선금을 주었으므로 물정에 어두운 사람들이 계약의 내용은 알아볼 생각도 않고 선금 받는 재미에 응모를 약속하게 되었다.

1904년 10월 15일에 이민 모집을 시작하여 4개월 동안에 1,033명을 모집하였으나 한국정부가 알지 못하게 모집한 이민이던 까닭에 그들을 부산에 모아서 멕시코로 직행하려 하다가 만일 한국정부의 집조를 얻지 않으면 국제문제가 생길까 겁내어 그 이민을 다시 인천에 옮겨 놓고 한국정부의 집조를 주선하였다.

영국인 마야스가 주한 영국 공사에게 한국 정부 집조를 얻어달라고 청구하였는데 영국 공사가 그 일이 불법행사로 된 것을 알고서 영국 사람의 체면 문제 때문에 프랑스 공사를 통하여 간접으로 한국 정부에 집조를 청원하였고 한국 정부는 프랑스 공사의 요구를 뿌리칠 수 없어서 동포들이 무엇을 하러 가는지조차도 알아보지 않고 집조를 발행하였다.

1905년 3월 6일에 멕시코 이민 배가 인천 항구에서 떠나는데 그 일행에 남자가 802명이고 부녀와 아이가 231명이었으니 총수가 1,033명이었다.

멕시코 이민이 일본 요코하마에서 영국 상선 엘 · 뽀트호를 타고 멕시코 쌀리나쿠르쓰 항구에 당도하여 입국 절차를 마치고 다시 유카탄 베라쿠루쓰에서 5월 15일에 상륙하였는데 항해중에 남아 2명이 사망하고 이민된 동포 수가 1,031명이었다.

그들이 유카탄 메리다 지방에서 3일을 지내고 멕시코 식민회사의 지도로 한 농장에 몇 십 명씩 24처 농장에 이민되었으며 노동의 종류는 대개 '어져귀' 농사이고 혹간 씨멘트 광산과 황무지 개간의 일도 하였다.

원래 어져귀는 밤송이같이 가시가 돋힌 것으로 만지면 가시에 찔리는 것인데 열대 폭양이 화로같이 내려쪼이는 가시밭에 들어가서 매일 12시간씩 일할 때에 땀이 비오듯 하며 손과 발은 가시에 찔리고 찔려서 그 손이나 발만 보아도 한숨이 나오던 정황이었다.

밭에서 일을 더디하며 잘못한다고 십장들이 소리를 지르며 채찍으로 때리는 까닭에 몸이 피곤하여도 죽지 않는 한 쉴 도리가 없었고 말을 모르니 십장의 소리만 들리면 잘한다는 것인지 못한다는 것인지 알지도 못하고 공연히 겁이 나서 남녀노소가 움찔거리던 '인간지옥'에서 우마의 대우를 받던 것이 멕시코 이민의 정형이었다.

그들이 매일 12시간씩 일하고 장정은 35전씩 큰 아이는 25전씩 어린 아이는 12전씩 받아서 연명하였고 거처는 토굴인데 혹시 농장 주인의 호의로 곡간 한 구석을 얻어서 살림을 차리게 되면 그것이 상등 생활이었다.

멕시코의 무도한 농장주인들이 이민을 노예로 대우하여 주택을 설비하지 않고 토굴에서 살게 하였으며 출입을 제한하여 숙소에서 일터에 다니는 이외에 출입하는 자유를 주지 않았으며 순경으로 각 농장을 수직하게 하여 심방인들과 통신을 금지하고 이민들이 처음에 들어간 농장에서 노동계약의 기한을 마치고 해방되던 때까지 밖의 물정을 모르게 하였다.

멕시코 농장 주인들이 이민을 농장에 가두고 세상에서 그 소식을 알지 못하게 하였으나 남북 미주에 인삼장수로 다니던 박영순이 1905년 1월에 멕시코, 메리다 지방에서 한인의 정형을 탐지하고 아래와 같은 편지를 북미 한인공립협회에 보냈으니 그것이 처음으로 세상에 발표된 멕시코 이민동포의 소식이었다.

북미 한인공립협회 귀중

본인이 멕시코 메리다 지방을 지나다가 한인이 있다는 말을 듣고 중국 사람에게 물으니 한인이 많이 왔으나 통역 두 사람 외에는 모두 농장 주인에게 팔려온 까닭으로 농장 밖에 출입하지 못하며 지극한 고생을 한다고 합니다.

그래서 한인 있는 농장을 찾아가다가 길에서 한인 세 사람을 만나니

한 사람은 양복을 입었고 다른 사람들은 홑겹의 적삼에 발 벗고 가는 모양이 불쌍하더이다.

그들의 성명을 물으니 양복 입은 사람은 리준혁이고 발 벗고 가던 사람들은 김 서방이라고 하여 한인의 소식을 물으니 대답하지 않는데 그들이 죄를 짓고 잡혀 가는 것 같아서 말을 더 하지 않았습니다.

추후에 발 벗고 가던 사람들을 찾아서 동포의 소식을 물으니 그 대답이 멕시코 이민들은 노예노동을 하는데 어찌하면 이 지옥을 떠날런지 모르겠다 하면서 전후의 사실을 말하였습니다.

이민을 모집한 때에 멕시코에 가서 4년만 일하면 평생 살 돈을 벌어 갖고 귀국할 수 있다는 거짓말로 사람을 모아다가 노예를 만들었는데 근래에 또 이민을 모집한다는 말이 있으니 우리의 소식을 본국에 보내어 동포들이 다시 이 곳에 오지 않도록 하라고 합니다.

이 곳에 이민된 동포들이 낮이면 불같이 뜨거운 가시밭에서 채찍을 맞아 가며 일하고 밤이면 토굴에 들어가 밤을 지내며 매일 품값으로 35전씩 받으니 의복은 생각할 여지도 없고 겨우 죽이나 끓여서 연명할 뿐으로 그 처지가 농장 주인의 개보다 못하다고 합니다.

농장이 식료품 값으로 매인에게 매일 25전씩 받고 있는 것은 백미 2홉과 떡 9조각과 팥 1종지와 짜드라(멕시코의 곡식) 1종지라고 합니다.

농장에서 몸을 빨리 놀리지 않는다고 채찍질 하며 만일에 몸이 피곤하여 일을 나가지 못하면 창고에 가두는데 그 학대를 견디지 못하여 도망하는 사람들이 있으나 말 모르고 길 모르는 까닭에 중로에서 잡혀 형벌 받고 금고 되어 있는 사람이 여러 십 명이라고 합니다.

수토불복으로 병난 사람도 있고 토굴 속에서 자다가 독사에게 물린 사람도 있는데 만일에 중독되어서 오랫동안 병석에 있게 되면 무인지경에 내다버리며 그렇게 버린 사람들의 생사는 알 길이 없다고 합니다.

농장 주인이 일터에 나오는 때는 사방에서 십장들이 채찍을 들고 소리치는 모양은 소몰이하는 목장과도 같으며 그 중에 통역 권병숙은 주인에게 잘 보이려고 공연히 욕질하면서 채찍질하는 것이 본토인보다도 심악하니 그놈의 행위가 분하다고 합니다.

통역 권병숙이 다른 지방에서 오는 사람을 살피는데 만일 이민의 소식을 알려고 하는 사람이 있으면 농장 주인에게 보고하여 실정을 조사하지 못하게 합니다.

본인이 와서 있는 것도 권병숙이 보고한 까닭에 농장 주인이 매일 순경을 보내 언제 갈지를 묻고 동정을 살피므로 사정을 더 조사하지 못하고 일간에 미국으로 가겠습니다.

1905년 11월 17일
멕시코 메리다에서 박영순

북미 한인공립협회가 박영순의 편지를 받고 멕시코 이민동포의 이민 소식이 알려지게 되었으며 그 소식이 국내로 보내져 각 신문에 발포된 결과로 국내에서 멕시코 이민의 실정 조사 운동이 일어났다.

1906년 1월 24일에 국내의 각 단체 연합 주최로 산동청년회에서 대표 박창연을 멕시코에 보내 이민동포의 실정을 조사하였으나 이 때에 한국의 외교권이 없고 일본통감부는 해외 한인 사정에 관심이 없어 구제책을 세우지 못하였다.

멕시코 이민동포 해방

1909년 4월 15일에 멕시코 이민 동포들이 4개년 노동계약을 마치고 해방되었으나 그들이 농장에 갇혀 밖의 물정을 알지 못하고 있다가 농장을 떠나서 생활방도를 찾는 곤란이 막심하였으며 동시에 농장 주인들은 우마같이 부려먹던 이민을 보내는데 다시 그들을 고용하려면 대우를 달리하고 품값도 상당하게 주지 않을 수 없게 된 까닭에 공연한 감정으로 떠나는 사람에게 심술 부리는 것이 심악하였다.

농장 주인들이 해방된 이민들을 다시 고용하지 않고 급히 내몰며 혹은 해방될 때에 100원씩 준다던 계약을 위반하고 돈을 주지 않으며 혹은 농장에서 자라난 여인들과 아이들은 종의 자식이니 농장에서 수년씩

일한 후에 보내겠다고 잡아 가두며 이민들의 형세를 급박하게 만들었다.

멕시코 이민 동포 생활지도

멕시코 이민 중에 김제선, 김윤원, 황명수, 리근영, 방경일, 신광희, 조병하, 정춘식 8인이 농장 주인에게 속전(贖錢) 100원씩을 바치고 해방기한 전 1년 먼저 나와서 자유생활 하며 미국의 한인단체에 연락하고 있다가 이민들이 해방될 시에 구제와 생활의 지도를 요청하였다.

1909년 4월 3일에 북미 대한인국민회가 멕시코 농장에서 해방되는 동포들을 구제하며 그들의 생활방침을 지도하려고 특파원 황사용, 방화중 2인을 보냈다.

특파원이 멕시코 유카탄 메리다 지방을 비롯하여 각 지방을 순행하며 동포들의 사정을 조사하고 메리다 지방을 중심으로 구제사무소를 설치하려다가 그 지방 동포들의 공동결의로 국민회 메리다 지방회를 설립하고 구제사업을 시작하였다. .

멕시코 재류동포 구제사업이 시작되니 그 일이 성질상 정부사업이던 까닭에 그 곳 동포들이 국민회 특파원을 한국정부 대표와 같이 여기게 되었고 주객 간의 의사가 합의되어서 그 난경의 사업을 잘 진행시켰다.

특파원의 보고

경계자는 본인이 이 곳의 유지 동포들과 협력하여 구제사업을 진행하는데 동포들의 형편은 해방 후에 사정이 지극히 곤란합니다.

그들이 농장에 있을 때에 연명은 하였으나 저축할 여지가 없이 있다가 해방된 뒤에 일이 없고 갑자기 생활방도를 찾지 못하는 까닭입니다.

농장 주인들이 감정으로 해방된 사람들을 배척하고 일을 주지 않으며 일 없이 방황하는 사람은 심사 불평으로 공연한 트집과 시비를 일으켜 서로 싸우니 한인 있는 곳마다 요란하므로 창피가 막심합니다.

농장 주인들이 이민계약에 명시한 상여금 100원씩을 주지 않으며 농장에서 출생한 여자와 아이들을 잡아가두고 보내지 않으므로 이산된 가정이 여럿입니다.

해방된 동포 중에 장항염은 농장에서 본토인 여자와 성혼하여 소생 아이들이 3명이나 되는 터인데 그 여인과 아이들이 농장에서 출생하였다는 이유로 수년씩 더 일하지 않으면 보내지 않겠다 하고 잡아 가두었으니 이런 사건들은 재판하지 않으면 해결이 없을 것입니다.

지금 메리다 지방 국민회 법무원은 법률에 걸린 사건들을 협조하며 외교원은 각 농장 주인들을 심방하면서 감정을 융화시키며 실업 부원은 노동 주선에 노력하고 있으나 여러 동포들의 급한 사정을 일시에 구조할 수 없는데 곤궁한 동포들이 날마다 사무소에 모여드는 정형이 매우 민망합니다.

동포들의 사정이 급하고 구제와 재판 사건들에 많은 재정이 요구되오니 구제금을 속하게 보내셔야 하겠습니다.

1909년 6월 22일
대한인국민회 특파원 황사용

북미 대한인국민회가 멕시코 메리다 지방회에 구제금을 보내서 급한 경우에 있던 동포들을 구제하며 특파원 황사용으로 하여금 재판이 필요한 사건들에 변호사를 고빙하여 처리하였다.

처음에 특파원 2인을 파송하였으나 그 중 방화중은 신병이 발생하여 1개월 후에 돌아왔고 황사용은 10개월 동안 구제사업에 봉사하고 와서 그 명성이 높아지고 대한인국민회 북미 지방총회 총회장으로 당선되기에 이른 것이다.

멕시코 재류동포 이주운동

1910년 5월 10일에 멕시코 혁명란이 일어나니 일반 민중의 생계가 곤란해지고 우리 동포는 농장에서 풀려난 후 생활 안정을 얻지 못한

채 또다시 곤경에 빠졌는데 이 때 멕시코 재류동포 인구가 974명이니 유카탄 지방에 있는 남자가 613명이고 여자가 171명이며 기타 각지에 산재한 동포가 190명이었다.

이 때에 대한인국민회 북미 지방총회와 하와이 지방총회가 멕시코 재류동포 구제금 수봉을 계속하고 있었으나 그것이 장구한 구제책이 아니므로 그 동포들을 하와이 사탕농장으로 이민시키려고 하였다.

1911년 1월 7일에 북미 대한인국민회 대의회에서 멕시코 재류동포 구제안을 통과시키고 멕시코에 특파원으로 갔던 황사용을 미주 각지와 하와이 각 섬에 보내서 멕시코 재류동포의 실정을 전파하여 민중의 여론을 일으키며 하와이 지방총회는 하와이 사탕수수농장 경주동맹회에 이민 수용을 교섭하는 동시에 미국 중앙정부에 멕시코 한인들의 입국허가를 청원하였다.

멕시코 한인 이주운동 선포와 후원금 모집규정 발포

나라 잃은 민족은 항상 의지할 곳이 없이 각기 살길을 찾아다니다가 많이는 곤경에 빠지는데 오늘 우리 민족이 그러한 비운을 당하여 일체로 환란 중에 있으나 그러나 멕시코 재류동포의 정경은 더욱 심하여서 눈으로 보기 어렵고 입으로 말하기 어려운 참경에 빠져 있다.

그들이 노예노동계약에 팔려서 멕시코에 이민되어 무도한 인종의 채찍 아래에서 명맥을 부지하느라고 낮에는 가시밭에 들어가 일하고 밤에는 토굴과 마굿간에서 신음하면서 간신히 4개년 계약을 마치고 해방된 지 불과 일년이고 아직 그 생활을 안정하지 못한 채 또다시 도탄에 빠졌다.

오늘 해외한인이 누구나 망국의 한을 품고 '와신상담'의 결심으로 조국광복을 기약하고 있으나 그 몸이 외국에 표류하여 피곤한 때가 많고 경제상 핍박이 많다. 그러나 미국에 있는 동포들은 다른 곳 동포에 비하여 여유가 있는 터인즉 도탄에 빠진 동포구제의 책임을 자부하지 않을 수 없다.

하와이 지방총회가 경주동맹회를 교섭하여 노동자 수용의 허락을 얻고 중앙정부에 멕시코 한인 입국허가를 청원하였으며 정부 허가를 얻으면 한 번에 100명씩을 이민하겠는데 그 경비에 큰 재정이 요구되는 바이다.

지금 미국에 있는 일반 동포의 재정후원을 청하오며 멕시코의 동포들은 하와이에 와서 생활을 정돈하는 대로 즉시 이민경비를 환부하겠다고 약속하였으므로 우리가 얼마 재정을 후원하든지 다시 받을 것이므로 후원금 규정을 아래와 같이 정하였다.

(1) 멕시코 재류동포들의 이민경비는 미국과 하와이에 있는 동포들의 후원금으로 담당할 것이며 그 후원금의 명칭은 후원고본금이라고 한다.

(2) 후원고본금은 일정한 액수가 없고 동포들의 동정과 형세에 맡길 것인데 멕시코의 동포가 하와이에 와서 생활이 안정되는 대로 즉시 환부할 것이다.

(3) 대한인국민회는 후원고본금 출자인에게 환부할 것을 담보하되 기한은 출자일부터 1년이 넘지 않게 한다.

(4) 후원고본금 모집 일자는 하와이에서 금년 7월 30일부터 시작할 것이고 미국에서는 금년 10월 30일부터 시작하기로 한다.

(5) 이민에 관한 일체 사무는 하와이 지방총회에 전임하며 재무로 정칠래를 선정한다

1911년 2월 10일
대한인국민회 근계

멕시코 재류동포 구제사업에 동정이 많고 향응이 신속하여 고본금 모집이 발포된 지 불과 수월에 모집된 금액이 하와이에서 5,441달러에 달하였고 미국에서 536달러에 달하였으며 예약한 후원금이 5,000달러에 달하였으니 이 때 재정형편에서 큰 힘을 기울이게 되었다.

미국 정부가 멕시코 이민을 환영하지 않았으나 하와이 경주동행회의 노동자 요구가 있던 까닭으로 그 청원을 고려하던 중인데 멕시코에서 한인들이 이민허가를 기다리지 아니하고 미국에 오기를 시작하였으니 그들의 사정이 절박하여 그리하였을 것이나 이민 교섭에 실패를 주었다.

1911년 9월 11일에 리근영, 김동현, 김명수, 리병은 4인이 멕시코 만산닐로 항구에서 출발하여 동월 19일에 미국 상항에 도착하자 이민국에 검거되었는데 그들이 대한인국민회에서 주선하는 하와이 이민으로 간다 하였으나 국민회가 아직 허가를 얻지 못한 까닭에 이민국에서 그 사건을 중앙정부에 보고하였다.

미국 중앙정부가 그 사건을 조사하고 동년 11월 3일에 리근영 일행의 입국을 거절하는 동시에 멕시코 한인들이 법 절차를 밟지 않고 입국을 시험한다는 이유로 이민 청원까지 철회하며 리근영 일행 4인의 이민국 집류 경비와 출국 선비를 합하여 574달러 82전을 국민회에 요구하였다.

필경 북미 대한인국민회가 리근영 일행의 경비를 지출하였으며 멕시코 재류동포 이주운동이 실패되고 모집하였던 후원금은 환부하였다.

그 후에 멕시코 재류동포들이 일생을 곤궁하게 지내는데 위급한 일이 있을 때마다 대한인국민회의 구제가 있었다. 그리고 지금 남아 있는 이민동포는 100명에 불과하고 멕시코에서 출생한 남녀 청년이 500명 가량이다.

큐바 이민

큐바 이민은 멕시코 재류동포 중에서 살기 좋은 곳을 찾으려고 큐바 이민에 응모한 것이고 본국에서 직접 이민된 것이 아니었다.

세계 제1차대전 후에 큐바의 사탕농사가 흥왕하여지고 일꾼이 부족하던 때 하바나에 있던 리해영이 그 기회를 이용하여 1920년 8월 5일에 큐바 맛나치 농장과 이민계약을 맺었는데 6개월 안으로 이민 400명을 모집하면 농장에서 이민경비를 부담하고 리해영에게 상여금으로 이민 1인당 25달러씩을 주기로 하였다.

1921년 1월 9일에 리해영이 김동식, 리인상 2인을 동반하고 멕시코에 가서 이민을 모집하는데 동년 2월 25일에 베라쿠르쓰에서 81명을 모집하고 2월 27일에 푸론테라에서 98명을 모집하여 2월 28일에 부엘도에서 14명을 모집하여 3월 2일에 메리다에서 95명을 모집하여 남녀 동포 288명을 큐바에 이민하였다.

1921년 3월 11일에 큐바 이민 일행이 큐바 맛나치에 도착하였으나 국적문제로 인하여 상륙하지 못하고 17일 동안 선중에 집류되었다.

큐바 정부가 한인을 알지 못하여 일인으로 취급하려고 하였으나 우리 동포가 일인이 아닌 것을 고집하였고 일본 영사는 그 사람들을 알지 못한다고 하여 국적문제가 발생하였는데 필경에 큐바 정부에서 그 이민을 한인으로 인정하고 3월 28일에 상륙을 허락하였다.

이민을 주선한 리해영이 역시 곤란을 당하였으니 이 때에 사탕시세가 저락하고 농장에 일이 없어서 이민이 필요하지 않은 동시에 이민 모집기한을 넘긴 까닭에 상여금도 받지 못하였고 한인의 국적증명을 위하여 집조(여행권)를 걷어가고 반환하지 않았으므로 집조를 일본 영사에게 팔아먹었다는 혐의를 받아서 여러 해 동안 동포를 대면하지 못하였다.

맛나치 농장의 이민 계약기한이 1개년이었으나 그 농장에 일이 많지 않은 동시에 멕시코에서 어져귀 농사 하던 사람들이 사탕농장 일을 알지 못하는 까닭에 겨우 2개월을 지내고 그 농장 주인이 이민 계약을 철회하면서 다른 곳에 일을 찾아가라고 하였다.

멕시코에서 고생하던 동포들이 살기 좋다는 곳을 찾아 큐바로 갔으나 그들이 간 후에 시세가 불리하고 일이 없어서 다시 살길을 찾으려고 방황하면서 탄식하였다.

이 때에 지도자 김세원, 박창운 들의 주선으로 맛단사쓰 지방에 있는 어져귀 농장에 교섭하여 일을 얻고 동년 6월 3일에 다수 동포를 데리고 맛단사쓰 지방으로 갔다.

그들이 멕시코 어져귀(아욱과의 한해살이풀로 경마라고 하며 약재로 쓰이는 1.5미터 크기의 단단한 섬유용품) 밭에서 죽을 욕을 당하고 어져귀라면 이를 갈게끔 되었으나 아는 것이 그것뿐이던 까닭에 큐바에서도 어져귀 밭을 찾게 되었고 어져귀 농장에서는 경험 많은 한인들을 환영하였으므로 그 때에 급한 경우를 면하였으니 맛단사쓰는 큐바 이민동포와 인연이 깊은 곳이다.

이로부터 큐바 이민동포들이 어져귀 밭에서 노동하며 곤궁한 가운데서도 조국 광복운동 후원금을 바쳤다.

큐바 이민동포가 이 같은 형편으로 15년을 지낸 후 1936년 6월에 대한인국민회에서 조사한 인구를 보면 하바나에 90명이고 맛단싸스에 145명이니 총수가 327명인데 그 중에 이민동포가 207명이고 큐바에서 출생한 청년들이 120명이었다.

1953년에 큐바 재류동포 수는 490명인데 그 중에 이민동포가 125명이고 큐바에서 출생한 2세와 3세를 합하여 365명이며 대개 하바나 맛단사쓰 갈데나쓰에 거류하는데 1946년 이후에 외국인 노동자들에게 일을 주지 않는 까닭에 다수가 큐바에 입적하였다.

사진 혼인

사진혼인은 미주에 이민된 동양 사람들이 시작한 혼인법인데 미국과 하와이에 있는 남자가 본국에 있는 처녀에게 사진을 보내 선을 보인 후에 그 사진을 보고 시집가기를 허락하는 처녀를 데려다가 혼인하던 일시 풍속이었고 이것이 미국과 하와이에 이민된 중국인과 한인과 일인들이 장가가던 법이다.

미국과 하와이에 이민된 동양사람 중에 가정이 많지 않고 다수가 청년 홀아비였는데 그들이 종일 농장에서 일하다가 밤이 되면 판잣집에 몇 십 명씩 모여서 합숙하던 생활에 취미가 없었던 것이다.

그리하여 노름하기와 아편 빨기를 예사로 하며 술과 노름으로 인하여서 싸움이 끊일 새가 없고 촌락의 풍기가 문란해지므로 사회에 문제가 일어나서 그들의 혼인과 가정생활을 장려하게 되었다.

그러나 미주에 동양 여자가 없고 황백의 국제혼인밖에 다른 도리가 없었는데 이 때에 인종차별 관념으로 인하여 백인들이 황백 혼합을 찬성하지 않고 동양 사람들은 백녀와 혼인하기를 싫어하던 까닭에 사진혼인을 시작하였다.

필경에 사진혼인법을 사회에서 후원하며 정부 당국이 동의하여서 사진혼인으로 미국에 들어온 동양 여자들의 입국을 허락하고 영주권을 주었다.

한국의 이민이 막힌 후 재미한인에게 사진혼인법이 필요하였으니 만일에 사진혼인이 아니었다면 다수 동포의 생활 안정이 곤란하고 후에도 번성하지 못하였을 것이다.

한인의 사진혼인은 1910년 11월 28일에 하와이에 들어온 리내수의 부인 최싸라로부터로 1942년 10월까지 하와이에 들어온 여자가 951명이고 미국에 들어온 여자가 115명인데 그들이 사진 혼인으로 가정을 이루고 안락을 누리며 40년을 지난 오늘에 그 자손들이 7,000명에 달하였다.

미주 유학생

지난 50년간에 미주에 들어온 한국 유학생을 4차로 분별하여 볼 수 있으며 그 수는 때때로 발표된 것을 합하여서 제3차까지 891명에 불과하였으니 일정시대에 한인 학생의 도미가 자유스럽지 못한 까닭이었으며 제4차에 들어온 학생 수는 아직 정확하게 알지 못하고 있다.

제1차에 한미조약 이후로 1902년까지 망명 혹은 유학을 목적하고 도미한 유길준, 서광범, 박영효, 서재필, 김규식, 윤치호, 백상규, 리대위, 안창호 등이 있었고 이민시대에 망명 혹은 유학을 목적하고 들어온 리강,

신성구, 신홍우, 박용만, 리승만, 백일규, 림두화, 리원익, 정한경, 강영승, 강영대, 차의석, 송헌주, 임정구, 양주삼 등과 그 밖에 40명이 왔는데 그들의 취학성적이 좋아서 대학졸업생이 75퍼센트였으나 조국이 일제의 침략을 당한 후에 귀국하지 못하고 대개 미국에서 영주하였다.

제2차에 한일합방 이후로 1918년까지 8년 동안에 망명 출국하여 여행권 없이 도미한 신도학생(新渡學生)들이 있는데 그 수가 541명이며 그들의 취학 성적은 대학졸업생이 20퍼센트에 불과하였다.

신도학생들은 대개 반일사상이 강렬하던 청년이나 장년들인데 일제침략으로 압박과 곤란으로 혼란한 정국에서 도망하여 중국 상해(上海) 혹은 유럽을 경유하여서 미국에 왔는데 이 때에 미국정부가 재미한인의 애국적 활동을 동정하던 까닭에 대한인국민회의 담보로써 그들의 입국을 허락하고 영주하게 하였다.

신도학생 중에는 취학한 사람이 많지 않았고 대개 노동과 영업을 하면서 재미한인의 사회 건설과 조국 광복운동을 후원하였는데 그들의 사상이 먼저 온 동포들과 상합되어서 정치 활동과 단체 발전에 헌신 봉사한 사람이 많고 1930년 이후에는 사회의 중추세력이 되었다.

제3차가 1921년으로부터 1940년까지 일본 총독부 여행권을 갖고 도미한 학생들이었으며 그 수가 289명인데 그 중에는 예수교회의 후원으로 들어온 사람이 많으며 그들의 취학성적이 좋아서 박사학위를 받은 학생이 15퍼센트이고 대학졸업생이 65퍼센트에 달하였다.

이 유학생에게는 미국의 영주권이 허락되지 않았고 거류의 기한이 제한되어서 공부를 마치거나 중단하면 귀국하라는 이민국조례가 있고 조사가 심하여 공부하지 않고 미국에 있기가 어렵던 정형이 취학의 장려로 되었다.

이 유학생 중에는 재미 한인사회의 발전에 봉사한 사람이 매우 적었으니 그들이 미국에 영주할 수 없는 동시에 공부를 마치면 귀국하여 일정하에서 일하게 되는 관계로 은근히 조심하던 까닭이었으며 시간과 경제적으로도 여유가 없었는데 그들의 구실은 먼저 온 동포와 현격한 사상 차이가 있어서 융합할 수 없는 경우가 많았다.

이 유학생 중에 세계 제2차대전 특히 태평양 전쟁이 일어나던 때까지 미국에 있던 사람들은 통역과 번역으로 미국 군사상 요직에 복무하며 혹은 종군하였고 일제패망 후에는 미군정을 따라 귀국한 사람도 있었고 미국에서 영주하게 된 사람도 있다.

제4차에 광복 후에 들어온 학생들이 있는데 군관계로 육군, 해군, 공군, 과학 등 여러 분야의 훈련을 받은 사람들과 대학에 입학한 사람들이 있고 대한민국 정부 수립 이후에 38선 이남에서 교환교수와 사비학생으로 들어온 유학생이 수천 명인데 1956년에 발표된 것을 보면 정부 수립 이후에 도미한 남녀학생이 3,800명이라고 하였을 뿐이오 군사계통으로 내왕한 학생 수의 발표는 없어서 정확한 통계 숫자를 알지 못하고 있다.

유학생의 경제정형

자초로 미국 유학생은 고학생이었고 미약한 노동으로써 생활비와 학비를 감당하게 되어서 공부와 노동을 병행하지 않을 수 없었는데 그 노동은 항용으로 여염집의 고용살이나 음식점의 조역이나 상시종(상 심부름) 등이며 방학 때에는 농장노동이나 정원의 풀 깎기나 공장노동이고 혹시 사무실의 조역 같은 일도 있었으나 많지는 않았다.

생활수준이 높은 미국에서 이와 같은 노동으로 생활비와 학비를 감당하느라고 곤란이 막심하였으며 더욱이 동양학생으로서 영어의 곤란 있는 중에 시간을 노동에 소비하게 되므로 공부에 미치는 영향이 많았다.

본국에서 학비를 들여다가 공부한 학생도 있으나 수십 명에 불과하고 화폐의 교환율이 높아서 거대한 재정을 들여와도 경비가 부족하여 다소간 노동하였다.

문화기관의 원조로 학비와 생활비를 받아서 공부한 학생도 없지 않으나 극히 소수이고 보통 장학금은 학비만 받는 것이므로 노동하지 않을 수 없었다.

　조국해방 후에 들어온 학생들은 대개 부유한 집 자제로서 학비를 상당하게 들여올 수 있거나 혹은 예산이 있어 공부하는 사람들이며 그렇지 않으면 미국 국무성이나 문화기관의 장학금을 받아서 공부하므로 예전 시절에 비교하면 공부할 기회가 많으며 그들 중에는 별다른 경제 곤란이 없었다.

유학생회

　유학생회는 학생들의 연락과 친목과 학기상 의견교환이 목적이었고 재미 한인사회 건설에 간섭이 없던 단순한 기관이나 그들의 조직운동은 그렇게 단순하지 않았다.

　1913년 6월 4일에 네부라쓰카주 헤스팅쓰 지방에서 박용만이 처음으로 조직한 학생회가 미국 유학생회 조직의 처음이었는데 이 때의 회장은 박처우이다.

　이로부터 각 지방에 학생회 조직이 시작되었고 여러 곳에 학생회들이 세워져 서로 학생 대표기관이라고 하다가 필경에 합동하여 북미 한인 유학생 총회를 결성하니 이것이 학생 전체를 대표한 학생회였는데 그 합동의 경로와 각 지방에 있던 학생회들을 아래에 기록하여 둔다.

　(1) 1914년 9월 3일에 하와이 호노루루 한인중앙학원에서 조직한 한인 학생 친목회
　(2) 1916년 7월 13일에 하와이 호노루루에서 조직한 한인학생 야구단 클럽
　(3) 1916년 10월 27일에 북가주 상항에서 조직한 한인학생 친목회
　(4) 1918년 5월 1일에 오하이오 컬럼버스에서 조직한 한인학생 친목회
　(5) 1918년 8월 19일에 중가주 딴유바에서 조직한 한인학생 친목회
　(6) 1918년 10월 8일에 일리노이스 시카고에서 조직한 한인학생회

(7) 1921년 5월 10일에 하와이 호노루루에서 조직한 한인학생회

(8) 1922년 10월 19일에 남가주 라성에서 조직한 한인한생회

(9) 1926년 9월 2일에 남가주 라성에서 조직한 28클럽

(10) 1927년 7월 1일에 하와이 호노루루에서 조직한 무궁화 클럽

학생회의 합동운동

1919년 9월 26일에 북가주 상항에서 한인 학생 친목회의 주최로 유학생 대표회를 소집하니 그 목적이 각 지방에 산재한 학생과 학생회들을 규합하여 한국 학생 전체를 대표할 수 있는 통일기관을 결성하자는 것이었으며 그 대표회 결의로 연락위원을 선출하여 각 지방의 학생들과 학생회를 연락하기 시작하였다.

연락위원회들의 6개월 동안의 활동결과로 1920년 4월 6일에 학생총회 결성대회를 소집하였으나 아직도 학생 전부가 연락되지 못한 까닭에 총회를 결성하지 않고 총회 결성 발기자회를 조직하였으며 그 발기자들로 하여금 많은 학생을 연락하여서 대다수 의사를 반영시키게 하였으니 그 발기자들이 아래와 같다.

(1) 하와이 지방　　　　김길석, 주명근, 조제언

(2) 상항 지방　　　　　김현구, 김용중, 김려식, 명일선, 문또라티

(3) 윌로우쓰 지방　　　최능익, 최윤호, 조종익, 최능진

(4) 라성 지방　　　　　주영한, 윤게은, 윤애나

(5) 팍빌 지방　　　　　백성빈, 리용직

(6) 쪼지아 지방　　　　림두화, 염광섭, 김경순

(7) 시카고 지방　　　　강영승, 양명진, 현승염, 현정염

(8) 뽀스톤 지방　　　　김게봉, 양유찬

(9) 와싱톤띠씨 지방　　림병직, 신마실라

(10) 오하이오 지방　　　윤영선, 한치관, 김원용, 리춘호, 김노디,

리병두, 김영기

(11) 뉴욕 지방　　　　　　필지성, 김용대, 윤헨른, 조득림, 조병옥, 조정환

북미 한인유학생 총회

1921년 4월 30일 북미 한인유학생 총회를 결성하니 이것이 학생 단체 통일운동을 시작한 후 1개년의 노력으로 각지의 학생들을 원만하게 연락하여서 다수 의사로 조직한 것이며, 이 때의 총회 위치는 뉴욕시였고 회장은 리용직이요 부회장은 조병옥이었다.

1923년 5월 15일에 총회를 시카고에 이전하였으니 이 곳이 동서 연락의 중심지이고 학생의 왕래가 편리하던 까닭이었으며 이 때의 회장은 염광섭이고 부회장은 황창하였다.

북미 대하이유학샌회

1927년 3월 9일에 유학생대회의 결의로 유학생 총회의 명칭을 변경하여서 북미 대한인유학생회라고 하였다. 이 때의 재학생이 255명인데 모두 유학생회에 참가하여 전성시대를 이루었으며 그들의 학적은 아래와 같다.

박사원(대학원) 60명　　　　　　대학교 125명
예비대학(초급대학) 35명　　　　특별과 36명

1930년 12월 24일에 북미 대한인 유학생회의 제도를 변경하여 위원제도를 채용하였다. 그러나 계통과 사상의 변동은 없었고 유학생 총회 창립 이래 1945년까지 24년간을 유지하다가 조국광복 후에 인계자가 없이 폐지되었다.

조국해방 후에 도미한 유학생이 수천 명이나 아직도 통일된 학생회

조직이 보이지 않으므로 속히 학생 중의 지도자가 출현하기를 갈망하고 있다.

유학생의 출판물

1914년 10월 5일에 하와이 한인학생 친목회에서 국한문으로 학생보를 발행하니 이것이 미주 한인 학생보의 처음이었는데 1년 동안 계속하였으며 주필은 조성환이었다.

1919년 1월 25일에 오하이오 컬럼버스 한인 학생회에서 영문으로 월간 학생보를 시작하였는데 그 명칭이 『소년한국』(Young Korea)이었다. 동년 4월부터 대한인국민회에서 매월 180달러씩 보조금을 받아가고 3·1운동을 선전하다가 10월 1일에 한국 통신부 기관잡지 『한국공론』에 합동하였으며 주필은 박진섭이었다.

1921년 12월 15일에 강영각의 주선으로 하와이 호노루루에서 학생보 발행을 시작하였는데 그 명칭을 『소년한국』이라 하고 1년에 2차례씩 6년을 발행하였으며 주필은 강영각이었다.

1922년 8월 20일에 뉴욕시에서 외국학생친의회 청년회 안에 한국 학생부를 설립하고 영문으로 학생보를 5년 동안 발행하였는데 그 명칭은 『코리안·스튜덴트·불렛튼』이고 주필은 박진섭, 황창하, 허진업, 리철원 등이 역임하였다.

1924년 3월 1일에 북미 한인 유학생 총회에서 국한문으로 한인 학생 잡지를 발행하였는데 그 명칭을 『으라키』라 하고 3년 동안 발행하였다. 이 잡지는 원고를 한국에 보내서 출판하여 오던 까닭으로 1년에 2차씩 발행하다가 필경은 출판의 불편과 경제난으로 인하여 폐간되었다.

1937년 3월 10일에 하와이 호노루루에서 리태성의 주선으로 한인 기독학생운동을 시작하였다. 그 목적이 학생들의 기독교 정신 배양이었고 그 사업은 한인 학생 연감 출판이었는데 1942년에 리태성이 사망한 후로 후계자가 없이 중단되었다.

제2장 재미 한인교회

　재미한인의 교회사업은 이민 이래에 곧 시작되었고 공헌이 많았던 사업이다.

　예수교도가 예수교 나라에 와서 그 나라 사람들과 신앙을 같이한 것이 교인의 당연한 일이었고 정치상 견해로 보아도 주객 간의 신념이 같아서 믿는 마음과 공감이 많았던 터이다.

　미주에 이민으로 온 교포 중에 예수교인이 대략 400여 명이었으며 그 중에 본국에서 전도사업에 봉사하던 전도사가 30여 명이었는데 이민이 자리잡는 지방마다 섞이어 가서 전도하며 동포를 교회로 인도하고 예배당과 학교 설립에 노력하였다.

　1903년 7월 4일에 하와이 목골리아 사탕농장에서 김이제 전도사 주례로 예배를 시작하였고 동년 11월 10일에 호노루루에서 홍승하 목사의 지도로 전도회를 조직하였으며 이로부터 하와이 각 농장과 미주 각 지방에 한인 예배당이 설립되었으니 이것이 한인 교회사업의 처음이었다.

　교회운동이 보급되어서 필경 재미 한인사회의 토대가 예수교 정신 위에 세워졌고 사회단체와 교회 간의 연락이 밀접하여서 목사가 회장을 겸임하기도 하고 회장이 설교하던 일도 많았으며 회관에서 예배도 보고 예배당에서 집회하던 것이 사회의 풍습이었는데 이렇게 밀접하던 관련이 교회 발전에 큰 힘을 주었다.

　교회사업을 시작한 뒤 처음 십 년 동안의 성적을 보면 하와이 각

44

지방에 한인 예배당이 39처이고 교인이 2,800명이며 미주 각 지방에
한인 예배당이 7처이고 교인이 452명에 달하였다.

이미 동포 반수 이상이 예수교인이었고 입교하지 않은 동포들도 사회기
풍에 따라서 교회사업을 찬조하며 그 자녀들을 예배당에 보내 예수교
수양을 받게 되었으니 이 때가 한인 교회 설립의 전성시대였는데 예배당마
다 주일학교가 열리고 국어학교가 설립되어 아동 국어교육에 노력하였다.

교 파

하와이에는 장로교, 감리교, 침례교, 성공회, 불교, 천주교 들이 있어서
처음에 6종 교파가 있었고 교회 풍파 이후에 자유교회, 구세군, 기독교회,
천도교회 들이 설립되었으며 안식교회와 몰몬교회에 입교한 동포들이
있어서 필경에 12교파가 나타나게 되었다.

미주에는 장로교회와 감리교회가 먼저 설립되고 1929년 6월 6일에
큐바에 천도교회가 설립되었으며 1936년 9월에 라성에 한인기독교회가
설립됨으로부터 4종의 교파가 있었다.

교회 풍파

재미한인의 교회 풍파는 최초 하와이에서 시작되었는데 한일합방 이후
에 배일사상이 강렬하던 한인과 친일하던 감리교회 감회사 간의 사상충돌
이 풍파의 도화선이 되었으며 시비의 시작은 1911년부터였다.

하와이 한인감리교회 안에 시비문제가 있던 중 1912년 10월 5일에
하와이 일인의 신문『일포시사』가 보도하기를 일본 영사가 한인 구제를
위하여 감리교회 감회사 와드맨에게 750달러를 주었다고 한 것이 교회와
사회에 문제가 되어서 감회사 와드맨에게 질문한즉 와드맨의 대답이
구제금을 받은 것이 아니고 한인기숙학교 유지를 위하여 보조금을 받았다
고 하였다.

교인들이 일본영사의 보조금을 받아서 우리의 자녀들을 교육할 수는 없다고 하였으며 와드맨은 한인기숙학교를 감리교회에서 관리하는 것이고 한인이 관리하지 않는 것이므로 한인의 간섭을 받지 않겠다고 거절한 까닭에 시비가 커졌던 것이다.

선교부나 감회사 와드맨은 배일할 이유가 없었더라도 한인으로서는 일본 영사의 간섭이나 보조를 배척하는 것이 당연한 일이던 까닭에 시비가 악화되어서 학교까지 동요되고 학생들이 동맹퇴학하였다.

이 때에 하와이 선교부가 한인교회를 중요시하여 시비에 대한 관심이 많았으며 와드맨은 한인과 시비를 타협하지 못하면 감회사 직임을 보존할 수 없는 경우에 처하였던 것이다.

교회 안에 이와 같은 시비가 있을 때에 리승만이 대한인국민회의 청함을 받고 와서 동포의 환영을 받는 것을 본 와드맨이 그 기회를 이용하여 리승만에게 교회 시비를 안정시켜 달라고 청하였다.

리승만이 와드맨의 부탁을 받고 각 지방을 순행하면서 동포를 권유하여 한인과 와드맨 사이의 시비를 중지시키니 와드맨이 감사하게 생각하며 리승만을 감리교회 한인기숙학교 학장에 임명하고 한인 교회의 일까지 고문하였다. 이 때가 리승만이 재미 한인사회와 국회에 출신하던 때였는데 하와이 각 지방 감리교회 전도사들과 국어학교 선생들이 리승만을 추앙하고 선전하여 동포들에게 좋은 인상을 주어서 그 명성이 높아지기 시작하였다.

1914년 6월에 감회사 와드맨이 해임되고 신임 감회사 푸라이가 와서 사무를 정리하는데 한인교회의 일과 학교 재정출납은 선교부에서 관리할 것이며 리승만 학장은 학교만을 관리하라고 결정하니 리승만의 세력이 감소되었다. 이 때 리승만이 한인의 학교는 한인의 힘으로 자립하여야 한다는 것을 역설하여서 동포의 후원을 얻어가지고 동년 9월에 한인여자 학원을 설립하니 이것이 학교 분립의 시작이었다.

1915년 6월에 리승만이 한인기숙학교 학장을 사면하고 각 지방에 있는 동포를 심방하면서 학교와 교회의 분립을 운동하는데 한인의 학교와 교회를 자립시킬 필요와 감리교회를 신용할 수 없다는 것을 선전하였고 이로부터 말과 글로 분열을 조장하고 교인들의 감정을 충동하였으며 인심 파동의 기세를 이용하여 1918년에 한인기독교회를 설립한 이래 40년 동안 하와이 한인교회가 대립되어서 교인 간에 화목이 없었다.

미주에는 교회 풍파가 없었다가 1919년 독립선언 이후에 발생된 사회 풍파의 영향이 교회에까지 미쳐서 일시에 파란이 일었다.

1924년 4월 5일에 라성 한인장로교회 교인 중에 리승만 후원파와 반대파가 있어서 서로 충돌된 결과 교회가 분열되는데 동년 10월 14일에 리승만 후원파가 성군 작당하여서 예배당을 점령하고 반대파는 밀려나가 힐·스트릿에 예배당을 분립한 후에 다시 합동하지 못하였으며 1926년 9월 3일에 그 명칭을 변경하여 '자유교회'라 하고 예배당을 뻘롱·애비뉴에 이전하였다가 1930년 10월 16일에 '자유교회'를 해제하고 라성 한인감리교회를 설립하였다.

1936년 9월에 라성에서 한인기독교회를 설립하였으니 이는 장로교회 목사 김중수가 사면된 후에 동지회의 성지적 파농의 기세를 이용하고 하와이 한인기독교회를 모방하여 설립하였던 것인데 그들 중에 분열이 발생하여 1943년 5월에 동지회가 또 하나의 한인기독교회를 설립한 까닭에 그 명칭이 쌍립되어 있다.

일찍이 재미 한인교회에 시비 문제가 없지는 않았으나 그러나 분열까지는 이르지 않았다가 리승만이 하와이에서 파쟁을 시작하였으며 그가 미주에 와 있을 때에는 미주 한인교회에 파쟁이 있었는데 더욱이 1919년 이후에 정치성 선동으로 교인들의 인심을 충동하여서 교회 발전에 지장을 주었을 뿐만 아니라 교인들로 하여금 심리성 병마에서 떠날 수 없게 하였다.

교회의 과거와 현상

재미 한인교회의 과거는 1903년으로 1918년까지가 건설시대이고 1919년으로 1945년까지는 파란시기로 볼 수 있다.

이민 이래 동포들의 생활 근거가 경제상 확립되지 못하고 다만 노동이 자본이었기 때문에 볼 만한 경제 기반은 남기지 못하였으나 동포들이 모여 사는 곳마다 예배당을 설립하여서 작은 사회에 40여 처 예배당이 있었으니 이것이 자랑할 터전이었다.

지난 50년 동안에 귀국한 사람과 사망한 사람이 많아서 이민시대에 들어온 인수가 저감되었고 남아 있는 동포들은 연로하여서 노동을 감내하기 어려우며 그 자녀들은 농촌생활을 원하지 않는 까닭에 동포들이 대개 도시에 집중되었고 농촌에 있던 예배당들이 없어졌으나 하와이 호노루루와 미주 라성 같은 도시에 한인 예배당들이 흥왕하는데 청년 자제들이 교회사업을 발전시키고 있다.

근래 교회 정형은 하와이에 감리교회 예배당이 4처, 기독교회 예배당이 3처, 성공회 예배당이 1처이며, 미주에 감리교회 예배당이 4처, 장로교회 예배당이 2처, 기독교회 예배처소가 2처이고, 멕시코에 감리교회 예배당이 1처, 큐바에 감리교회 예배당이 1처인데 과거에 비교하여 예배당 수는 적으나 역량이 향상되었고 앞으로 청년들의 가정이 증가되고 한국 이민이 시작되어서 장래가 유망하다.

그리고 조국광복 이후에 들어와서 동방에 산재한 동포들이 교회사업을 시작하는데 와싱톤과 뽀스톤 등지에서 예배처소를 설비하고 예배를 시작하였으며 그 사업도 발전할 것으로 예상되고 있다.

하와이 한인감리교회

1903년 2월 3일에 호노루루에 있던 동포들이 안정수와 우병길을 대표로 정하여 감리교회 감회사 피어손에 교섭한 결과 동월 10일에 으리버·

호텔 스추맅에 집을 얻어서 한인전도회를 조직하고 홍승하 목사의 주례로 예배를 시작하니 이것이 하와이 한인감리교회 설립의 처음이었다.

1904년 3월 2일에 엠마·스쿨 스추맅에 큰 집을 월세로 얻어 전도회를 이전하고 예배당을 설비하였으며 동년 5월 1일부터 우병길 리교담 임형주 등을 각 농장에 보내서 전도를 시작하였다.

1904년 12월 27일부터 감회사 와드맨이 예배당을 관리하였고 1905년 4월 1일에 전도회를 한인교회로 승격시키고 하와이 각 섬에 전도사를 파송하여 지방 예배당 설립을 시작하였으며 동년 7월 9일에 누아누 스추맅에 큰 집을 얻어서 예배당을 확장하였다.

      각 지방에 설립되었던 예배당
      1905년　 4월　에와 예배당
      1905년　 8월　와이파후 예배당
      1905년　10월　목골이아 예배당
      1906년　11월　리휘 예배당
      1907년　 2월　힐로 예배당
      1907년　 3월　부네네 예배당
      1907년　 9월　와일루아 예배당
      1909년　 5월　와이아와 예배당
      1911년　 5월　가후구 예배당
      1911년　 7월　코나 예배당
      1913년　 8월　파팔로아 예배당
      1914년　 6월　호노가 예배당

이 밖에 하와이 4섬 각 지방에 설립되었던 작은 예배당들이 24처였다.

하와이 각 섬 농장에 있던 동포들이 노동의 형편과 사업관계를 따라서 자주 이동되고 거주의 항구성이 없던 까닭에 다수 교인이 있던 지방에도 교인이 없어지는 경우가 있었으니 이것이 재미 한인교회의 특수 사정이었

하와이 감리교회 예배당(호노루루)

다. 그래서 지방 예배당과 교인 수의 증감이 많았는데 1918년 교회 분열 이후에 더욱 심하였다.

각 지방 예배당의 교인이 많았던 때에는 1,150명이고 적었던 때에는 250여 명에 불과하였으며 1937년 이후에는 각 섬에 있던 교인들이 대개 호노루루에 이주하여서 농촌의 예배당은 차차로 없어지고 호노루루에 예배당이 발전되는데 근래에 호노루루 예배당의 교인 수는 노년이 394명이고 청년이 200여 명이다.

지난 50년간 호노루루 예배당을 3차 옮겼다. 1906년 3월 5일에 선교부 보조금 1만 8천 달러를 받아서 뻰취뽈 스추릩에 있던 태평양학원을 사서 예배당을 확장하며 기숙학교를 설립하였는데 동년 8월 13일에 헌당식을 거행하였으며 처음으로 소유하였던 예배당이다.

1922년 1월 10일에 폴 스추릩에 예배당을 새로 건축하였는데 이것은 교회와 학교가 분열된 영향으로 학교를 폐지하고 교회 건물을 작게 만든

50

것이다.

1949년 10월에 기아우목구 스추릴에 예배당을 크게 짓고 1950년 2월에 감독 뻬커의 주례로써 헌당식을 거행하니 이는 교회 발전에 따라 예배당을 확장한 것인데 그 가격이 6만 5천 달러이며 폴 스추릴 예배당 값 2만 달러와 선교부 보조금 3만 1천 달러와 교인들의 특연 1만 4천 달러로 충당되었고 이것이 현재의 예배당이다.

호노루루 예배당 교역자 : 홍승하, 민찬호, 홍한식, 황사용, 현순, 변홍규, 림두화, 정이조, 안창호, 리동진 목사들과 윤병구, 홍치범, 방화중, 송헌주, 송치순, 전도사들이 봉사하였다.

각 지방 예배당 교역자 : 림준호, 리관묵, 홍한식, 홍치범, 김영식, 김유순, 최진태, 조윤택, 박세환, 한명교, 김이제, 박종수, 현 순, 박기홍, 안창호, 송창균, 유경상, 정이조, 구왕도 목사들과 림정수, 윤병구, 문경호, 신판석, 백운택, 리경직, 리선일, 김형근, 차윤중, 한영준, 김광현, 리동빈, 최영기, 안시택, 박앤두루 선도사들이 봉사하였다.

교육과 출판사업

각 지방의 예배당마다 국어학교를 설치하고 자녀들에게 국어를 교수하였으며 호노루루에는 1906년 9월 2일에 한인 기숙학교를 설립하고 각 지방으로부터 호노루루에 와서 공부하는 교인의 자제를 기숙시키며 저녁마다 국어를 교수하였고 부형을 따라 이민으로 와서 연령 관계로 소학교에 입학할 수 없던 소년들을 모아서 중학교 입학 준비의 속성과를 만들어 교수하였다.

한인 기숙학교 설립 이래에 7년 동안은 와드맨 부인이 학장으로 시무하였고 1913년 9월에 리승만이 학장으로 피임됨으로부터 학교 명칭을 변경하여 '한인중앙학원'이라 하였고 학제를 개량하여서 고등과 소학과 국어과 한문과를 설치하였는데 이 때에 남학생이 28명이고 여학생이 24명이었다.

1914년 6월에 학장과 감회사 사이에 감정충돌로 리승만이 여자학원을 설립하고 여학생들을 데려 내간 것이 학교 분열의 시작이었다.

1918년 9월에 여자학원을 확장하여 한인기독학원을 설립하고 남녀공학을 시작한 뒤 학생모집에 경쟁이 심하였으며 그 영향이 교회에 미치는 까닭에 한인중앙학원을 폐지하고 교회 안에 국어학반을 설치하여 1940년 11월까지 국어를 교수하였다.

교회의 출판사업으로 1905년 11월부터 『포아한인교보』를 발행하였는데 월간으로 성경 강론과 주일학교 공과를 기재하여 성경 공부를 장려하는 동시에 좋은 논설로 상식 배양에 노력하였으며 1914년 4월부터 그 명칭을 『한인교회보』라 고치고 1940년 10월까지 발행하였다.

하와이 한인성공회

하와이 이민동포 중에 성공회 교인이 많지 않았던 까닭에 일찍이 교회 설립이 없다가 교인 중에서 정현구와 김익성으로 하여금 감독 으레쓰타릭에게 교섭한 결과 1905년 2월 10일에 호노루루 쎈트·안두르쓰 교당에서 한인성공회 설립의 예식을 열었다.

1905년 4월 3일에 '이올나니 학교' 교실을 얻어서 예배를 시작하였으며 동년 10월 16일부터 팔라마 지방에 있는 중국인 성공회의 쎈트·엘리사뻴 교당 일부를 한인성공회 교당으로 사용하니 이것이 하와이 한인성공회 교당 설립의 처음이었다.

1925년 1월에 교인들이 건축비 1,800달러를 특연하여 팔라마 카노아·레인에 교당을 건축하고 동년 5월 3일에 헌당식을 거행한 후 1952년까지 27년 동안 이 교당을 사용하였는데 이 때에 전도사 조병요의 공헌이 컸던 것이다.

하와이 한인성공회 교당

　1952년에 교당을 확장하여 가나티 레인에 교당과 신부 주택을 새로 건축하고 동년 7월 13일에 낙성식을 가졌으며 그 가격 64,327달러를 청산한 후 1957년 10월 27일에 감독 케네듸의 주례로 헌당식을 거행하였는데 이것이 현재의 한인성공회 교당이다.

　한인성공회 교당은 호노루루에 1처가 있고 하와이 섬 고할라에 1처가 있었으며 교인 수는 많았던 때에 150명이고 적었던 때에는 40명에 불과하였다.

　그리고 교육사업으로 교당 안에 국어학반을 설치하고 1941년까지 35년간 2세 아동에게 국어를 교수하였다.

　교회 초창시대에는 한인 신부가 없었고 외국인 신부 주례 하에 한인 전도사들이 예배를 인도하였고 1916년부터 한인 신부가 예배를 주장하였으며 그 교역자들이 아래와 같다,

　외국인 신부 : 폽원 신부, 뻐취어 신부, 추레시 신부, 케입 신부, 뻬톤

신부, 큘렌 신부, 모울톤 신부
한인 신부 : 박성준 신부, 조광원 신부, 김인태 신부, 김현태 신부
한인 전도사 : 최진태 정현구 김익성 김영식 박상하 권서근 조병요

하와이 한인기독교회

하와이 한인기독교회는 감리교회에서 갈라진 교인들로써 구성한 것인데 1915년 6월에 리승만이 감리교회에서 탈퇴하고 교인들을 선동하여 한인교회 독립을 주장한 결과로 1918년 7월 29일에 신립교회를 설립한 것이 한인기독교회의 시작이었다.

동년 12월 23일에 평신도회를 열고 교회 명칭을 바꾸어 한인기독교회라 하였는데 이 교회는 어느 교파와도 연락이 없이 자치하는 교회이며 그 제도는 감리교회를 모방하였고 처리 방도는 교주 리승만 감독 하에 이사부가 있어서 교회를 관리하는 것이다.

일찍이 예배당을 건축하지 못하고 임시 장소를 얻어서 예배하다가 1922년에 스쿨 스추맅에 예배당을 건축하고 동년 11월 19일에 헌당식을 거행하니 이것이 처음 예배당이었다.

예배당을 확장할 목적으로 1928년 5월 10일에 방매하고 일찍 건축하지 못하여 10년 동안 신흥국어학교 교실을 예배당으로 사용하다가 1938년 릴리하 스추맅에 예배당을 건축하고 동년 4월 24일에 헌당식을 거행하였는데 그 가격이 3만 달러이며 이것이 현재의 예배당이다.

예배당은 호노루루에 1처가 있었고 각 지방에 15처가 있었으나 근래에 지방 교인들이 대개 호노루루에 이주한 까닭에 지방 예배당은 2처뿐이고 호노루루 예배당이 왕성하고 있다.

교인 수는 각 지방 교인을 합하여 많았던 때에 400여 명이었고 적던 때에는 150여 명에 불과하였는데 이 교회는 교주 리승만의 정치활동을 절대 후원하는 정치집단의 성질을 띤 까닭으로 리승만의 정치활동을

하와이 한인기독교회 예배당

따르지 않던 사람으로 이 교회의 교인된 사람이 극소수였다.

　호노루루 예배당 교역자 : 민찬호, 리명우, 안시흡, 리용직, 김형식, 김창
순, 유경상, 김태묵, 김치현 목사들이 봉사하였다.
　각 지방 예배당 교역자 : 리종관, 홍치범, 최창덕, 김성기, 리명우, 박동완,
장 붕, 송창균, 김치현, 권히상 목사들과 리영규, 김홍복, 최원숙, 안시택,
김국경 전도사들이 봉사하였다.

교육과 출판사업
　교회 설립 이래 1941년까지 예배당 안에 국어학반을 설비하고 아동의
국어교육을 장려하였으며 출판사업으로 1년에 1차 또는 2차씩 『한인기독

상항 한인감리교회
예배당

교회보』를 발행하다가 1930년에 폐간하였다.

상항 한인감리교회

1905년 10월 8일에 쌘·프랜씨스코 지방에 거류하던 동포들이 한인전도회를 조직하고 전도사 문경호 주례로 예배를 시작하였고 1906년 7월 15일부터 전도사 방화중이 예배를 주장하였으며 이것이 쌘·프랜씨스코 한인감리교회 설립으로 이어졌다.

전도사 양주삼이 주임으로 피선된 뒤에 남감리교회 선교부의 보조를 받아서 한인전도회를 확장하는데 캘리포니아 스추릿에 집을 월세로 얻어 예배당을 완전히 설비하고 1906년 12월 16일에 헌당식을 거행하였으며 이 때에 선교부가 리덕 목사를 파송하여서 전도회를 관리하고 양주삼 전도사가 예배를 주장하였다.

1911년 8월 5일에 리대위 목사가 주임으로 피선된 후에 전도회를 한인감리교회로 승격시켜 자치를 시작하였으며 1915년 2월 4일에 예배당을 대한인국민회 회관으로 이전하여 12년 동안을 지내다가 1928년 6월에 선교부 보조금과 일반 동포의 특연으로 파웰 스추릿에 예배당을 건축하였으니 그 때의 가격이 1만 8천 달러이며 이것이 현재의 예배당이다.

교인과 교역자

교인 수는 많던 때에 120여 명이었고 적던 때에는 15명에 불과하였으며 교역자는 문경호, 방화중, 양주삼, 양주은, 김창수 전도사들과 리대위, 황사선, 김하태, 림두화, 안병주 목사들이 봉사하였다.

교회보 발행

1907년 7월 13일에 『한인 연합교보』 발행을 시작하였으며 1908년 12월 21일에 그 체제와 명칭을 변경하여 『대도보』라 하고 월간잡지를 발행하다가 그 내용에 배일 언론이 과도하다는 선교부의 반대가 있는 동시에 경비 곤란으로 인하여 정간하였는데 주필은 양주삼, 윤병구, 리대위였다.

옥클랜드 한인감리교회

1914년 6월 5일에 옥클랜드 지방에서 문원칠과 조성학의 주선으로 문원칠 주택에 예배처소를 정하고 남감리교회 순행 목사 황사용을 청하여 예배하기를 시작하였다.

1917년 8월 10일에 예배처소를 조성학 주택으로 이전하고 버클리 패씨픽 신학교에서 공부하던 임정구를 전도사로 택선하여 6년 동안 예배하였으며 1922년 2월 8일에 전도사 임정구 주택에 예배당을 설비하니,

옥클랜드 한인감리교회

이 때에 교인이 20명이고 교회설립의 기초가 완전하게 되었다.

전도사 임정구가 목사 안수를 받은 후 1929년 1월에 남감리교회 선교부를 교섭한 결과 동년 3월 2일에 감회사 떼빈쓰의 주례로 임정구 목사와 로신태 전도사를 선택하여 교회를 설립하였다.

교회 설립 후 1938년에 웹스터 스추릩에 가옥을 사서 예배당을 완전히 설비하고 동년 12월 20일에 헌당식을 거행하였으니 이것이 처음에 소요되었던 예배당이다.

1940년 7월에 해리슨 스추릩에 큰 집을 사서 예배당을 확장하였으니 이 때가 전성 시절이었다.

1951년 맥아더 뿔바드에 집을 사서 예배당을 다시 이전하고 동년 4월 30일에 헌당식을 거행하였으며 근래에는 이 지방에 거류하는 한인이 많지 않아서 폐교상태이다.

교인 수는 많던 때에 70여 명이었고 적던 때에는 12명에 불과하였으며 교역자는 로신태 전도사와 황사용, 임정구, 장기형, 박용학, 리진묵, 김태묵, 림두화, 김창수 목사들이 봉사하였다.

뉴욕 한인감리교회

1921년 12월에 피쓰빽에서 열린 장로교 대회에 참석하였던 림종순 목사가 뉴욕에 와서 1년 동안 전도한 결과가 이 교회 설립의 기초였다.

이 때에 뉴욕 동포 중에 감리교 교인이 많았던 관계로 1922년 10월 5일에 감리교회 선교부를 교섭하게 되었으며 1923년 2월 10일에 선교부의 보조와 일반 동포의 특연으로 '서21 스추맅'에 집을 사서 예배당을 설비하고 동년 4월 23일에 헌당식을 거행하였는데 그 가격이 1만 8천 달러이며 이것이 뉴욕 한인의 처음 예배당인데 림종순 목사의 공로가 컸었다.

1927년 10월에 예배당을 확장하는데 '서115 스추맅'에 4층 건물을 사서 예배낭을 이전하니 그 가격이 4만 5천 달러였으며 이것이 현재의 예배당이다.

교인과 교역자

특별히 뉴욕 시에는 동포의 왕래가 많으나 오래 거주하는 사람이 소수이며 대개 학교와 노동을 위하여 임시로 있는 사람이 많았던 까닭에 교인 수의 증감은 심하나 사교와 연락의 중심기관이 되어 있었다. 교역자로는 림종순, 김영섭, 장석영, 윤병구, 김준성, 배민수, 림창영, 윤응팔 목사들이 봉사하였으며 이 교회 설립과 발전에는 안정수와 홍득수의 공로가 컸던 것이다.

시카고 한인감리교회

시카고 한인감리교회

1919년 8월 30일에 시카고 거류동포들이 설립하였던 예배당이 중단된 후 1924년 7월 27일에 강영소, 김경, 박장순, 차의석, 김원용, 조희렴, 염광섭 등의 발기로 감리교회를 설립하고 링큰 애비뉴에 있던 미국인 교회 지하실을 예배당으로 사용하며 김창준 목사의 주례로 예배를 시작하였다.

1927년 5월 8일에 레익팍 애비뉴에 예배당을 설비하였다가 1928년 2월 5일에 옥데일 애비뉴에 집을 월세로 얻어서 이전하였는데 이것이 현재의 예배당이다.

교인과 교역자

교인 수는 많던 때에 50여 명이고 적던 때에는 10여 명에 불과하였으며 1940년 이후 10년 동안은 시카고에 동포가 많지 않아서 교회 유지가 지극히 곤란하였다. 교역자로는 최능익, 염광섭 전도사들과 김창준, 조희렴, 조성학, 한승권, 이윤택 목사들이 봉사하였는데 그 중에 이윤택 목사는

라성 한인감리교회

1936년 4월 12일에 피선된 이래 20여 성상에 끊임없는 봉사로써 교회를 유지하고 있는 유공자이다.

라성 한인감리교회

한국에 가서 선교사업에 봉사하다가 은퇴한 쉬맨 부인의 주선으로 1904년 3월 11일에 남감리교회 선교부 보조를 얻어서 맥놀리아 스추릍에 한인 미션 집을 설립하고 한인들을 기숙시키며 밤에는 영어를 교수하고 전도하기를 시작하였으니 이것이 교회 설립의 준비사업이었다.

남가주 대학에서 공부하던 신흥우가 전도사로 봉사하다가 귀국한 후에 염달욱이 전도를 계속하였으며 1910년 6월에 하와이에 있던 민찬호 목사가 와서 이 사업을 이어받았으나 계속하지 않고 장로교회 전도사로 시무한 까닭에 감리교회 사업이 중단되었다.

1924년 10월 14일에 라성 한인장로교회에서 분열된 교인 일파가 자유교회를 설립하고 있다가 1930년 7월 10일에 한승권, 김관유, 김성권, 황성택, 박재형, 리영수, 림정수 등이 감리교회 선교부를 연락하여 라성 한인감리교회 설립을 발기하였다.

1930년 10월 16일에 감회사 떼빈쓰의 주례로 교회를 설립하고 유니버씨티 스추릍에 집을 얻어서 예배를 시작하였으나 1931년 5월 5일에 예배당이 완전히 되었다.

1936년 4월 3일부터 예배당 건축비 특연을 모집하여 1939년 7월에 서36 푸레쓰 터전을 샀으나 예배당을 건축하기에 이르지 못하고 임시 처소를 얻어서 여러 번 이동하다가 1944년 3월에 서39 스추릍에 집을 사서 예배당을 완전히 설비하고 1945년 10월 7일에 헌당식을 거행하였으며 이것이 현재의 예배당이다.

교인과 교역자

교인 수는 많던 때에 150여 명이었고 적던 때에는 30명에 불과하였으며 교역자는 한승권, 황사용, 리경선, 리진묵, 장기형, 김하태, 오창히, 최영용 목사들이었다.

라성 한인장로교회

1906년 5월 10일에 라성에 있던 동포들이 장로교 노회선교부와 교섭한 결과 노회에서 으리촤드 목사를 파송하여 한인장로교 미션을 설립하니 이것이 미주 한인장로교회 설립의 처음이었다.

라성 시 뺑커힐에 집을 얻어서 예배당을 설비하고 노회에서 미국인 포리철 목사를 파송하여 미션을 관리하여 한인 전도사 조성화, 방화중, 장원근, 림준기 등이 설교하였다.

1921년 4월 9일에 미션을 한인장로교회로 승격시켰으나 1928년까지 노회에서 미국인 목사를 파송하여 교회를 관리하였으며 1929년에 김중수

라성 한인 장로교회

목사가 취임한 후부터 교회를 자치하였다.

교회 설립 이래에 예배당을 3차 이전하였는데 최초 뱅커힐에 설비하였던 예배당을 1921년 4월 3일에 알리버·콜에 집을 얻어서 이전하였으며 1927년 2월에 선교부의 보조금 6,300달러와 교인들의 특연으로 서35 스추릩에 집을 사서 예배당을 설비하고 동년 9월 12일에 헌당식을 거행하니 이것이 처음 소유한 예배당이었다.

1937년 2월 16일에 김성락 목사가 피임된 후 예배당을 확장하는데 동년 11월에 쩨퍼손·뿔받 기지를 사서 예배당을 신축하고 1938년 5월 1일에 헌당식을 거행하였으며 동년 9월에 예배당 기지 안에 목사 주택을 건축하니 교회 건물 가격이 2만 2천 달러에 해당하며 이것이 현재의 예배당이다.

교인과 교역자

교인 수는 많던 때에 200여 명이었고 적던 때에는 40명에 불과하였으며

으리들리 한인장로교회

교역자는 조성환, 방화중, 장원근, 림준기, 민찬호, 리살음, 홍치범 전도사들과 포리철, 무어, 뺍칵, 김중수, 김성락 목사들이 봉사하였다.

으리들리 한인장로교회

1919년 2월 이후에 중가주 으리들리 지방에 거류하는 한인과 그 가정 수가 증가되어서 예배를 시작하였다.

처음에 전성용 주택을 예배 처소로 정하고 남감리교회 순행 전도사 임정구를 청하여 예배하다가 김형제상회의 가옥을 얻어서 예배당을 설비하였으며 남감리교회 선교부를 연락하여 1922년 3월 26일에 한인감리교회를 설립하였던 것이다.

그런데 1936년 6월에 한국 내의 신사 참배 문제로 인하여 감리교회와 의사가 충돌하여 연락을 끊은 후에 장로교파를 택선하고 딴유바 한인장로교회에 참가하였다.

1938년 10월에 이르러서는 으리들리 지방에 한인의 가정이 11호이고 교인이 50여 명에 달하여서 예배당이 필요하므로 김형제상회가 쩨·스추릴 기지를 기부하고 교인들이 건축비를 특연하여 예배당을 건축하였다.

1939년 3월 1일에 장로교 총회 총무 페인 박사를 청하여 헌당식을 거행하고 동년 4월 16일에 쌘·호킨 노회에 참가하였으며 동년 6월 7일에 노회 회장 맥마틴의 사회로 평신도대회를 열고 한인장로교회 설립의 예식을 거행하니 이 때에 교인이 51명이었다.

1939년 6월 20일에 으리들리 한인장로교회 법인 관허를 청원하여 동년 7월 21일에 관호장을 얻었고 교회 설립 이래에 자급자족하며 자치하는데 김형제상회의 기부가 많았다.

1952년 12월 1일에 교회 기지 안에 목사실을 건축하였는데 이 때에 교회기지와 건물가격이 2만 달러에 해당하였으며 이것이 현재의 예배당이다.

교인과 교역자

교인 수는 많던 때에 60여 명이었으며 적던 때에는 22명에 불과하였고 교역자는 권종흡, 마준홍 전도사와 김형순, 리영수, 김응규, 조성학 장로와 임정구, 한석원, 송헌영, 리살음, 윤병구, 리기준, 김종성, 김형일, 최중섭 목사들이 봉사하였다.

라성 한인기독교회

장로교회의 김중수 목사가 사면을 당한 후 동지회 인사들을 연락한 결과 1936년 9월 1일에 김중수, 황휴, 송창균, 안경호, 김순권, 전진, 현승걸, 김재신, 송헌영 들이 모여서 예배를 시작한 것이 교회 설립의 동기였으며 이 교회는 하와이 한인기독교회를 모본하여서 어느 교파와도 관련이 없이 설립한 것이다.

동년 9월 21일에 북·알리부 스추맅에 월셋집을 얻어서 예배 처소로 사용하는 한편 방세 영업을 시작하였고 한인 기숙자가 17명에 달한 후에 그 명칭을 한인기독교회 양로원이라 하였다.

1941년 1월 17일에 맥클린탁 애비뉴에 집을 사서 한인기독교회 양로원을 확장하고 방세 영업과 예배를 계속하고 있는데 이는 김중수와 유필원의 공력이었다.

1943년 이 교회 안에서 분열이 발생하여 그들 중의 일파가 동지회 회관에 예배 처소를 설비하고 또다시 한인기독교회라 하므로 명칭이 같은 교회가 쌍립되어 있다. 이 교회들은 실태 발표가 없어서 교인 수는 알 수 없으나 교역자들은 김중수, 김형식, 송헌영, 리창성 목사들이 봉사하였다.

맛단사쓰 한인감리교회

큐바 이민동포의 교회사업은 멕시코 한인 교회사업에 비교하여 성적이 좋으나 그들의 생활 정형이 역시 빈궁하여서 큰 발전이 없었는데 근래에 시작된 청년들의 활동이 자못 유망하다.

1921년 10월 5일에 맛단사쓰 지방 동포 중에 감리교인과 안식교인들이 있었으나 그들이 교파를 고집하지 않고 협력하여 한인감리교 미션을 설립하였으며 이것이 큐바 이민동포 교회사업의 처음이었다.

1926년 3월 4일에 미션을 큐바 한인감리교회로 승격시키고 선교부에서 매월에 25달러씩 기부하며 전도 부인 대허 여사를 파송하여 예배를 증장하게 하니 이 때에 교회 설립이 완전하였다.

1933년 5월에 전도사 장영기와 전도부인 대허 여사 간에 불미스런 시비가 발생하여서 대허 여사가 사면하고 장영기의 신망이 타락되었으며 선교부 연락까지 끊어져서 교회의 곤란이 막심하였다.

1950년 2월부터 전도사 공창덕과 림천택의 수고로 다시 선교부를

맛단사쓰 한인감리교회

연락하였고 청년 남녀를 망라하여 교회 부흥에 노력한 결과 1952년
1월 28일에 감회사 델리의 지도로 평신도회를 열고 교회의 조직 개량과
임원 개선을 행하였으며 선교부에서 마루하 여사를 파송하여 예배를
주장하게 하니 다수 청년들이 참가하여서 교회를 발전시켰다.

1953년 3월에 예배당을 건축하고 동년 5월 30일에 헌당식을 거행하였
으며 교회 안에 전도부와 청년부와 주일학교를 설치하고 교회를 부흥하였
으니 이는 2세 청년들의 공헌이었다.

교회 설립 이래에 교역자들은 방경일, 양춘명, 호건덕, 대허, 장영기,
리우식, 공창덕, 마루하 전도사들이 봉사하였다.

폐지된 예배당

이 아래에 열거하는 예배당들은 이미 없어진 것이나 다만 역사상 참고의 편의를 위하여 기록하여 둔다.

하와이 한인자유교회

하와이 한인자유교회는 일제강점 후에 배일사상이 열렬하던 감리교회 교인들과 친일하던 감회사 와드맨 간에 사상충돌의 결과로 설립을 보게 된 것이었다.

1911년 4월 11일에 교인 중 신홍균, 김유호, 림봉안, 유동면, 정진상, 리내수 등과 그 밖에 70명이 감리교회에서 탈퇴하여 호노루루 빈야드 스추릩에 예배당을 설립하고 그 명칭을 한인 자유교회라 하였으며 교인이 352명에 달하였다.

전도사 신홍균 주례로 예배하며 아동 국어교육에 노력하였다. 그 후에 감회사 와드맨이 해임되고 선교부에서 한인과 융화를 힘쓴 결과 1925년 6월 10일에 이 교회를 해체하고 다시 감리교회에 합동하였다.

하와이 한인구세군

1912년 10월 15일에 리규연과 전경준의 주선으로 구세군 대령 칵스 부인의 후원을 얻어서 한인 구세군을 설립하였다.

동년 12월 10일에 호노루루 구꾸이 스추릩에 월셋집을 얻어서 한인 구세군 영문을 세우고 전도하는 한편 성령학교(고아원)를 설비하고 25년 동안 고아 양육과 국어 교육에 노력하였으며 1937년 2월에 경제 곤란으로 인하여 폐지되었는데 특별히 고아원 사업에는 조경천의 공로가 많았다.

교인 수는 많던 때에 40여 명이고 적던 때에는 15명에 불과하였으며 교역자는 리규연, 전경준, 박호병, 한길수, 조경천 들이 봉사하였다.

하와이 천도교회

1928년 2월 4일에 정봉관, 김진호, 승용환, 리성삼 그 밖에 30명의 발기로 국내의 천도교를 연락하여 천도교 하와이 종리원을 설립하였다.

호노루루 으리버 스추릿에 월셋집을 얻어서 회관을 설비한 이래에 포교 성적이 없었고 노년 동포들의 사교 처소로 사용하며 천도교 명칭을 가지고 있던 것인데 다만 참고로 이에 기록을 남겨 두는 바이다.

엎랜드 한인장로교 미션

1907년 3월 5일에 가주 엎랜드 지방에서 김종혁, 장문섭, 김종길, 장문호 들의 주선으로 예배당을 설비하고 전도사 방화중을 청하여 예배를 시작하였으니 이것이 한인장로교 미션 설립의 처음이었다.

1911년 8월 20일에 스투월 부인의 주선과 원조로 클래몬트 지방에 한인 예배당을 건축하고 동년 11월 14일에 헌당식을 거행하였으며 이 때의 교인이 40명이었는데 주일학교를 설비하고 스투월 부인이 성경과 영어를 교수하였다.

1918년 1월 이후에 한인들이 사업과 노동의 형편을 따라서 다른 지방으로 헤어지고 없는 까닭에 미션을 폐지하였으나 스투월 부인은 이로부터 별세할 때까지 그 평생에 한인 교회사업을 위하여 경제상 후원을 계속하였다.

롬폭 한인장로교 미션

1913년 2월 27일에 롬폭 지방에 거류하던 동포들이 김성오 캠프 안에 예배당을 설비하였으며 노회에서 라풀린 목사를 파송하여 한인 미션을 설립하고 전도사 민찬호 주례로 5년 동안 예배하였다.

쌘타·아나 한인장로교 미션

1915년 5월 16일에 쌘타·아나 지방에 거류하던 한인들이 노회에 연락하여 으리촤드 목사의 지도로 한인 미션을 설립하였으며 리일형 캠프 안에 예배당을 설비하고 전도사 홍치범 주례로 3년 동안 예배하였다.

피아블로 한인감리교 미션

1917년 9월 10일에 피아블로 지방에 거류하던 한인들이 감리교 미션을 설립하였으며 기숙사 안에 예배당을 설비하고 전도사 우홍태의 주례로 2년 동안 예배하였다.

맨티카 한인감리교 미션

1917년 10월 2일에 맨티카 지방에 거류하던 한인들이 감리교 미션을 설립하고 예배당을 건축하였으며 1918년 9월 22일에 헌당식을 거행하고 황사용 목사 주례로 5년 동안 예배하였다.

스탁톤 한인감리교 미션

1922년 3월 5일에 스탁톤 지방에 거류하던 한인들이 감리교 미션을 설립하였고 1924년 10월에 콜로라도 스추릳 건물을 사서 예배당을 설비하였으며 동년 11월 5일에 헌당식을 거행하고 김탁 목사 주례로 예배하다가 그 곳의 한인들이 노동 형편을 따라서 다른 지방으로 헤어지고 없는 까닭에 1936년 2월에 미션을 폐지하고 예배당 건물을 방매하여 띨라노 예배당 건축비로 기부하였다.

큐바 천도교회

1926년 6월 29일에 갈데나쓰 지방에 거류하던 림천택이 국내의 천도교
회를 연락하여 입교하고 포교를 시작한 것이 큐바 종리원 설립의 동기였다.

갈데나스 지방에 천도교인이 증가되어 1930년 3월 23일에 천도교
큐바 종리원을 설립하고 7년 동안 포교하다가 중앙교회의 최린 일파가
일본정책에 협동하여 천도교 안에 친일태도가 만연되므로 그들과 보조를
같이할 수 없어서 큐바 종리원을 폐지하였다.

메리다 한인감리교회

멕시코 재류동포는 이민 이래 생활이 곤궁하고 멕시코에서 출생한
청년들은 대개 본토인 교회에 합류되는 까닭에 한인교회의 발전이 곤란하
였다.

일찍이 농장에서 해방을 얻은 김세원, 황명수, 리근영, 방경일, 신광히,
조병하, 정춘식 들이 메리다 지방에 거주를 정돈한 후 1908년 10월 5일에
전도회를 조직하고 성경 공부와 예배하기를 시작하였으니 이것이 멕시코
이민동포 교회사업의 처음이었다.

이민동포들이 농장에서 해방되던 때에 구제사업을 위하여 특파원으로
파송된 방화중 목사의 지도로 1909년 5월 12일에 멕시코 한인감리교
미션을 설립하였으며 대한인국민회 지방회관 안에 예배당을 설비하고
전도사 김제선 주례로 예배하였다.

멕시코 혁명란으로 인하여 동포들이 생로를 찾아서 각지에 이산된
후에 교회를 다시 부흥하지 못하였다.

딴유바 한인장로교회

1912년 9월 6일에 딴유바 지방에 거류하던 동포들이 장로교회 선교부
에 연락한 결과 노회에서 라풀린 목사를 파송하여 한인 미션을 설립하고
리치완 전도사 주례로 예배를 시작하였으니 이것이 딴유바 한인장로교회

설립의 처음이었다.

이 때에 노회에서 파송한 라풀린 목사가 미션을 관리하고 설교는 한인 전도사들이 주장하였으며 1920년 2월 15일에 미션을 한인장로교회로 승격시킨 후부터 교회를 자치하였다.

1912년 10월 15일에 '오' 스추릿 터전을 사서 예배당을 건축하고 동년 12월 23일에 헌당식을 거행하였으며 그 후 1917년 3월 8일에 예배당 기지에 목사실을 건축하였다.

최근에는 이 지방에 거류하는 동포가 많지 않고 유지가 곤란하므로 1958년 2월 4일에 교회를 폐지하였다.

교인과 교역자

교인 수는 많던 때에 150여 명이었고 적던 때에는 15명에 불과하였으며 교역자는 리치완, 홍치범 전도사들과 라풀린, 한승권, 사병순, 리살음, 리기준, 구왕도, 김형태, 김형일, 최중섭 목사들이었다.

띨라노 한인감리교회

1930년 2월 10일에 띨라노 지방에 있던 동포들이 한석원 목사를 청하여 예배를 시작하고 감리교회 선교부를 연락하여 동년 6월 13일에 감회사 떼빈쓰 주례로 교회를 설립하였다.

1936년 3월 5일에 김탁 목사가 피임한 후 체지된 스탁톤 예배당 건물값 500달러를 기부하고 교인의 특연을 받아서 예배당을 건축하였으며 동년 9월 6일에 헌당식을 거행하니 이것이 처음 예배당이었다.

1954년 10월 1일에 예배당 건물을 클린톤 스추릿으로 옮겨다가 수축까지 하였으나 근래에 이 지방에 거주하는 동포가 많지 않고 유지가 곤란하여 1958년 6월에 교회가 폐지되었다.

교인 수는 많던 때에 70여 명이었고 적던 때에는 10명에 불과하였으며

스투월 부인

교역자는 한석원, 김탁, 리기준, 김하태, 김형일 목사들이 봉사하였다.

한인 교회의 유공인사

한인교회 사업에 공헌 있는 인사가 많았으나 그 중에 신앙이 높고 일평생의 성심을 바친 두 부인을 교회 기록에 남겨두고자 한다.

스투월 부인

메리 · 엘리사벧 · 스투월 부인의 친정은 스미스 씨이며 1872년 1월 13일에 미소리 주에서 출생하였고 1892년부터는 가주 옆랜드에 거주하였으며 신앙이 높은 장로교인이요 한인 교회의 유공한 친구였다.

1905년에 한인들을 교인으로 알게 되면서부터 한인에게 대한 동정이

문또라 부인

깊었으며 이 때에 가주에서 동양인 노동자 배척이 심하였는데 한인에게 곤란이 있을 때마다 도와주었고 그들을 교회로 인도하는 일에 노력하였다.

1907년 3월에 엎랜드 한인교회 설립을 역도하였으며 1911년 8월에 클래몬트 한인예배당을 건축하는 데 경제적 후원뿐만 아니라 주일학교를 설비한 후 7년 동안 성경과 영어를 교수하였고 이로부터 한인교회에 원조를 계속하였다.

재산가는 아니나 생활이 풍족하였고 평생에 교회사업을 좋아하여서 별세하던 때까지 교회사업을 후원한 중에 한인 교회를 많이 도왔으며 1950년 1월 13일(그의 78주년 생일)에 별세하였으나 그 후에도 한인교회에서는 그의 공로를 크게 기억하고 있다.

문또라 부인

문또라 부인의 친정은 김씨요 1876년 8월 8일에 평안남도 평양군에서 출생하였으며 일찍이 1894년부터 예배당에 다니다가 1896년경에 평양 남산재 미감리교회에서 노불 목사와 스크랜톤 목사 주례 하에 세례를 받은 이후 일평생을 교회사업에 헌신한 감리교인이다.

1903년 7월 13일에 전도부인의 사명을 갖고 하와이에 와서 한인감리교회 창설로부터 오늘날까지 끊임없이 봉사하고 있는데 교회 설립 이래 곤란과 풍파가 많던 오십 성상에 항구 여일한 신앙으로 교회 건설과 발전에 공헌이 많은 하와이 한인감리교회의 원로이다.

제3장 재미 한인단체

　재미 한인단체를 세운 것은 한국 이민이 당도한 뒤에 바로 시작되었으며 조국광복운동이 그 촉진세력이었는데 민족주의 이념으로 민주제도를 바탕으로 하여 동포의 안녕보장과 조국광복을 지상으로 삼았다.

　조국이 일본의 침략을 받으매 일반 재미 한인단체가 독립운동기관으로 전환되어 정치활동을 전개하던 때에 이민동포와 망명하여 들어온 신도학생들이 노동으로 땀흘려 생활을 감보하기에 골몰하던 중에서도 애국정신을 분발하여 독립운동 하는 것을 오직 하나의 쾌락으로 알며 살았다.

　독립운동 전성시절에는 그 조직이 정치 지향이거나 사교 지향이거나 어떤 단체를 물론하고 조국광복운동 후원을 그 강령으로 삼지 않았던 단체가 없으니 이것이 나라 잃은 민족으로 외양에서 방황하던 그들의 감정과 사상의 발로였다.

　단체 건설 이래 초창, 통일, 파란, 연합 등 전환이 여러 번 있었는데 초창과 통일 시절은 조국에 사변이 계속 발생하던 때이며 사변이 있을 때마다 동포의 항일심정이 고취되고 왜적의 압박이 심할수록 분발된 적개심이 단체들의 통일과 단결을 촉진하였다.

　재미 한인단체가 이 같은 애국정신의 결정이며 50성상 가진 바 물심양면으로 조국광복사업에 바치고 조국이 일정에서 해방되던 날까지 독립운동을 계속하였다.

단체의 초창 시절

1903년부터 1908년까지 5년 동안이 단체 건설의 초창 시절이었는데 처음에 하와이에서는 어느 지방이나 10명 이상 동포가 모여 사는 곳이면 동회를 조직하고 동장과 사찰을 공선하여 동중의 질서와 친목을 유지하였으며 학교를 설립하여 아동의 국어교육을 장려하였으며 정치활동을 목적으로 호노루루에 신민회를 조직하였다.

이 때 미주에서는 동포가 많지 않았고 생업을 따라서 각지에 산재하기에 거주의 항구성이 없고 동회는 없었으나 동포간 연락과 친목을 위하여 상항에 친목회를 조직하였다.

1905년에 일본이 아일(러일) 전쟁에 승리하고 그 기세와 군력으로 한국을 침략하는데 소위 보호조약을 체결하고 국권박탈을 시작하므로 하와이와 미주의 한인단체들이 배일을 결의하였으며 1907년 7월 16일에 해아(헤이그) 평화회의에서 한국의 호소를 거절당한 리준(李儁) 열사의 순국(殉國)이 있은 다음 항일심(抗日心)이 더욱 분발하여 일반 단체가 독립운동기관으로 전환되어서 하와이와 미주에 20여 개 독립운동단체가 생기게 되었다.

신민회

1903년 8월 7일에 하와이 호노루루에서 홍승하, 윤병구, 문홍식, 박윤섭, 림치성, 임형주, 김정국, 안정수, 리교담 들의 발기로 신민회를 조직하였으며 이것이 처음으로 조직된 정치활동단체였으며 그 목적이 구국정신을 고취하여 일본의 침략행동에 반항하고 그 강령은 동족단결, 민지계발, 국정쇄신이며 회장은 홍승하였다.

동년 12월 2일에 가와이 가파아 지방에 지회를 설립하고 회원 모집에 노력하였으나 이 때 동포들의 정치의식이 박약하여 그 목적과 강령을 보급하기 곤란하였고 필경은 내부 분열이 일어서 1904년 4월 20일에 해체되었다.

신민회가 감리교인들의 조직이던 까닭에 교파의 시기로 불교인들과 성공회 교인들이 무조건 반대하며 혼란을 일으키는 한편 이민경비 수봉사건으로 인하여 내부에 싸움이 일어났다.

이민경비 문제는 동포들이 국내에서 하와이 이민에 응모할 때 하와이에 와서 생활이 정돈되면 이민경비 100달러씩을 갚겠다는 약속을 하였으나 그 후에 경주동맹회(耕主同盟會)에서 한인의 생활이 곤궁한 것을 고려하여 탕감하였는데 이민 당시에 사무원이던 테일러가 그 이민경비를 수봉하려 하므로 신민회가 테일러의 행동에 반대하여 각 지방 동포들에게 그 협잡행동을 거절하라고 통지하였으며 회원 중에서 리교담(李敎聃), 임형주(任亨周), 문경호 일파는 테일러의 행동을 협조하려던 까닭에 싸움이 일어난 것이다.

1904년 2월에 테일러가 각 농장에 다니며 이민경비를 수봉하려고 한인들을 위협하다가 에와 농장에서 구타 당하고 법정에 고소하여 한인 8명을 구타죄로 검거하게 한 후에 재판이 시작되는데 테일러의 종적이 없어진 까닭에 그 사건은 끝났으나 한인사회의 시비와 풍파는 그대로 계속되었다.

성공회 교인들과 불교인들이 결당하여 신민회를 공박하기를 그 명칭이 신민이고 그 강령이 국정쇄신이니 정부를 전복하려는 반역행동이라 하였으며 김익성과 최윤백이 속쇄판으로 신조신문을 발행하여 악선전하는 동시에 그 사건을 본국 정부에 보고하였다.

대한제국 정부는 이 보고를 받고 하와이 이민 중에 혹시 반역자들이 있는가 의심하고 있다가 1905년 9월 8일에 해외동포 위문을 구실삼아 외부협판 윤치호를 하와이에 보냈고 그는 하와이에 와서 각 지방을 순행하며 구한국 시대 관료식으로 동포들을 대하여 호령하고 경계하면서 정형을 탐지한 일까지 있었다.

친목회

1903년 9월 23일에 도산 안창호의 지도와 박성겸, 리대위, 김성무, 박영순, 장경, 김찬일, 김병모, 전동삼, 박승지 들의 발기로 가주 상항에서 친목회를 조직하였으며 이것이 미주 한인단체 조직의 처음이었는데 그 목적이 환난상부요 회장은 도산 안창호였다.

이 때 상항에 있던 동포 수가 25명에 불과하였으나 그 생활이 곤궁하고 고적하던 까닭에 서로 의지하여 생활의 안정을 얻으려는 의도로 친목회를 조직하였다.

상항 와싱톤 스추릿에 중국인 소유 광덕호의 지하실을 얻어서 회관을 정하고 동포간 연락과 친목을 장려하다가 하와이에서 동포들이 오기를 시작하여 회원이 49명에 달하던 때에 친목회를 변경하여서 공립협회를 조직하였으며 정치 활동계획의 처음이 되었다.

공립협회

1905년 4월 5일에 공립협회를 조직하니 이는 친목회의 확장이며 하와이에서 신민회가 실패한 후에 처음 출발한 정치적 운동기관이었는데 그 목적이 동족상애, 환난상부, 항일운동이었다.

상항 페씨픽 스추릿에 3층건물을 사서 1905년 11월 14일에 회관을 설비하였고 동월 20일부터 『공립신보』를 발행하였다.

사업 발전에 따라서 라성 으레드랜드, 으리버싸이드, 옥클랜드, 뽀이드, 으락스프링쓰 6처에 지방회를 설립하였으며 1908년 1월에 김성무와 리강을 원동에 보내서 수청(水淸)과 치타(乞塔) 지방에 원동지회를 설립하고 해삼위(海參威)와 만주리(滿洲里) 지방에 만주지회를 설립하였다.

1906년 4월 18일에 상항 진재로 인하여 회관이 소실된 후에 옥클랜드, 텐드 스추릿에 임시 사무소를 세우고 1년을 지냈으며 1907년 5월에 다시 상항으로 와서 뿍캔난 스추릿에 임시회관을 설비하였다가 동년 8월에 오스틴 스추릿 집으로 이전하였고 1908년 6월에 싸크라멘토 스추릿 집으로 이전하였고 동년 8월에 페리 스추릿에 집을 사서 회관을 완성하였다. 총회장 직임으로 봉사한 인사들은 제1차에 도산 안창호, 제2차에 송석준, 제3차에 정재관이었다.

대동교육회

1905년 12월 9일에 가주 파사디나에서 장경, 김밀리사, 김우제, 변창수, 리병호, 서택원, 방사겸 들의 발기로 대동교육회를 조직하였으며 그 목적이 교육진흥이고 회장은 김우제이며 총무는 장경이었다.

이 회는 '공립협회'에 대립하여 조직한 것이며 그 지도자 장경이 최초의 친목회 발기인 중의 한 사람으로서 도산 안창호와 충돌이 있은 후에 분립되었던 것이다.

대동보국회

1907년 3월 2일에 대동보국회를 조직하였으니 이는 대동교육회가 시대 요구에 응하여 정치운동을 목적하고 그 자체를 확대 개조한 것이며 그 목적이 동지단결과 민지계발이었다.

발기 회원들은 장경, 김우제, 리병호, 류홍조, 김밀리사, 윤응호, 문양목, 최윤백, 장인환, 변창수, 김춘화, 김홍균, 송사원, 양주은, 백일규, 리면식, 방사겸, 조성학, 리학현, 박도선, 서택원, 박창운, 김필권, 리성칠, 김찬일 들이었으며 중앙 총무는 장경이고 총회장은 리병호, 백일규, 문양목 들이 역임하였다.

상항 웹스터 스추릩에 중앙 총회관을 설비하고 1907년 10월 3일부터 『대동공보』를 발행하였으며 스탁톤, 푸레스노, 칼린, 뗀버, 쏠트·레잌·씨티 5처에 지방회를 설립하였다.

1907년 9월 24일에 중앙총무 장경이 원동지회 설립을 목적하고 중국 상해로 출발한 후에 큰 발전이 없이 있다가 1910년 5월 10일에 대한인국민회에 합동하였다.

에와 친목회

1905년 5월 3일에 하와이 오하우 에와 농장에서 정원명, 김성권, 윤병구, 리만춘, 김규섭, 강영소 들의 발기로 친목회를 조직하였으며 그 목적이 항일운동 일화(日貨)배척, 동족상애였는데 1906년 5월 1일부터 속쇄판으로 『친목회보』를 발행하였고 회장은 정원명이었다.

와이파후 공동회

1906년 3월 10일에 하와이 와이파후 농장에서 전도원, 안원규, 정상교 들의 발기로 공동회를 조직하였으며 그 목적이 환난상구와 일화배척이고 회장은 안원규였다.

혈성단

1906년 5월 10일에 하와이 올라·3마일 농장에서 공덕화, 신판석, 들의 발기로 혈성단을 조직하였으며 그 목적이 배일운동과 동족상애이고 회장은 공덕화였다.

자강회

1906년 6월 4일에 가와이 막가월리 농장에서 송건, 홍종표, 고석주, 리형기, 리관묵 들의 발기로 자강회를 조직하였으며 그 목적이 실력양성과 교육장려였다.

1907년 9월부터 월보를 발행하였고 엘리엘리, 하나삐삐, 카파아 3지방에 지회를 설립하였으며 총회장은 송건이었다.

공진회

1906년 12월 2일에 하와이 호노루루에서 민찬호, 리내수, 림준호, 림정수 들의 발기로 공진회를 조직하였으며 그 목적이 인재양성이고 회장은 민찬호였다.

노소동맹회

1907년 2월 3일에 하와이 하비 농장에서 정병섭, 편성원 들의 발기로 노소동맹회를 조직하였으며 그 목적이 동족상애와 일화배척이고 회장은 편성원이었다.

의성회

1907년 2월 5일에 마위 가일루아 농장에서 거류동포의 공동결의로 의성회를 조직하였으며 그 목적이 항일운동과 일화배척이고 회장은 김재규였다.

국민공동회

1907년 3월 22일에 하와이 올라·9마일 농장에서 채극여, 김봉기 들의 발기로 국민공동회를 조직하였으며 그 목적이 무예장려와 일화배척이고 회장은 채극여였다.

국민단합회

1907년 7월 17일에 마위 가히기아 농장에서 동회를 변경하여 국민단합회를 조직하였으며 그 목적이 대동단결과 일화배척이고 회장은 김건호였다.

신간회

1907년 7월 18일에 하와이 파하월로 농장에서 동회를 변경하여 신간회를 조직하였으며 그 목적이 무예장려와 항일운동이고 회장은 김성옥이었다.

실지회

1907년 7월 20일에 하와이 힐로 지방에서 거류동포 공동대회 결의로 실지회를 조직하였으며 그 목적이 무예장려 실업장려 일화배척이고 회장은 박승렬이었다.

부흥회

1907년 8월 5일에 마위 하마구아복구 농장에서 전백전, 서성년 들의 발기로 부흥회를 조직하였으며 그 목적이 인재양성과 일화배척이고 회장은 서성년이었다.

전흥협회

1907년 9월 3일에 하와이 호노루루에서 김익성, 박상하, 최봉현, 조병요 들의 발기로 전흥협회를 조직하였으며 그 목적이 대한제국 부흥운동과 교육장려인데 1908년 5월 23일부터 속쇄판으로 회보를 월간으로 발행하였고 처음 회장은 김익성이었다.

이는 성공회 교인들의 조직이었으며 하와이 한인단체 합동운동에 응하지 않고 고립되어 있다가 종당 1910년 4월에 대한인국민회에 병합되었다.

동 회

이 때 하와이에 코나, 하갈라우, 호노카, 파야, 가파아, 나와이, 와일루아 7처 지방은 동회를 변경하지 않고 있었으나 항일운동과 일화배척의 결의는 다같이 하였었다.

공제회

1907년 7월 25일에 뉴욕 시에서 황용성, 서필순, 안정수, 리원익, 신성구, 김승제, 차두환, 안규선, 양흥빈, 송헌길, 윤석규 들의 발기로 공제회를 조직하였으며 그 목적이 동족상조와 항일운동이고 회장은 안정수였다.

동맹 신흥회

1907년 11월 7일에 씨아틀에서 리정실, 김익제, 박용태, 장한조, 김정식, 오창덕, 김봉히 들의 발기로 동맹신흥회를 조직하였으며 그 목적이 동족 상애와 항일운동이고 회장은 리정실이었다.

하와이 단체 합동운동

1905년 보호조약 이후로 미주와 하와이 각 지방에 수십 개 단체가 조직되었으며 이것이 조국의 비운을 통분하던 재미동포의 애국 열정에서 일어난 급진의 발동이었다. 그러나 인수가 적은 사회에 단체가 많아서 분열 상태를 이루게 되었던 것이다.

사회 현상에 대한 비판과 여론이 높으며 지도층 인사들의 합동운동과 각 방면의 의사가 상합되어서 합동운동을 시작한 지 불과 반년에 하와이 각 단체의 합동이 성공되었다.

하와이 각 지방에 분립되었던 24단체 대표자 30명이 호노루루에 회집 하여 합동 발기대회를 열고 5일 동안 회의한 결과로 1907년 9월 2일 상오 9시에 4개조 합동결의안을 통과시키고 그것으로써 한인 합성협회를 조직하였으며 이것이 하와이 한인 전체를 망라한 통일단체였다.

합동발기대회 결의안

(1) 조국의 국권 광복운동을 후원하며 재류동포의 안녕을 보장하며 교육사업을 증진하기 위하여 우리들의 힘을 모아서 단결한다.
(2) 하와이 각 지방에 분립된 단체들을 결합하여 통일기관을 설립하 고 그 명칭을 '한인 합성협회'라 하며 호노루루에 총회를 설립하고 각 지방에 있던 단체들을 일체 폐지한 후에 한인 합성협회 지방회 를 설립한다.
(3) 한인 합성협회 총회는 시찰원을 각 지방에 파송하여 아직까지 합동에 참가하지 않은 단체나 개인들에게 합동의 의사를 설명하

게 한다.

(4) 한인 합성협회 총회는 기관 신문을 발행하되 그 명칭을 『한인합성
신보』라 하며 기왕에 각 단체가 발행하던 회보들을 『합성신보』에
합성하여 실력을 집중하고 언론일치를 도모하게 한다.

합동발기대회 참가단체 대표 서명

호노루루 공진회 대표	림정수, 민찬호, 라내수
에와 친목회 대표	정원명, 김성권, 김규섭
와이파후 공동회 대표	전도원, 안원규
가와이 자강회 대표	고석주, 손창히
와이나이 동회 대표	박기장,
와일루아 동회 대표	리종열
올라·9마일 국민공동회 대표	채극여
올라·3마일 혈성단 대표	공덕화
힐로 실지회 대표	박승열
하비 노소동맹회 대표	정병섭
파하윌로 신간회 대표	김성옥
코나 남부동회 대표	강승진
코나 북부동회 대표	최성원
코나 본동동회 대표	리대진
하갈라우 동회 대표	최성찬
호노가 동회 대표	강순종
가파호 동회 대표	김경순
가이기아 국민단합회 대표	김이원
하마구아 부흥회 대표	전백현
가일루아 의성회 대표	김재규
하나 동회 대표	박용택
파야 동회 대표	장영환
하나마누 동회 대표	리원식

나와이 동회 대표   승용환

한인합성협회

1907년 9월 2일에 '하와이' 각 단체 합동의 결과로 '한인합성협회'를 결성하니 그 제도는 회장제였고 그 목적은 조국국권 광복과 재류동포 안녕보장과 교육장려이며 그 주의 주장은 민족주의였는데 이것은 '하와이' 재류동포가 단결을 이루고 정치운동을 전개하던 첫 출발이었다.

호노루루 리리하 스추릴에 중앙회관을 설비하고 동년 10월 22일부터 『한인합성신보』를 발행하였다.

이 때 47지방에 지회가 설립되고 회원이 1,051명이었으며 회비는 매년 2달러 25전인데 회비의 명칭을 예납금(으레히 바치는 돈)이라고 하였다.

총회장은 '림정수'와 '정원명'이 역임하고 부회장은 '안원규'와 '리내수'가 역임하였는데 처음에 당선된 총회장 '림정수'는 단체 합동에 공헌이 많고 명망이 높던 인사였다.

미주한인의 단결 곤란

미주에는 동포가 모여사는 가주를 중심하고 한인사회 기관이 세워진 까닭에 동방연락이 곤란하였으며 더욱이 본국과 하와이에서 씨아틀에 도착하였다가 동방 각지로 헤어지는 동포들을 망라하지 못하여 각처에 단체가 난립되고 단결이 곤란하였다.

미주의 지방이 광활하고 동서의 거리가 멀어서 각지에 산재한 동포를 망라하기 곤란하던 동시에 귀국하려던 사람들과 본국에 자조 왕래하던 사람들은 우리 단체와 연락하지 않았으니 재미 한인단체가 모두 배일기관이던 까닭에 일본 관리의 주목을 받을까 염려하던 터이다.

단체는 동방에 적은 단체들이 있었고 가주에서 공립협회에 대립하여 대동보국회가 조직된 뒤에 대사건을 위하여 상응 협조한 때도 있었으나

림정수

파란이 많았는데 모든 난관을 돌파하고 각 단체를 연락하여 필경에 단결을 성사시킨 것이 공립협회이며 이 때의 유공 인사는 송석준이었다.

재미 한인단체 통일

재미 한인단체의 통일 계기는 대한인국민회 창립으로 시작되었으며 그 기간은 12년 동안이었으니 하와이와 미주의 단체들이 각기 자체를 해소하고 합동하여서 통일기관으로 대한인국민회를 세운 때부터 대한인국민회에 분열이 생긴 때까지이다.

하와이와 미주 단체들이 합동 발기로 1909년 2월 1일에 국민회를 창립하였고 그 이듬해 5월 10일에 대동보국회가 참가하여서 그 명칭을 대한인국민회라 하였으며 이 때에 하와이, 멕시코, 미주에서 이 합동에 참가하지 않은 단체가 없던 까닭에 이를 ‘통일시절’이라고 하였다.

송석준

　미주와 하와이 간에 3천 마일 대양이 떨어져 연락이 어려웠던 때로 1908년 3월 23일 장인환, 전명운, 두 의사 재판사건을 후원하던 때 정신상 단결을 이루었으며 일본의 통감정치가 실시된 후에 항일역량 집중을 고창하던 것이 통일촉진의 역사상 계기가 되었다.

　1908년 10월 23일에 하와이의 한인합성협회와 미주의 공립협회가 각기 대표자를 선출하여서 그들로 하여금 합동발기문을 기초하게 하여 동년 11월 30일에 발포하였다.

　합동발기문 (하와이 『한인합성신보』 참조)

　우리의 국권이 쇠퇴한 원인을 살펴보면 정부는 당파와 알륵이 심하여 국가에 충성하지 못하였고 백성은 전제정치에 눌려서 규합되지 못한 까닭이며 이것을 뉘우치는 오늘에 우리는 조국을 위하여 마음을 합하고 역량을 집중할 것이다.

조국의 운명이 위태한 이 때를 당하여 해외 동포가 사방에서 부르짖는 것이 단체합동과 역량집중이며 미주와 하와이 단체들의 합동 추진이 우리의 급선무이다.

미주 한인 공립협회와 하와이 한인합성협회가 3천 마일 대양을 격하여 그 위치가 떨어져 있으므로 각기 설립을 달리한 것이나 그 목적과 부담된 책임이 같으며 애국애족의 순결한 정신과 조국의 국권회복을 위하여 헌신하는 정성이 같으니 정신상 합동은 이미 이루어진 것이고 앞으로 남은 것은 다만 합동의 절차뿐이다.

이제 시대의 요구와 공중여론에 순응하여 한인합성협회와 한인공립협회를 합동하고 이름을 같이하며 서로 손을 이끌고 일을 같이하기 위하여 다음의 7항목 합동조례를 기초한바, 두 단체에서 이 조례를 통과하면 즉시 합동할 것을 의결하고 이를 발포하노라.

(1) 미주 한인 공립협회와 하와이 한인합성협회가 각기 자체를 해소하고 합동 후에 그 명칭을 **국민회**라 할 것.

(2) 합동의 일자는 서력 1909년 2월 1일로 정할 것.

(3) 두 단체에서 규칙 기초위원 3인씩을 선출하여 합석 토의로 국민회 규칙을 제정할 것.

(4) 규칙 기초위원의 회집 처소는 두 단체가 협의하여 정할 것.

(5) 국민회 규칙은 민주주의 원칙에 의준할 것.

(6) 새 규칙을 실시하기 전에는 종전에 쓰던 규칙을 사용할 것.

(7) 합동된 단체의 임원이 취임될 때까지는 전임 당국이 회무를 진행할 것.

서력 1908년 11월 30일

하와이 한인합성협회 대표 고석주, 김성권, 민찬호, 리내수,
강영소, 한재명, 안원규

미주 한인공립협회 대표　최정익, 리대위, 강영대, 안석중,
황사용, 리경의

국민회

1909년 2월 1일(월요일)에 국민회를 창립하니 이 날은 재미한인이 크게 뭉쳐서 조국 광복운동의 위대한 목적을 세우고 애국사업에 봉사하기를 맹약하던 날이다.

이 날의 창립 축하식은 미주와 하와이에서 대성황을 이루었는데 특별히 하와이에서는 전체 동포가 휴업하고 한인의 집마다 한국국기를 달았으며 일천여 명 동포가 호노루루에 모여서 경축할 때에 각 농장과 관청에서 이 날을 한인의 경절로 인정하였고 하와이 정부에서 총독대리와 여러 관리가 이 축하식에 참석하였다.

재미한인의 단결과 단체 통일의 소식이 전파되니 각 방면의 축하가 많았으나 국내에서는 왜적의 탄압으로 인하여 표면으로 장려하지 못하고 비밀히 보낸 축하문들이 있는데 그 중에서 유림들이 보낸 것을 기록하여 그 때의 국내정형을 참고로 삼는 바이다.

축하문 (한문에서 번역)

대한의 사상을 고취하며 대한의 지기를 수려하여 동포로 하여금 애국정신을 격발하여서 국가독립의 기초를 건설하는 단체는 오직 재미동포로다.

재미동포는 이친척(離親戚) 기분묘(棄墳墓) 하고 전역에 표박하나 국가의 배경과 영·공사의 보호가 없으니 그 정형이 얼마나 고적하였는가. 그러나 제군의 뜨거운 정성이 유리 전패에서 뛰어나 사회를 단결하고 교육을 진흥하며 조국의 정신을 배양하여 국권회복을 책동하니 실로 우리의 선도자로다.

금일 국내 정형은 삼천리 금수강산이 식민지 되고 4천년 신성민족이 노예되며 종사(宗社)의 위험이 시급하였으나 아직도 전국이 코를 골고 깨지 못하며 소위 혼돈파, 창괴파, 방관파 들의 혼란이 허다하고 여간 사회활동이 있으나 지극히 적어서 효력을 내지 못하는도다.

슬프다. 하늘이 우리 대한을 복 주지 않고자 하심인지 어찌하여 인심 환산이 이 지경에 이르는고! 기름 없는 등불이 바람이 아니라도 꺼질 것이고 벌레 먹은 나뭇잎은 서리가 아니라도 떨어질 것이 금일의 현상이로다.

우리가 미주 하와이, 해삼위 등지에 있는 해외동포의 단체들이 단결되어서 구국사업의 선봉이 되고 국내 13도에 각 사회들이 동성 상응하여 큰 세력을 세우고자 갈망하더니 이제 재미동포로부터 일대 서광이 비치는도다.

바라건대 제군이 이미 창설한 국민회의 운동방략을 크게 세우고 내외 각지를 연락하여 성공이 있기를 축도하노라.

융희 3년 3월　일
영남 유림계 대표

국민회의 조직

국민회 창립이 재미 한인단체의 통일이고 확대이니 만치 그 조직행사의 범위를 크게 하여 전체 해외한인을 망라하려고 하였다.

그래서 미주에 북미 지방총회와 하와이에 하와이 지방총회를 설립하고 멕시코와 원동 각지를 연락하여 조직의 완성을 이루기까지 3년의 시일이 걸렸던 것이다.

1909년 4월에 북미 지방총회에서 특파원 황사용과 방화중을 멕시코에 파송하여 멕시코 지방회를 설립한 이래 멕시코 재류동포는 북미 지방총회와 함께 단체 발전에 봉사하였다.

1909년 5월에 미주와 하와이 지방총회의 공동결의로 특파원 정재관과 리상설을 원도에 보내는데 리상설은 해삼위에 가서 공립협회 대표원 김성무와 전명운을 동반하고 아령을 순행하라 하고 정재관은 만주에 가서 리강을 동행하여 만주를 순행하라 하였다. 하와이에서 한사교를 통신원으로 택선하여 해삼위에 파송하였다.

원동 특파원들의 2년 동안의 노력으로 아령에 16처 지방회를 조직하고

최정익

수청 지방에 서백리아 지방총회를 설립하였으며 만주에 8처 지방회를 조직하고 하얼빈 지방에 만주 지방총회를 설립하였다.

그 후 1910년 5월 10일에 대동보국회가 국민회에 참가하게 되어 명칭을 대한인국민회라 하였다.

중앙총회

대한인국민회 중앙총회는 처음에 하와이 지방총회와 북미 지방총회 간에 사무처리를 위하여 임시조직을 두었다가 원동에 지방총회들이 설립된 후에 정식으로 조직하였으며 임시 중앙총회장은 최정익이고 부회장은 한재명이었는데 이 때의 유공한 인사는 최정익이었다.

1912년 11월 8일에 4처 지방총회 대표자들을 상항 시에 소집하여 대표회를 열고 대한인국민회 중앙총회를 설립하였으니 그 결의안과 선포문은 다음과 같다.

결의안

(1) 대한인국민회 중앙총회를 설립하여서 각지의 지방총회를 관리하며 독립운동에 관한 일체 규모를 중앙총회 지도에 의하여 행사하기로 함.
(2) 중앙총회 헌장을 기초하여 규모 일치를 도모함.
(3) 국민회 회표를 만들어 일반 회원에게 분급함.
(4) 국민회 회기를 제정하되 각 지방총회마다 그 모형을 달리하여 각기 지방을 대표하게 함.
(5) 중앙총회에 대한 지방총회의 의무금은 매년 200달러로 정함.

중앙총회 결성 선포문 (기초위원 박용만)

오늘 우리는 나라를 잃었고 우리의 생명과 재산을 보호하여 줄 정부가 없으며 법률도 없으니 동포 제군은 장차 어찌하려는고- 제군이 왜적의 정부와 법률에 복종하려는가 이는 양심이 허락되지 않아서 못할 것이니 우리가 스스로 다스리고 다스림을 받을 기관이 있어야 할 것이다.

이 시대의 정치는 자치제도가 정치의 주안이요 어느 백성이나 자치능력이 없으면 기반을 받게 되나니 나라가 없어지는 것노 그 백성의 자치력이 완전하지 못한 연고이며 잃었던 나라를 회복하는 것도 그 백성의 자치력이 완전하여야 되는 것인즉 우리는 우리 사회에 자치제도를 실시하여 우리의 자치력을 배양할 것이다.

우리가 목도하는 미국의 정치를 보라. 동과 군과 도에 각기 자치가 있어서 그 직분을 이행하며 동시에 중앙에 국가자치가 있으니 이것이 민주독립국가의 제도이다.

우리는 나라가 없으니 아직 국가 자치는 의론할 여지가 없거니와 우리의 단체를 무형정부로 인정하고 자치제도를 실시하여 일반 동포가 단체 안에서 자치제도의 실습을 받으면 장래국가 건설에 공헌이 될 것이다.

지금 국내와 국외를 물론하고 대한정신으로 대한 민족의 복리를 도모하며 국권회복을 지상 목적으로 세우고 그것을 위하여 살며 그것을 위하여 죽으며 그것을 위하여 일하는 단체가 어디 있는가. 오직 해외에 대한인국민회가 있을 뿐이오. 그 외에 아무리 보아도 정신과 기초가 확립된 단체를 찾아볼 수 없는 것이 현상이다.

어제까지 정신과 단결력을 손상하며 분립하려는 망동과 파란이 없지 않았으나 오늘부터는 큰 것을 위하여 적은 것을 희생하며 과거의 폐단을 쓸어버리고 마음을 한곳으로 기울여서 대한인국민회로 하여금 해외 한인의 자치기관이 되게 하여야 살길을 찾을 것이다.

대한인국민회가 중앙총회를 세우고 해외한인을 대표하여 일할 계제에 임하였으니 형질상 대한제국은 이미 망하였으나 정신상 민주주의 국가는 바야흐로 발흥되며 그 희망이 가장 깊은 이 때에 일반 동포는 중앙총회에 대하여 일심 후원이 있기를 믿는 바이다.

(1) 대한인국민회 중앙총회를 해외한인의 최고 기관으로 인정하고 자치제도를 실시할 것.
(2) 각지에 있는 해외동포는 대한인국민회의 지도를 받을 의무가 있으며 대한인국민회는 일반 동포에게 의무 이행을 장려할 책임을 가질 것.
(3) 금후에는 대한인국민회에 입회금이나 회비가 없을 것이고 해외동포는 어느 곳에 있든지 그 지방 경제 형편에 의하여 지정되는 의무금을 대한인국민회로 보낼 것이다.

1912년 11월 20일
대한인국민회

북미 지방총회 대표	리대위, 박용만, 김홍균
하와이 지방총회 대표	윤병구, 박상하, 정원명
서백리아 지방총회 대표(통신)	김병종, 유주규, 홍신언
만주리아 지방총회 대표	안창호, 강영소, 홍 언

대한인국민회는 민주주의에 의거하여 종교와 계급의 파벌들을 초월한 자유평등의 조직이며 그 기관은 입법과 행정의 두 부문이 있으니 일반 회원으로 구성된 대의회 혹은 대표대회가 최고결의권을 갖는 입법기관이고 중앙총회가 행정기관인데 그 관하에 북미·하와이·서백리아·만주리아 4처 지방총회가 있어서 각기 자치하였으며 4처 지방총회 관하에 116처 지방회들이 있었다.

대한인국민회가 이와 같이 설립되어서 조국광복운동과 동포의 안녕보장을 담책하였고 일반 동포가 이를 지지한 까닭에 회비의 명칭을 의무금이라고 하고 동포 중에 누구나 의무를 이행한 때에는 유권회원이고 의무를 이행하지 않은 때에는 무권회원으로 인정되었으니 1918년 안으로 도미한 동포로서는 어느 한때에 국민회원이 아니 되었던 사람이 없었던 것이다.

중앙총회 위치는 상항에 정하였다가 1913년 1월에 라성으로 이전하였으며 중앙총회장은 도산 안창호, 백일규, 윤병구 들이 역임하고 부회장은 박용만, 백일규, 홍언 들이 역임하였다.

중앙총회를 설립한 후 10년 동안 유지하고 1922년 1월 4일에 해체하였으니 그 이유는 하와이에서 리승만이 파쟁으로 지방총회를 장악하고 중앙총회와 연락을 끊었던 혼란과 3·1운동 이후에 임시대통령 임명을 받고 권력투쟁을 일으킨 분열이 심하여 재미한인 사회단체의 연립제도가 파괴된 까닭이며 이 때가 파란시절이었다.

서백리아 지방총회

1911년 10월 20일에 대한인국민회 서백리아 지방총회를 설립하였는데 그 관하에 치타, 이르크쓰크, 수청, 철야빈, 중홍, 황구, 신영, 동호(洞湖), 승지(勝地) 진영, 홍석, 신풍, 만춘(滿春), 우지미, 석탄동(石炭洞), 해삼위의 16처 지방회가 있었고 회원이 1,150명에 달하였으며 지방총회장은 양주륜이고 부회장은 홍신언이며 총회의 위치는 수청 지방에 있었다.

서백리아 지방총회가 4년 동안 존속하였으며, 제1차 세계대전 혁발 후에 전시계엄령과 공산당의 혁명소동으로 인하여 동포들이 안정을 얻지 못하고 이산된 까닭에 1915년 5월에 폐지되었다.

만주리아 지방총회

1911년 11월 13일에 대한인국민회 만주리아 지방총회를 설립하였으며 그 관하에 하얼빈(哈爾賓), 석도하자(石島河子), 횡도하자(橫道河子), 목능, 흑하(黑河), 해합리, 만주리(滿洲里), 삼성(吉林省) 8처의 지방회가 있었다.

지방총회 위치는 하얼빈 지방이었고 총회장은 탁공주이며 부회장은 강복수였는데 이 곳의 동포들이 생활의 안정이 없어서 이동이 심하고 연락이 곤란하였던 까닭에 지방총회를 오래 유지하지 못하고 1914년 7월에 해체하였다.

북미 지방총회

대한인국민회 북미 지방총회는 1909년 2월 1일에 국민회 창설과 함께 설립된 북미 지방기관이며 단체합동의 결과로 미주에 있던 공립협회와 대동보국회를 계승하였다.

동년 2월 10일에 기관신문을 창간하였으니 이것이 『공립신보』를 계승한 것이며 창간 이래 50성상에 주간 발행을 계속하고 있는 『신한민보』이다.

동년 3월 24일에 국민회 규칙을 만들어서 미주·하와이·원동 각 지방회에서 일제히 사용하였다. 이 때는 중앙총회가 설립되기 전이었으나 불원간 설립될 중앙기관을 예기하고 기초하였으며 이 규칙이 9장 79조로 기초되었는데 그 중에서 다만 제1장 총칙을 다음에 기록하여서 그 목적과 조직의 정신을 참고하게 하는 바이다.

제1장 총칙

제1조 본회의 명칭은 국민회라 함.

제2조 본회의 목적은 교육과 실업을 진발하며 자유와 평등을 제창하여 동포의 영예를 증진하며 조국독립을 광복함에 있음.

제3조 본회의 기관은 입법과 행정의 두 기관이 있는데 입법기관은 일반회원의 대표로 조직된 대의회이고 행정기관은 중앙총회와 지방총회, 지방회의 3종이 있음.

제4조 본회의 위치는 아래와 같음.

    (1) 중앙총회는 일정한 위치가 없고 경우에 따라서 편리한 곳에 설치함.

    (2) 지방총회는 여러 지방회와 교통이 편리한 곳에 설치함.

    (3) 지방회는 일부 지방의 회원들이 모여사는 곳에 설치함.

제5조 본회의 설립은 건국 기원 4242년 2월 1일부터 시작되었음.

1910년 5월 10일에 국민회 명칭을 대한인국민회로 개정하던 때와 1914년 7월 1일에 북미 지방총회 자치 규정을 기초하던 때와 1920년 10월 17일에 발포한 대한민국 임시정부 교민단령에 의하여 교민단의 의무를 이행하던 때에도 그 목적과 조직은 변하지 않았으며 그 명칭이 이미 외교상으로 널리 알려지고 역사 관념으로 동포의 인상이 깊이 들어서 변동하기 어려운 이유를 임시의정원에 제출하여 그 명칭을 그대로 사용하라는 허가를 얻은 일이 있었다.

한인기관 공인

대한인국민회 창립 이래 특별히 일제강점 후에 국제문제로 발생되는 국제사건에 대하여 일본 영사의 간섭을 일체 거절하는 운동이 있었는데 필경은 미국정부 국무장관의 발표로써 한인의 기관이 공인되고 한인과 일인 간에 대우가 분별되었으니 그 사실이 아래와 같다.

1913년 6월 27일에 가주 으리버싸이드 지방에서 한인 11명이 헤멜지방에 있던 영국 사람 씨몬의 살구농장으로 일하러 갔다가 그 곳 주민들에게 축출을 당하였으니 이 때에 가주에서 일인노동자 배척이 심하였던 까닭이다.

일본 영사 누마누가 한인들을 심방하고 그 사건을 미국정부에 교섭하여서 배상을 받아주마 하고 간섭하려는 것을 거절하였으며, 북미 지방총회가 그 지방 주민들과 교섭하여 사건을 타협 해결한 후에 다음과 같은 공함을 미국정부에 보내서 한인과 일인 간의 대우를 분간하라고 요구하였다.

상항 발 전보

미국정부 국무장관 뿌라이언 귀하

귀하께 드리는 바는 근일에 한인 11명이 헤멜 지방에 일하러 갔다가 그 곳 주미들에게 축출을 당하였는데 이 사건을 일본영사가 간섭하려고 하나 우리가 일본관리의 간섭을 원하지 않는 까닭에 본회가 그 지방 주민들을 교섭하여 시비를 타협하였습니다.

귀국 법률 밑에 사는 한인들은 대개 한일합방 전에 한국을 떠난 사람들이고 한일합방을 반대하며 해가 하늘에 떠 있는 한 일본정부의 간섭을 받지 않을 터이니 전시나 평시를 물론하고 재미한인을 일인과 같이 대우하지 말며 어느 때든지 한인에 관한 문제는 한인사회에 교섭하시기 바라나이다.

1913년 6월 30일

대한인국민회 북미지방총회 총회장 리대위

미국 국무성 발표

'한인은 일인이 아니다'라는 대한인국민회 총회장의 전보를 받았다. 그 전보에 말하기를 재미한인은 대개 한일합방 전에 한국을 떠난 사람들이고 한일합방을 인정하지 않으며 일본정부와 관계가 없고 일본관리의 간섭을 받지 않겠다 하였은즉 이로부터 재미한인에게 관계되는 일은 공사나 사사를 물론하고 일본정부나 일본관리를 통하지 말고 한인사회와 교섭할 것이다.

1913년 7월 2일
미국 국무장관 뿌라이언

국무장관 뿌라이언의 발포가 신문에 발표된 후에 관청과 민간에서 한인과 일인 간의 분별을 공식화하였고 대한인국민회는 재미한인 대표기관의 대우를 받았다. 그리고 미국정부가 한인에게 관계되는 일은 국민회로 교섭하였으며 이러한 관계로 인하여 여행권 없이 미국에 온 한인들에게 국민회의 보증으로 입국을 허락한 일이 있었다.

이 시절에 북미 지방총회가 미국정부에 사단법인 관허를 청원하여서 1914년 4월 6일 가주 정부 관허장을 얻으니 그 권한이 회원의 안녕을 보장하며 비영리적 공익사업을 운영함에 있었다.

대한인국민회가 창립 이래에 재미한인의 단결을 이루고 조국광복운동에 활약하다가 대한민국 임시정부 설립 후에 리승만의 충돌과 파쟁으로 인하여 파란을 겪었다.

미주 국민회의 파란

1918년 11월에 제1차 세계대전이 종결되고 승전자들이 파리에서 강화회를 준비하던 때에 대한인국민회 중앙총회가 미주, 하와이, 멕시코 재류 동포들을 소집하여 강화회에 한국 대표 파송을 결정하고 리승만, 민찬호, 정한경 들을 대표로 임명하여 강화회의에 파송하였다.

그러나 대표들이 미국정부의 출국 허가를 얻지 못하여 출발하지 못하고 방황하던 중에서 리승만은 한국의 '국제 위임 통치'를 제출하고 정한경은 '한국의 자치론'을 발표한 까닭에 민중의 비난이 일어났다.

리승만과 정한경이 사실을 고백하지 않고 애매한 구실로 그 실책을 회피하려 하므로 인심이 더욱 현혹되어서 사회에 시비가 계속되는데 일파의 주장은 위임통치안 제출과 자치론 발표가 우리 민족 의사에 위반되는 행동인즉 그 실책을 성명하여 우리 민족의 의사를 명확하게 하고 대표를 사면하라는 것이었으며 그 반면에 일파는 리승만을 옹호하여 주장하기를 위임통치 문제는 리승만 박사를 모함하려는 선전이라고 하였다.

그러한 가운데 1919년 3월에 조국독립선언의 소식을 받고 대한인국민회 중앙총회가 재미동포를 동원하여 독립운동과 상해의 대한민국 임시정부 건설을 후원하는 한편 국내에서는 13도 대표가 한성정부를 조직하고 각원을 택선하는데 리승만을 집정관 총재로 임명하였다.

리승만이 이 소식을 받으면서 집정관 총재 직권으로 와싱톤에 구미위원부를 조직하고 정부행정을 자의로 대행하며 공채표를 발행하고 대한인국민회가 대한민국 임시정부 재무부 령(令)으로 수봉하던 애국금을 정지하라 하였다.

이것이 임시정부 정책이 아니고 리승만의 자의행동이던 까닭에 대한인국민회가 응락하지 않으니 리승만이 구미위원부 통신을 발행하여 파쟁을 선동하였고 그 시비의 영향이 조국광복운동에 미치므로 국민회가 모든 시비를 희생하고 1920년 7월부터 중앙총회의 행정을 중단하였으나 단체 간에 혼란은 험악하였다.

1921년 3월에 리승만 동지자들이 대한인국민회 하와이지방총회를 변경하여 교민단을 만든 후에 북미 지방총회에 대립한 결과로 미주와 하와이에 분열이 파급되었다.

북미 대한인국민회

1922년 1월에 대한인국민회 북미 지방총회가 대의회 결의로 중앙총회를 폐지한 후에 미주, 멕시코, 큐바에 있던 지방회들만으로 국민회를 재편성하고 그 명칭을 북미 대한인국민회라 하였으니 이것이 파란으로 인하여 파상되고 남은 역량을 결속하고 있었다.

이 때에 전후 평화회와 태평양의 모든 문제들이 조정되었으나 우리는 독립운동의 큰 성과를 얻지 못하고 임시정부와 독립운동을 강화하는 것이 당면 문제였는데 임시대통령 리승만이 정부 각원들과 충돌하여 분열이 발생하고 사회단체 간에 파쟁이 조장되어서 아무 계획도 할 수 없게 되었던 것이다.

대한인국민회가 이 같은 혼란에 싸여 있다가 1931년 9월 18일에 일본이 만보산 사변을 일으키고 만주를 침략하던 때에 재만한인이 일인의 앞잡이가 되었다는 혐의로 중국 민중의 감정이 악화되는 까닭에 대중 외교와 선전에 노력하였으며 이로부터 단체의 활동이 소생되었다.

1931년 10월에 선전부를 조직하고 아래의 5개 사항을 실현하는 데 노력하였다.

(1) 우리는 중국인과 동구 적개하여 왜적에 반항하고 그 침략행위를 선진하여 세계의 공의를 환기할 것.
(2) 재만한인이 왜적의 앞잡이가 아닌 것을 성명하여 한·중 민족 간에 융화를 도모하고 미주에 있는 중국인 신문들을 통하여서 대중선전에 노력할 것.
(3) 상해에 있는 한교협회에 연락하여 대중 외교운동을 촉진할 것.
(4) 미주에서 선전사업을 확대할 것
(5) 미주와 하와이의 각 단체를 연락하여 대중외교의 행동을 일치하게 하고 외교와 선전사업 후원금을 모집할 것.

북미 대한인국민회 부흥

우리 단체의 실력이 미약한 것을 근심하고 있던 국민회 당국과 여러 방면 지도자들이 원동 정세의 좋은 기회를 인식하고 연합하여서 1936년 5월 17일에 각 지방 대표자들을 소집하여 원탁회의를 열었는데 남가주,

북가주, 중가주에서 참석한 대표자들이 아래와 같다.

김　호, 리살음, 송헌주, 최진하, 송종익, 한재명, 한승곤, 김성권,
림치호, 김병연, 리영수, 김창만, 안석중, 김종림, 임지성, 정지영,
윤병희, 손승조, 김　탁, 홍 언, 리순기, 림준기

그 원탁회의에서 합의된 단체 부흥책과 합동안을 일반 동포에게 광포하
고 국민회는 동년 7월 5일에 대의회를 열고 아래와 같은 결의안을 통과시
켰다.

결의안

(1) 각 지방에 분립된 단체들을 합동하여 우리 사회를 부흥하며 항일
운동과 임시정부 재정 후원을 충실하게 함.
(2) 북미 대한인국민회를 개량하여 위원제도를 채용하되 그 명칭은
변경하지 아니할 것임.
(3) 임시정부 후원과 청년운동과 노년 구제 사업들을 급선무로 실시
함.
(4) 2세 청년을 위하여『신한민보』에 영문 기사를 게재하기로 함.
(5) 총회관을 라성에 이전하여 새로 건축하되 건축비는 8천 달러를
예산함.
(6) 총회관 건축 위원은 송헌주, 김호, 송종익, 한시대, 김병연, 김창만
들을 선정함.
(7) 대한인국민회의 새 제도는 1937년 1월 1일부터 실시함.

이 부흥운동은 북미 대한인국민회의 두 번째 전환이며 이 때에 헌장을
15장 54조로 수정하였는데 그 중에 제1장 총칙과 부칙을 하기하여 참고로
삼는다.

대한인국민회 헌장

제1조 본회는 재미한인으로 조직하여 이름을 대한인국민회라 칭함.
　(단 재미한인은 미주, 멕시코, 큐바 등지에 거류하는 동포를 칭함)
제2조 본회는 자유와 평등을 존중하여 동포의 공동복리를 도모하며
　조국의 광복운동을 추진하기를 목적으로 함.
제3조 본회의 목적을 달성하기 위하여 아래와 같은 강령을 세움.
　　(1) 구제를 실시
　　(2) 교육을 장려
　　(3) 경제발전을 장려
　　(4) 임시정부를 후원
　　(5) 동포의 애국정신을 고취
제4조 본회의 기관은 중앙과 지방의 두 기관으로 구분하여 중앙기관
　은 전체 대표대회, 중앙집행위원회, 중앙상무위원회, 중앙 감찰위
　원회 들로 성립하며 지방기관은 지방대회, 지방집행위원회, 지방
　상무위원회, 지방감찰위원회 들로 성립함.
제5조 본회 중앙기관의 위치는 북미 합중국 캘리포니아 로스·앤젤
　쓰에 실치함.

부칙 :
본회에 청년부를 설치하고 그 권한을 아래와 같이 정함.
(1) 청년부 대표 3인을 전체 대표대회에 참석하게 함.
(2) 청년부 대표는 다른 대표와 같은 대우를 받되 다만 표결권이
　없음.
(3) 중앙집행위원회와 중앙상무위원회에 청년부 대표 2인씩을 참석
　시켜서 회무를 실습하게 함.

국민회 부흥 이래 10년 동안은 다사다난하던 시절이었는데 그 시대
요구에 응하여 최선의 봉사를 하였으며 특별히 미일전쟁 이후 조국해방
당시까지 외교사업과 국방후원과 동포의 전시안녕 보장을 역도하는 동시

에 대한민국 임시정부와 광복군 편성을 후원하였다.

필경에 조국이 해방되었으나 정세는 험악하여서 다시 국제세력 충돌로 인하여 민족과 국토가 남북으로 분열된 후에 동족상쟁까지 보게 되었다. 그래서 1953년 11월에 이르러 새로운 주장을 세우고 또 한 번 헌장을 수정하였다.

대한인 국민회 헌장

제1장 총칙

제1조 본회는 재민한인으로 조직하며 이를 대한인국민회라 함.

제2조 본회의 목적은 자유와 평등을 준수하며 동포의 공동복리를
　　　도모하여 조국의 민주정체 수립과 남북통일을 촉진함에 있음.

제3조 본회의 목적을 달성하기 위하여 아래와 같은 강령을 세움.

　　(1) 교육을 장려

　　(2) 실업을 발전

　　(3) 구제를 실시

　　(4) 자유세계 민주주의 민족들과 제휴 병진함.

　　(5) 공산주의와 그의 정책을 배척함.

　　(6) 민주주의에 위반되는 반동세력과 독재자를 반대함.

　　(7) 국가의 안녕을 소란하는 전쟁 조장자를 배척함.

회 원

일찍이 재미한인 사회에 다른 정치단체가 없었고 오직 대한인국민회가 동포 전체를 대표하여 안녕보장을 담책하였던 까닭에 동포 중 누구나 의무금을 낸 때에는 유권회원이고 의무금을 내지 아니한 때에는 무권회원으로 인정하였다.

회원 수는 매년에 의무금 낸 사람만 계산하므로 해마다 증감되는데 많았던 때에 850여 명이었으며 근래에는 회원 수가 저감되어서 120명에 불과하다.

대한인국민회 총회관

　일찍 이민으로 도미한 인수가 줄어들고 미국에서 출생한 청년들은 우리 사업에 흥미를 갖지 못하며 조국해방 후에 이민이 많지 않은 것이 회원 저감의 이유이며 앞으로 이민이 계속되면 회원이 증가될 것을 기대하고 있다.

　회원의 의무금 액수가 여러 번 개정되었으니 1909년 1911년까지는 매년에 3달러씩이었고 1912년으로 1922년까지는 5달러씩이었으며 1923년으로 현재까지는 15달러씩이다.

　미주에서 한인과 일인을 분별할 필요가 여러 번 있었는데 일인노동자 배척이 심하던 때와 미국과 일본 간에 충돌이 있던 때에 더욱 필요하였으며 그런 때 국민회 회원증서를 발행하여 동포의 안녕을 보장하였다.

　회원증서는 1910년과 1913년과 1935년에 각각 발행하였으며 매번 그 모형을 달리하였다. 그리고 1941년 펄·하버(진주만) 사변 당시에는 전시 비상정책으로 재미한족 연합위원회 증서를 전체 동포에게 발급하였다.

총회관

대한인국민회 총회관 위치는 1909년으로 1936년까지 28년 동안 북가주 상항에 있었고 1937년부터 현재까지 남가주 라성에 있다.

국민회 설립 직후에 패리 스추맅 공립협회 회관을 이어서 사용하였으니 이것이 처음 회관이었으며 1914년 9월에 그 건물을 방매하고 옥 스추맅 가옥을 6천 5백 달러에 매득하여 회관을 확장하였으나 사무의 편의를 위하여 마켓트 스추맅 '휴쓰 · 페씨픽 · 삘딩'에 사무소를 설비하였으며 회관집은 예배당과 집회실로 사용하였다.

1918년 5월 1일에 가옥의 부채를 청산하고 회관을 완전히 소유하였는데 이것이 552명 회원의 특연으로 성공된 것이다.

1937년 사회부흥운동의 결과로 총 회관을 라성에 이전하고 쩨퍼슨 · 뿔받에 터전을 매득하여 회관을 새로 건축하고 동년 4월 17일에 건관식을 거행하였으며 이것이 현재의 총회관이다.

지방회

북미 대한인국민회 지방회는 각 지방 동포의 거주 변동에 따라서 증감되었으니 한때 다수 동포가 모여사는 곳에 지방회를 설립하였다가 그 동포들이 생업을 따라 다른 곳으로 이전하면 지방회가 폐지되는 일이 많았다.

전성시대에는 뉴욕, 오하이오, 띄추로잎, 시카고, 캔싸스, 와이오밍, 콜로라도, 네부라쓰카, 몬테나, 와싱톤, 남가주, 북가주, 중가주, 멕시코, 큐바 등지에 38처 지방회가 있었으나 근래에는 각 지방에 13처 지방회가 있다.

역대의 회장

북미 대한인국민회는 창립으로부터 1936년까지 회장제도를 채용하였고 1937년으로부터 현재까지 위원제도를 채용하고 있는데 총회장과 부회장과 중앙 집행위원장과 중앙 상무부 총무직에 봉사한 이사들은 다음과 같다.

선거년도	총회장	부회장
1909년 2월	정재관	최정익
1909년 6월	최정익	(회장이 겸임)
1910년 2월	황사용	리대위
1911년 2월	문양목	강명화
1912년 2월	강명화	주 원
1913년 2월	리대위	조성학
1915년 2월	리대위	황사선
1916년 2월	강영소	황사선
1918년 2월	리대위	임정구
1919년 4월	임정구	(회장이 겸임)
1920년 2월	강영소	황사선
1921년 2월	최진하	황사선
1922년 2월	강영승	김현구
1923년 2월	최진하	장인환
1924년 2월	최진하	한재명
1926년 2월	백일규	황보정걸
1928년 2월	백일규	황사선
1931년 2월	백일규	홍 언

선거년도	위원장	총 무
1933년 2월	백일규	임정구
1935년 3월	최진하	임정구

최진하

1937년	1월	김 호	최진하
1939년	1월	송헌주	최진하
1940년	1월	한시대	김병연
1941년	1월	송헌주	김병연
1945년	1월	김 호	김병연
1945년	10월	리옥형	조원두
1947년	1월	리옥형	강영문
1948년	1월	김용성	최진하
1949년	1월	김 호	최진하
1950년	1월	김형순	최진하

북미 대한인국민회에 봉사한 인물 중에서 총회장과 중앙집행위원장과 중앙상무부 총무직임에 봉사한 연조가 깊고 공적있는 인사들을 간단하게나마 소개하여 두고자 한다.

총회장 리대위는 건설시절에 신문 주필을 겸임하고 4년 동안 건설사업과 문맹퇴치에 유공한 인사이고 총회장 백일규는 독립운동 시절에 신문주필을 겸임하고 9년 동안 동포의 애국정신 고취와 독립운동 후원에 유공한 인사이며 재미한인 출판사업 기록에서 그들의 사진과 약력을 볼 수 있다.

최진하는 1890년(경인년) 3월 3일에 한국 평안남도 평양군에서 출생하였으며 일찍이 미국유학을 목적하고 일정에서 망명 출국하였다. 1916년 9월에 미국에 와서 그 이듬해 1월 북미 대한인국민회 총무 임명을 받은 이래 국민회 발전에 봉사하였다.

1921년 2월에 북미 대한인국민회 총회장으로 당선된 후에 여러 번 재선되어서 단체발전과 독립운동 후원에 노력하였다.

1936년 6월에 국민회부흥과 개량을 역도하였고 그 이듬해 1월에 중앙상무부 총무로 당선되었다.

1950년 2월 이후에는 중앙상무부 총무와 『신한민보』 주필을 겸임하였으며 국민회 발전을 위하여 27년 동안 봉사한 유공자이다.

김형순은 1886년(병술년) 5월 4일에 한국 경상남도 통영군에서 출생하였으며 일찍이 영어에 조예가 있어서 이민 시절에 통역으로 하와이에 왔었다. 1903년 12월에 하와이에 와서 마위 농장의 통역으로 있다가 1909년 2월에 귀국하였다. 1913년 8월에 미국 유학을 목적하고 다시 미국에 와서 생업에 힘쓰는 여가에 단체건설과 독립운동 후원에 노력하였다. 1920년 봄부터 농사에 뜻을 두고 중가주에 온 이래 30년 동안 노력의 결과로 으리들리 지방에 김형제상회를 설립하고 재미한인 농업계에 명성 있는 사업가가 되었다. 1939년 3월 1일에 으리들리 지방 한인장로교회 예배당 설립에 노력하고 이를 유지하는 데 물심양면으로 성심을 바치었으며 교회 설립 이래에 장로로 봉사하고 있다. 1950년 1월에 대한인국민회 중앙집행위원장으로 당선한 이래 10년 동안 국민회 발전에 봉사하고 있다.

김형순

총회의 재정

총회의 재정은 국민회의 사업경비를 말하는 것인데 원래 경제력이 미약한 재미한인 단체로서 일찍이 사업기금을 저축할 기회가 없었고 일이 있을 때마다 동포의 특연을 수합하여 그 경비를 감당하였다.

그래서 교육과 구제와 독립운동 후원에 모든 사업을 위하여 각 명목으로 특연을 수합하였으며 총회의 경상경비는 회원의 의무금과 경상비 특연으로 충당하였는데 지나간 50년 동안에 사업경비로 지출한 것이 백만 달러를 초과하였다.

근래에 회원의 수가 저감되고 부담이 과중하여지는 대책으로 1948년 1월에 재원을 성립하기 시작하여서 1952년 4월 라성 시 제42가에 있는 아파트먼트 건물을 3만 달러에 매득하고 그 빌딩에서 수입되는 월세금을 경상비에 보충하고 있다.

현재에 국민회 소유 재산이 7만 달러이고 그 외에 기본 적립금과 장학금과 유산부 적립금들이 적립되어 있다.

하와이 지방총회

대한인국민회 하와이 지방총회는 1909년 2월 1일에 국민회 창설과 함께 설립한 하와이 지방기관이며 단체합동의 결과로 한인합성협회를 계승한 것이다.

동년 1월 15일부터 『신한국보』를 발행하였으니 이는 『한인합성신보』의 후신인데 1913년 8월 1일에 그 체재를 개량하고 명칭을 『국민보』로 고친 이래 지금까지 주간으로 발행하고 있다.

하와이 지방총회가 국민회 통용규칙을 사용하다가 1913년 1월 27일에 지방자치규정을 기초하였으며 그 자치규정이 6장 155조인데 그 중에서 제1장 총칙만을 아래에 기록한다.

대한인국민회 하와이 지방총회 자치규정

제1장 총칙

하와이 군도에 산재한 대한인민은 안녕질서를 유지하며 공익을 도모하며 단체의 실력을 양성하며 조국의 국민된 의무를 이행하기 위하여 전능하신 상제 앞에서 이 규정을 제정함.

제1조 본 조직체는 대한인국민회의 한 부분으로서 그 관할구역을 하와이 군도에 정하고 가와이, 마위, 오하후, 하와이 4섬의 재류동포로써 성립하며 이를 대한인국민회 하와이 지방총회라 칭함.

제2조 본회의 목적은 자유사상과 평등주의를 제창하며 교육과 실업을 장려하며 동포의 실력을 배양하며 만세국가의 독립을 회복함에 있음.

제3조 대한국민으로서 본회 관할구역에 거류하는 동포는 누구나 본회 회원의 자격이 있으며 본회는 그들로 하여금 의무를 이행하고 권리를 갖게 함.

제4조 본회의 기관은 입법부와 행정부의 구별이 있어 입법부는 각
　지방을 대표한 대의원과 각 구역을 대표한 참의원으로 구성하며
　행정부는 중앙에 지방총회와 각 지방에 지방회와 각 구역에 구역회
　가 있음.
제5조 본회의 법안은 대한인국민회 중앙총회 헌장과 지방총회 자치
　규정 범위 안에서 제정하되 반드시 위반이 없어야 함.
제6조 매년 2월 1일은 대한인국민회 창립기념일이며 하와이에 거류
　하는 동포는 이 날을 경절로 지킬 것임.

대한인국민회 창립이 재미한인단체의 통일이었고 확장이었던 까닭에
조직의 개량과 조국광복사업에 관한 외교선전과 교육사업과 출판사업
등 일이 많았고 그 사업들을 위하여 인물이 필요하므로 네부라쓰카 대학
정치과를 수업한 박용만을 청빙하였으며 1912년 12월 6일에 박용만이
하와이에 와서 국민회 발전에 공헌이 많았다.

하와이 지방총회가 사단법인 관허를 청원하여 1913년 5월 9일에 하와
이 정부 관허를 얻으니 그 권한이 회원의 안녕을 보장하며 교육과 구제와
비영리성 공익사업을 운영함이고 그 관허 청원에 정칠래, 박원걸, 박용만,
홍인표, 박승준이 서명하였다.

대한인국민회 하와이 지방총회 설립으로부터 1915년까지는 자치의
규모가 째이고 하와이 정부도 한인사회를 신용하여 특별 경찰권을 허락하
였으므로 한인의 경찰자치가 되어서 한인 간에 시비사건이 있으면 국민회
경찰부장이 그 사건을 조사하여 처리하였고 사건이 중대할 때는 미국
법정으로 넘기는데 국민회 조사와 초심을 합법 행사로 인정하였다.

그리하여 1913년 1월부터 국민회가 하와이 각 섬에 한인이 거류하는
구역마다 국민회 경찰부장을 두고 경찰행정을 자치하였으며 1915년
5월에 리승만이 국민회 풍파를 일으키고 그 파동의 기세를 이용하여
국민회를 장악한 이후에 파쟁이 계속되고 도덕상 신용이 타락되어 특별
경찰권을 상실하였다.

하와이 지방총회 파란

대한인국민회 하와이 지방총회 조직개량과 신문출판의 일이 많아서 교육사업과 외교운동에 힘쓰기 어렵게 되었던 때에 마침 리승만이 본국 감리교 평신도 대표로 미주에 와서 미늬아나폴리쓰에서 열렸던 감리교 대회에 참석하였다가 귀국하지 않고 외교와 출판사업을 하겠다고 박용만에게 원조를 청하였다.

박용만이 리승만의 청원을 국민회에 제출하였으나 국민회가 아직 사업을 크게 착수할 준비가 없던 까닭에 주저하다가 필경 박용만의 간절한 제의를 거절하지 못하고 동의하였다.

이 때에 박용만이 『신한국보』에 리승만을 찬란하게 소개하여 일반 동포의 동정심을 환기한 결과로 1913년 2월 27일에 리승만이 하와이에 와서 동포의 환영을 받았으며 그 광경은 조국해방 후에 한민당 일파와 미군 사령관 하지가 리승만을 국내 민중에게 찬란하게 소개하여서 막연한 민중으로 하여금 공연한 희망을 갖고 추앙하게 하던 것과 비슷하였다.

리승만이 하와이에 와서 동포의 환영은 받았으나 일이 없었으니 국민회에 들어가 박용만 밑에서 일하기를 원하지 않았던 까닭이었다.

그래서 감리교회 감회사 와드맨을 협조하며 감리교 한인 기숙학교 학장 직임을 얻어서 학교를 관리하던 동시에 자기 영업으로 『태평양잡지』를 발행하였는데 국민회와 박용만을 비난하며 민중심리를 선동하기 시작하였다. 리승만이 그런 형편으로 1년을 지나던 동안에 한인여자학원 설립을 시작하고 국민회의 원조를 청하는데 일찍이 국민회가 교회사업을 위하여 매득하여 두었던 엠마 기지를 자기에게 주어서 교육사업에 쓰게 하라고 하였다.

국민회가 엠마 기지를 한인 여자학원 설립에 기부하기를 허락하였을 때 리승만은 그 기지를 자기의 명의로 양도하여 주고 마음대로 처리하게 하라고 요구하였고 국민회는 공유물을 개인의 명의로 양도하지 않겠다고 한 까닭에 리승만이 국민회를 반대하기 시작하였다.

1914년은 하와이 지방총회가 확장되던 때이며 이 해에 수입된 회원의 의무금이 1만 달러를 초과하였고 총회관 건축을 위하여 수입된 건축특연이 5천 달러였으므로 국민회에 많은 재정이 들어갔는데 리승만에게 교육비를 주지 않았다는 감정으로 『태평양잡지』에 국민회 임원을 비난하는 기사를 계속하며 인심을 선동하였다.

이 때에 공교로운 사건이 발생되어서 풍파 조장에 유리한 기회를 주었으니 그 사건은 1915년 1월 15일에 지방총회 대의회에 제출된 회관 건축비 문부 조사보고였다. 그 문부 조사보고에 의하면 회관 건축비 특연 수입이 5,249달러 50전이고 각 지방에서 차래한 차금이 2,155달러인데 건축비로 지출한 것이 4,040달러 56전이요 수전위원 박상하의 범용이 831달러 15전이요 재무 홍인표의 범용이 1,548달러 17전이요 시재금이 984달러 53전이었다. 대의회에서 재정 범용자들을 심사한 결과 박상하는 속히 환보하겠다고 하였으며 홍인표는 1년 기한을 주면 배상하여 환보하겠다고 하였다.

법률로 조처하면 재정 범용자들은 처벌할 수 있으나 재정이 수봉되지 않을뿐더러 사회의 체면 손상이 있는 까닭으로 그 범과자들을 용서하고 기한을 주어서 재정을 환보하게 하였다.

대의회의 처사가 이같이 된 것을 기회 삼아서 리승만이 『태평양잡지』에 국민회를 비난하며 사회풍파를 조장하던 선동적 기사가 많았는데 그 중의 하나를 아래에 기록한다.

성명서 리승만 (『태평양잡지』 제2권 5호, 6호 참조)
하와이는 내외 각지에서 희망을 두는 곳이고 이 곳 한인의 발전이 각지에 있는 한인의 희망인데 이 곳에 일이 잘못되는 것을 보고 말하지 않으면 그 책임이 나에게 있다고 할 것이므로 지금 사실을 말하고자 하노라.

내가 이 곳에 온 지 두 해가 되었고 그동안에 보는 것을 설명하고자

한 때가 한두 번이 아니었으나 참고 있던 이유가 있다.

첫째로 맡은 일이 중하여 다른 것을 생각할 여가가 없었고 둘째로는 만일에 공리를 밝히면 다치는 사람이 있을 것이며 다치는 사람은 응당 말하기를 리승만이 단체를 방해한다고 할 것이요 그 결과는 당파싸움인데 나는 당파싸움에 참여하기를 원하지 않는 까닭에 조용히 이 곳을 떠나는 것이 상책이라고 생각한 것이다.

이 곳에 있기를 다시 작정할 때에 국민회 당국과 의논하기를 출판사업은 국민회가 간섭하지 말고 나의 사업으로 할 것과 모든 연조금을 내가 직접으로 받기를 언약하고 교육 특연을 청연하는 때에 국민회 당국이 회관 건축 의사를 제출하여 건축 특연을 거두며 교육 특연을 방해하였으니 이것이 교육사업을 위하는 것이 아니다.

대저 국민회관 건축이 우리에게 학식을 주겠는가. 재정을 주겠는가. 일반 동포가 이해득실을 판단하여야 할 것이며 이제 잡지사업과 학생기숙사 일이 잘못되거든 그 책임이 누구에게 있는 것을 알아야 할 것이다.

사실을 말하면 국민회에 돈을 주어서 시루에 물 붓듯이 없애는 것보다 리승만에게 주어서 사업하는 것이 한인 전체의 유익이 될 것이다.

국민회 당국이 지나간 양년에 수입된 의무금을 무엇에 썼는가. 사탕밭에서 땀흘려 모은 돈을 받아서 무엇을 하였는가. 그것을 리승만에게 주었으면 학생기숙사 건축이 완성되었을 것이며 국민회는 잘될 수도 있고 잘못될 수도 있으나 학생기숙사는 한 번 세우면 영원히 우리의 자녀들을 양성하는 것이다.

국민회 당국이 대의회 입안을 준행하지 않고 몇 사람 마음대로 하는데 지나간 2년 동안의 재정출납을 보면 쓰라는 것은 쓰지 않았고 쓰지 말라는 것을 쓴 것이 많았고 문부가 분명하지 못하여 대의회에 문제가 일어나면 '묵허니 용서니' 하는 언사로 흐지부지하여 타협하는 일을 이렇게 할진댄 각 지방에서 대의원을 파송할 필요가 없는 것이다.

국민회 임원들이 이 같이 공의를 무시하는데 이러한 행동이 국민회를 망하게 하는 것이요 이러한 사람들을 그대로 두면 국민회가 위태하게 될 것이다.

각 지방 회원들의 희망을 살펴보면 국민회 일만 하라는 것이 아니고 누가 무엇을 하든지 한인 전체에 유익될 것을 원하는데 다만 호항(호노루루)에 있는 몇 사람으로 인하여 충돌이 생기는 것이며 그들이 교육기관을 방해하여 기숙사가 준공되지 못한 것이다.

사세가 이러하므로 내가 공을 위하여 사분을 불게 하고 국민회 당국자에게 불합한 언론을 발표하는 동시에 일반 동포에게 몇 가지 의견을 제출하노라.

(1) 국민회 회원 다수의 공의를 따르는 것이 당연한 일인즉 무슨 관계로든지 우리의 일을 반대하는 개인은 국민회를 반대하는 것으로 인정할 것

(2) 금년에 일이 중대하여 나의 주견을 버리고 동포들이 세워주는 공동규모를 준행하고자 하는데 호항에 대의회를 열게 할 필요가 없으니 방법을 달리하되 이곳 저곳의 지방마다 모여서 문제를 공결하여 나에게 보내면 그것을 받아가지고 다수 의사를 따라 일을 결정할 것

(3) 지나간 2년 동안에 국민회가 의무금을 받아서 교육사업에 쓰지 않고 소모하였으니 금년에는 무슨 재정이나 전부를 교육사업 책임자에게 보내어 교육사업을 성취할 것

(4) 나의 의견을 실행하면 국민회 사무와 『국민보』 발행을 계속할 수 없겠다는 말이 있으나 이는 나의 뜻을 알지 못하는 말이라 금년의 의무금과 모든 공금을 교육사업에 쓰라고 나에게 보내더라도 국민회의 필요한 경비와 임원들의 월급을 물린다고 하지 않을 것이며 이것이 국민회의 기초를 공고하게 하는 것이니 염려할 것이 아니라.

이 성명서가 발표되니 『국민보』는 리승만의 조리 없는 이론과 불법 행동을 공박하고 지방마다 국민회 임원 신임파와 리승만 신임파가 있어서

의견충돌과 파쟁이 시작되니 이것이 사회풍파였다.

리승만의 성명서가 국민회 당국을 비난하고 인심을 선동하여 국민회를 전복하려는 의사인 것을 알 수 있었던 것이나 그러나 그 때에 동포가 실정을 관찰하지 못하고 다만 리승만이 독립협회 당시의 유명한 사람으로 국가를 위하여 7년 징역하였다는 것과 철학박사를 하였다는 간판에 인심이 쏠리는데 더욱이 각 지방 교회의 목사와 전도사와 국어학교 선생 중의 리승만 추종자가 많아서 충동하던 까닭에 사회풍파를 피하지 못하게 되었던 것이다.

이로부터 각 지방에 인심이 갈리고 파쟁이 심하여 국민회가 분열 상태에 이르니 오하우 섬의 4처 지방회가 연서하여 총회에 청원하되 특별 대의회를 소집하여서 시비 문제를 조정하라고 하였으며 그 청원서가 아래와 같다.

청원서

경계자는 금년 대의회를 마친 이후에 리승만 박사가 성명서와 선전문을 놀려서 인심이 격동되고 국민회 당국을 불신임하는 원성이 일어나며 지방마다 공동회를 열고 국민회에 보내는 공금을 리승만 박사에게 보내려는 운동을 하는데 그 이유는 금년 대의회에서 재무의 재정 범용을 용서하였다는 것과 금년도 교육비 예산을 잘못하였다는 것인즉 특별 대의회를 소집하여 사건을 교정하고 각 지방 회원에게 양해를 주지 않으면 파쟁이 악화될 것이므로 헌장 제21조에 의하여 특별 대의회 소집을 청원하오니 경요하심을 바라나이다.

1915년 4월 11일

와히아와 본동 대의원	리정건
와히아와 하동 대의원	양홍엽
군니아 지방 대의원	김성봉
와이파후 지방 대의원	리관식

김종학

　총회장 김종학이 1915년 5월 1일에 특별 대의회를 소집하였다. 대의회
소집은 법적으로 되었으나 이것이 풍파의 산물이므로 여러 지방 대의원이
참석하지 않았고 76지방 중에서 다만 31지방 대의원이 참석하여 법정수
미만으로 개회할 수 없었다.

　그러나 이 때에 사태가 감정 파동의 여세에 움직여 대의회를 연기하지
못하고 참석의원 다수의 억척으로 개회하니 이것이 국민회헌장에 위반되
는 행사였고 하와이 한인사회의 법강을 타락시킨 것이다.

　필경에 대의회가 열리고 대의원 중에 두 파당이 있었다. 일파는 국민회
당국 신임파이니 그 주장이 특별 대의회 소집의 본의대로 각 지방의
시비 문제를 심사하여 교정하자는 것이 소수였고 다른 일파는 리승만
신임파인데 그 주장이 국민회 당국의 범과가 있으니 처벌하고 전체를
개선하자는 것이며 다수였다.

　여러 날 동안 의회에서 의사충돌이 심하던 끝에 종당에 분경이 일어나

고 싸움이 시작되는 까닭에 의장이 정회를 선포하고 퇴장하였으나 리승만 신임파가 모여서 다시 개회하니 이는 억지의 행사였다.

그들이 총회장 김종학을 파면하고 정인수를 임시 총회장으로 임명한 후에 김종학을 위협하여 총회의 문부와 서류를 압수하였으며 총 임원 실책의 책임이 총회장에게 있는 것인즉 재무 홍인표가 범용한 재정을 반납하라 하므로 김종학이 위협을 당하던 중에서 대답하기를 홍인표를 찾아서 세음을 청산하게 할 터이니 3일 기한을 달라고 하였다.

그들이 김종학의 요구를 거절하고 임시 총회장 정인수로 하여금 미국 법정에 고소하여 김종학을 공금횡령혐의로 체포하게 하니 때는 1915년 5월 14일이며 김종학은 3개월 동안 법정의 조사를 받고 무죄판결로 석방되었다.(특별대의회 회록 참조)

그 대의회가 처음부터 끝까지 불법적이고 폭동적 행사였으나 지방회원 들이 그 내막을 알지 못하고 있다가 총회장 체포의 소식이 전파된 후에 각 지방회의 반향과 질문이 답지하였다. 그러나 국민회가 벌써 전복되고 리승만이 자기의 추종자를 모아서 총임원을 조직하였으며 큰 싸움이 없이는 변동이 어렵게 되었는데 다시 싸우지는 않았으나 이 때부터 당파 가 완연히 갈리었다.

이 풍파가 박용만과 그의 동정자들을 내몰고 국민회를 장악하던 리승만 의 책동에서 일어난 것이었으나 박용만이 파쟁을 피하며 무리한 시비를 대항하지 않은 까닭에 박용만파는 내몰리고 리승만파가 국민회를 장악하 였던 것이다. 그리고 이 풍파가 하와이 한인사회의 법강을 타락시켰고 대외 체면을 손상하였으며 동족간에 파쟁을 시작한 한편 리승만은 박용만 의 은혜를 악으로 갚은 셈이 되었다.

총회장 김종학은 그 성품이 충직하고 순실한 선비로서 불의의 변을 당한 후에 곤욕과 사회의 불안을 생각하여 그 심사가 얼마나 억울하였던 지 유서를 써놓고 총을 입에 물고 발사하였다. 다행히 탄환이 한편 뺨을 뚫고 나가 생명의 위험을 면하였는데 그 유서는 다음과 같다.

　유　서

　지나간 국민회 특별 대의회에서 리승만의 교촉을 받고 풍파를 일으키던 대의원들이 나를 모해하여 공금을 횡령하였다고 법정에 무고하여서 체포하였다.

　나의 억울한 심사는 즉시 생명을 버리고자 하였으나 만일 사실이 판명되기 전에 죽으면 공연한 누명을 쓸 것이므로 법정판결을 기다린 것이다.

　이제 법정에서 무죄판결하였으니 이로써 나의 누명이 깨끗해졌고 리승만의 불의 행사가 증명되었다.

　그러나 우리 사회의 법강을 파괴하고 동족상쟁을 조장하여 단체를 결단내고 있는 리승만의 불의 행사를 용서할 수 없는데 공리를 밝히려면 리승만의 악독한 음해는 받을 수 있으나 일을 바로잡을 수 없으니 예배당의 전도사들까지 리승만의 행동을 찬양하여 인심을 현혹시키는 까닭이다.

　내가 일찍이 나라를 망치던 역적들을 보았고 또다시 우리 사회를 망치는 리승만을 보면서도 속수무책하므로 분함을 참지 못하여 세상을 잊어버린다.

1915년 9월 15일　김종학

　리승만이 국민회를 장악한 후에 사회의 법규를 파괴하는데 선거에 리승만의 승락이 없는 후보자를 선거하지 못하였고 행정에 리승만의 승락이 없는 일을 진행하지 못하였으며 리승만이 재정보관인이라는 직임을 만들어서 국민회에 들어가는 공금을 독단처리하였다.

　이 때에 리승만이 하와이 한인사회에 권력을 잡은 줄 알았으나 사실은 국민회의 정형이 쇠퇴하여서 풍파 이전에 2,300명이던 회원수가 740명으로 줄었고 재정수입이 3분의 1에 불과한데 그 중에서 학생기숙사 경비를 지발하니 국민회 일도 퇴보되고 학교도 확장하지 못하였다.

이 같은 정형으로 2년 반을 지내고 1918년에 다시 풍파가 일어났는데 이 때는 재무 리승만이 재정을 흠축하고 문부를 모호하게 만들었다고 문부조사를 당하니, 2년 전 사태의 정반대였다.

1918년 1월 15일에 열린 하와이 국민회 제10차 대의회에서 재정문부를 조사하는데 문부에 오착이 많고 은행적립금의 증명이 없는 까닭에 재무 리승만의 설명을 요구하였다. 그러나 리승만이 문부조사원을 대면하지 않고 총회장 안현경으로 하여금 대언하기를 각항 문부의 시재금이 은행에 적립되어 있으며 만일에 재무가 갈리면 신임 재무에게 재정을 넘길 터이니 염려 말라고 하였다.

재무 리승만이 문부조사원을 대면하지 않으며 은행적립금을 증명하지 아니하므로 필경에 문부 조사원들이 아래와 같은 질문서를 제출하였다.

문부 조사원의 질문서
1. 총회에서 작년도 대의회 입안을 준행하지 않았으며 1년 동안에 임원회를 한 번도 열지 않고 매사를 재무 리승만이 독단처리하였으며 재정공고서를 발포하지 않았으니 자치규정 제12조와 제52조를 위반하였다.
2. 군사운동 후원금 여재 1,035달러 45전과 소약국 동맹회 대표 파송 경비 특연 여재 1,157달러 95전과 농상주식회사 여재금과 총회관 방세 수입을 문부에 기입하지 않았으니 그 재정은 어찌하였는가.
3. 총회장 안현경에게 맡긴 학생 휴대금 500달러를 주지 않고 시비당하는 이유가 무엇인가.
4. 문부에 모호한 점이 많은데 재무가 문부조사원을 대면하지 않으며 은행책을 보이지 않는 이유가 무엇인가.
5. 재무가 문부조사원을 대면하지 않으며 은행책을 보이지 않는 것은 재정 흠축의 자백인데 문부 정리를 어찌하려는가.

2월 11일 회석에서 재무태도의 대책을 토의하다가 싸움이 일어나니 밖에 매복하였던 사람들이 들어와서 몽둥이질을 하여 유혈이 낭자하였고 대의회는 수라장이 되었다.

이 때에 리승만이 경무청에 고소하기를 대의원 중에 흉기를 갖고 사람을 살해하려는 위험이 있으니 그들을 체포하라고 하였으며 경관이 현장에 도착한 후에 총회장 안현경이 유동면, 김성률, 리찬숙, 김한경 4인을 지목하여 촉박하게 하였으니 이 사람들을 문부조사를 강경하게 주장하던 대의원들이었다.

필경 2월 27일에 고등재판소에서 배심재판이 시작되었다. 그리고 리승만이 살인미수범 증인으로 재판정에 들어가서 체포된 대의원들을 모함하는데 그들이 박용만의 패당이며 미국 영토에 한국 국민군단을 설립하고 위함한 배일행동으로 일본 군함 출운호가 호노루루에 도착하면 파괴하려고 음모하고 있는 무리들이며 이것이 미국과 일본 사이의 중대사건을 일으키어 평화를 방해하려는 것이니' 저들을 조처하여야 한다고 하였다.

3월 8일에 재판이 판결되는데 법정에서 한인의 파쟁과 감정을 아는 까닭에 리승만의 고소가 조리없는 모함으로 인정되고 살인미수사건의 증거가 없으므로 소송을 퇴각시켰다.

리승만이 재판에 실패한 뒤에 파쟁을 선동하는데 '4지가 3지가 되더라도' 싸워서 불량분자를 소청한다고 하였으며 누구나 그 행동에 협동하지 않으면 사회를 파괴하려는 박용만파라고 시비하며 싸움을 계속하여 사회를 혼란에 빠지게 하였던 것이다.

오랫동안 침묵하고 있던 박용만이 이번 재판 때에 당한 모함과 욕설을 견디지 못하여 발표한 시국소감이 다음과 같다.

　시국소감 (연합회 공고서 참조)
　1918년 3월 19일 박용만 기서
　원래에 하와이 대한인국민회가 그 사업 발전을 위하여 유망한 인물을 청한다는 것이 리승만 박사를 청하여 온 것이요, 그 인물을 받들기 위하여 국민회를 희생하자는 것이 아니었다.

그런데 우리 단체는 유망한 인물을 청하여 온 까닭에 망하게 되는 이것이 그 인물의 죄악인가, 그 인물을 맹종하는 동포들의 죄악인가, 양심으로 생각하여 볼 것이다.

처음에 리승만이 국민회 소유 엠마 기지를 가져가려는 욕심으로 시비를 시작하여서 국민회를 전복하는 작란까지 하였는데 그 기지는 국민회가 교회사업을 위하여 좋은 목적으로 매득하였던 것이며 그것을 인하여 단체가 분열될 줄은 뜻하지 못한 바이다.

리승만의 요구가 그 기지를 교회에 주지 말고 자기에게 주어서 학교 사업에 쓰게 하라 하였고 국민회가 그것을 허락하였다. 그러나 리승만이 그 기지를 자기의 명의로 넘겨달라 하므로 국민회가 학교 명의로 넘기겠다고 고집하였으니 그것이 공유물인 까닭이다.

리승만이 그것에 대한 감정으로 각 지방에 다니면서 글과 말을 돌리며 국민회 임원들을 비난하여 인심을 선동한 결과로 1915년 5월에 풍파를 일으켜서 염치없고 비열한 수단으로 국민회를 전복한 이후에 독재행동으로 매사를 임의 처단하였는데 지금 그 지기는 어디 갔고 국민회 현상은 어떠한가. 목전의 사실을 관찰하어 보면 알 것이다.

이번에 리승만이 다시 일으킨 풍파는 그 시비의 곡직이 분명한데 아직도 그 불의행사를 맹종하는 동포들이 있으며 그 중에 각 지방 국어학교 교사들과 교회의 전도사들은 그만한 경우를 알면서 순실한 동포들을 선동하고 있는 이유가 무엇인가. 이것이 해외단체의 적은 시비 같으나 민족사업에 미치는 영향이 막대하며 만일 조국이 광복된 후에 이와 같은 인도자와 이와 같은 만기가 있으면 국가와 민족의 비운을 초래할 것이다.

리승만이 하와이에 오던 때까지도 국민회의 기상이 장쾌하였고 동포의 염치와 양심이 아름다워서 안으로 단체에 화기가 있고 밖으로 각국 사람들의 칭송이 있더니 오늘의 정형은 동포가 있는 곳마다 싸움인데 호소할 곳이 없고 외국인들의 치소를 받아서 대외신용이 몰락되었으니 어찌하여 이렇게 되었는가를 살피고 깨닫는 바가 있어야 할 것이다.

　리승만이 글로는 민주를 주장하고 실제에는 경우와 공론을 멸시하며 말로는 도덕을 부르고 행실로는 작당과 몽둥이질을 교촉하며 동포를 대하여 죽도록 싸우자 하고 파쟁을 기탄없이 조장하니 이것이 자기의 조그마한 지위를 보존하려고 동포로 하여금 서로 충돌하여 망운을 초래하게 하는 행동이다.

　후일에 학자가 있어서 하와이 한인사회 실정을 기록하면 보는 자 누구나 책상을 치면서 질책할 것인데 행여나 이것이 우리 민족 장래에 거울이 되기를 바라는 바이다.

갈리히 연합회

　박용만의 「시국소감」이 발표된 후에 동포 중에서 이론이 일어나서 사회가 소란하고 리승만이 촉감되어서 『국민보』에 감정기사를 계속하므로 동포간에 충돌이 더욱 심하였다.

　이 정세에 구제책으로 박용만이 연합회를 조직하였으니 그 목적이 의사가 같은 사람들을 한편으로 모아서 충돌을 방지하고 이로써 사회의 시비를 정돈하며 동포 간의 융화를 증진하자는 뜻이었다.

연합회 발기문

　사회 풍파에 쇠잔한 원기를 소생하여 사회를 부흥하려면 먼저 동포간에 시비를 피하고 화목을 증진함에 노력할 것인데 적어도 국민회의 질서가 정돈되는 때까지 임시로 조직을 결성하고 필요한 사업을 진행하며 서로 충돌하지 않기를 힘쓸 것이다.

　국민회 임원과 각 지방 대의원 간에 시비는 반년 이상의 시일을 끌고 있는데 총회장 안현경이나 재무 리승만과는 이해를 통할 수 없으며 그들의 무경우하고 부정직한 처사로 인하여 동포간에 시비가 계속되고 화기를 손상하므로 이것을 피하기 위하여 연합회를 조직하는 것이다.

　사회의 공리를 밝히자는 것이 풍파가 되고 경위를 분석할사록 분경이 일어난 즉 우리가 싸움하느니보다 그들의 행사를 관심하지 말고 사회부흥에 노력하려는 성심으로 아래에 기록한 항목을 이행하고자 한다.

1. 본회의 명칭을 연합회라 하여 호노루루에 사무소를 두고 동포간의 융화를 역도할 것.
2. 본회는 국민회의 풍파로 인하여 파손된 동포의 화목을 증진하기 위하여 국민회의 질서가 정돈되는 때까지 임시 존재시킬 것.
3. 어느 지방회이나 개인이나 본회의 의사를 찬성하면 같이 협력할 것.
4. 국민회 당국과 간격이 막혀서 원망하며 활동이 없이 있느니보다 사회부흥사업에 노력할 것.
5. 『국민보』는 우리의 신문이나 지금 리승만을 두호하여 공리를 죽이며 공론을 멸시하고 있으니 본회를 존속할 때까지는『연합회보』를 발행하여 공리를 밝힐 것

1918년 7월 일

발기인 : 박용만 안영칠 차병수 김현구 유동면 리경호 김한근
　　　　김진호 림창진 정국선 김난수 리철연 리강열 리내수
　　　　정병섭 신홍균 정두옥 리정근 로병식 송진언 리종홍
　　　　리춘서 마준영 리순화 주원여 김규섭 박여규

연합회 조직이 사회부흥과 동포간의 화목을 목적하였던 것이나 이것이 조직된 뒤에 리승만의 공격과 인심 분열이 더욱 심하였으며 하와이 동포가 분명히 두 당파로 갈리어 일파는 박용만을 후원하였고 일파는 리승만을 후원하였다.

그러던 중에서 제1차 세계대전이 끝나고 약소민족들이 민족자결주의를 고창하던 때를 당하여 독립운동을 준비하게 되었던 것이다.

1919년 3월에 조국독립선언의 소식을 받고 재미 한족이 총동원하던

때에 국민회 하와이 지방총회 안에 리승만파가 있어 중앙총회와 협동하지 않고 동포들이 독립운동에 바치는 재정을 받아서 리승만에게 보냈으며 박용만파는 연합회를 확장하여 대조선독립단을 설립하고 원동의 군사운동을 후원하였으므로 하와이 동포의 운동 역량도 분열되었던 것이다.

하와이 대한인교민단

하와이 대한인교민단은 대한인국민회 하와이 지방총회를 해체하고 대한민국 임시정부 교민단영을 준수하여 설립한 것인데 구미위원부에 예속되어서 리승만의 세력 부식을 후원하였다.

1922년 3월 22일에 하와이 대한인교민단을 설립하였으며 그 자치규정은 대개 국민회의 자치규정을 인용하고 다만 아래에 기록하는 3항을 변경하였다.

1. 본 단의 명칭은 하와이 대한인교민단이라 함.
2. 본 단은 하와이에 거류하는 교민을 통솔하며 구미 위원부에 소속된 정치기관으로 활동함.
3. 본 단의 단장과 부단장은 구미 위원부 위원장의 인준을 얻어서 행정함.

하와이 대한인교민단 설립의 주장이 대한민국 임시정부 교민단 영을 준행하는 것이라고 하였으나 그 실정은 대한인국민회를 분립하여서 그 연립의 제도를 파손하고 세력을 압도하던 것이며 리승만의 지도를 따라서 임시정부에 바치는 인구세까지도 구미위원부로 보냈고 임시정부를 반항한 때도 있었다.

1922년 6월 17일에 대한민국 임시의정원에서 리승만 내각 불신임안을 통과시키니 교민단이 임시의정원에 항의서를 보냈고 1925년 3월 23일에 임시 대통령 리승만이 탄핵면직을 당한 후에는 임시정부를 반대하였다.

이러한 혼란 상태에서 7년을 지나고 1929년에 국내 광주학생항일운동이 일어나며 왜적이 만주침략을 확대하던 때에 자극된 바 있어서 하와이 동포들이 다시 기운을 차리고 단체 부흥과 광복운동 강화와 촉진을 고창하였다.

그래서 1930년 7월 16일에 하와이 동지회와 대한인교민단의 연합 주최로 미포(미주와 하와이) 대표대회를 호노루루에 소집하였으니 그 목적이 동지회의 조직을 개량하고 각 단체를 망라하여서 연합기관을 구성하며 미주와 원동 각지를 연락하며 광복운동을 강화하자는 것이었다.

그 대표대회의 결의로 미주 대표 김원용을 택선하여 동지회 조직 개량과 각 단체 연락사무에 착수하게 하였다.

세월과 인심의 변천은 있으되 리승만은 회개함이 없어서 시세와 경우를 불계하고 자기중심과 독재제도를 고집하며 추호의 양보가 없던 까닭에 동지회 개량이 실패하니 리승만과 김원용 간에 의사가 충돌되었다.

이 때에 리승만이 자기의 허물을 알지 못하고 교민단 임원들의 교촉으로 김원용의 태도가 변하였다고 의심하며 특별히 『국민보』 주필 김현구를 원망하나가 필경에 교민난 임원을 공박하는 기사를 보내어 『국민보』에 게재하라고 하였다.

『국민보』가 교민단의 기관신문이던 까닭에 리승만의 기서를 거절하니 리승만이 『국민보』 주필 김현구의 사면을 요구하였으며 그것이 월권행동이므로 교민단과 리승만 간에 시비가 일어났다.

『국민보』가 리승만의 월권행동과 미포 대표대회 결의안에 대한 실책을 발표한 감정으로 리승만이 『국민보』 주필 김현구와 미주 대표 김원용을 몰아내려고 음모하였으며 그 작란이 악화되어서 교민단과 동지회의 당파 싸움을 일으켰는데 교민단에 김현구와 김원용이 있고 동지회에 리승만이 있었으며 세상 사람들이 그 싸움을 지목하여 '민중 대 독재자' 충돌이라고 하였다.

그 싸움을 오랫동안 끈 이유는 리승만이 단체와 사람들을 모함하여 법정에 고소하고 재판을 계속한 까닭이다.

처음에 미주대표 김원용을 모함하려던 재판으로부터 시작하여 수십 번 재판사건을 일으켰는데 그 중에서 5건만을 아래에 기록하여 둔다.

1. 국민보의 비방사건

와일루아 지방 한인기독교회 리명우 목사가 주상빈의 아내 최일엽을 데리고 호항 출입을 자조하여서 가정이 파산될 지경이라는 기서(寄書)를 주상빈이 『국민보』에 기재한 까닭에 리명우 목사의 명의를 빌어 명예훼손 사건으로 고소하고 배상금 1만 달러를 받으려고 하였으나 사실이 증명되어서 리명우 목사가 재판에 패소하였는데 원래 이 재판은 국민보 사가 배상금을 지출하지 못할 경우에 신문사를 차압하여서 신문을 정간하게 하려던 계획에서 시작한 것이었다.

2. 호항 한인기독교회 폭동사건

호항 한인기독교회 목사 리용직과 이사원 중의 교민단 동정자들을 축출하려는 계획으로 평신도 대회를 열었다가 의견이 충돌되어서 싸움이 일어났는데 이 때에 몽둥이질과 총질까지 하여 폭동사건으로 재판이 시작되고 이사원이 보관한 기지문권을 빼앗으려는 사건으로 1년 동안 재판을 계속하였다.

3. 부인회 폭동사건

1931년 1월에 하와이 대한부인구제회에서 대표회를 진행하다가 교민단파와 동지회파 부인들 간에 의견충돌과 시비가 일어나던 때에 동지회파의 매복하였던 불량한 남자들이 회장에 들어와서 교민단파 부인들의 머리채를 잡고 구타한 후에 재판이 시작되고 부인회가 분열되었다.

4. 교민총단 문부 조사 재판

교민단 단원 중의 리승만 동정자들을 교촉하여 교민단 총임원들이 총단 재정을 범용하였다고 정소하여서 재판을 시작하였으나 증거가 없으므로 재판이 실패하였다. 이 재판은 총임원을 모함하여 무슨 증거를 잡으면 임원을 다시 선거하자고 혼란을 일으키려는 계획이었다.

5. 교민총단 강제점령과 폭동사건

1931년 1월 10일에 교민단 대의회를 개회하니 대의원 두 파가 참석하였는데 한 파는 법적 대의원이었고 또 한 파는 각 지방에서 리승만 후원자들이 위조 신임장을 갖고 와서 자기들이 정식 대의원이라고 분경을 일으키는 까닭에 대의회를 정지하고 각인의 자격을 심사한 후 동 1월 12일에 다시 개회하고 무자격자의 참석을 허락하지 않았다.

그들이 참석을 거절 당하니 동지회 회원들이 성군 작당하여 회관에 돌입하는데 김노듸, 리원순, 정태화, 황용익, 마준영, 정문찬, 한광주, 정윤필, 손창히, 송기준, 신용해, 김상의, 백인숙, 김유실 등이 앞장서서 현관문을 파괴하고 그 뒤를 따라서 70여 명이 고성을 지르며 달려들어 폭행으로 회관을 점령하였다.

리승만파가 교민단 회관을 점령한 후에 다시 빼앗기지 않으려는 의사로 집회실 안에서 남녀 공동 숙식으로 천막생활 하며 주야 수직하였고 선전문을 돌리며 혼란을 일으키므로 사회의 체면 손상이 막심하였다.

교민단 당국은 여러 방면의 체면을 고려하여 회관을 그들에게 방임하고 충돌을 피하며 시비를 조정하려고 노력하였으나 일반 단원들의 감정은 그렇지 않아서 작당하여 회관을 도로 빼앗을 때에 큰 싸움이 일어나고 정형이 험악하였으며 필경에 경찰대가 출동하여 싸움을 정지시키고 회관을 봉쇄한 후에 재판이 시작되었다.

이 재판은 교민단의 주인이 누구인가 하는 것을 결정하는 사건이었는데 1931년 4월 16일에 북미 합중국 순회재판소 크리스티 판사의 판결로 리승만파의 불법행동을 판명하였고 교민단을 적법 임원에게 돌려보내며 다시 불법행사를 하지 말라고 판결을 내렸다.

손덕인

리정건

법정판결을 받은 후에 리승만파의 폭행은 없었으나 이 풍파의 영향을 소청하고 단체를 정돈하기에 5년의 시일을 소비하였다.

이와 같은 작란으로 1915년과 1918년과 1921년과 1930년에 큰 풍파와 재판을 일으켜서 소모한 재정이 수십만 달러이며 교회와 단체를 분열하여 독립운동과 단체 발전에 많은 지장을 주었다. 그 싸움들의 원인이 민족운동이나 단체 발전에 관한 정견 차이가 아니었고 리승만이 단체를 억압하며 재정과 권리를 독점하려는 욕심으로 일으킨 싸움들인 까닭에 매번 싸움의 일방 당사자가 리승만이었다.

이 혼란 시절에 공리를 위하여 악의와 싸워서 승리하고 풍파와 싸움에 시달린 교민단을 변경하여 국민회를 복설하기까지에 유공자는 교민단 총단장 손덕인과 국민회 총회장 리정건이었다.

하와이 대한인국민회

1932년 1월 16일에 하와이 대한인교민단 대의회에서 교민단을 해체하고 국민회를 복설하기로 결의하였으며 헌장 기초와 신임원 선거 준비에 착수하니 이것이 오랫동안 풍파와 재판으로 인하여 퇴보된 단체를 정돈하는 첫 계단이었다.

1933년 1월 3일에 하와이 대한인교민단 대의회 결의안에 의하여 교민단을 해체한 후에 하와이 대한인국민회를 복설하고 국민회 창설시대에 세운 목적과 신조와 제도를 계승하였으며 미주와 하와이의 국민회들이 다시 연락되어서 독립운동 후원사업에 보조를 같이하였다.

이 때에 헌장이 11장 96조로 기초되었는데 그 중에서 제1장 총칙을 아래에 기록한다.

하와이 대한인국민회 헌장

제1장 총칙

제1조 본회의 명칭은 하와이 대한인국민회라 함

제2조 본회의 목적은 다음과 같음

    1. 조국광복운동을 후원

    2. 교육을 장려

    3. 실업 발전을 영려

    4. 동포의 안녕과 영예를 보장

제3조 본회의 종지는 교파, 영업, 기타의 차별을 초월하고 다만 한인의 혈족으로서 본회의 목적을 달성함에 있음

제4조 본회의 종별은 총회 지방회 2종으로 정함

제5조 본회의 위치는 아래와 같음

    1. 총회의 위치는 하와이 호노루루로 정함

    2. 지방회의 위치는 그 지방에 거류하는 동포의 회집이 편리한 곳으로 정함

제6조 본회의 상설기관 신문의 명칭은 『국민보』라 함

제7조 본회 전체를 대표하는 재정처리와 공식서류는 총회장, 부회장,
　　서기, 재무, 4인의 서명을 요구함
　제8조 본회의 창립기념일은 매년 2월 1일로 정함

단체부흥 역할(단체부흥 역임)

1934년 4월 5일에 국민회 임원 중에서 김현구와 김원용이 사면을 제출하였는데 그 이유 설명에 말하기를 "비록 사회풍파의 재판이 끝나고 풍파 조장자이던 리승만이 교민단에서 축출되었고 국민회 부설까지 이루어졌으나 정형은 아직도 곤란하다. 풍파의 조장자와 방어자의 책임이 물론 같지 않으나 그들이 모두 싸움에 참가하였던 책임은 면할 수 없는 것이다. 그래서 싸움을 방어하던 사람도 사회 일에서 손을 떼는 것이 체면에 당연한 일이며 앞으로 전개되는 부흥사업에 신진 인물이 요구되는 까닭이라"고 하였다.

국민회 당국이 그들의 사면 청원을 퇴출하고 총사직을 결정하였으니 그 이유는 사회풍파의 책임이 몇 개인에게만 있는 것이 아닌즉 이 때에 총사직을 단행하여 국민회를 일반 동포에게 맡기고 민주주의의 행사로 신진 인물을 택선하여서 단체를 재건하자는 것이며 이것이 풍파에 타락된 민중심리를 소생시키는 데 자극이 되었던 것도 사실이다.

동 4월 26일에 각 지방회 대표자를 소집하고 국민회 당국의 총사직을 제출하였다. 그러나 사회풍파의 영향으로 덕성이 타락되고 인심이 해태한 까닭에 아직도 판국이 혼란하여서 민중선거에 출마하려는 사람이 없고 사세가 난처하였다.

동년 6월 15일에 김윤배가 총회장으로 당선되었다가 겨우 6개월을 지내고 당면한 난관을 감내하지 못하여서 사면한 후에 림성우가 총회장으로 당선되어 사회풍파 때에 중립태도를 갖고 있던 유지 인사들을 망라하여 부흥사업을 시작하였다.

1936년 1월에 총회장 조병요와 부회장 안원규가 당선된 뒤에 국민부담

림성우 조병요

금제도를 실시하여 국민회의 채무를 청산하였고 혈성금제도를 실시하여 대한민국 임시정부 경상비를 조달하였고 노년 동포의 신후사를 위하여 호상부제도를 실시하였으며 이로부터 단체를 부흥하였다.

이 시절에 단체를 재건하며 부흥하는 일에 공이 컸던 인물은 림성우, 조병요, 안원규인데 총회장 림성우는 이래 20성상에 오늘까지 총임원의 한 직임을 갖고 공헌하고 있으며 총회장 조병요는 9개 년 계속 당선되어 국민회 재건에 많은 공헌을 하였으며 총회장 안원규는 국민회 창설시대로 부터 별세하던 때까지 30성상에 많은 공헌을 하였다.

태평양에 전쟁 기세가 농후하여지던 때에 재미 한족의 역량통일과 조국광복운동 확대의 목적으로 결성한 '재미한족 연합위원회'에 참가하여서 외교 선전사업과 대한민국 임시정부와 광복군 편성을 원조하며 미국 국방 공작 후원과 동포의 전시 안녕 보장에 노력하였다.

조국이 해방된 후에 해외동포의 조국광복운동이 전환되지 않을 수 없는 정세에 따라서 재미 한인단체의 방향도 바뀌는데 적어도 리승만이

안원규

귀국하면 재미 한인사회에 파쟁이 없어질 것이고 국내에 정부가 수립되면 해외에서 일생의 여력을 독립운동에 바친 동포들에게 위로가 있을 것이라고 기대하였던 것이다.

그러나 남한에 정부가 수립되고 리승만이 집정한 후에 파별의 감정이 더욱 심하여 공연한 의심과 시비를 일으키는데 심지어는 미국에 내왕하는 공무원과 학생에게까지 '누구는 만나고 누구는 만나지 말라'는 훈시를 주어서 해외 동포사회를 불안하게 하였다.

회 원

하와이 대한인국민회의 회원 수는 매년에 의무금 들여놓은 사람만을 계산한 까닭에 해마다 회원 수가 같이 않았으며 1940년까지 하와이에 거류한 동포는 한때에 국민회 회원 되지 않았던 사람이 별로 없었다.

국민회 창설 이래에 처음 사회풍파가 일어나던 때까지도 전체 동포가 회원이었으나 1915년 사회풍파 이후에 당파가 생기고 단체가 분별되어서 회원 수가 줄기 시작하였는데 회원이 많았던 때에 2,300명이었고 적던 때에는 150명에 불과하였다.

지방회

국민회 지방회는 각 지방 동포의 거주가 변동되는 데 따라서 증감이 많았으며 사회풍파가 있을 때에 더욱 심하였다.

단체 전성시대에는 하와이 5섬에 78처 지방회가 있었으나 근래에 와서는 노년 동포들이 농역을 감당하지 못하고 그 자녀들은 도시생활에 뜻이 있어 각 지방에 있던 동포들이 대개 호항에 이주하므로 지방회가 많이 없어졌다.

1. 전성시대에는 하와이 섬에 2처 구역회와 27처 지방회가 있었고 가와이 섬에 1처 구역회와 2처 지방회가 있었고, 오아후 섬에 1처 구역회와 29처 지방회가 있었으며, 마위 섬에 1처 구역회와 15처 지방회가 있었다.
2. 지금은 구역회가 폐지되고 지방회뿐인데 하와이, 마위, 라나이, 가와이 4섬에 지방회 1처씩 있고, 오아후 섬에 5처가 있다.

회 관

국민회 총회관은 창설 이래 1947년까지 38년 동안은 호노루루 밀러 스추릳에 있었고 1948년으로 현재는 룩 애비뉴에 있다.

처음에 월셋집을 얻어서 총회관으로 사용하다가 총회장 김종학 당시에 회관을 밀러 스추릳에 건축하고 1914년 12월 19일에 헌관식을 거행하였는데 그 가격이 7,250달러였으며 800여 명 회원의 특연으로 성립된 것이다.

하와이 국민회 총회관

　현재의 총회관 가격은 6만 달러에 해당한데 회관을 룩 애비뉴에 이전할 때 터전 큰 건물을 매득한 후에 그 터를 나누어 방매한 결과로 가옥채무를 완전히 청산하였으니 이는 총회장 안원규의 활동의 결과였다.

재 정

　국민회의 재정은 경상비와 각항 사업경비를 말하는 것인데 경상비는 회원의 의무금과 보조금으로 충당하였고 그 밖에 교육과 구제와 외교와 독립운동에 관한 사업경비들은 각 명목으로 특연을 수봉하여 충당하였다.

　회원의 의무금은 1909년부터 1911년까지는 매년 2달러 50전씩이었고 1912년부터 1948년까지는 매년 5달러씩이었으며 1949년부터 현재에는 매년 10달러씩인데 국민회 창립 이래 50성상에 사업경비로 지출된 것이 2백만 달러를 초과하였으며 단체에 풍파가 많았던 까닭으로 풍파에 소모된 재정이 수십만 달러이다.

원래 경제력이 미약하여서 기본금 적립의 기회가 없었고 항상 지출 초과를 걱정하여 왔으며 근래에는 먼저 이민된 동포들이 연로하여 생산력이 감소되고 회원이 적어지는 까닭에 경제곤란이 심하다.

역대 총회장

하와이 대한인국민회는 그 체제가 3차 변동되었으니 1909년 2월부터 1921년 2월까지 12년 동안은 대한인국민회 하와이 지방총회였고 1922년 3월로 1932년 12월까지 11년 동안은 하와이 대한인교민단이었으며 1933년 1월부터 현재까지에는 대한인국민회인데 창립 이래에 선임되었던 역대 총회장들은 아래와 같다.

대한인국민회 하와이 지방총회장 명단

연 도	총회장	부회장
1909년 2월	정원명	리내수
1909년 7월	리내수	안원규
1910년 4월	안원규	(총회장 겸임)
1911년 1월	정칠래	김종학
1912년 1월	정칠래	로재호
1913년 1월	박상하	박원걸
1914년 1월	김종학	박원걸
1915년 1월	김종학	신흥균
1915년 5월	정인수	(총회장 겸임)
1916년 1월	홍한식	정인수
1917년 1월	안현경	리종홍
1918년 1월	안현경	윤계상
1919년 1월	리종관	손창히

하와이 대한인교민단 시대

연 도	총단장	부단장
1922년 3월	민찬호	안원규
1923년 1월	김영기	곽래홍
1926년 1월	최창덕	김성기
1928년 1월	최창덕	손덕인
1929년 1월	손덕인	(총단장 겸임)
1930년 1월	손덕인	안영찬
1932년 1월	차신호	리정건
1932년 8월	리정건	(총단장 겸임)

하와이 대한인국민회 시대

연 도	총단장	부단장
1933년 1월	리정건	강영효
1934년 6월	김윤배	리호직
1935년 1월	림성우	유동면
1936년 1월	조병요	안원규
1945년 1월	안원규	최두욱
1946년 1월	안원규	서상순
1947년 5월	서상순	(총회장 겸임)
1948년 1월	서상순	림봉래
1951년 1월	김현구	림성우
1953년 1월	김현구	리정근
1954년 1월	림성우	최영기
1957년 1월	리윤호	리호직
1958년 1월	리윤호	김능연

홍사단

홍사단은 재미한인의 인재 양성기관으로 조직된 것인데 그 목적이 건전한 청년동포를 집중 단결하며 덕·지·체 3육을 동맹 수련하여 민족 장래의 동량이 될 인재를 배양하자는 것이고 도산 안창호의 지도로써 창설된 것이다.

1907년 2월 8일에 도산 안창호가 국내운동을 계획하고 귀국한 후에 평양에서 구국운동을 시작하였는데 비밀결사로 신민회를 조직하였으며 1908년에 대성학교를 설립하여 교육을 장려하는 한편 청년학우회를 조직하고 무실·역행·충의·용감 4대정신의 수련운동을 시작하였으나 국세가 치패되고 왜적의 감시와 탄압이 있어서 애국정신을 고취할 수 없었던 까닭에 그 이상을 실천하지 못하고 다시 미주로 오게 되었던 것이다.

1911년 9월에 도산 안창호가 미국에 귀환하면서 하상옥, 정도원, 강영소 3인으로 더불어 동맹 수련 운동을 시작하였으니 이것이 국내에서 실패된 청년학우회 운동의 계승이며 홍사단 설립의 동기가 되었던 것이다.

1913년 5월 13일에 미국 상항 시에서 홍사단을 설립할 때에 장래 지반을 국내로 결정하고 창립 발기위원을 국내 8도 인사 중에서 1인씩을 택선하였으니 그 창립 발기 위원들의 성명과 도별이 아래와 같다.

경기도 홍 언	강원도 렴만석	충청도 조병옥
황해도 김항주	경상도 송종익	평안도 강영소
전라도 정도원	함경도 김종림	

홍사단의 약법은 1947년에 개정을 하였으나 다만 그 조직과 문구의 개량이 있었을 뿐이고 그 정신의 변동이 없었으니 그 약법의 총칙이 다음과 같다.

흥사단 약법

제1조 본 단의 명칭은 흥사단이라 함

제2조 본 단의 목적은 무실역행으로 생명을 삼는 충의남녀를 단합하여 정의를 준수하며 덕·지·체 3육을 동맹 수련하여 건전한 인격을 기르며 신성한 단체를 이루어 우리 민족 전도 번영의 기초를 수립함에 있음

제3조 본 단의 목적을 달성하기 위하여 다음과 같은 훈련을 실시함

  1. 무실·역행·충의·용감의 정신으로 덕성을 함양하며 신체를 단련하여 기력을 강장케 하며 전문지식 또는 생산기능을 습득하여 건전한 인격을 작성케 함

  2. 신의를 확수하고 규율에 복종하며 호상애호하며 환난상구하여 신성한 단체를 조성케 함

  3. 자주적 정신과 자치능력을 배양하며 사회식견과 대공의식을 육성하여 국민적 품격을 향상케 함

제4조 본 단의 목적을 추진하기 위하여 민성혁신과 민력증강에 필요한 각양 민중운동을 전개하며 단우로 하여금 이에 적극 첨가하여 봉사적 생활을 체험케 함

제5조 실무를 천행하는 필요를 따라 각종 문화기관과 사회사업을 경영하며 모범부락과 직업학교를 설치할 수 있음

제6조 본 단 운동의 항구성을 보아서 본단은 정치적 운동에 관여치 아니함(단, 단우는 개인의 자격으로 그 믿는 바와 양심에 비추어 행동하는 자유가 있음)

제7조 단우의 결의를 늘 깨닫기 위하여 공약을 정하고 이를 일상생활의 규범으로 함

  1. 무실 역행 충의 용감의 정신으로 끊임없이 헌신하자

  2. 동지를 사랑하며 신의를 확수하며 환난을 상구하자

  3. 단을 위하여 일심으로 복종하며 희생하자

  4. 범사에 청백하며 맡은 책임을 완수하자

  5. 대공 복무의 정신으로 소아를 망각하고 국가민족을 위하여

헌신하자.

단의 사업

홍사단의 사업이 동맹수련으로 영재를 배양하며 그 정신에 적합한 이상촌을 건설하여서 민족의 생활모범이 되며 민성혁신에 필요한 민중운동을 전개함이니 이것이 국내운동인데 왜정시절에 국내 동포와 기맥을 통할 수 없던 까닭에 국내운동을 실천하지 못하고 다만 재미동포 중에서 단우를 모아 동맹수련을 시작하는 한편 장래사업의 준비 역할을 하였던 것이다.

창립 이래 활동의 경과는 대략 아래와 같다.

1) 창립 이후 6년 동안은 단우 모집에 전력하였다. 그러나 단우 모집은 품행이 단정하고 일생의 신의적 생활을 맹약하며 그 맹약을 준수할 수 있는 인격을 택선하던 까닭에 모집이 쉽지 않았으며 망명학생과 이민의 길이 막힌 후에 더욱 곤란하였다. 단우가 많던 때에는 150명에 달하였으나 그 중에서 혹은 귀국하고 혹은 사망하고 혹은 출단되어서 현재는 50명에 불과하다.

2) 홍사단 창립 후 1917년 1월부터 도산 안창호 지도 하에서 북미실업회사를 조직하고 주금 95,000달러를 모집하여 농업을 시작하였다. 이것이 장래의 재원을 세우려던 단우들의 사업이었는데 불행히 1927년에 실패하였다. 그 후 1932년 1월 7일에 다시 단우들의 사업으로 홍업회사를 조직하고 자본금 5만 달러를 예산하여 제조업을 계획하였으나 조국해방 전까지 사업에 착수하지 못하였다.

3) 1921년 4월에 도산 안창호가 홍사단 운동의 중심이 될 만한 이상촌 지대를 구하려고 만주 경백호 장성 등지와 남경 진강 일대를 순유하였으나 상당한 지대를 얻지 못하고 남경에 가대를 매득하여 동명학원을 설립한 후에 본국에서 나오는 청년들을 망라하여 원동사업에 착수하였다가 1932년 4월에 도산 안창호가 왜적에게 체포당하여 귀국하게 된 후에 원동사업은

흥사단 단소

중단되었고 동명학원은 1940년 8월에 왜적에게 압수 당하였다.

4) 흥사단 자체로서는 정치운동에 참가한 일이 없었으나 단우들은 거개가 대한민국 민회의 의무를 이행하고 국민회원의 자격으로 독립운동에 관한 모든 정치운동에 참가하였고 특별히 북미 대한인국민회에 대하여 단우들의 공헌이 많았는데 이것이 도산 안창호의 소망이었다.

그 반면에 리승만이 미주에서 사회풍파를 조장하던 때마다 국민회를 지목하여 안창호의 패당이라 하였으며 도산 안창호가 평안도 인물이고 미주 국민회 회원 중에 평안도 사람이 많던 것이 우연한 일이었으나 리승만이 그것을 기회 삼아서 지방색을 강조하였다.

5) 1920년 9월에 중국 상해에서 흥사단 원동위원부를 설립하고 그 후 국내에 수양동우회가 설립되어서 사업발전에 많은 기대를 가졌던 것이다. 그러나 도산 안창호가 왜적에게 검거된 후로는 큰 활동이 없었고 단의 현상과 단우 간의 친목을 유지하는 정형에 처하게 되었다.

안창호

조국광복 후에 재미 한족 연합위원회의 대표단 사명으로 국내에 들어갔던 위원 중에 송종익, 한시대, 김병연, 김성락 단우들이 있어서 국내의 단우들을 연락하여 1946년 1월 5일에 단우회의를 소집한 결과에 홍사단 본부를 국내에 이전하고 미주의 이사부는 미주 위원부가 되어 있다.

역대 이사장과 단소

홍사단 창립 이래에 이사장으로 봉사한 단우들은 도산 안창호, 송종익, 곽림대, 박영노, 김성권, 리암, 전등엽, 한시대, 리용선이었다.

홍사단의 단소(회관)는 처음에 뺑커·힐에 설립하였다가 피겨로아스 추릴으로 이전하였으며 1932년 7월에 라성 '남·캐타리나 스추릴'에 터전을 매득하여 단소를 건축하였는네 이것이 현재의 단소이다.

홍사단 창설자 도산 안창호와 단우 중의 공헌이 많았던 송종익을 아래에 기록하여 둔다.

안창호

도산 안창호는 1878년(무인년) 11월 9일에 한국 평안남도 강서군에서 태어났다.

1902년 10월 14일에 유학을 목적하고 미국에 온 이래 재미 한인사회 건설에 노력하였다. 1903년 9월 23일에 가주 상항 시에서 친목회를 조직하니 이것이 미주 한인단체 조직의 처음이었다.

1905년 4월 5일에 상항 시에서 한인공립협회를 조직하니 이는 친목회를 확장한 것이며 미주 한인 정치운동기관 조직의 처음이었다.

1907년 2월 8일에 국내운동을 목적하고 귀국하였다가 일제강점을 당하던 때에 왜적의 탄압에서 망명하여 1911년 9월에 다시 미국으로 왔다. 1912년 11월 20일에 대한인국민회 중앙총회가 설립된 후에 중앙총회장으로 당선되어서 국민회 발전에 노력하였다.

1913년 5월에 동지를 규합하여 흥사단을 설립하고 이사장이 되었다. 1918년 11월에 세계대전이 끝나고 파리에서 평화회의가 열리던 때에 국민회 중앙총회장 직권으로 재미동포를 총동원하여 외교운동을 확대하는 일에 노력하였다.

1919년 3월에 조국의 독립선언과 대한민국 임시정부 건설의 소식을 받고 재미 한인대표 사명을 갖고 동년 4월에 중국 상해로 가서 정부 건설에 봉사하였고 국무총리 대리, 내무총장, 노동총판 직임에 역임하였다.

1921년 1월에 임시정부 각원들과 리승만 간의 충돌로 인하여 내부 분열이 발생되는 정형을 피하여 직임을 사면하고 민중과 함께 정부 후원운동에 노력하였다.

1923년 1월 3일에 중국 상해에서 국민대표회를 소집하여 임시정부 후원운동을 일으켰다.

1924년 12월 16일에 도미하여 흥사단 사업과 다우를 결속하고 1926년

2월에 다시 상해로 가서 흥사단 원동사업에 노력하였다.

1932년 4월 29일에 상해 법조계 합의로 보광리 27호에서 왜적에게 체포되어 동년 6월 7일에 귀국하였다.

1932년 12월 19일에 왜적으로부터 4년 징역의 판결을 받고 수감중에 있다가 1935년 2월 10일에 가출옥하였다.

1937년에 동우회 사건으로 다시 사상취조를 당하고 동년 6월 28일에 검거되었다가 신병이 위중하여 동년 12월 24일에 병원으로 이송되었다.

1938년 3월 10일에 서울 대학병원에서 별세하여 동월 12일에 동대문 밖 망우리에 안장하니 이것이 국가와 민족을 위하여 한탄 많던 도산 안창호의 일생이었다.

송종익

우강 송종익은 1887년(정해년) 2월 27일에 한국 경상북도 대구군에서 출생하였다.

1906년 4월에 유학을 목적하고 미국에 와서 즉시 한인공립협회에 입회하였으며 이래 40성상 미주생활에서 재미 한인단체 발전과 조국광복 운동 후원에 일생 여력을 바쳤는데 특별히 대한인국민회 사업과 흥사단 발전에 노력하였다.

1907년 3월에 스티분쓰 사건이 발생된 후 장인환·전명운 두 의사 재판후원회 재무로 재판경비 조달에 노력하였다.

1913년 5월에 흥사단 창립의 발기위원이 되었고 그 후에 이사장으로 봉사하였으며 그로부터 별세하던 때까지 단을 위하여 노력하였다.

1919년 3월에 대한인국민회가 독립운동자금을 수봉하는데 재무직임을 맡아 대한민국 임시정부 건설의 경비조달에 노력하였다.

1941년 4월에 하와이 호항에서 해외 한족대회를 열고 해외 각 단체를 망라하여 독립운동을 확대하던 때에 미주대표로 참가하여서 재미한족 연합위원회 결성에 노력하였으며 그 후도 조국이 해방되던 때 까지 연합

송종익

위원회 집행부 재무로 봉사하였다.

1945년 10월에 재미한족의 조국파견 대표단의 사명으로 국내에 들어가서 조국재건과 흥사단 사업 발전에 노력하였다.

1956년 1월 7일에 신병으로 별세하여 북미 남가주 라성 공동묘소에 안장하였다.

대조선독립단

대조선독립단은 박용만과 그 동정자들이 독립운동 후원을 목적하고 하와이 호항에서 결성한 것이다.

이 때에 제1차 세계대전이 끝나고 파리에 평화회의가 열리며 국내에 3·1운동이 일어나고 내외 각지에 독립운동이 전개되는데 하와이에는 박용만과 리승만파 간의 싸움이 극렬하였다.

대한인국민회 중앙총회가 그들을 융합하려고 최선의 노력을 하였으나 리승만이 중대한 시국을 불고하고 박용만과 합작하기를 거절하므로 합동을 이루지 못하고 하와이 동포의 운동역량을 분열시켰던 것이다.

1919년 3월 3일에 하와이 호노루루에서 대조선독립단을 설립하고 한인 자유교회 안에서 발회식을 거행하였으며 이 때에 단원이 350여 명이었고 그 약장의 총칙은 아래와 같다.

대조선독립단 약장

제1장 총칙

제1조 본 조직체는 국내와 원동의 각 단체로 조직된 대조선독립단의 한 분자로서 이름을 대조선독립단 하와이 지부라 함.

제2조 본 단의 위치는 미령 하와이 호노루루에 정하고 하와이 각 섬에 지방단을 설치함.

제3조 본 단의 관할구역은 하와이 각 섬으로 정하되 만일 다른 곳에서 개인이나 무리가 본 단의 단원이나 지부 되기를 원할 때에는 이를 허락함.

제4조 본 단의 종지는 각지에 산재한 동포의 생활을 향상하며 지식을 발달시켜 사회의 민주주의와 자유사상을 함양코자 함.

제5조 본 단의 목적은 조선민족의 독립운동을 위하여 모든 역량을 이 운동에 사용할지며 원동의 각 단체로 더불어 대동단결을 도모하되 조선국가의 독립이 달성될 때까지 정신과 물질을 이것에 희생하기로 함.

제6조 본 단의 주요 사무는 이상의 종지와 목적을 관철하기 위하여 운동자금을 모집하며 각지를 연락하여 군사운동을 후원하며 출판과 외교사업에 노력함.

제7조 본 단은 왜적과 교제를 끊고 왜놈의 물화를 배척하며 동포의 환난을 상구하여 불행됨이 없게 하기를 노력함.

단의 사업

1918년 11월 28일에 갈리히 연합회에서 창간한 『태평양 시사』를 이어 받아 독립단의 기관신문을 발행하기 시작하였으며 1920년 12월 4일에 그 체재를 개량하고 인터·타잎 식자기계를 매입하여 1926년 3월까지 주간신문을 발행하였다.

1919년 5월 19일에 박용만이 하와이를 떠나 중국 북경으로 가서 원동의 군사운동 단체들과 연락하여 군사통일회를 조직하고 군사운동에 노력하였으며 단에서 그 운동의 후원금을 조달하였다.

1925년 7월 8일에 박용만이 하와이에 와서 단의 내용을 충실하게 하던 때에 다음과 같은 정책으로 결속을 강화하기로 결의하였다.

1. 중령에 대본공사를 설립하되 자본금을 제1차에 2만 달러로 정하고 국민군단의 여재금을 그 사업에 사용할 것이며 그로부터 일반 단원이 형세대로 얼마씩 출자하여 합자회사를 만들 것
2. 대본공사는 중령에 미간지를 매득하고 개척사업을 하여서 원동 군사운동의 근거지를 만들며 그 운동의 자금을 담당할 것.
3. 독립운동에 관한 일은 원동에 일임하고 하와이에서는 신문출판과 아동교육에 노력하며 상초계를 조직하여 단원 간의 환난을 상구하는 데 힘쓸 것.

1927년 4월 2일에 하와이 호노루루 팔라마 지방에 국어학교를 설립하는데 그 학교의 명칭을 (박용만의 당호를 따라서) 우성학교라 하고 박용만이 편찬한 교과서를 사용하여 교수하였다.

1928년 10월에 박용만이 흉한에게 피해를 당한 이후에 단의 사업이 중단되고 다만 단원 간에 친목을 유지하는 정도에 처하여 있다가 1933년 6월에 부단장 김성옥의 역할로 다수 단원의 동의를 얻어서 자체를 해소하고 하와이 대한인국민회에 합동하였다.

대조선독립단의 소유재산은 우성학교 건물과 기지뿐이었는데 단원 중에서 리원순, 김윤배, 박태균, 정태영, 박성달 등이 그 기지를 국민회에

주지 않겠다고 시비를 일으켜 재판까지 하게 되는 까닭에 창피한 경우를 피하려고 그 재산을 그 사람들에게 방임하였다.

대조선독립단 설립 이래에 총단장으로 봉사한 인사들은 신홍균, 안영칠, 조용하, 김윤배, 리복기, 정두옥, 리상호 들이었다.

태평양시사 습격

1921년 7월에 임시 대통령 리승만이 임시정부에 갔다가 하와이에 와서 동지를 모아 동지회를 조직하던 때에 독립단 신문『태평양 시사』가 리승만에게 불경언사를 기재하였다고 동지들이 성군 작당하여 신문사를 습격하고 인터·타잎 식자기계를 파쇄하였다.

『태평양 시사』가「리승만의 행방불명」이라는 제목 하에 리승만이 임시대통령의 직무로 임시정부에 갔다가 내부의 분열을 일으켰고 시국의 난관을 감당하지 못하여 아무도 모르게 슬며시 왔다는 소식을 기재하였으며 그것에 대한 리승만 패당의 감정풀이가 신문사 파괴로 나타났다.

1921년 8월 2일에 동지회파 여자 김해나, 김차득, 리점순, 조매륜, 백인숙 들이『태평양 시사』편집인 함삼여에게 찾아가서 임시대통령에 대한 '불경 기사'를 정정하라고 하였는데 함삼여의 대답이 그 기사가 상해에서 보낸 소식이므로 정정할 수 없다고 하니 그 여자들이 증거를 요구하였다.

그 증거는 상해의 한국적십자회 주무원 서병호가 하와이 지부장 문또라에게 보낸 편지이며 그 내용이 아래와 같다.

리승만 씨가 다사하고 다난한 이 때에 임시정부에 왔다가 내부의 분열을 일으켰으며 시국을 정돈하지 못하여서 민중에게 실망을 주고 간다는 말도 없이 없어진 까닭에 민중의 의혹이 더욱 심합니다.

이런 사람을 어찌 영도자라고 믿을 수 있읍니까. 이제는 민중의 뜻을 따라서 상당한 인도자를 구하는 수밖에 다른 도리가 없습니다.

그 여자들이 증거를 불구하고 무조건으로 정정을 요구하며 시비하던 중에 때가 하오 5시에 이르니 동지패당 정윤필, 김봉서, 민한옥, 장원여, 양재준, 황용식, 정시준, 손덕신 그 외에 장정 30여 명이 달려들어 신문사에 있던 함삼여, 리상호, 허용, 정국선, 김한경 들을 구타하여 중상을 입히고 쇠뭉치로 신문기계를 파쇄한 후에 경찰서에 체포되어 재판을 시작하기에 이르렀다.

이 같은 폭동으로 태평양시사를 파괴하고 재판을 계속하여 많은 재정을 소모한 까닭에 리승만이 동포들의 독립운동 후원금을 받아서 당파싸움과 재판에 남용한다는 비난이 있었고 리승만은 그렇게 비난하는 사람들을 지목하여 독립운동 방해자라고 하였다.

그 후 1925년 5월 14일 『신한민보』에 기재된 주영한(지금 대한민국 주상항 총영사) 기서에 리승만 박사가 대한민국 임시정부 공채표를 팔아서 그 본의가 아닌 당파싸움 재판비를 지출하였다고 비난하였는데 자기가 구미위원부 사무원으로 있을 때에 이 사실을 알았다고 하였다.

박용만 피살사건

1928년 10월 17일 하오 8시에 청년 2명이 대본공사에 와서 대양 1천 원을 달라고 위협할 때에 박용만이 그들의 청구를 거절하니 총을 쏘아 박용만의 가슴을 중상한 후에 1명은 도주하고 1명은 잡혔으니 그 성명이 리해영이었다. 동년 12월 11일에 대본공사 사무원 김홍범과 로무현이 북경에서 보낸 보고에 의하면 흉한 리해명이 중국 법정의 공판을 받았으나 정치범으로 인정되어 큰 처벌이 없이 5년 1개월 징역에 처결되었고 그 흉한은 의열단에서 김원봉이 보낸 사람이며 공산당 김시현의 부하라고 하였다.

박용만

우성 박용만은 1881년(신사년) 6월에 한국 강원도 철원군에서 출생하

박용만

였으며 위인이 활발하고 관후하며 항상 군사운동을 좋아하였다.

1904년 10월에 유학의 목적으로 미국에 와서 1905년 1월부터 네부라쓰카 링컨 중학교에서 영어와 대학 예비과목을 공부하였다.

1906년 9월에 네부라쓰카 헤쓰팅스 대학에서 정치와 육군사관학교 과목을 공부하였다. 1909년 7월에 네부라쓰카에서 한인 소년병학교를 설립하였다. 1910년 6월에 네부라쓰카 대학에서 정치과를 졸업하였다. 1911년 2월에 『신한민보』 주필이 되어 1년간 봉사하였다.

1911년 4월에 『국민개병설』을 저작하여 출판하였다.

1912년 6월에 네부라쓰카 대학에서 문학사 학위를 받다.

1912년 7월에 『군인수지』를 저작하였다.

1912년 12월에 대한인국민회 하와이 지방총회의 『신한국보』 주필로 피선되어 하와이로 갔다.

1914년 6월에 하와이 오하우 가할루 지방에 대조선 국민군단을 설립하였다.

1915년 6월에 『아메리카 혁명사』를 국문으로 번역 출판하였다.

1917년 10월에 뉴욕에서 열린 '소약국 동맹회'에 참석하여 한국문제를 제출하였다.

1918년 11월에 『태평양 시사』를 창간하고 주필이 되었다.

1919년 3월에 하와이 호노루루에서 대조선독립단을 설립하였다.

1919년 4월에 대한민국 임시정부 외무총장으로 피선되었다.

1919년 6월에 중국 북경에서 군사통일회를 조직하였다.

1925년 7월에 하와이 호항에서 열린 '태평양 연안 국제신문 기자 대회'에 한인 대표로 참석하였다.

1926년 1월에 군사운동의 근거지 확충을 목적 삼고 북경에 대본공사를 설립하였다.

1927년 2월에 초등국어 교과서를 편찬하였다.

1928년 10월 17일에 중국 북경에서 흉한의 습격을 입어 별세하였다.

노동사회개진당

1919년 12월 7일에 가주에서 리순기, 리살음, 임일, 김호, 리범영, 김려식 들의 발기로 노동사회개진당을 조직하였는데 그 목적이 국제사회당 환구협회에 참가하였던 조소앙의 외교운동 후원에 있었다. 그 제도는 수령제도이고 그 수령은 리살음이었으며 당원이 350명에 달하였던 것이다.

세계대전 이후에 약소민족들을 결합하여 '세계인민연맹' 결성을 운동하던 국제사회당이 원동에 소집하였던 '인민연맹 결성 준비대회'에서 1919년 8월 7일에 대한 독립과 대한민국 임시정부 존재를 승인하였다.

조소앙이 그 소식을 미주 한인에게 전파하고 외교운동 자금을 청구한 것이 개진당 조직의 동기였으며 이 때에 국민회와 리승만 간의 충돌로 인하여 조장된 파쟁의 기세가 이 조직의 추진세력이었기 때문에 당원이 대개 리승만 후원자였다.

국제사회당 환구협회가 사회주의자들의 조직이며 주의로는 미주 한인 사회와 연락이 어렵던 것이었다. 그러나 이 때에 정세가 좌경과 우경을 막론하고 대한독립을 승인하며 약소민족의 권리를 보장하며 쩨네바에서 열리는 세계 인민연맹에 참가하면 한국 독립이 세계적 승인을 받게 된다는 선전에 끌리지 않을 수 없었던 것도 사실이다.

동년 12월 14일에 중가주 딴유바 지방에서 노동사회개진당 대회를 소집하고 세계인민연맹 결성에 한국 인민대표 파송을 결의하였으며 조소앙을 대표로 선정한 후에 대표경비 특연 수봉을 시작하였다.

1920년 2월에 세계 인민연맹에 참가를 목적하고 파리에 가 있던 조소앙에게 노동사회개진당의 신임장과 경비 2,500달러를 보냈으니 그 신임장의 내용이 아래와 같다.

1. 국제사회당 환구협회 세계 인민연맹 준비대회에서 결의한 대한민족 독립 승인을 완수하는 일
2. 대한인 노동사회가 국제사회당 환구협회를 통하여 세계 인민연맹에 가맹하는 일
3. 세계 인민연맹 결성에 참가하여 세계 자주 민족들의 자결주의 실천운동을 완수하는 일
4. 국제사회당 환구협회와 세계 인민연맹에 우리 문제를 제출하는 일체 권리를 위임함.

세계 인민연맹 결성은 열강의 국제연맹 조직에 대립하려던 국제사회당의 정치운동이었는데 이것이 실패되었으며 노동사회개진당 대표 조소앙은 영국 론돈에 가서 외교 선전운동을 계획하다가 1922년 3월에 공산당 총회에 한국문제를 제출하여 공산당의 원조를 얻겠다고 모스코에 갔으나 그 역시 실패되니 노동사회개진당의 목적이 이에서 끝을 마치게 되었다.

이로부터 노동사회개진당이 정책을 변경하여 국민회에 대립하는데 그 시비문제는 국민회 임원들이 그 대표자 도산 안창호의 세력 부식을

위하여 임시정부에 건의서를 보내고 위협하였다는 것이었다.

1923년 4월까지 『동무』라는 잡지를 발행하였고 리승만의 파쟁세력을 도우며 구미위원부를 후원하였다.

1925년 3월에 임시대통령 리승만이 탄핵면직을 당하니 리승만을 옹호하여 동년 5월 13일에 리살음, 정지영, 김순권, 리범영, 리순기 들의 주동으로 대한민국 임시의정원에 성토문을 보내고 임시정부 당국을 반대하는 혼란을 일으키다가 리승만이 미주를 떠나서 하와이로 간 후에 폐지되었다.

동지회

동지회는 리승만 추종자 집단인데 동지 규합운동은 1913년부터 시작하였으나 조직이 없이 있다가 1921년 7월에 단체를 조직하였다.

1913년 2월에 리승만이 대한인국민회 하와이 지방총회의 초청을 받고 하와이에 와서 감리교회 한인기숙학교 학장으로 시무하니 이것이 재미 한인사회에 처음으로 출신하던 것이다.

그 시절에 한인사회 봉사자의 최고 월봉이 18달러이므로 그 생활이 간곤하였는데 리승만은 월봉을 받지 않고 봉사하겠다고 한 까닭에 동포들이 그의 생활 곤란을 동정하여서 생활비 보조를 시작하니 리승만의 생활 곤란이 없어지는 한편 차차로 동정자가 증가되어 당파 기세를 이루게까지 되었던 것이다.

1914년에는 동정자가 수백 명에 달하여서 매월에 매인이 1달러 25전씩을 출연하여 25전은 수전 경비로 제하고 1달러씩을 리승만에게 주었다.

그러나 아직도 단체를 조직하지 않고 사회에 풍파가 있을 때마다 당파 기세를 돕고 있다가 1919년에 리승만이 한성정부 집정관 총재로 지명된 후에 동지들의 신념이 더욱 확실해졌다.

1921년에 리승만이 임시대통령의 직무로 임시정부에 갔다가 각원들과 충돌하여 내부 분열을 일으킨 후에 하와이에 와서 동지들을 결속하며 당파세력을 확대하던 것이 동지회 조직이었다.

1921년 7월 7일에 하와이 호항에서 리승만이 민찬호, 안현경, 리종관으로 더불어 동지회 조직을 의론하고 동년 7월 21일에 선포문을 발포하니 이것이 동지회 창립이었다.

선포문

오늘 우리 민중에 당파 혹은 감정으로 임시정부를 대항하려는 위험이 발생하는데 이를 방어하려면 하와이에서도 충의와 성심을 합하여 임시정부를 옹호할 단체가 필요되므로 이에 동지회 조직과 규정을 선포하노라.

규 정

1. 본 회의 명칭은 동지회라 함.
2. 본 회의 목석은 상해의 임시정부를 옹호하며 대동단결을 도모하되 임시정부의 위신을 타락하거나 방해하려는 불충불의한 국민이 있으면 본회가 일심하여 방어하며 상당한 방법으로 조처함.
3. 본 회의 사명은 총재의 대정방침을 보좌하며 명령을 절대 복종함에 있음.
4. 본 회의 위치는 호노루루에 두고 각 지방에 지방회를 두기로 함.
5. 본 회의 회원은 매월에 월례금 1달러 25전씩을 납입함.

이 같은 선포문으로 동지회를 조직한 뒤에 동지의 정신을 고취하기 위하여 동 7월 27일에 동지대회를 소집하고 임시대통령 리승만이 임시정부에 갔던 경과를 보고하였는데 그 줄거리가 다음과 같다.

리승만의 보고 대지 (『국민보』 660호 참조)
1. 이번에 내가 상해에 갔던 목적은 임시정부 각원들을 단합 결속하려

던 것이오.

2. 상해에 있는 인사들의 재정 곤란이 심하여 바라기를 내가 돈을 많이 갖고 왔을까 하였는데 돈이 없다고 하니 낙심되었고 나에게 신출귀몰하는 정략이 있을까 하였으나 그 희망도 만족되지 않으므로 공연히 이런 트집 저런 트집을 잡으며 혼단을 일으켰소.

3. 국무총리 리동휘가 정부제도를 위원제로 변경하자는데 이것이 아라사 공산당 제도인 까닭에 거절하였더니 그 감정으로 국무회의에서 시비를 일으키고 필경에 리동휘, 안창호, 김규식이 일제히 사면하였소.

4. 원동의 형편은 북경에서 박용만파가 무정부주의를 선전하여 인심을 현혹하게 하며 정부파괴를 운동하고 있소.

5. 상해에서 안창호파가 주장하는 국민대표회라는 것은 파동을 일으켜서 독립운동을 방해하는 것이오.

6. 내가 과거에는 무리한 일을 당하여도 등꼴뼈 없는 사람 모양으로 가만히 있었으나 지금 상해와 북경에 있는 사람들의 행동은 그대로 버려둘 수 없으니 상당한 조처가 있어야 하겠소.

7. 백성이 정부를 봉대하지 않으면 정부를 유지할 수 없으며 정부를 유지하지 못하면 독립국 백성이 될 수 없으니 여러분은 정신차리고 분투하시오.

8. 세계 각국이 경찰과 군병과 감옥을 갖고 있는 것은 도덕만으로 질서를 유지할 수 없는 까닭이오.

9. 우리는 아직 이러한 기구가 없으므로 악한 무리를 처치할 수 없는 터이니 여러분이 경찰도 되고 군병도 되고 몽둥이도 되어서 악한 분자를 처치하는 데 일심동력하여 주어야 하겠소.

시국 정세에 명확하지 못한 동포들이 박용만파가 임시정부 파괴운동을 하며 안창호파가 독립운동을 방해한다는 보고를 듣고 매우 분개하였으며 이러한 인심선동의 결과가 태평양시사사 습격과 당파싸움으로 나타났던 것이다.

동지회 설립의 목적과 주장이 임시정부 봉대와 옹호였으나 이 회가 조직된 후에 임시정부와 리승만 간의 충돌이 계속되고 미주에 파쟁이 심하여서 동포의 재정후원이 격감되었으므로 임시정부의 곤란이 막심하였다. 그리고 1922년 6월에 대한민국 임시의정원에서 리승만 내각 불신임안을 통과하던 때와 1925년 3월에 임시대통령 리승만이 탄핵 면직을 당한 후에는 임시정부를 반대하였다.

동지회의 사업

1924년 11월 23일에 하와이 호노루루에서 동지대회를 열고 사업확장을 계획하는데 리승만을 '영원한' 총재로 선거하는 절차가 있은 후에 총재의 정책 발표를 따라서 사업확장에 착수하였다.

총재의 정책

동지회의 3대 정강을 세우고 그 정강에 대하여 뜻이 같은 사람을 모아서 동지회를 발전할 터인데 백만 동지를 얻어 고본금을 모집하며 산업기관을 설립하고 정치와 경제운동을 아울러 진행할 주의이니 여러분 동지는 이 주의를 실천함에 일심 협력하시오.

3대 정강

1. 독립선언에 선포된 바 공약 3장을 실시할지니 3·1정신을 발휘하여 끝까지 정의와 인도를 주장하며 비폭력적인 희생적 행동으로 우리 대업을 성취하자.
2. 조직적 행동이 성공의 요소이니 우리는 개인행동을 일체 버리고 단체 범위 안에서 질서를 존중하며 지휘에 복종하자.
3. 경제자유가 민족의 생명이니 자작 자급을 함께 도모하자.

임원과 산업기관

1. 중앙부 이사원은 김영기, 민찬호, 김노듸, 곽래홍, 윤치영, 김성기

들을 임명함.

2. 각 지방 주무원은 각 지방 동지들이 추천하는 사람을 임명하기로 함.
3. 동지들의 고본금으로 동지식산회사를 설립하되 자본금을 70,000 달러로 정하고 고본금 12,500달러가 모집되는 때에 주식회사 관허를 얻어서 사업을 착수할 것이며 동지촌 건설에 노력할 것임.

1925년 3월에 하와이 오올라 지방에 있던 산판 9,900에이커를 매득하고 리승만이 그 사업에 전무하였으며 영업의 종류는 벌목과 토지 개간과 시탄상과 채소농사였다.

총재 리승만이 정치운동에 실패한 면목을 새롭게 하려는 계책으로 동지촌 건설을 고창하여서 동포의 재정을 거둬가지고 동지식산회사를 시작하였으나 경험없는 사업을 억지로 운영하다가 1929년에 실패로 끝을 막았다.

이 때에 중·일 충돌이 악화되어 원동 정세가 항일운동의 좋은 기회를 전개하고 있으나 하와이 한인사회가 분열되고 동지식산회사가 실패되니 동지들의 원성이 있어서 일반적으로 민중 심리가 해태하고 아무 운동을 추진시킬 수 없는 정형에 이르렀다.

동포가 많고 재미 한인운동의 중요 지대이던 하와이의 정형이 이같이 되니 미주와 하와이 한인사회 지도층에게 큰 관심을 갖게 하였으며 필경에 미주와 하와이 대표회를 소집하고 하와이 단체 부흥과 독립운동 강화 촉진을 의론하게 되었다.

1930년 7월 16일에 하와이 호노루루에 열었던 미 포대표회 결의로 미주 대표 김원용을 택선하여 동지회 조직 개량과 각 단체 연락사무에 착수케 하였으나 리승만과 의사가 충돌되어 대표회 결의를 실천하지 못하였다.

대표회 결의가 실패되므로 김원용이 임무를 사면하고 미주로 가려던 때에 리승만의 모함에 걸려서 재판과 싸움을 당하였는데 그 이유는 리승

하와이 동지회 회관

만의 독재행동과 무리한 고집으로 인하여 대표회 결의가 실패된 사실이 미주에 전파되지 않게 하려던 것이며 종당에 그 음모가 악화되어 교민단과 동지회 간의 당파싸움이 일어났던 것이다.

이것이 1915년 이래에 리승만이 하와이에서 당파싸움을 계속한 수단이고 자신이 있어서 시작한 것이나 이번 싸움에는 일마다 실패하고 단체의 재력을 고갈시킨 후에 하와이에 있을 면목이 없게 되어서 하와이를 떠나는데 구라파에 외교운동을 구실 삼아 쩨네바와 비엔나 등지를 유람하였다.

그리하다가 1941년 4월에 재미동포가 역량통일과 독립운동 촉진을 위하여 '재미한족 연합위원회'를 결성하던 때에 동지회가 연합체에 참가하여 일체 행사를 같이 시작하였다.

동지회가 연합운동에 참가하는 대상으로 요구한 조건에 따라서 리승만을 다시 채용하여 외교위원장으로 임명하였는데 이 때에도 리승만이 외교운동에 재정을 충족하게 주지 않는다고 칭원하고 있다가 1943년에 시비를 일으키고 동지회를 교촉하여 재미한족 연합위원회에서 탈퇴하고 이를 대립하게 하여서 역량통일에 결함을 주었다.

출판사업은 리승만이 발행하던『태평양잡지』를 변경하여『태평양주보』라 하고 1930년 12월 13일부터 주간 발행을 시작하였으며 1944년 7월 14일에 그 체재를 개량하여 주간신문을 발행하기 시작하였다.

동지회는 그 제도의 결함으로 인하여 인물 망라와 발전의 능률을 내지 못하였으며 그 결함은 대개 다음과 같았다.

1. 총재 리승만은 임기가 없는 평생직으로 추대되었고 헌장 이상의 결재권을 가진 까닭에 회중의 결의안이라도 총재의 허락이 없이는 실행하지 못하였으며 어느 때나 중요 사건은 총재의 선포문이나 말로써 진행되었다.
2. 회중의 공선을 받은 임원도 총재의 허락이 없으면 취임하지 못하였으며 누구나 총재의 허락이 없이는 활동할 권리가 없었다.
3. 회원의 의무가 총재의 지도를 따라서 1동 1정을 준행하라는 것이므로 총재가 임시정부 안에 있을 때는 이를 후원하고 밖에 있을 때는 이를 반대하였으며 물질적 후원으로는 임시정부와 독립운동을 위하여 수봉한 재정을 모두 총재에게 보내서 자의로 처단하게 하였는데 누구나 그것을 반대하면 동지회에서 용납되지 않았다.

회관과 지방회

동지회는 일찍이 회관 설비가 없다가 1930년 8월 1일에 하와이 호노루루 구아키늬 스추릍에 집을 월세로 얻어서 회관으로 사용한 것이 처음이었으며 그 후 1949년에 호노루루 킹·스추릍에 회관을 건축하고 동년 11월 6일에 헌관식을 거행하였는데 이것이 현재의 하와이 동지회 중앙부 회관이다.

최초로 지방회 조직은 단순하였으니 아무 때 아무 곳에서나 총재와 동지회를 위하여 필요되는 일이 있을 때에 지방회를 조직하였다가 그 일이 지나가면 중단하였다.

리승만

1930년 하와이 사회풍파 당시에 중앙부 회관을 설비하면서부터 각 지방에 지방회를 조직하였는데 전성시절에는 하와이, 마위, 오아후 섬들에 9처 지방회가 있었으며 근래에는 4처에 불과하다.

회원과 중앙부장

회원은 많았던 때에 400여 명이고 적던 때에는 150명에 불과하였으며 동지회 설립 이래에 중앙부장으로 봉사한 인사는 민찬호, 김광재, 리용직, 손승운, 김이제, 김영기, 박진한, 전무술, 민근호, 최백열 들이다.

리승만

우남 리승만은 1875년(을해년) 3월 26일에 한국 황해도 평산군에서 출생하였고 일찍이 그 부모와 같이 서울에 와서 장성하였다.

1904년 12월 6일에 유학을 목적하고 미국에 와서 쪼지·와싱톤 대학에 입학하였으며 1907년에 문학과를 졸업하였다.

1908년 6월에 하버드 대학에서 문학석사학위를 받았다.

1910년 3월에 대동공보사의 후원으로 『독립정신』이라는 소책자를 출판하였다.

1910년 6월에 프린스톤 대학에서 철학박사학위를 받았다.

1910년 10월에 경성 기독교 청년회 총무 직임을 받아가지고 귀국하였다.

1912년 4월에 한국 남감리교회 평신도 대표의 사명을 띠고 미국에 와서 늬애폴리쓰에 열린 감리교대회에 참석하였다.

1913년 2월에 대한인국민회 하와이 지방총회의 초청으로 하와이에 가서 교육과 출판사업에 주무하게 되는 것이 재미 한인사회에 처음으로 출신한 것이었다.

1913년 9월에 『태평양잡지』를 창간하고 주필이 되었다.

1913년 9월에 하와이 감리교회 한인기숙학교 학장으로 임명되었으며 그 이듬해 9월에 학교 명칭을 한인중앙학원이라고 변경하였다.

1915년 3월에 한인여자학원을 설립하였다.

1915년 6월에 파쟁을 일으켜 대한인국민회 하와이 지방총회를 전복한 후에 재정관리인이 되었다.

1918년 1월에 하와이에서 『국민보』 주필이 되었다.

1918년 7월에 하와이 호노루루에 한인기독교회를 설립하였다.

1918년 9월에 한인여자학원을 변경하여 한인기독학원을 설립하였다.

1919년 2월에 미국 대통령 윌손에게 한국 위임통치를 청원한 까닭에 민중의 반항을 받았다.

1919년 4월에 대한민국 임시정부 국무총리로 임명되었다가 동년에 한성정부의 집정관 총재 임명을 받았으며 동년 9월에 정부 개조에 따라 임시대통령이 되었다.

1919년 9월에 와싱톤에서 구미위원부를 조직하였다.

1921년 7월에 하와이 호노루루에서 동지회를 조직하였다.

1922년 6월에 대한민국 임시의정원의 불신임을 받았다.

1924년 11월에 동지회 총재로 선임되어서 동지식산회사를 조직하였다.

1925년 3월에 임시대통령 직임에서 탄핵 면직되었다.

1941년 4월에 재미한족 연합위원회 외교위원장으로 임명되었다.

1943년 10월에 재미한족 연합위원회 외교위원장 직임에서 면직되었다.

조국해방 후 1945년 10월에 귀국하였다. (이하 생략)

라성 한인교민단

1924년 9월에 미주 라성 지방에서 전진, 윤병히, 안상학, 정수만, 정지영, 리병억, 김순권 들의 발기로 한인교민단을 조직하였으니 그 목적이 구미위원부 후원이었다.

이 조직은 대개 대한인국민회에 반감을 갖고 리승만을 후원하려던 동포들의 집단이었으며 그 수가 50명에 불과하고 회관 설비도 없던 유령단체였는데 임시대통령 리승만이 탄핵을 당한 후에 활동이 없이 있다가 1929년에 그 명칭을 해소하고 라성 동지회에 합류하였다.

동지회 북미총회

동지회 북미총회 설립을 말하기 전에 먼저 미주 동지회 조직의 경로를 말하여 두고자 한다.

동지회 총재 리승만이 동지회 규칙과 정책을 시세와 감정에 따라서 어느 때나 자의로 변경하던 것과 같이 동지회 조직의 규모도 명확하지 못하였으며 특별히 미주 각지에서 조직과 폐지를 동지들의 자의로 하였고 동지회 중앙부 규모에 따르지 않은 까닭에 분명한 존폐 기록을 남기지 못하였다.

1921년 7월에 하와이 동지회가 설립된 후로 미주에 동정자들이 생겼고 때때로 시카고, 뉴욕, 몬타나, 띄추로일 등지에서 동지회를 조직하였으나

동지회 북미총회 회관

서로 조직된 연락이 없었으며 다만 리승만 후원의 성력이 같은 임시성 조직들이었는데 회원이 많던 곳에 50명 정도이고 적던 곳에는 20명에 불과하였다.

1929년 10월에 리승만이 미주에 와서 동지를 결속한 것이 라성 동지회 조직인데 1940년까지도 활동이 없었으며 1941년 4월에 재미한족 연합위원회에 참가하였다가 탈퇴한 후에 그 명칭을 변경하여 동지회 북미총회라 하였다.

1943년에 라성 동지회를 확장하여 동지회 북미총회를 설립하였는데 이것도 역시 동지회 규칙에 부합되지 않는 새 제도이며 미주 안에서 리승만 후원기관으로 가장 유력한 단체이다.

1943년 4월 11일에 라성 시 36가에 있는 가옥을 매득하여 회관을 설비하였으니 이것이 동지회 북미총회 회관이며 속쇄판으로『북미시보』를 발행하고 있었다.

동지회 북미총회 관하에 라성과 중가주 지방회가 있을 뿐이고 전체 회원이 백 명 미만이며 총회 설립 이래에 역대 총회장은 리살음, 송철, 박호근, 안상학 등이었다.

뉴욕 한인교민단

1924년 12월 10일에 뉴욕 시에서 안정수, 홍득수, 리봉수, 송세인, 신성구, 허정, 리진일 들의 발기로 뉴욕 한인교민단을 설립하였으며 그 목적은 다음과 같았다.

교류동포를 규합하여 친목을 증진하며 정치행사에는 구미위원부 사업을 후원하기로 하였다.

이 때에 민중의 여론과 시비가 있어서 동포의 재정후원이 퇴락하고 구미위원부 유지가 곤란하므로 뉴욕에 있던 동포들이 재정후원을 시작한 것이 교민단 설립의 동기가 되었다.

뉴욕 한인교민단이 예배당 사교실을 회관으로 사용하였으며 단원은 많던 때에 60여 명이고 적던 때에는 30명에 불과하였다. 설립 이래에 10년 동안을 유지하고 1935년에 폐지되었는데 이것이 뉴욕 한인의 사교 중심처였고 가장 오래 유지된 한인단체였으며 단장으로 봉사한 인사는 홍득수와 리진일이다.

근래에도 뉴욕에 학생들과 견학 또는 시찰로 내왕하는 사람들이 많으나 그 곳에 영주하는 동포가 많지 않아서 한인단체가 없으며 예배당이 사교의 중심으로 되어 있다.

하와이 애국단

1932년 2월 14일에 하와이 오아후 와히아와 지방에서 림성우, 김경옥, 김예준, 김성옥, 현도명, 김태정, 김형기, 김기순 들의 발기로 하와이 애국단을 설립하였으며 이것이 원동의 특무 공작을 후원하던 비밀 결사이다.

1930년 하와이 사회풍파의 시비가 각 방면에 파급되어서 임시정부 재정후원이 박약하여지던 때에 와이아와 지방에 있던 동포 중에 유지 인사들이 파쟁에 중립 태도를 갖고 임시정부 후원에 노력하며 김구와 연락하고 있다가 1931년 9월에 특무 공작의 계획을 찬성하고 동년 11월 15일에 1,000달러를 보냈으니 이것이 리봉창, 윤봉길 두 의사의 운동경비였다.

1932년 1월에 리봉창 의사의 일황 폭격과 동년 4월에 윤봉길 의사의 홍구 폭격사건들이 있은 후에야 애국단 존재가 민중에 알려지고 단체를 조직하게 되었는데 이 때에 단장 림성우의 공로가 많았다.

1934년 4월 10일에 조병요, 안창호, 리대진, 최찬영, 유진석, 리봉수, 김예윤, 박이조, 림영택, 안영호, 양성학, 김현구, 김원용 들이 참가하여 단의 사업을 확장하였는데 단원을 극히 주의하여 택선하던 까닭에 단원이 45명에 불과하고 부담이 중하였다. .

원동에서 애국단이 '광복 진선 통일 운동'에 참가하여 자체를 해소하고 한국독립당을 결성함에 따라서 1940년 5월 9일에 애국단을 변경하여 한국독립당 하와이 지부를 설립하였다.

단합회

1931년 4월 9일에 가와이 섬 가파아와 리휘 두 지방에 거류하던 동포들이 단합회를 조직하니 그 목적이 대한민국 임시정부 후원이고 그 발기자는 전녹영, 현순, 김상호, 정호영, 정준영, 리홍기, 박근실, 최건하, 김태하, 한경택, 정원현이었다.

이 때에 하와이 한인사회에 풍파가 일어나서 임시정부에 대한 재정후원이 타락되던 까닭에 가와이에 있던 동포들이 중립 태도를 갖고 그 풍파의 시비를 피하며 임시정부에 재정후원을 시작한 것이 단합회 조직이었는데, 조직한 이래 8년 동안을 임시정부 후원에 전력하였으며 1939년 4월 29일에 그 명칭을 해소하고 하와이 애국단에 합동하였다.

중·한 민중동맹단

1938년 12월 2일에 하와이 호노루루에서 중·한 민중동맹단을 조직하니 그 목적이 한길수의 외교운동과 순행강연 후원이었으며 그 발기자는 차신호, 최선주, 최창덕, 서재근, 민찬호, 권도인, 정봉관, 리태성, 김백수, 김경준, 오창익, 조경천 들이었다.

중·한 민중동맹단은 중국인의 합작이 없이 다만 한인으로 조직하였던 것인데 그 경로가 다음과 같다.

1. 1933년 4월 18일에 하와이 대한인국민회 선전부 외교원 한길수가 사면을 당하고 나가서 국민회에 대하여 반감을 가졌던 사람들을 선동한 것이 중한민중 동맹단 조직의 동기였다.

2. 1933년 7월에 중국 남경에 있던 중·한 민중대동맹 대표 김규식이 하와이에 와서 중·한 민중합작운동을 선전하던 때에 한길수가 중·한 민중대동맹 하와이 지부 설립을 계획하다가 김규식의 동의를 얻지 못하여 실패하였으나 이 때부터 중·한 민중동맹단 조직의 의사를 가졌던 것이다.

3. 1938년 12월에 중·한 민중동맹단을 조직하고 그 후원으로 동년 12월 19일에 한길수가 미주에 와서 순행강연을 시작하였으며 그 이듬해 7월 29일에는 한국 유학생 영주권 획득과 앨라스카에 한국 이민을 주선하는데 국민회가 이것을 찬조하지 않는다고 비난하여 동포들의 인심을 현혹시키는 일까지 하였다.

4. 1941년 4월에 중·한 민중동맹단이 재미 한족연합위원회에 참가하던 때에 참가의 대상조건으로 한길수 수용을 요구하였고 연합위원회

는 한길수를 국방봉사원으로 임명하였다. 그러나 한길수가 회의 정책을 따르지 않고 자기의 주견대로 행동하며 리승만과 충돌하여 혼란이 발생되므로 1942년 2월에 한길수를 면직시키니 중·한 민중 동맹단이 연합위원회에서 탈퇴하였다.

5. 중·한 민중동맹단 단원이 40명에 불과하며 세력은 없었으나 그들이 여러 방면으로 동포들을 충동하며 적지않은 오해와 혼란을 일으켰다.

한국독립당 하와이 지부

1940년 5월 9일에 하와이 오아후 와이아와 지방에 한국독립당 하와이 지부를 설립하니 이는 원동에서 애국단이 광복 진선 통일에 참가하여 한국독립당을 결성한 데 따라서 설립된 것이고 하와이 애국단의 후신이다.

한국독립당 하와이 지부가 설립되어서 원동의 특무공장과 한국광복군 편성의 경제적 후원을 하였고 1941년 4월에 재미 한족연합위원회에 참가하여 조국 광복운동에 동심 동력하였다.

당원은 100명 미만이었으며 그 중에서 림성우, 김재한, 정두옥, 유진석, 현도명, 김진화 들이 집행위원장으로 봉사하였다.

조국해방 이후 정치적 전환에 따라서 한국독립당 본부가 국내에서 산회되었으나 하와이 지부에 아직도 그 존재를 계속하며 당원간의 연락과 친목을 유지하고 있다.

한국독립당 하와이 지부 당규가 10장 39조로 제정되었는데 그 중에서 당의와 특수조례를 하기하여 당의 정신과 사명을 참고로 삼는다.

당 의

우리는 4천여 년 독립 자주하여 오던 민족으로 다른 민족침략에 눌리어 경제파산과 문화말살 아래에서 화에 직면하여 민족으로 자존을 얻을 수 없고 세계적으로 공명을 도모할 수 없다.

본당은 침탈세력을 방지하여 국토와 주권을 완전히 광복하고 정치,

경제, 교육의 균등을 기초로 한 민주주의국가를 건설하여 안으로 국민의 생활을 보장하며 밖으로 국가 대 국가의 균등을 얻을 것이다.

하와이 지부 특수조례

1. 본당 당규 중에 지방적 환경에 구애를 인하여 본 지방에서 실행하지 못할 조건은 원동 본부에 일임하되 그 경비를 담책함.
2. 본당은 국내와 중령 각지에서 실행할 특무공작의 경제적 책임을 부담함.
3. 특무공작 후원은 본당 평의회가 그 성질과 시기를 살펴서 결정하는 바를 택함.
4. 본당은 시세를 살피어 각항 운동을 장려하되 어느 지방이나 이미 설립된 단체가 있는 경우에는 그 단체와 협동하기를 역도함.
5. 본당의 사업 진행 방도는 어느 곳에서든지 그 지방 사정에 맞추고 전체 광복운동과 상충되지 않는 한도에서 실행하기를 노력함.

조선의용대 미주후원회

1939년 10월에 라성 지방에서 리득환, 변준호, 최능익, 신두식 들이 조직하였던 중국 피난민 후원회를 변경하여서 1941년 2월에 조선의용대 미주후원회를 조직하고 중국 한구에 있던 조선의용대를 후원하였다.

조선의용대는 조선민족혁명당 소장파로 조직된 유격대였으며 중국 한구에서 중국군대 후방공작을 협조하고 있다가 1942년 5월 18일에 한국광복군에 편입된 것이다.

1941년 4월에 조선의용대 미주후원회가 재미 한족연합위원회에 참가하여 독립운동 후원사업을 협동하다가 조선의용대가 한국광복군에 편입된 후 1943년에 그 명칭을 다시 고쳐 조선민족혁명당 미주지부라 하였으며 이 때부터 연합위원회와 대립하려고 하였으니 이것이 재중 한인의 정치파동이 미주 한인사회에 처음으로 파급하였던 것이었다.

조선민족혁명당 미주지부

1943년 1월에 라성 지방에서 조선의용대 후원회를 변경하여 조선민족혁명당(혁명당) 미주지부를 조직하였으니 이는 재중한인 좌익계통 김원봉파의 정치운동 후원을 목적하였던 것이다.

이 때 중국 중경에 있던 각 한인단체 대표자들이 대한민국 임시정부에 들어가고 재중 한인의 정치운동과 군사운동들이 통일을 이루었으며 조선의용대가 한국광복군에 편입하기까지에 이르렀다. 그러나 그 통일이 각파의 자발적 행사가 아니고 시세의 절박과 중국정부의 견제에 눌려 부자연하게 되었던 까닭으로 지도층의 시기와 의심이 풀리지 않고 은근한 분쟁이 되어서 이 같은 조직이 있게 되었던 것이다.

조선민족혁명당 미주지부는 설립 이래에 아무 활동이 없이 신문 발행에 전력을 다하였으며 그 당원은 40명에 불과하였고 집행위원장으로 봉사한 인사는 김성권, 황사용, 곽림대 들이다.

1943년 9월 5일에 조선민족혁명당 미주지부 주최로 신문『독립』의 출판을 발기하니 그 발기자가 김성권, 변준호, 리득환, 최능익, 김강, 리경선, 전경준, 신두식, 박상엽, 김혜란, 정덕근, 장기형, 황성택, 리창히, 최봉윤, 김창만, 황사용 들이었다.

동년 10월 6일에『독립』창간호를 출판하고 1955년까지 발행하다가 중단되었으며 조국해방 이후에 그 논조는 북한의 김일성과 소련의 스탈린을 찬양하여 포부를 있는 대로 발표하고 지금 좌경으로 지목을 받고 있다.

부녀사회

재미한인 부녀들이 이민시대에 많이 오지 못하고 대개 1910년 이후에 온 까닭으로 1918년까지도 부녀단체의 활동이 미약하였다.

1919년 3월에 조국독립선언의 소식을 받고 재미한인이 동원하던 때에 부녀들이 같이 일어나서 독립운동에 응원을 목적하고 각 지방에 있던 부인회들을 합동하여 하와이에 대한부인구제회를 결성하고 미주에 대한 여자애국단을 결성하였으니 이것이 재미한인 부녀들의 단결이고 활동의 시작이었다.

미주 부인회의 첫 조직

미주의 한국 부인회는 1908년부터 있었으나 그 활동이 크지 못하였다가 1919년에 단결을 이루고 조국광복운동을 후원하였으며 처음의 조직들은 다음과 같다.

한국부인회

1908년 5월 23일에 상항 지방에서 김밀이사, 리민식 부인, 신윤호 부인, 문경호 부인, 장홍범 부인, 박창운 부인 들의 발기로 한국부인회를 조직하였으며 회장은 김밀이사였다.

그 목적은 자녀들의 국어교육을 장려하며 교회사업을 후원하며 정치적 시비에 간섭하지 말고 동포 간의 친목을 증진함이었다.

한인부인회

1917년 3월 29일에 싸크라멘토 지방에 있던 부녀들이 한인부인회를 조직하였으며 회장은 양제현이었다.

그 목적은 대한인국민회 사업을 후원하며 가정 일용사물의 일화를 배척하는 데 있었다.

신한부인회

1919년 3월 2일에 중가주 딴유바 지방에서 강원신, 한성선, 김혜원, 한영숙, 한신애, 김경애 들의 발기로 신한부인회를 조직하였으며 회장은 강원신이었다.

그 목적은 부녀동포의 조국정신을 고취하며 대한인국민회의 조국광복운동을 후원함이었다.

부인친애회

1919년 3월 28일에 라성 지방에 있던 부녀들이 부인친애회를 조직하였으며 회장은 림화연이었다.

목 적

1. 동포간의 친애를 장려하며 사회와 교회사업을 후원함.
2. 가정 일용사물에 일화를 배척함.
3. 매 주간의 화요일과 금요일은 식사에 고기 없는 날로 정하고 수요일은 간장 없는 날로 정하여 식료품을 절약함.
4. 가용을 절약하여서 식구마다 독립운동 후원금을 보내기로 함.

멕시코 대한부인애국회

1919년 4월 23일에 멕시코 메리다 지방에 있던 부녀들이 대한부인애국회를 조직하였으며 회장은 김신경이었다.

그 목적은 대한인국민회의 조국광복운동을 적극 후원함이었다.

미주부인회 통일운동

1919년 5월 18일에 싸크라멘토 한인부인회와 따유바 신한부인회의 연합발기로 통고문을 발포하여 부인회의 합동을 촉진하였다.

통고문

부녀 동포여, 국내 동포는 독립선언 이래에 독립과 자유를 위하여 일어나서 앞선 자 쓰러지면 뒤에 있던 자 계속하여 생명을 바치는 이 때에 우리는 무엇을 하려는가.

국내에서 나오는 부녀운동자들의 소식을 들을 때마다 그들의 만세 부르는 소리가 들리는 듯하고 왜적에게 맞아서 국기 들고 거꾸러지는 것이 보이는 듯하여 비분강개한 눈물을 금할 수 없다. 그러나 한 줄기 눈물만으로 일을 방관할 수 없은즉 우리도 조국독립운동에 한 몫을 하기로 하자

이제 미주 안에 몇 개 부인회가 있으나 그들이 합하지 않으면 힘이 약할지니 반드시 합동하여 한 개 통일단체를 만들고 그로써 조국광복에 대한 우리 부녀들의 운동을 강화하자

1793년 11월 8일에 인권자유를 위하여 생명을 희생한 로렌드 부인을 본받아서 맹진하기를 결심하자

1919년 5월 18일
싸크라멘토 한인부인회 회장 양제현
딴유바 신한부인회 회장 강원신

부인회 합동 발기대회

부인회의 통고문이 발포된 후에 각 지방 부인회들의 연락이 있었던 까닭으로 1919년 8월 2일에 부인회 대표자들이 딴유바 지방에 회집하여 합동 발기대회를 열고 합동결의안을 통과하였으며 그로써 대한인여자애국단을 설립하였으니 이것이 미주 한인 부녀사회의 단결이었다.

부인회 합동결의안

1. 조국독립운동을 힘있게 후원할 목적으로 각 지방에 분립된 부인회들을 합동하고 운동역량을 한 곳에 집중함.
2. 미주 한인 여자사회의 통일기관으로 대한여자애국단을 설립하며 각지에 부인회들을 해체하고 애국단 지부를 조직하기로 함.

1919년 8월 일

딴유바 신한부인회 대표 : 한성선, 리은기, 리낸시, 리성애, 림성실

로쓰앤젤쓰 부인친애회 대표 : 림메불, 박순애, 안혜련, 김혜원
싸크라멘토 한인부인회 대표 : 양제현, 권영복, 김자혜
상항 한국부인회 대표 : 전그레이쓰, 박애나, 최유실, 백락히
월로우쓰 지방부인회 대표 : 림광명, 윤으로쓰

대한여자애국단

미주 부인회 합동결의안에 응하여 1919년 8월 5일에 대한여자애국단을 설립하고 대한인 국민회 중앙총회의 인준을 얻었으니 이 때에 중앙총회가 재미한인 사회의 최고 기관인 까닭이었다.

대한여자애국단 장정이 32조로 기초되었는데 그 중에서 제1장 총칙을 아래에 기록하여 그 목적과 조직의 정신을 참고로 하고자 한다.

대한여자애국단 장정

제1장 총칙

제1조 본단의 명칭은 대한여자애국단이라 함.

제2조 본단의 위치는 미주에 두되 총단은 시의에 따라서 필요한 곳에 두며 각 지방에 지부를 설치함.

제3조 본단의 목적은 다음과 같음.

  1. 조국독립운동에 관하여서는 대한인국민회와 동심 동력함.
  2. 가정의 일용 사물을 절약하여서 독립운동 후원금을 판비하며 국내 동포 구제사업에 노력함.
  3. 가정에서 일화 배척을 단행함.
  4. 부녀 동포의 독립사상을 고취함.

1924년 8월에 목적을 하기와 같이 변경하고 장정을 수정하였다.

본 단의 목적은 대한여자를 단결하고 문명준칙과 도덕원리에 기인하여 개인으로부터 가정에, 가정으로부터 사회로의 개량을 힘쓰며 대한

독립의 기초적 역량을 준비함에 있음

단의 사업과 재정

단의 사업은 조국독립운동 후원으로 대한민국 임시정부와 외교선전, 군사운동 등에 후원금을 바쳤으며 지방적 사업으로 자녀 국어교육과 교회와 대한인국민회를 후원하였으며 구제사업으로 국내에 한재와 수재가 있을 때에 구제금을 보냈으며 조국해방 후에는 '재미한인 전후구제회'와 함께 구제품을 수합하여 본국에 보내는 일에 노력하였다.

단의 재정은 단원의 연례금을 매년 3달러씩 수봉하여 경상경비에 충당하였으며 각항 사업경비는 매번 그 사업에 대한 특연을 수합하였는데 이와 같이 지출한 사업경비가 3만 달러를 초과하였다.

총단과 지부

총단의 위치는 창립 이래에 1923년 10월까지 딴유바 지방에 있었고 그 후 1933년 3월까지는 상항 지방에 있었고 1933년 4월부터 현재에 이르기까지 라성 지방에 있으며 지부는 딴유바, 상항, 싸크라멘토, 월로우쓰, 라성, 띨라노, 으리들리, 메리다, 맛단사쓰, 하바나, 갈데나쓰 등지에 11처 지부가 있었다.

단원과 단장

단원은 많던 때에 150명이고 적던 때에는 40명에 불과하였으며 설립 이래 사십 년 간에 총단장으로 봉사한 여자는 김혜원, 한성선, 강원신, 황보석, 양제현, 최유실, 박경신, 림메불, 안혜련(안혜련), 리성네, 리화목 들이다.

근화회

근화회는 미국 동방에 있던 한국 여자유학생들이 조국광복운동 후원을 목적하고 조직하였던 것이다. 그들의 경제적 실력이 미약하여 기대한 사업을 실천할 수 없었고 다만 여학생 간의 연락과 친목을 노력하는 데 불과하였으나 고학하던 여학생들의 처지에서 조국광복운동을 후원하려고 애쓰던 정신의 자취를 이에 기록하여 두는 것이다.

1928년 2월 12일에 뉴욕 시에서 김마리아, 황에스터, 리선행, 우영빈, 리헬른, 윤원길, 김애히, 박인덕, 김매리 들의 발기로 근화회를 조직하였으며 회장은 김마리아였다.

목 적
1. 조국광복 대업을 촉진하기 위하여 재미 한인사회에 일반 운동을 적극 후원함.
2. 여성동포의 애국정신을 고취하여 대동단결을 이루고 재미한인 사회운동의 후원 세력이 되게 함.
3. 재미한인의 선전사업을 협조하되 특별히 출판과 강연으로 국내 정세를 외국인들에게 소개하는 일의 일부를 담책하기로 함.

하와이 부인회 활동

하와이의 한국부인회 조직은 1913년부터 시작되었으나 큰 활동이 없이 있다가 1919년 조국독립선언 당시에 부녀들이 동원되어서 대한부인구제회를 결성하고 독립운동 후원의 한 몫을 담책하였으며 그 경로는 다음과 같다.

대한인부인회

1913년 4월 19일에 하와이 호노루루에서 대한인부인회를 조직하였으며 이것이 하와이 한인부인회 조직의 처음이었는데 회장은 황마리아였다.

그 목적은 자녀의 국어교육을 장려하며 가정 일용사물의 일화를 배척하며 교회와 사회단체를 후원하며 재난동포 구제에 노력함이었다.

1914년 1월 12일에 가와이 골고아 지방에 지회를 설립하였으며 동년 5월 2일에 선교사 노불 목사를 경유하여 서간도 재난동포 구제금 300달러를 보냈으며 그로부터 6년 동안 국내와 국외의 재난동포 구제사업에 노력하다가 1919년에 그 자체를 해소하고 대한인부인 구제회 결성에 합류하였다.

부녀 공동대회

1919년 3월 15일에 하와이 각 지방 부녀 대표자 41명이 호노루루에 회집하여 공동대회를 열고 조국독립운동 후원을 결의하였으며 동 3월 29일 제2차 대회에서 대한부인구제회 결성의 결의안이 통과되었다.

결의안
1. 조국독립운동 후원의 목적으로 하와이 각 지방의 한국 부녀를 규합하여 대한부인구제회를 설립하고 부녀사회의 운동 역량을 이에 집중함.
2. 대한부인구제회는 조국독립운동에 대하여 부녀로서 할 수 있는 모든 사업에 봉사하되 우선 독립운동 후원금 모집에 착수할 것이며 항일군사운동이 있을 경우에 출정군인 구호사업의 준비로 적십자대 임무를 연습하며 재난동포 구제에 노력함.
3. 조국독립운동과 외교선전에 대한 후원 방침은 대한인국민회 지도에 따라서 진행하기로 함.

1919년 3월 29일

각 지방 대표
손마리아, 황마리아, 김유실, 박정금, 안정송, 김복남, 손경신, 김보

대한부인구제회

배, 최사용, 백인숙, 안득은, 김복순, 김정한, 정혜련, 김루시, 김마주
리, 림마리아, 김살로미, 정마타, 손마타, 김해나, 심영신, 김차순,
곽명숙, 박금우, 김엘시, 김으로쓰, 홍수사나, 한에스터, 리영애,
최자신, 김숙안, 박엘시, 리마지, 김순화, 김교선, 윤광히, 조병선,
유정순, 리월선, 엄수산.

<h2 style="text-align:center">대한부인구제회</h2>

하와이 부녀 공동대회 결의에 응하여 1919년 4월 1일에 대한부인구제
회를 설립하였으며 설립 이래 30성상에 조국광복운동 후원과 재미한인사
회 건설과 구제 사업에 봉사하였다.

사업과 재정

하와이 대한부인구제회의 사업은 조국광복운동을 위하여 대한민국
임시정부와 외교 선전사업에 후원금을 바쳤고 군사운동을 위하여 만주에
있던 대한군정서와 대한독립군 총사령부에 출정 군인 구호금을 보냈으며
중경에 한국광복군 편성 후원금을 보냈다.

구제사업을 3·1운동에 사상을 입은 애국지사 가족들에게 구제금
1,500달러를 보내고 국내에 재난이 있을 때마다 기독교청년회와 동아일
보사와 조선일보사 들을 통하여 구제금을 보냈으며 조국해방 후에는
전후 구제회와 함께 구제품을 수합하여 국내에 보냈다.

참고의 필요를 위하여 대한독립군 출정군인 구호금과 국내에 보낸
구제금 영수증 중에서 몇 장을 아래에 사진으로 표시하여 둔다.

회의 재정은 회원에게 매년 연례금 2달러 50전씩 수봉하여 경상비에
충당하였고 각항 사업경비는 그 때마다 그 사업의 명칭으로 특연을 걷어
서 썼는데 부녀들이 가정의 살림을 절약하여 애국사업에 바친 재정이
20만 달러를 초과하였다.

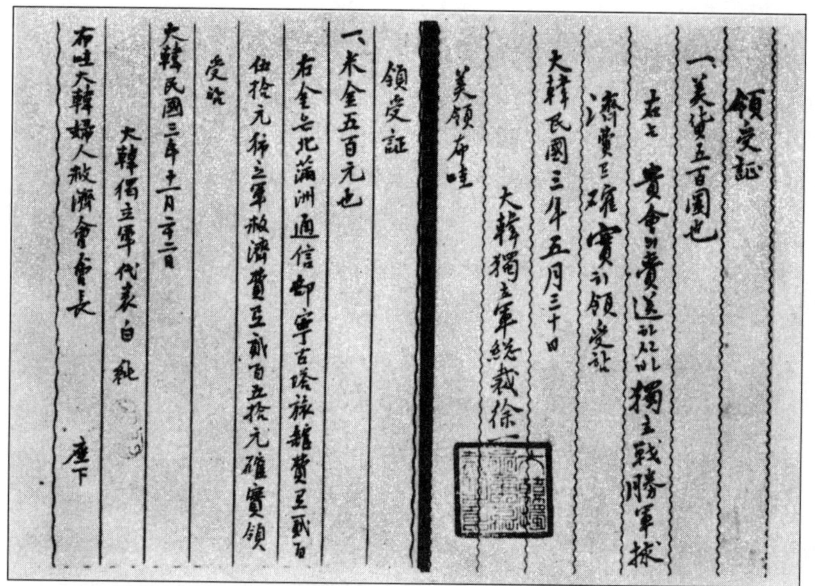

領受証

一, 美金五百圓也

右ㄴ 貴金이 寄送하신바 獨立戰勝軍採
濟費로 確實히 領受함

大韓民國三年五月三十日

大韓獨立軍總裁 徐

領受証

一, 米金五百元也

右金은 北滿洲通信部寧古塔旅龍費로 貳百
伍拾元 稀之軍救濟費로 貳百五拾元 確實領

大韓民國三年十一月二日 大韓獨立軍代表 白純

布哇大韓婦人救濟會會長 黃下

독립군 영수증

부인회 파란과 분열

하와이 한인사회에 풍파가 많았고 그 영향이 파급되어서 동포가 있는 곳마다 당파의 시비가 있었으며 부인회도 그 시비를 피하지 못하고 파쟁에 끌렸던 것이다.

대한부인구제회 분열의 원인을 말하면 첫째로 1928년에 리승만이 영남 출신 이극로를 멸시한 까닭으로 인하여 지방열이 발생하였던 결과로 영남부인회 조직을 보게 되었고 둘째는 1930년 풍파 때에 교민단파와 동지회파의 충돌로 인하여 부인회가 분열되었다.

이 때에 크게 갈려서 두 파가 같은 명칭을 갖고 대립된 후에 8년 동안 그 명칭을 서로 고집하고 있다가 필경에 교민단파 부인들이 시비의 주장을 희생하고 1949년 1월에 대한부인국민회를 조직하니 오랜 시비 문제가 끝나고 말았다.

영남부인 실업동맹회

1928년 9월 27일에 하와이 호노루루에서 김보배, 박금우, 곽명숙, 리혜경, 박정숙, 리양순 들의 발기로 영남부인회를 조직하였는데 그 조직의 동기는 지방열로 시작된 풍파이고 결과는 대한부인구제회의 분열이었다.

이 풍파의 도화선은 구라파에서 박사학위를 받고 귀국하던 길에 하와이에서 몇 주일 체류하며 국어강연을 하던 이극로 박사가 경상도 사람으로 하와이에 경상도 여자가 많던 까닭에 외양에서 고향사람 만난 정서가 섞여 환영하는 소리가 높았는데 이 때에 리승만이 이극로에게 쏠리는 인심을 막으려던 것이 오히려 지방열을 충동하기에 이르렀던 것이다.

리승만이 이극로를 멸시하여 국어를 강연하겠다고 청구한 회관 사용을 거절하고 자기 동지자들에게 말하기를 "경상도 놈이 박사면 아는 것이 얼마나 되며 국어는 얼마나 안다고 강연하겠다는 것인가" 하였는데 이 말이 전해져서 경상도 여자들의 감정을 일으킨 결과가 영남부인회 조직으로 나타났다.

영남부인회 조직의 동기가 일시의 감정이던 까닭에 추후에 양해가 되어서 그 명칭을 '영남부인 실업동맹회'라 고치고 목적을 실업과 사교에 국한하여 부인회 간의 충돌을 피하였으니 그 목적이 다음과 같다.

1. 본 회에 목적은 저금을 장려하며 국산을 수입하여 실업발전에 노력한다.
2. 동포간의 사교와 친목을 증진한다.
3. 회원간의 상부상조를 장려하여 안녕을 보장한다.

영남부인 실업동맹회 설립 이래에 실업의 성과는 많지 않았으나 사회단체 발전과 조국광복운동 후원에 공헌하였으며 회원은 많던 때에 150여 명이었고 회장으로 봉사한 여사는 박금우, 김보배, 리혜경, 박정숙, 전응용, 박정금, 정순이, 리양순, 김봉순, 서복수 들이다.

대한부인국민회

1949년 1월 17일에 대한부인구제회(교민단파) 대표대회 결의로 대한부인구제회를 해체하고 대한부인국민회를 설립하니 이는 1930년 풍파 이후로 시비 중에 있던 주장을 버리고 새로운 출발을 한 것이다.

대한부인국민회는 하와이 호노루루에 중앙부를 두고 라나이와 오아후 두 섬에 지방회를 조직하였으며 오랫동안 파쟁에 싸여서 실망중에 있던 여성 동포들이 다시 규합되기 시작하여 회원이 200명에 달하였다. 설립 이래에 중앙부장으로 봉사한 여사는 박금우, 승정한, 김차순, 심영신, 박에스터, 김아지, 박정금 들이다.

소년여성의 활동

형제클럽

1927년 10월에 하와이 호노루루 여자청년회 안에서 황혜수 여사의 주선과 청년여자 20명의 발기로 '형제클럽'을 조직하니 이는 하와이에서 출생한 2세여자 단체였다.

형제클럽이 조직된 이래 10년 동안 많은 활동을 하였는데 그 사업은 한국 2세 여성들을 단합하여 예수교 신자의 모범생활을 장려하는 한편 한국문화와 예술에 대한 식견을 배양하는 데 노력하였다.

해당화 클럽

1932년 3월에 해당화 클럽을 조직하니 이는 하와이에서 생장하는 3세 여자 단체였다.

해당화 클럽의 사업도 역시 예수교 신자의 모범생활을 장려하는 한편 한국의 문화, 예술, 풍속 들을 강연하여서 모국에 대한 식견을 배양하며 한국예술 장려의 목적으로 1940년 1월에 무용에 조예가 있는 채용하를 고빙하여 2년 동안 한국무용을 교수하였다.

해당화 클럽

제4장 교육과 문화운동

재미한인의 교육사업은 이민시대에 성인교육과 그로부터 미주에서 생장하는 자녀들에게 우리의 말과 글을 교육하여 조국의 문화를 교양하던 것인데 곤란한 처지와 환경에서 50년의 사업을 관철하였다.

이민시대에 계몽운동과 성인교육이 급선무이었던 까닭에 한인단체 설립의 첫 사업이 신문 발행이었으며 본국에서 신문과 잡지를 수입하여 동포들의 독서를 장려하며 여러 곳에 강습소를 설립하고 국문과 영어를 교수하였다.

이 같은 노력으로 10년을 지낸 후의 결과를 보면 이민동포 중에 60퍼센트가 넘던 문맹이 퇴치되어서 1915년 이후에는 재미한인으로 국문신문을 읽지 못하는 사람이 거의 없었다.

미국에서 생장하는 자녀들이 미국의 문화로 교양되지 않을 수 없는 경우에 처한 까닭에 우리의 주장이던 한국의 역사와 국어교육은 부업이 되므로 그들을 미국 공립학교에 보내고 우리의 교육사업은 저녁 시간과 토요일과 방학 때를 이용하였다.

1905년부터 1925년까지 20년 동안은 각 지방 예배당마다 국어학교를 설립하여 매일 몇 시간씩 교수하였으며 그 외에 어느 곳이나 다수 동포가 모여사는 곳에는 반드시 국어학교를 설립하고 대한인국민회가 매월 보조금을 주어서 국어의 의무교육을 실시하였던 것이다.

그 시절에 설립된 각 지방 국어학교 중에 기록이 분명한 학교들을 다음에 기록하여서 재미한인 교육사업의 자취를 밝히어 둔다.

한인기숙학교

1906년 9월 2일에 하와이 감리교회에서 호노루루에 한인기숙학교를 설립하고 각 지방으로부터 호노루루에 와서 공부하던 학생들에게 기숙의 편의를 주며 국어를 교수하였고 이민으로 들어와서 나이 관계로 소학교에 입학할 수 없는 청년들을 모아서 중학교 입학준비의 속성과를 교수하였다.

1913년 9월부터 학교 명칭을 고치어 한인중앙학원이라 하고 학제를 개량하여 고등과, 소학과, 국어과, 한문과 들을 두고 교수하였다.

한인여자학원

1914년 7월 29일에 리승만이 교육특연을 받아서 하와이 호노루루 부누이 지방에 여학생 기숙사를 설비하고 각 지방으로부터 호노루루에 와서 공부하던 여학생들을 모아 기숙사를 경영하며 국어를 교수하였다.

1915년 7월에 대한인국민회 보조로 3에이커 땅을 사서 교실을 세웠으며 1916년 3월 10일에 기숙사 명칭을 '한인여자 성경학원'이라 하고 학교인가를 얻어서 영어와 국어를 교수하다가 1918년 9월에 폐지하고 '한인기독학원'을 설립하였다.

한인기독학원

1918년 9월에 대한인국민회 소유 엠마 기지와 여자성경학원 기지를 합하여 호노루루 가이묵기 지방에 있던 9에이커 땅과 환매하여서 교실을 설비하고 그 명칭을 한인기독학원이라 한 후 남녀공학 제도를 시작하니 이 때에 학생이 80명이었다.

1921년 2월에 가이묵기 학교 터전을 1만 달러에 방매하여 갈리히 산골에 4,000에이커 되는 터전을 매득하고 교실을 건축하는데 재정곤란으로 1년 반을 지낸 후 1922년 9월 18일에 낙성식을 거행하게 되었다. 원래에 학교 건축비 예산이 84,815달러였는데 미국인에게 5만 달러와 한인에게 3만 5천 달러 기부금을 기대하였으나 기부금 수입이 기대와 같지 않아서 부족이 3만 달러에 달하므로 필경에 '학생고국방문단'을 조직하여 국내에 보내서 청연하기를 생각하였던 것이다.

학생고국방문단 파송에 대하여 재미 한인사회의 반대와 비난이 높았으니 학생들을 국내에 보내려면 일본 영사의 허락과 증명을 얻어야 되는 까닭이었다.

이 때는 독립선언 후이고 재미한인이 항일투쟁으로 배일정신을 고취하며 일인과 수화를 통하지 않을 때인데 더욱이 임시대통령이던 리승만으로서 3만 달러 청연을 위하여 일본 영사를 교섭하는 것이 민족운동의 정신을 현혹시키는 행위였다. 그러나 학원장 리승만과 학감 민찬호는 이러한 염치가 없었던지 민중의 비난을 불고하고 학생고국방문단을 보냈던 것이다.

1923년 5월 30일에 영솔자 민찬호, 김영우, 김노듸 3인과 남학생 12명과 여학생 8명으로 고국방문단을 조직하여서 링큰호 선편으로 고국을 방문하고 동년 9월 7일에 회항하였다.

국내에서 경성청년회 주최로 각처에 청연문을 돌리고 활동을 널리한 결과로 일화 25,770원 13천의 기부금을 얻었으나 왕래경비 9,613원을 제하고 남은 것이 일화 16,157원 13전이었는데 그 때의 환전 시세상 44달러 88전 대 100원이었으니 미국 돈으로는 3,600달러였다.

학원의 성적은 설립 이래 1928년까지 십 년 동안 기숙학교제도를 갖고 소학 6년 과정까지 교수하였으며 학생 수는 재학생이 많았던 때에 90명이었고 개교 이후에 졸업생이 150명에 달하였다. 그리고 기숙사 경비는 학생에게 받았으며 학교경비는 기부금으로 충당하였는데 매년 9,500달러라고 하였다.

그 후 1945년까지 15년 동안은 폐교 상태에서 고아 기숙을 주무로 하다가 폐지하였으며 1955년에 남아 있던 재산을 청산하여 국내 인하공

과대학 설립에 기부한다고 하였다.

하와이 각 지방에 설립되었던 국어학교들은 대개 다음과 같다.

1. 힐로 한인 소학교는 1907년 4월 5일에 힐로 지방에서 설립하고 국어를 교수하다.

2. 동명학교는 1907년 5월 10일에 마위 부네네 지방에서 설립하고 국어를 교수하다.

3. 동신학교는 1907년 8월 25일에 가와이 막가월리 지방에서 설립하고 국어를 교수하였다.

4. 육영학교는 1907년 11월 4일에 가와이 막가월리 지방에서 설립하고 국어를 교수하였다.

5. 에와 한인 소학교는 1908년 10월 8일에 오아후 에와 농장 캠프 안에서 설립하고 국어를 교수하였다.

6. 신한의숙은 1908년 11월 5일에 가와이 하나말루 지방에서 설립하고 국어를 교육하였다.

7. 배영의숙은 1909년 11월 15일에 오아후 와히아와 지방에서 설립하고 국어를 교육하였다.

8. 신흥학교는 1911년 3월 8일에 가와이 골로아 지방에서 설립하고 국어를 교수하였다.

9. 신민학교는 1911년 4월 7일에 호노루루 누아누 지방에서 설립하고 국어를 교수하였다.

10. 코나 한인 소학교는 1911년 6월 6일에 하와이 코나 지방에서 설립하고 국어를 교수하였다.

11. 한응학교는 1913년 12월 3일에 하와이 파팔로아 지방에서 설립하고 국어를 교수하였다.

12. 한인기독청년학원은 1914년 1월 5일에 가와이 리휘 지방에서 설립하였던 융동학교의 명칭을 변경한 국어학교였다.

13. 근명학교는 1914년 2월 7일에 하와이 호노카 지방에서 설립하고

국어를 교수하였다.

14. 성령학교는 1914년 4월 1일에 호노루루 '한인구세군'에서 설립하고 고아를 양육하며 국어를 교수하였다.

15. 3·1학교는 1921년 6월 15일에 오아후 와이알루아 지방에서 설립하고 국어를 교수하였다.

16. 신흥국어학교는 1923년 7월 1일에 호노루루 한인기독교회에서 설립하고 지금까지 국어를 교수하고 있고 있다.

17. 우성학교는 1927년 4월 2일에 호노루루 대조선독립단에서 설립하고 국어를 교수하였다.

18. 보영학교는 1929년 3월 5일에 하와이 힐로 한인감리교회에서 설립하고 국어를 교수하였다.

미주에는 일찍이 상항, 라성, 스탁톤, 싸르라멘토 등지에 국어학교들이 있었고 라성의 3·1국어학교는 지금까지 방학 때를 이용하여 국어를 교수하고 있으며 중가주, 멕시코, 큐바 각 지방에 있던 국어학교들은 다음과 같다.

1. 해동국어학교는 1927년 9월 10일에 중가주 으리들리 지방에서 국어를 교수하였다.

2. 고려학원은 1928년 4월 8일에 중가주 딴유바 지방에서 설립하고 국어를 교수하였다.

3. 태극학교는 1930년 7월 14일에 띨라노 지방에서 설립하고 국어를 교수하였다.

4. 진성학교는 1916년 11월 16일에 멕시코 메리다 지방에서 설립하고 국어를 교수하였다.

5. 청산소학교는 1917년 12월 18일에 멕시코 과실쿠르쓰 지방에서 설립하고 국어를 교수하였다.

6. 형산국어학교는 1918년 10월 24일에 멕시코 부엘도 지방에 설립하고 국어를 교수하였다.

7. 민성학교는 1922년 2월 18일에 큐바 맛단사쓰 지방에서 설립하고 국어를 교수하였다.

8. 중앙기독학교는 1926년 10월 7일에 큐바 맛단사쓰 지방에서 설립하고 국어를 교수하였다.

교과서 편찬

재미한인의 교과서 편찬은 순전히 조국 정신 배양과 우리의 말 교육을 위한 것이기 때문에 미주에서 우리의 이상에 적합하게 만들기를 노력한 것이다.

하와이에서 대한인국민회 하와이 지방총회가 1911년 6월 10일에 초등 국어 교과서 상·하 두 권을 편찬하고 그 후 1917년 2월 8일에『국민국어 파징』상·중·하 3권을 편찬하였으며 대한인교민단이 1923년 8월에『국민독본』상·중·하 3권을 편찬하였다.

미주에서는 대한인국민회 북미 지방총회가 1909년 11월 21일에『국민독본』을 편찬하고 그 후 1921년 6월 2일에『초등 국민독습』상·중·하 3권을 편찬하였다.

국어교육의 과거와 현상

재미한인 제1세는 가정의 풍기가 대개 한국식이고 가정의 용어도 한국말이었으며 국어교육을 열심히 한 까닭에 그 자녀들이 한국말에 능통하고 한국에 대한 이해가 많았으니 이 때가 국어교육의 전성시대이며 그 기간은 1905년에서 1925년까지 20년 동안이었다.

미령에서 출생한 제2세는 그 수양과 관념이 제1세와 같지 않아서 가정의 기풍이 대개 미국식이고 가정의 용어도 영어이나 그 부모들의 교훈이 있던 까닭으로 국어교육을 반대하지는 않았으나 관심이 박약하여서 이 때부터는 국어교육이 퇴보하기 시작하였다.

대체로 미주에서 생장하는 우리의 자손들이 미주의 문화로 교양되지 않을 수 없는 한편 한국 말과 글이 그 생활에 적용되지 않는 까닭에 필요를 깨닫지 못하며 그 자녀들에게 국어를 장려하지 않으므로 1935년 이후에는 학생모집이 곤란하였는데 이것이 우리 사회의 변천만이 아니고 미주 안에서 각국인 사회가 일반으로 겪은 변천이었다.

더욱이 1941년 12월 7일에 펄·하버(진주만) 사변과 더불어 미일전쟁이 혁발되면서 전시법령으로 각국인의 국어학교를 정지시키던 때에 우리의 국어학교도 중단되어서 미약하던 교육사업은 더욱 타격을 받았다.

1944년 이후에 국어학교가 다시 시작되었으나 하와이 호노루루와 미주 로쓰앤젤쓰 같은 도시에서 국어 배우기를 원하는 아동을 모아서 일주간에 몇 시간씩 혹은 방학 동안에 몇 주간씩 교수하며 대체로는 국어교육은 폐지된 상태이다.

우리의 자녀들이 우리의 말과 문화에 관심을 멀리하게 된 것은 유감이나 그들의 교육열이 그 부형보다 적지 않아서 재미한족의 자녀 중에 대학생이 많고 그 성적이 양호하다.

장학사업

재미한인 사회의 장학사업은 국어교육 장려가 큰 일이었고 그 외에 참고할 것이 많지 않으나 조국해방 이후에 시작된 장학사업의 출발이 가장 유망하다.

우리 민족이 왜적의 침략을 받아 국치를 입은 이래로 재미한인의 교육사업과 모든 운동이 오직 우리의 민족정신을 살려보려던 양심적 발동이었으며 조국이 해방되던 때에 그 기대가 더욱 컸으나 정부가 수립된 후에 해외 동포사업과 안녕에 대한 관심이 없었고 우리는 다시 방황하게 되었던 것이다.

필경에 당면한 문제가 50성상 조국독립운동에 시달리고 남은 단체의 재건과 후배 육성을 위한 장학사업으로서 다음과 같은 새로운 출발을 하였다.

1955년 1월부터 북미 대한인국민회가 국내에서 학비 곤란으로 취학하지 못하는 고학생들의 교육장려를 목적하고 서울정치대학 학장 유석창과 연락하여 매년 1,200달러씩 보내며 앞으로 이 사업의 확대를 기대하고 있다.

1957년 5월에 중가주 으리들리 지방에서 한인재단이 설립되었으니 이는 재미한인 장학사업의 발전이 이루어졌다.

한인재단

1957년 5월 9일에 재미 한인사회의 유지 인사들이 중가주 으리들리 지방에 모여서 한인재단을 설립하니 이는 재미한인이 우리 민족의 민주주의 발달과 고등교육을 장려하기 위한 기관이다.

한인재단 헌장의 총칙
1. 본 단의 명칭을 한인재단이라 하고 비정치, 비영리 조직으로 세워서 가주 정부의 관허를 얻었다.
2. 본 단의 위치는 중가주 으리들리 지방에 두되 필요에 따라서 의사부의 결의로 다른 곳에 이전할 수 있다.
3. 본 단의 목적은 다음과 같다.

국내와 미국에 있는 한족의 고등교육과 과학지식을 증진하며 민주주의 이상 발달을 목적으로 한다.

이 목적을 달성하기 위하여 다음 4항의 강령을 정한다.

1. 민주주의 이상 발달과 국제친선과 세계평화에 공헌하는 기관과 사업을 후원한다.
2. 도미 유학을 지원하는 유망한 학도의 보증과 학교연락과 장학금을 주선하며 경제곤란으로 학업을 중단하게 되는 경우에 경제적 후원도 한다.
3. 과학적 교육적 지식 계발에 필요한 연구와 국문 또는 영문 출판을 후원한다.
4. 교육적 자선적 행사를 원조한다.

조 직

재단의 조직은 이사부와 집행부가 있고 그 안에 재정, 학무, 연구, 사교, 출판 들의 다섯 위원부를 두어서 일을 분장한다.

회 원

재단 회원의 분별은 다음과 같다.
1. 1,000달러 이상의 기본 재산이나 부동산을 기증하는 인사를 평생회원으로 한다.
2. 본 단의 목적을 달성하기 위하여 재정을 기증하며 봉사하는 인사를 명예회원으로 한다.
3. 평생회원과 명예회원을 합한 전체가 재단의 정상회원이 된다.

재 정

재단의 기본 적립과 사업경비 전부를 유지 인사들의 기부와 원조로 충당하는데 설립 초기에 으리들리 김형제상회가 기부한 100,000달러의 부동산이 기본이 되어 있고 그 부동산에서 첫 해에 수입된 7,000달러와 회원의 기부금 2,400달러로 제1차의 장학경비를 감당하였으며 이로부터 사업확장을 예기하고 있다.

이 재단 설립을 창도하여 실현하고 운영하는 데 김호와 김원용의

한사 김호

수고가 많았다.

김 호

한사 김호는 한국 서울에서 출생하였으며 미국에 온 이후에 1889년 5월 25일 출생이라고 등록되었다.

1912년 11월 일정에서 망명 출국하여 중국 상해에 와서 있었다.

1914년 7월 25일에 유학의 목적으로 미국에 와서 생활근거를 노동에 두고 항상 재미 한인사회의 사업을 후원하였다.

1919년 3월 17일에 대한인국민회 중앙총회의 대표 사명을 갖고 미국 동서 각지를 순행하며 독립운동 후원을 고취하는 일에 봉사하였다.

1920년 5월에 중가주에 와서 30년 동안 농업에 종사하여 성공한 결과로

‘김형제상회’를 설립하였다.

1936년 6월에 단체부흥운동에 참가하여 북미 대한인국민회를 부흥하고 그 제도를 개량한 후 1937년 1월에 제1차 중앙집행위원장으로 당선되었다.

1941년 4월에 북미 대한인국민회의 대표 사명을 갖고 하와이에 가서 ‘해외 한족 대표회’에 참가하여 재미한족 연합위원회를 결성하였다.

1941년 6월에 재미한족 연합위원회 집행부 위원장으로 당선되었다.

1945년 10월에 재미한족의 국내 파견 대표단 사명을 갖고 한국에 갔다.

1946년 12월에 남한 과도 입법의원 위원으로 택선되었으며 적산분과 위원장 직임으로 또한 봉사하였다.

1949년 1월에 북미 대한인국민회 중앙집행위원장으로 당선되어 봉사하였다.

1957년 5월에 으리들리 지방에 한인재단을 설립하고 단장으로 당선되어 봉사하고 있다.

김원용

서호 김원용은 한국 서울에서 출생하였으며 미국에 온 이후에 1896년 12월 25일 출생이라고 등록되었다.

1917년 5월 10일에 유학을 목적하고 망명 출국하여 미국에 와서 생활근거를 노동에 두고 간혹 공부하였다.

1923년 4월부터 7년 동안은 미국 중서부와 동방 각지에서 생업에 힘쓰는 한편 독립운동 후원을 위한 지방조직에 노력하였다.

1930년 6월에 미주대표의 사명을 갖고 하와이 호노루루에서 열렸던 미 포대표회에 참석하였다가 그 대표회의 임명을 받고 동년 8월부터 사회부흥과 독립운동 강화촉진을 위한 각 단체 연락사무에 봉사하였다.

1931년 1월에 하와이에서 『국민보』 편집인으로 봉사하였다.

김원용

1933년 1월에 하와이 대한인국민회 총무로 봉사하였다.

1936년 1월에 하와이『국민보』주필로 봉사하였다.

1941년 4월에 하와이 대한인국민회 대표 사명을 갖고 해외한족대회에 참가하여 재미한족 연합위원회 의사부 비서 겸 행정위원으로 봉사하였다.

1945년 4월에 재미한족 연합위원회 의사부 위원장으로 봉사하였다.

1945년 10월에 재미한족의 국내 파견 대표단 부단장으로 봉사하였다.

1946년 12월 남한 과도 입법의원 의원으로 택선되었으며 또한 법제 사법분과위원 부위원장으로 봉사하였다.

1951년 1월에 북미 대한인국민회 중앙집행위원으로 봉사하였다.

1957년 5월에 한인재단 총무 겸 재무로 봉사하였다.

1958년 12월에『재미한인 50년사』저작을 마쳤다.

출판사업

재미한인의 출판사업은 재류동포를 대상으로 하였는데 인수가 적고 독서열이 박약하여 무슨 출판물이든 구람자가 많지 않아서 발전을 기대할 수 없었다.

그리고 사회단체들이 발행한 신문과 잡지와 서적들은 대개 항일운동과 조국광복운동을 위한 애국정신 고취와 교양과 혹은 동포의 상식을 보급시키던 사업이고 영리를 목적한 것이 아니었다.

이민 이래 50년간에 발행한 출판물은 속쇄판 신문이 5종이고 월보가 4종이며 활자로 발행한 월간잡지가 2종이고 책자가 12종이며 주간신문이 10종이었는데 현재는 미주에 『신한민보』와 하와이에 『국민보』와 『태평양주보』들의 3종 신문이 있을 뿐이다.

영문 출판물은 조국독립운동 당시에 외교사업으로 출판한 책자가 2종이고 영리적으로 출판한 책자가 3종이고 대외선전을 목적하고 발행한 월보가 3종인데 지금은 와싱톤의 '한인 사정사'가 발행하고 있는 『보이스·오프·코리아』가 있을 뿐이다.

재미한인의 출판사업이 시작된 이래 지금까지 발행한 신문과 잡지와 책자들은 다음과 같다.

신조신문

1904년 3월 27일에 하와이 호노루루에서 창간하고 14개월 동안 속쇄판으로 매월 2차씩 발행하였는데 이민시대에 처음 신문으로 문맹퇴치에 공헌이 있었으며 주필은 최윤백이었다.

한인시사

1905년 6월 10일에 하와이 호노루루에서 창간되어서 15개월 동안 속쇄판으로 매월 2차씩 발행하였고 감리교인들의 후원으로 유지된 것인데 문맹퇴치와 인사소식에 전력하였으며 주필은 우병길과 김종한이었다.

독립신문

1911년 7월 1일에 하와이 호노루루에서 창간한 주간신문인데 이는 사회배경이 없이 단순히 영리를 목적하였다가 재정곤란으로 폐간된 것이며 주필은 노재호였다.

단산시보

1925년 5월 12일에 하와이 호노루루에서 창간한 이래 10개월 동안 속쇄판으로 매월 2차씩 발행한 국한문 신문이었는데 이는 사회풍파시에 중립파 신문이었으며 주필은 강영효였다.

북미시보

1943년 4월에 라성 동지회에서 창간하여 속쇄판으로 발행하던 주간신문인데 근래에 주간을 계속하지 못하고 형편을 따라서 발행하고 있다.

친목회보

1906년 5월 8일에 하와이 에와 친목회에서 창간하여 1년 동안 속쇄판으로 발행한 월보인데 단체통일운동 후원에 공헌이 있었다. 주필은 김성권과 김규섭이었다.

전흥협회보

1908년 5월 23일에 하와이 전흥협회에서 창간하여 10개월 동안 속쇄판으로 발행한 월보인데 문맹퇴치운동에 공헌이 있었으며 주필은 박일삼이었다.

금일세계

1909년 8월 25일에 남가주 라성에서 창간하여 7개월 동안 속쇄판으로 발행한 월보인데 이는 사회단체의 배경이 없이 영리를 목적하였다가 폐간된 것이며 주필은 방화중이었다.

동무

1921년 4월 18일에 남가주 라성에서 노동사회개진당이 창간한 월보인데 2년 동안 속쇄판으로 발행하다가 폐간된 것이며 주필은 리살음이었다.

자신보

1907년 9월 30일에 가와이 막카윌리 자강회에서 창간하여 5개월 동안 발행한 월보인데 이는 원고를 국내에 보내서 인쇄하여 오던 것이며 주필은 홍종표였다.

태평양잡지(*The Korean Pacific Magazine*)

1913년 9월 20일에 하와이 호노루루에서 리승만이 영리를 목적하고 창간한 월간잡지인데 17년 동안 발행하던 중에 휴간이 많았으며 1930년 12월 13일에 그 명칭을 고치어 『태평양주보』로 만든 것인데 주필은 리승만, 로진구, 민찬호, 지용운, 김영우, 송필만, 윤치영, 김현구였다.

공립신보(*The Korean News*)

1905년 11월 20일에 북가주 상항 시 한인 공립협회의 기관신문으로 창간한 것이고 이것이 재미 한인사회에서 처음으로 발행된 신문이었으며 그로부터 1909년 1월 30일까지 3년 2개월 동안에 117호를 발행하였는데 주필은 방화중, 림치정, 송석준, 정재관, 최정익이었고 식자인은 방화중, 림치성, 리교담, 김형필이었다.

처음에 매월 2차씩 손으로 써서 석판 인쇄하다가 1907년 4월 25일에 주자를 구입하고 주간발행을 시작하였으며 단체합동의 결과로 1909년 2월 10일부터 『신한민보』가 되었다.

대동공보(*The New Korean World*)

1907년 10월 3일에 북가주 상항 시에서 대동보국회의 기관신문으로 창간하여 1909년 1월 23일까지 발행한 주간신문인데 단체합동의 결과로 1910년 5월 10일에 『신한민보』에 합부되었으며 주필은 장경과 문양목이었다.

신한민보(*The New Korea*)

미주와 하와이에 분리되었던 단체들을 합동하여 대한인국민회를 결성한 결과로 『공립신보』와 『대동공보』를 인계한 재미한인의 언론 기관이며 1909년 2월 10일에 창간된 이래 50성상에 간단없이 발생하고 있는 주간신문이다.

이민동포의 문맹퇴지와 성인교육에 전력하였으며 조국의 국권이 상실되던 때로부터 해외에 고립하여서 기사마다 말 끝마다 애국정신을 고취하고 독립운동 촉진 강화에 봉사하였으며 조국해방 이후에 끝끝내 남북통일과 민족의 자유행복을 부르고 있는 것이다.

미주에서 생장하는 자녀들을 위하여 1937년 3월 4일부터 제4면에 영문기사를 게재하기 시작하였다

처음 6년 동안은 활자를 사용하였고 1915년 3월 11일부터 리대위가 발명한 식자기(인터·타잎)를 사용하고 있다.

주필은 정재관, 최정익, 리항우, 강영대, 박용만, 리대위, 김현구, 김려식, 백일규, 신두식, 홍언, 리정근, 서정억, 최진하 들이었고 영문 주필은 김용중, 박상엽, 전앨른 들이었으며 식자인은 김형필, 김종임, 정도원, 전성덕, 최응선, 김영필, 윤성현, 한귀동, 유필립 들이었다.

리대위

대한인국민회 신문사업에 봉사한 인사가 많으나 그 중에서도 리대위와 백일규, 홍언은 특히 공헌이 많았다.

백일규

약산 백일규는 1879년(기묘년) 3월 11일에 한국 평안남도 증산군에서 출생하였으며 한학의 조예가 있는 선비로서 미국 유학을 목적하고 이민에 응모하여 미국에 왔다.

1905년 5월에 하와이 이민으로 왔다가 그 이듬해 8월에 미국에 와서 공부하였다.

1907년 3월에 대동보국회 설립 발기인이 되었고 그 이듬해 3월에

홍언

스티분쓰 사건이 발생된 후 장인환·전명운 두 의사 후원회 회장으로 선임되어서 재판 후원에 노력하였다.

1909년 7월에 네부라쓰카에서 박용만과 함께 한인 소년병학교를 설립하였다.

1918년 6월에 가주대학에서 경제과를 마치고 문학사 학위를 받았다.

1918년 8월에 북미 대한인국민회의 『신한민보』 주필로 임명된 이래 16년 동안 신문편집에 봉사하였다.

1919년 4월에 대한인국민회 중앙총회장으로 당선되었다.

1920년 2월에 『한국 경제사』를 저작하여 출판하였다.

1926년 2월에 북미 대한인국민회 총회장으로 당선된 이래 8년 동안 봉사하였다.

1946년 8월에 하와이 대한인국민회의 『국민보』 주필로 임명되어서 편집에 봉사하였다.

하와이에서 다시 미국에 온 뒤로 지금까지 북미 대한인국민회 중앙감찰원으로 봉사하고 있다.

홍언

동해수부 홍언은 한국 서울에서 출생하였으며 문예의 기능이 유여한 선비로서 국세가 쇠퇴함을 한탄하여 해외에 순유를 목적하고 1905년에 이민으로 하와이에 왔던 것이다.

하와이에서 『자강회월보』와 『한인합성신보』와 『신한국보』 들의 주필이 되어서 문맹퇴치운동과 교육장려와 애국사상 고취에 노력하였다.

미국에 와서 대한인국민회의 중앙총회 부회장과 그 밖에 여러 직임을 역임하였으며 그로부터 별세하던 때까지 십 수년 동안은 『신한민보』 주필로 봉사하였다.

한인합성신보(*The United Korean News*)

이민시대에 하와이 각 섬에 난립하였던 단체들을 합동하여 한인합성협회를 결성한 후 1907년 10월 22일에 창간하였으며 1909년 1월 25일까지 1년 3개월 동안에 60호를 발행한 주간신문이다.

처음에 속쇄판을 사용하다가 1908년 3월 5일에 주자를 구입하여 인쇄를 시작하였으며 그 후 미주와 하와이 단체 통일 결성의 결과로 1909년 2월 15일에 『신한국보』에 합동하였으며 주필은 홍종표였고 식자인은 강영승과 홍순기였다.

신한국보(*The United Korean Weekly*)

대한인국민회 하와이 지방총회 설립이 완성된 후 1909년 2월 15일에 『한인 합성신보』를 계승한 주간신문인데 1913년 8월 1일에 그 명칭을

백일규

고치어 『국민보』라 하였으며 이 때의 주필은 홍종표, 노재호, 리항우, 한재명, 박용만 들이고 식자인은 홍순기, 서정국, 림경래 들이었다.

국민보(*The Korean National Herald*)

1913년 8월 1일에 『신한국보』를 개량하고 그 명칭을 고치어 『국민보』라 한 것이며 이래 40성상에 끊임없는 발행으로 이민동포의 문맹퇴치운동과 자녀들의 교육장려와 조국독립운동 후원에 봉사한 하와이 대한인국민회의 주간신문이다.

출판기구는 활자를 사용하다가 1949년 3월부터 인터타잎 식자기계를 사용하고 있으며 주필은 박용만, 리승만, 류상기, 승용환, 백일규, 리운경

들이고 식자인은 문순대, 리정건, 김한경, 류인화, 전익주, 김익준, 김재덕, 리옥자 들이었다.

『국민보』주필 중에서 공헌이 많았던 김현구를 다음에 기록하여 둔다.

김현구

김현구는 1889년 6월 27일에 충청북도 옥천군에서 출생하였으며 문예의 기능이 있는 선비로서 일찍이 망명 출국하여 원동을 순유하다가 미국 유학을 목적하고 1909년 4월에 미국에 왔다.

1918년 6월에 오하이오 컬럼버스 대학에서 정치와 철학을 공부하고 문학사학위를 받았다.

1919년 1월에 북미 대한인국민회의 임명을 받고『신한민보』주필로 봉사하였다.

1927년 4월에 구미위원부의 임명을 받고 대미 외교사무에 봉사하였다.

1929년 11월에 하와이 대한인교민단의 임명으로 서기와 재무와『국민보』주필까지 겸임하고 이에 봉사하였다.

1933년 1월에 하와이 대한인국민회의 임명으로 서기와 재무와『국민보』주필을 다시 겸임하고 봉사하였다.

1941년 4월에 하와이 대한인국민회 대표 사명을 갖고 해외 한족대회에 참가하여 재미한족 연합위원회 결성에 봉사하고 동년 8월에 재미한족연합위원회 의사부 국방위원장으로 피선되었다.

1951년 1월에 하와이 대한인국민회 총회장으로 당선되었다.

태평양시사(The Korean Pacific Times)

1918년 11월 28일에 하와이 호노루루에서 박용만과 그 동지들이 창간한 주간신문인데 1926년 3월 15일까지 7년 4개월 동안에 31호를 발행하였으며 그 내용이 충실하여서 호평을 받던 것이다.

1919년 3월부터는 하와이 대조선독립단의 기관신문이 되어서 조국독

김현구

립운동 후원에 봉사하였다. 출판기구는 처음에 속쇄판을 사용하다가 1920년 12월 4일부터 식자기계를 사용하였으며 주필은 박용만, 조용하, 함삼여, 리상호, 황인환이었고 식자인은 허용, 김한경, 정국선 들이었다.

한미보(*Korean American News*)

1920년 5월 12일에 하와이 호노루루에서 승용환이 영리를 목적하고 창간하여 1921년 9월까지 16개월 동안 발행한 주간신문이다.

처음에 『국민보』 주필로 있던 승용환이 리승만의 지휘를 절대 복종하지 않는다는 이유로 파면을 당하고 『한미보』를 발행하여 사실을 직설 폭로하므로 리승만이 이것을 매득하여 정간하였으며 주필은 승용환이었다.

3 · 1 신보(*Sam Il Shinbo*)

1928년 6월 29일에 뉴욕 시에서 홍득수, 송세인, 리봉수, 허정, 장덕수, 김양수 들의 발기로 창간하여 1930년 6월까지 2개년 동안 발행한 주간신문이었다.

파쟁으로 인하여 사회운동이 침체 상태에 빠졌던 때에 뉴욕에 있던 유학생 중의 유지들이 사회운동 고취를 목적하고 시작한 것이며 찬성자를 모집하여 1인당 100달러씩을 얻어서 유지하려던 것이었으나 그 내용은 이 때의 비밀결사이던 대광의 재정 3,000달러를 소비한 후에 민중의 후원이 없어서 폐간되었으니 그 이유는 리승만을 후원하여 편견을 주장한 까닭이었으며 주필은 김양수, 장덕수, 허정 들이었고 식자인은 안택주였다.

태평양주보(*The Korean Pacific Weekly*)

리승만이 발행하던 『태평양잡지』를 변경하여서 1930년 12월 13일부터 하와이 동지회 기관보로 만든 것인데 처음에 소책자를 발행하다가 1944년 7월 14일부터 체제를 개량하여 주간신문을 발행하기 시작하였다.

1930년 하와이 한인사회 풍파 시에 리승만이 대한인교민단에서 나아간 후에 대립진영을 세우고 파쟁기관으로 『태평양주보』를 창간한 이래 지금까지 주간 발행을 계속하고 있는 하와이 동지회의 신문이다.

1946년부터 식자기계를 사용하고 있으며 주필은 김진호, 박상하, 김이제, 리원순, 유경상, 안시흡, 남궁택, 박진한, 전무술, 최선주 들이었고 식자인은 김광재, 김익준, 박진한, 안복자 들이었다.

독립(*Korean Independence*)

1943년 9월 5일에 남가주 라성에서 조선민족혁명당 미주지부 주최로 김성권, 변준호, 리득환, 최능익, 김강, 리경선, 전경준, 신두식, 박상엽, 김혜란, 장기형, 황성택, 리창히, 최봉윤, 김필권, 김창만, 정덕근, 황사용 들이 발기하여 창간한 주간신문이다.

국문 2페이지와 영문 2페이지를 발행하는데 그 논조가 좌경의 편견을 고집하였으며 조국이 해방되고 남·북이 갈린 후에는 자유진영을 비난하며 북선의 공산진영을 찬양하였다.

1943년 10월 6일에 창간호를 출간한 이래 1955년 12월까지 12년 동안 주간 발행을 계속하였고 그 전후에 미국정부 주목이 심하여 폐간하였으며 주필은 박상엽, 리경선, 김강이었고 식자인은 전경준이었다.

영한사전

1910년 3월 2일에 이민동포 영어교육의 필요와 요구가 있어 남가주 라성에서 리원익이 저작하고 대한인국민회 학무부에서 출판하였다.

독립정신

1910년 3월 28일에 교양의 필요로 인하여 미주에서 리승만이 저작하고 대동공보사에서 출판하였다.

체조요지

1910년 9월 18일에 군인 양성의 필요로 북미 대한인국민회 학무부에서 편찬하여 신한민보사에서 출판하였다.

국민개병설

1911년 4월 10일에 군인양성을 장려할 필요로 북가주 상항에서 박용만이 저작하고 신한민보사에서 출판하였다.

군인수지

1912년 6월 24일에 군인 양성의 교과로 사용하기 위하여 네부라쓰카에서 박용만이 저작하고 신한민보사에서 출판하였다.

교회핍박

1913년 4월 20일에 영리의 목적으로 하와이 호노루루에서 리승만이
저작하고 신한국보사에서 출판하였다.

아메리카 혁명사

1914년 6월 25일에 상식 배양의 목적으로 하와이 호노루루에서 박용만
이 영어책을 국문으로 번역하였으며 국민보사에서 출판하였다.

한국통사

1917년 6월 1일에 동포교양의 목적으로 박은식이 저작한 한문책을
김병식이 국문으로 번역하여 하와이 대한인국민회 학무부에서 출판하였
다.

한국경제사

1920년 2월 8일에 교양의 필요로 북가주 상항에서 백일규가 저작하고
신한민보사에서 출판하였다.

해방조선

조국해방 당시에 재미 한족이 국내에 보냈던 대표단의 보고인데 재미
한족연합위원회가 이를 편찬하여 1948년 11월 20일에 남가주 라성에서
출판하였다

재미한인 약사(상권)

1951년 10월에 영리의 목적으로 남가주 라성에서 로재연이 저작하고
아메리카 인쇄소에서 인쇄하였다.

한국의 실정(*The Truth About Korea by C. W. Kendal For The Korean National Association*)

1919년 7월 1일에 대한인국민회 중앙총회가 국내의 독립운동을 선전하기 위하여 영문으로 출판한 것이다.

한국사정(*The Case of Korea by Henry Chung*)

1921년 4월에 영리의 목적으로 정한경이 저작하여 출판한 것이다.

한국은 해방되어야 한다(*Korean Must Be Free by The Korean National Association The Kyo Min Dan, The Dong Ji Hoi and The Korean Student Federation*)

1930년 3월 18일에 한국 독립운동의 외교선전을 목적하고 재미한인 각 단체 연합으로 출판한 것이다.

일본의 내정폭로(*Japan Inside Out by Syngman Rhee*)

1941년 9월에 선전과 영리의 목적으로 리승만이 저작하고 뉴욕에 있는 풀레밍·으리벨 회사에서 출판한 것이다.

소년한국(*Young Korea by Korean Student Association*)

1919년 1월 25일부터 한국 독립운동의 선전을 위하여 오하이오 컬럼버스에 있던 한인학생회에서 발행한 것인데 경비는 대한인국민회 중앙총회의 보조금으로 충당하였으며 주필은 박진섭과 김현구였다.

한국공론(*Korea Review by The Bureau of information for The Republic Korea*)

필라델피아에 설립하였던 대한민국 임시정부 통신부에서 독립운동의 외교선전을 목적하고 1919년 8월부터 1921년 12월까지 발행한 월보이며 주필은 서재필이었다.

김용중

한국의 소리(*The Voice of Korea by The Korean Affaire Institute Washington, D. C.*)

1943년 11월 와싱톤 수부에서 김용중과 몇몇 동지의 발기로 한국사정사를 설립하고 동월 22일부터 『한국의 소리』라는 월보 발행을 시작하였으니 그 목적이 대한민족의 이상과 기대를 선전하여 국제 친선을 증진하고 민주주의 이상을 향상함에 있는 것이며 창간 이래 13년 동안에 김용중이 사장과 주필의 직무를 겸임하여 갖고 물심 양면으로 봉사하고 있다.

예술 장려운동

재미한인의 예술 장려운동은 미약하였으나 예술 장려를 기대하고 조직하였던 기관들을 기록하여 참고로 삼는다.

남풍사

1922년 5월 20일에 하와이 호노루루에서 김홍섭, 박한봉, 김영운, 고경

무용 연습

활옷 입은 소녀

식, 박사욱, 최용선, 박세환 들의 발기로 남풍사를 조직하였다.

남풍사의 목적이 한국의 고유한 음악과 무용을 우리 자녀들에게 장려하는 동시에 이를 외국인 사회에 선전하려던 것이며 그 발기자들은 구한국 시대의 음악과 가무에 조예가 있는 풍류객으로 하와이에 이민한 동포들이 있었다.

하와이 대한인교민단이 국내 리상재를 연락하여 각종 악기와 의복을 구입하고 남풍사로 하여금 우리 자녀들에게 한국 음악과 무용을 가르치며 국제회합이 있을 때마다 한국 음악을 연주하여 한국 예술을 퍼뜨리게 하였다.

남풍사를 5년 동안 유지하였으며 그 결과는 외양에서 출생한 자녀들에게 한국 음악과 가무에 대한 인식을 충분히 주었고 대외선전에 호평을 받았다.

무용단

1940년 1월 15일에 하와이 호노루루에서 황혜수 여사의 주선으로 무용단을 조직하였으니 이는 남풍사를 폐지하고 예술 장려운동이 중단된 후에 우리의 이세와 삼세 소년들에게 한국무용을 교수할 필요가 있어서 조직하였던 것이며 한국 춤과 장단의 조예가 깊은 채용하를 고빙하여 2개년 동안 춘앵무와 검무와 승무를 교수하였다.

미국에서 출생하여 한국의 문화를 알지 못하는 소년여자가 한국의 활옷을 입고 국제회합에 출현하여서 우리의 문화를 자랑시키던 사진을 다음에 실었다.

제5장 생활 정형과 경제 상태

재미한인은 다수가 이민이며 누구나 빈손으로 와서 노동을 생계로 삼고 그날 그날의 생활을 위하여 농장, 철로 역장, 광산, 어장 등에서 일했고 도시에서는 음식점의 숙수 조역, 상 시종, 여염집 고용살이들의 일을 하였고 상업으로는 소규모의 음식점, 채소상, 이발소, 세탁소, 노동 주선소 등을 경영하였다.

이민 이래에 일정의 탄압으로 인하여 국내자본의 융통과 원조의 길이 끊어졌던 까닭에 중국이나 일본의 이민들과 같이 국내자본을 끌어서 사업을 발전시킬 기회가 없었다.

인수가 적고 수입이 미약한 사회에서 지방마다 국어학교와 예배당과 단체를 유지하는 한편 독립운동 후원금을 바치고 남는 것이 없었으니 이 때에 독립운동 후원금은 재미한인의 의무이던 까닭이었다.

이 같은 정형에서 적은 재정을 합자하여 농업과 상업을 시작한 일이 여러 번 있었는데 경험의 부족이나 시세의 불리로 한 번 실패하면 다시 자본을 얻을 길이 없어서 중단되지 않을 수 없었다.

그리하다가 제1차 세계대전 이후에 경제가 팽창된 시세를 따라 동포의 사업이 발전되는데 하와이 각 농장에서 노동하던 동포 중에 소작농과 자작농이 시작되고 혹은 호노루루에 이주하여 여관, 방세업, 채소상, 세탁소, 재봉소, 가구상, 잡화상 들을 시작하였다.

이 때에 미주에는 캔사쓰, 덴버, 네부라쓰카, 몬타나, 오레곤 등지에서

동포들이 각종 채소와 사탕무 농사를 하였으며 가주 여러 지방에서 채소
농사, 과수원, 포도원, 벼농사 들의 소작농과 자작농을 경영하였고 도시에
서는 농산물 중간상과 채소상, 세탁소, 음식점 들의 영업이 증가되며
동방에도 음식점과 잡화상과 각종 행상을 시작하였다.

1929년에 경제공황이 심하였으나 한인들의 사업은 대개 소규모여서
큰 곤란이 없이 지났으며 제2차 세계대전 이래에 경제가 다시 팽창되는
데 따라 사업들이 흥왕하기 시작하여 우리 동포 중에서 수백만 달러의
큰 사업가들을 보게 되었다.

그리고 하와이와 미주에서 생장하는 우리 자손들의 경제형편은 그
부형보다 우수한데 아직 큰 사업가는 없으나 공학 기사, 건축 기사,
변호사, 계리사, 의사, 치과의사, 안경과 의사, 상업, 농업 들의 영업자가
많으며 혹은 관청과 회사에서 상당한 직장에 근무하여 생활이 족하고
재미한인의 생활 수준이 대체로 향상되었다.

조국이 광복된 후에 자본있는 동포들은 국내와의 무역, 또는 그 밖의
국내투자를 희망하여 수만 달러 혹은 수천 달러씩 가진 동포 중에서
귀국하여 영업을 시작하고 조국강토에서 여생을 보내려는 갈망이 많았던
것이다.

그러나 광복 후 정세는 기대와 같지 않아서 군정시절에 입국의 자유가
없었고 대한민국 정부수립 이후에 더욱 곤란하므로 귀국을 단념하게
된 것이 불행한 일이었다.

재미한인의 50년 해외생활에서 농업과 상업의 목적으로 실업기관도
조직하여 보았고 적지않은 활동을 하였으나 큰 성공이 없었다. 그러나
지나온 바 경제활동의 자취만이라도 다음에 기록하여 두고자 한다.

흥업주식회사

1910년 2월 9일에 가주 레드랜드 지방 동포들이 안석중의 주선으로
회사를 조직하니 이것이 재미한인의 처음 시작한 합자회사이었다.

관허는 얻지 않았으나 자본금 총액을 3,000달러로 정하고 매주 50달러씩 60주를 모집하여서 자작농을 경영하였다.

한미무역회사

1910년 2월에 북가주 상항에서 최영만의 발기로 한국 물산무역을 목적하고 회사를 조직하였다.

자본금 총액을 20,000달러로 정하고 매주 10달러씩 2천 주를 모집하던 중에 250주를 모집하여 갖고 국내 연락을 위하여 최영만이 귀국하였다가 한일합방 후에 도미 허가를 얻지 못하였고 회사는 실패하였다.

태동실업주식회사

1910년 3월 1일에 북미 대한인국민회가 군사운동의 부업으로 조직한 것이며 그 목적이 원동에 독립군 근거지를 만들려는 것이었다.

자본금 총액을 50,000달러로 정하고 매주 50달러씩 1천 주 모집을 시작한 후에 만주에 있던 정재관으로 하여금 봉미산현에 미간지 2,430에이커를 매득하고 개간하게 하였다.

원래에 만주와 아령에 있던 가정 2백 호를 이민하려던 계획이 있었으나 그 곳에 마적의 행패가 심하여 안전성이 없던 까닭에 사업이 실패하고 경비만 3,000달러를 소모하였다.

한인 농상 주식회사

1911년 3월 4일에 하와이 대한인국민회가 산업장려를 위하여 조직한 것이며 그 목적이 동포의 농업과 상업에 융자하여 실업을 발전시키며 그 사업에서 수입되는 이익을 사관 양성 경비로 주려던 것이다.

자본금 총액을 100,000달러로 정하여 매주 10달러씩 1만 주 모집을 획정하고 사업을 시작하였다가 리승만이 하와이에 와서 일으킨 당파

한인농상주식회사 고본표

태동실업주식회사 고본표

싸움의 영향으로 인하여 사업이 실패하였으며 남은 재산을 청산하여 대조선 국민군단에 기부하였다.

허·리 상회

1911년 10월에 허승원과 리순기가 합자하여 스탁톤에 잡화상점을 열고 각 농장에 수용품을 용달하였으며 이것이 가주에서 처음 시작한 한인상점이었다.

한인 농업주식회사

1914년 12월에 네부라쓰카에서 안재창, 림종순, 최경오, 리명섭 들의 발기로 회사를 조직하였으며 자본금 총액을 1만 달러로 정하고 매주 10달러씩 1천 주를 모집하여 깨리톤에서 4년 동안 채소 농사를 하였으니 이것이 한인의 처음 채소농사였다.

북미 실업주식회사

1917년 1월 20일에 조직하여서 1927년까지 10년 동안 가주에서 농업하는데 벼농사에 주력하였으며 흥사단 단우들의 사업이었다.

발기자는 도산 안창호, 송종익, 맹종호, 김인수, 정봉규, 림준기, 김사원, 조성화 들이었고 자본금 총액은 95,000달러인데 매주 100달러씩 950주를 두 번에 나누어 제1차에 45,000달러와 제2차 50,000달러를 모집하였다.

1920년에 벼농사 실패를 당한 후로 사업이 쇠퇴하기 시작하다가 필경에 회사를 폐지하는데 매주에 15전 1리 6모씩 배당되었다.

식물 건제회사

1920년 9월 20일에 중가주 으리들리에서 김호, 오충국, 김탁, 안상학, 김일환, 송헌주, 전성용 들의 발기로 회사를 조직하였다.

자본금 총액을 20,000달러로 정하고 매주 100달러씩 2백 주를 모집하였으며 영업의 종류는 각종 채소와 과실을 건제하는 것이었다.

한인 장유회사

1921년 10월에 하와이 호노루루에서 안원규, 정인수, 강영소, 리호직 들의 발기로 조직한 회사이다.

자본금 총액을 1만 달러로 정하고 매주 50달러씩 200주를 모집하였으며 영업의 종류는 간장, 토장, 고추장의 제조였다.

이 때에 재미한인이 일화를 배척하였으므로 동포 가정의 수용이 많았고 시세가 좋았으나 기술이 부족하여 중국에서 수입되는 물품과 경쟁하지 못하고 4년 후에 폐업하였다.

남가주 농산조합

1922년 2월에 로스앤젤스에서 송종익, 리두성, 송상대 들의 발기로 자본금 5천 달러를 합자하여 조합을 조직하고 각종 채소와 과실의 중간도매상을 시작하였으며 이것이 한인 중간도매상의 처음이었다.

동양 식물 주식회사

1923년 8월에 시카고 시에서 정태은, 오한수, 김홍기, 조종진, 황휴 들의 발기로 동양식물제조와 도매회사를 조직하였다.

자본금 총액을 1만 5천 달러로 정하고 매주 50달러씩 3백 주를 모집하여서 15년 동안 '찹수이' 제조와 동양 식물을 도매하였다.

동지 식산회사

1924년 11월 23일에 리승만이 하와이 동지회를 확장하려던 목적으로 호노루루에 동지대회를 열고 경제운동을 발표한 것이 회사 설립의 동기였다.

1925년 3월에 회사를 조직하는 데 자본금 총액을 7만 달러로 정하고 매주 1백 달러씩 7백 주를 모집하기 시작하였다.

하와이 오올라에 있던 미간지(산판) 990에이커를 매득하여 사업을 시작하였으며 그 사업의 종류는 벌목과 시탄과 채소농사와 동지촌 건설이었다.

1931년 1월에 발표한 보고를 보면 동포들의 고본금이 4만 달러이고 부채가 5만 5천 달러인데 전부를 손실하여서 파산되었다.

유한 주식회사

1925년 2월에 미쉬간 주 띄추로잎에서 서재필, 리히경, 유일한, 정한경들의 발기로 회사를 조직하였다.

자본금 총액을 5만 달러로 정하고 한주에 10달러씩 5천 주를 모집하였으며 상업의 종류는 동양물화 무역상이었다.

띄추로잎 시내에 상점을 열고 1928년 4월까지 영업하다가 발전이 없이 폐지하였다.

정 · 안 회사

1925년 3월에 미쉬간 띄추로잎에서 안재창, 정양필, 조대홍, 조오홍, 최응호, 리원식, 전덕기, 유진익 들의 발기로 회사를 조직하고 28년 동안 영업하였다.

자본금 3만 달러를 합자한 회사였으며 영업의 종류는 '찹수이' 제조 도매상이었다.

조미 구락부

1925년 4월에 하와이 오아후 와이아와에서 오운, 최선주, 리보국, 송승윤, 서진수, 림성우, 현도명, 손승운 들의 발기로 구락부를 조직하였으며 그 목적이 제1세 동포와 미주에서 출생한 제2세 동포 간에 상업과 사교를 장려하던 것이다.

1928년 8월 4일에 와이아와 시내에 조미구락부 상점을 열었으며 사교를 위하여 회관과 해변에 별장까지 설비하였다. 그러나 상점이 실패되고 노소 간의 사교적 합작도 성공이 없었으나 아직 소유재산이 있는 까닭에 노년들이 그 명칭을 유지하고 있다.

하와이 동포의 경제 상태

1903년으로부터 1908년까지 6년 동안은 하와이의 동포들이 대개 사탕과 파인애플 농장에서 노동하였으며 불농자는 농장과 이민국의 통역이나 교회, 단체, 국어학교의 봉사자들뿐이었다.

노동의 일급은 매일 10시간씩 일하고 장정은 65전씩이고 여자와 아동은 50전씩 받았으며 월급은 매월에 평균 25일 동안 일하고 16달러씩 받았으며 거치는 농징에서 마련하여 주었다.

1909년으로부터 1914년까지 6년 동안은 농장의 품삯이 올랐으며 노동하던 동포 중에 소작농이 시작되고 도시에는 영업자들이 증가되었으니 이 때의 정형이 다음과 같았다.

1. 사탕과 파인애플 농장의 품삯이 일급으로 75전이고 월급은 18달러였다.
2. 사탕과 파인애플 농사의 자작 혹은 소작하는 동포가 25명이었다.
3. 도시에는 채소상 재봉소 여관업들의 영업을 하는 동포가 증가하였다.

1915년으로부터 1920년까지 6년 동안은 제1차 세계대전으로 인하여 경제가 팽창되고 일반 노동의 품삯이 다시 오르고 농촌에 살던 동포들이 호노루루에 이주하기를 시작하였는데 이 때에 그 정형은 다음과 같다.

1. 농장의 품삯은 일급이 1달러 20전이고 월급은 30달러였다.
2. 파인애플 사탕, 채소, 화초, 농사들의 자작 혹은 소작하는 동포 수가 전에 비하여 3배로 증가하였다.
3. 호노루루의 공장, 채석광, 선창, 건축 들의 노동 품삯이 매시간에 25전으로 40전이었다.
4. 재봉소, 가구상, 여관업, 세탁소, 잡화상, 구두수선, 채소상 들의 영업자가 증가되었다.

1921년으로부터 1926년까지 6년 동안은 일반적으로 시세가 흥왕하였다.『신한민보』827호에 발표된 것을 보면 이 때 하와이의 한인 수가 5,500명이며 그 중의 노약을 제하고 3,550명이 일하였는데 일의 종류와 품삯은 아래와 같았다.

1. 사탕농장에서 노동하는 동포가 2,275명인데 월급이 35달러씩이었다.
2. 파인애플 농장에서 노동하는 동포가 750명이었고 월급은 35달러씩이었다.
3. 사탕과 파인애플 농사 자작과 소작하는 동포가 75명이었다.
4. 건축공사와 그 밖의 노동을 하는 동포가 150명이었는데 그 품삯은 매월 60달러로부터 100달러까지였다.
5. 채석광의 광부가 120명인데 품삯은 매월 90달러였다.
6. 각종 상업 영업자가 80명이었다.
7. 각 단체, 교회, 국어학교 등에서 봉사하는 동포가 100명이었다.

이 때 하와이에 살던 동포들의 최저 생활비는 다음과 같았다.

1. 농장에서 살던 독신자의 생활비가 매월 20달러였다.
2. 농장에서 살던 내외의 살림경비가 매월 30달러였다.
3. 도시에서 살던 독신자의 생활비가 매월 40달러였다.
4. 도시에서 살던 내외의 살림경비가 매월 60달러였다.

1927년으로부터 1936년까지 10년 동안은 재정공황이 있었는데 노동의 품삯은 저락되지 않았으나 노동이 귀하여 일반적으로 곤란하였다. 그러나 한인의 영업은 모두 소규모이고 그 노동의 종류가 고역이던 까닭에 일을 항상 얻을 수 있어서 큰 곤란이 없었으며 이 때 각 농장에 살던 동포 반수 이상이 호노루루에 이주하여서 한인의 사업은 흥성하였다.

1. 호노루루에 재봉소 가구상, 세탁소, 식물 상점, 여관업, 집세업, 부동산 소개 매매 등의 영업자가 많았다.
2. 한인들이 육해군 병영의 신용을 얻어 각 병영에 재봉, 세탁, 구두 수선들을 용달하였다.
3. 각 농장의 노동이 직어서 매월 15일씩 혹은 18일씩 일하고 품삯은 매일 1달러 50전씩 받았다.
4. 호노루루의 노동은 많지 않았으나 품삯이 매 시간에 45전씩으로 55전씩이었다.

1936년으로부터 1944년까지 10년 동안은 큰 변동이 있던 때인데 각 섬 농장에 있던 동포가 거의 전부 오아후에 이주하여 농장, 공장, 병영, 선창 들에서 일하였으며 호노루루에는 방세영업이 많아졌다.

1941년 12월 7일에 일본의 펄·하버 습격으로 태평양 전쟁이 시작되고, 하와이가 국방의 제1선이 되어 군정부 계엄령 아래에서 생활상, 공포는 느꼈으나 그 반면에 육해군이 집중되며 모든 시설이 확장되는 데 따라서 경제융통과 물정이 풍성하였다.

　더욱이 하와이에 있던 15만 명 일인들의 기운이 꺾이고 노동자가 부족하던 것이 우리 동포에게 좋은 기회가 되었으며 이 때 정형은 다음과 같았다.

1. 노동으로는 육해군 건축공사, 병영, 선창, 공장의 노동과 그 밖의 무슨 일을 하든지 품삯이 매일 평균 10달러 이상 15달러였다.
2. 영업으로는 재봉소, 세탁소, 가구상, 구두수선, 김치제조, 채소상, 택시·캡, 여관, 방세, 부동산, 매매업 들의 시세가 좋고 홍왕하였는데 그 중에 방세와 주택 월세영업은 한인의 전문적 영업이라고까지 하던 것이다.
3. 이 때 하와이 재류동포의 경제가 부흥되고 생활 정형이 향상되었는데 1944년에는 하와이 한인의 소유한 부동산 가격만도 4백만 달러를 초과한다고 하였다.

　1945년으로부터 1955년까지 10년 동안도 경제적 조건이 좋고 노동의 품삯이 고등하여 시세가 좋았으나 그러나 하와이에는 전쟁이 끝난 후에 육해군과 소비 군중이 적어졌고 병영에서 시민의 요달을 중단한 것이 한인영업에 큰 영향을 주었다.
　근래에 김치 제조와 가구 제조 같은 영업으로 부자의 칭호를 듣고 있는 동포들도 있고 새로 시작한 사업들이 있으므로 그들의 사실을 알려고 하였으나 사실을 말하기 좋아하지 않는 까닭에 그들을 기록하지 못하는 것이 유감이다.

미주 동포의 경제상태

　1903년으로부터 1910년까지 8년 동안은 미주 동포 중에 인삼장사들이 있었으나 많지 않았고 대개 농장과 철도 역장과 광산과 어장에서 노동하였으며 도시에서는 음식점의 조역과 상시종과 여염집의 고용살이를 하였고 영업으로는 기숙사, 세탁소, 노동주선소, 행상 들이 있었는데 그 정형은 다음과 같았다.

1. 농장노동의 품삯은 매시간에 15전이었고 철도 역장과 광산의 품삯은 매시간 25전이었으며 어장의 일은 쌘·푸랜시스코와 씨아틀 항구에서 일년에 5개월이나 7개월씩 계약하고 앨라스카에 가서 고기잡이를 조역하는 것인데 품삯이 매월에 평균 37달러를 받았다.
2. 도시의 음식점 조역 품삯은 매월 30달러이고 여염집의 고용살이의 품삯은 매월 20달러였다.

1911년으로부터 1920년까지 10년 동안에는 노동의 품삯이 고등하기 시작하여 시세가 풍성하였으며 농촌에 있던 동포 중에는 채소와 과수원과 벼농사의 소작 혹은 자작농이 성행하였다.

1. 수은광과 석탄광의 도급 일은 일당 6달러 이상을 받고 철공장과 고무공장 일은 매시간 50전을 받았다.
2. 농장의 도급 일은 매일 7달러 이상을 벌고 시간 일은 매 시간에 40전을 받았다.
3. 도시의 음식점 숙수는 매월 70달러로부터 150달러까지 받고 조역은 매월 50달러로부터 90달러까지 받았으며 여염집 고용살이는 매월 40달러로부터 75달러까지 받았다.
4. 1916년부터 동포의 농사가 확장되는데 이 때에 대규모적이라고 하던 농사는 가주 맨티카에 27명 동포의 1,400에이커 사탕무 농사와 네바다에 18명 동포의 290에이커 참외농사였다.
5. 1916년에 가주 월로우쓰, 골루사, 우드랜드, 맨티카 등지에서 동포들이 벼농사를 시작하였는데 1918년에 이르러서는 월로쓰 동포들의

벼농사 농토 면적만도 4,300에이커이고 수확이 22만 석에 달하였다. 그 때에 공정가격이 4달러 25전씩이었으니 수입이 93만 5천 달러에 달하였으며 1919년에도 수확이 30만 석에 달하여서 벼농사에 큰 발전을 기대하게 되었던 것이다.

1920년에도 농사는 여전히 풍작이었으나 쌀값이 폭락되어서 156,416달러의 손해를 입은 후에 경제적 배경이 없어서 벼농사를 계속하지 못하였다.

1921년으로부터 1930년까지 10년 동안은 경제공황이 심하였다. 그러나 일반 노동의 품삯이 저락되지 않았으며 한인들의 사업이 모두 소규모이고 노동은 대개 고역이던 까닭에 큰 곤란을 당하지 않았다.

1. 농사는 스탁톤의 감자농사와 맨티카의 사탕무 농사와 싸크라멘토의 벼농사 소작과 쎈터벨리의 일년감 농사와 중가주의 포도, 과실, 참외, 수박, 농사 들이 있었다.
2. 영업은 음식점, 세탁소, 방세업, 이발소, 잡화상, 채소상, 농산물 중간상 행상들이 있었다.
3. 노동은 귀하였으나 고역은 얻기가 그리 어렵지 않았다.

1931년으로부터 1942년까지 10년 동안은 큰 변동이 있던 시절이었는데 경제공황이 심하다가 전쟁 이후에 시세가 풍성하여지고 각종 사업이 발전되기를 시작하였다.

1. 노동은 무엇을 하든지 최저 품삯이 매시간 75전으로 1달러 50전이었다.
2. 상업은 지나간 10년 동안에 비교하여 종목은 증가되지 않았으나 영업자가 많아져서 발전을 보이고 있었다.

3. 농업에 있어서도 농업자가 증가되고 시세가 흥왕하여서 여러 백 에이커의 농토를 소유하고 자작하는 동포들이 있었다.

1943년으로부터 1954년까지 10년 동안도 전쟁 후에 시세가 좋아서 일반의 생활수준이 높아졌는데 대한인국민회의 조사에 의하면 미주 동포들의 주택 가격만도 3백만 달러를 초과하였고 수백만 달러의 큰 사업가들이 있었으며 이 동안의 정형이 다음과 같았다.

1. 농장노동의 최저 품삯이 매시간 1달러이고 최저 월급은 250달러였다.
2. 도시에서는 음식점 숙수의 최저 월급이 250달러이고 조역은 275달러이며 여염집 고용살이의 최저 월급은 200달러이고 최저 시간급은 매 시간 1달러 25전이었다.

근래의 사업 정형

미주 동포의 사업이 발전되고 있는데 오리곤에 채소농사와 가주 맥쓰웰과 싸크라멘토에 벼농사와 중가주에 포도원과 과수원과 팩킹(과실포장)과 묘목상이 있으며 그들이 소유한 농장과 시설의 가격만도 대략 4백만 달러에 해당한다.

오리곤 동포들의 채소농장이 262에이커이며 중가주 동포들의 포도원과 과수원이 1,560에이커이며 북가주 동포들의 벼농장이 600에이커이고 소장농의 면적이 6,900에이커이다.

우리 동포가 적수 공권으로 도미한 이래 50성상 가난한 처지에서 생계를 개척하느라고 허다한 고초를 돌파하면서 꾸준한 노력으로 사업을 성공한 인사가 다수인데 그 중에서 실력 있는 사업 몇 개를 기록하여 둔다.

김형제상회 팩킹 하우스(중가주 으리들리)

김형제상회 묘목상점(중가주 으리들리)

김형제상회

김형제상회는 1921년에 설립한 것인데 처음에 김호와 김형순이 농촌생활을 목적하고 중가주에 와서 으리들리 지방에 자리를 잡고 농장의 노동으로부터 농산물 운송과 중간상을 하는 한편 주택정원에서 묘목상을 하였으며 이같이 30년 동안 쌓은 노력이 오늘의 김형제상회를 만든 것이다.

김형제상회의 사업은 과수원 농사와 과실 팩킹과 묘목상인데 18종의 신발명 넥터린 복숭아를 미국 전경에 출품하며 그 종자의 묘목 전매권을 갖고 각 농장에 판매하는 것이다.

김형제상회가 6처에 설비한 농장 5백여 에이커와 40만 달러의 팩킹 시설과 10만 달러의 묘목상 시설을 소유하였으니 그 재산이 1백 50만 달러에 해당하고 매년의 수입이 1백만 달러를 초과하며 이것이 재미한인의 큰 사업 중의 하나이다.

한형제회사

한형제회사의 사업은 중가주 떨네노 지방의 포도 농사인데 원래에 한시대가 400에이커의 농장으로 이 회사를 조직하고 그 자제들로 하여금 농업에 관심을 갖게 한 것이며 그 농장의 가격이 48만 달러에 해당한다.

한가 기업회사

한가 기업회사는 한시대의 사업이며 남가주 잉글우드 지방에 공장건물과 아파트먼트 건물을 설비하고 세 받는 것이 주요 사업인데 그 건물들과 설비의 가격이 50만 달러에 해당한다.

한시대는 소년시절에 이민으로 하와이에 와서 중학을 마치고 미주에 온 후로 농촌생활을 좋아하여서 농사에 종사하는데 농장의 노동으로부터 소작과 자작농을 계속하였고 삼십 성상 불휴 불식의 노력으로 사업을 성공시켰으며 재미한인의 큰 사업가 중의 하나이다.

동양식물주식회사(통조림 공장)

케·앤드·에쓰 회사

이 회사는 1928년 5월에 설립되었으며 남가주 로쓰앤젤쓰 시장에서 각종 과실과 채소를 위탁 판매하는 것이 그 사업이다.

일찍이 유학을 목적하고 미국에 온 김용중과 송철이 1922년 4월부터 으리들리 김형제상회 산출품을 위탁 판매하기 시작한 것이 회사 설립의 기초였다.

회사 설립 이래 25년 동안 김·송 양인의 끊임없는 분투와 노력으로 사업을 발전시켜서 지금 회사설비의 가격만도 30만 달러에 해당하고 그 외에 큰 농장을 운영하고 있는데 매년에 2백만 달러의 사업을 하고 있다.

동양식물주식회사

이 회사는 남가주에 있는 동양식물 특히 중국식(찹수이·차우멘) 요리와 간장, 죽순, 버섯, 숙주나물 들을 통조림하는 회사이며 육해군 병영에 용달과 미국 전경에 출품을 하는 큰 회사이다.

회사의 설립은 1926년이었고 사장 현피터의 30년 적공으로 확장된 사업인데 통조림 공장의 건물과 설비 가격이 2백만 달러에 해당한다고 한다.

권도인 주식회사

이 회사는 하와이 호노루루에 있는 포인씨아나 문짱 제조 판매 회사인데 1922년에 설립되었으며 포인씨아나 발명자 권도인의 사업이다.

권도인은 청년시절에 하와이 이민으로 와서 해외생활 50여 년에 항상 상업과 필수품 발명의 의사를 갖고 무한히 노력한 결과로 필경 한국 주렴과 미국 커틴의 의사를 종합하여서 포인씨아나 문짱을 만들었으며 그 발명품의 전매권을 얻어서 제조판매업을 시작한 것이 회사 설립의 기초였다.

회사 설립 이래 30여 년 꾸준한 노력을 쌓아서 사업을 확장하였으며 미주에 지점을 두고 미국 전경에 출품하고 있다.

이 회사의 건물과 시설의 가격만도 25만 달러에 해당하며 근래에는 그 아들과 딸들로 더불어 가족회사를 만들었다.

제6장 정치활동

재미한인의 정치적 활동은 1905년 보호조약 이후 배일운동과 1910년 한일합방 이후 항일운동과 1919년 독립선언 이후 조국광복운동의 세 단계가 있었다.

1905년에 왜적이 아일전쟁을 승리한 후 그 기세를 갖고 한국 황제와 정부를 위협하며 소위 보호조약을 체결하고 구미 각국에 파견한 한국 영·공사 들을 소환하여 한국 외교의 길을 막던 때에 배일운동을 시작하였다.

1906년 2월 15일에 한국정부가 발포하기를 '해외한인은 어느 곳에 있든지 일본 영사의 보호를 받으라' 하였으니 이것이 보호조약을 실현시키던 것이다.

이 때에 하와이와 미주에서 재미한인 공동대회를 열고 배일을 공결한 후에 하와이 에와 친목회와 미주 공립협회의 연서로 그 배일 결의문을 한국정부에 보내고 일본정부의 간섭 행위를 배척하며 배일 운동을 확대하였다.

이로부터 미국의 정당대회, 종교대회, 국제회의 등과 구라파에서 국제회합이 있을 때마다 대표를 보내서 우리 민족의 요구를 제출하였고 유력한 언론기관들을 통하여 우리 민족이 당하던 사정과 일본의 침략 행동을 폭로하며 세계의 동정을 환기하는 선전사업에 노력하던 것이 정치적 활동의 첫 단계였다.

1910년 왜적이 무력으로 한일합방을 강행하니 재미한인이 전체 결의로 「한일합방 항의서」를 일황에게 보내고 한국과의 조약국들에게 한일합방 부인의 통첩을 보냄으로부터 항일운동을 하였다.

일본이 그 영·공사 들을 통하여 재미 한인사회에도 손을 뻗치려던 것을 항거하고 한인사회 지주의 지위를 보존한 것이 정치적 활동의 둘째 단계였다.

1913년의 헤멜 사건을 계기로 미국정부가 '한인과 일본과의 별개 대우'를 발표함으로부터 항일운동의 새로운 기반이 이루어진 한편, 원동의 군사운동을 격려 원조하며 미령에서도 독립군 사관양성을 운동하였다.

1919년 조국독립선언 이후에 구·미 각국 정부에 대하여 대한민국 임시정부 승인을 요구하며 원동의 군사운동과 특무공작을 후원하고 외교 선전에 노력하던 것이 정치적 활동의 셋째 단계였다.

재미한인이 왜적에 대항하여 힘차게 내어뺐던 그 정신이 굳건하여서 혁혁한 역사를 남기었는데 그들의 운동은 모두 정상적이어서 비밀이 없었고 지하운동의 필요가 있을 때에는 원동 단체에 일임하고 경제적으로 후원하였으니 처지와 지리적 관계로 인한 것이었다.

아일 강화회의에 대표 파송

1905년 7월에 하와이 에와 친목회가 미주 공립협회의 연합행사로 윤병구를 대표로 택선하고 와싱톤에서 공부하던 학생 리승만을 통역으로 임명하여 뉴·함프쉬어에서 열리던 아일 강화회의에 한국문제를 제출하기로 하였다.

동년 8월 10일에 우리 대표가 미국 대통령 듸오도어·로스벨트를 찾아보고 아일 강화회의에 참석권을 요구한즉 그의 대답이 한국공사를 통하여 정식으로 제출하지 않으면 의론할 수 없다고 하였다.

동년 8월 15일에 우리 대표가 주미 한국공사 김윤정에게 강화회의 참석권 교섭을 청구하였으나 김윤정이 한국정부의 지령이 없는 까닭에 교섭하지 않겠다고 거절하였다.

이 때에 미국 대통령이 일본을 동정하던 까닭에 한인의 애소를 관심하지 않으며 주미 한국공사 김윤정이 역시 협력하지 않았으므로 아일 강화회의에 참석이 불가능하게 되었다.

해아 만국평화회 대표단

광무황제가 을사년 보호조약을 당한 후에 은밀히 리준·리상설·리위종 3인을 대사로 택하고 위임장을 주어서 1907년 6월 15일에 할랜드 수부 해아(헤이그)에서 열렸던 만국 평화회의에 파송하였다.

동년 6월 29일에 한국 대사단이 해아에 도착하여 한국사건을 평화회의에 제출하였는데 그 내용이 을사보호조약은 일본의 위협과 강압으로 성립된 것이고 한국 백성에게 억울한 침략행동인 즉 국제공법에 기준하여서 공정히 심판하여 달라는 것이었다.

그러나 평화회의는 일본의 항의를 보편하여 동년 7월 16일에 한국의 호소를 퇴각하고 대표단을 거절하니 리준 대사가 통분함을 견디지 못하여 순국하였다.

동년 8월 1일에 대사 리상설과 리위종이 미국에 와서 동정을 구하려고 하였으나 미국 대통령이 면회도 하지 않으므로 계획이 실패되었다.

미주 공립협회가 윤병구를 파송하여 대사단과 같이 영국 론돈에 가서 동정을 구하여 보았으나 역시 효과를 얻지 못하고 그 이듬해 2월 27일에 다시 미국으로 왔다가 리위종은 귀국하고 리상설은 대한인국민회 사명을 갖고 1909년 5월에 해삼위로 갔다.

상항 진재 당시의 사건

1906년 4월 18일에 일어난 상항의 지진은 12차를 연속 진동하여 전시가를 불태웠으며 이재민이 20여만 명이고 사망자가 500여 명에 달하였던 것이다.

이 때에 공립협회와 대동보국회와 예배당과 남녀 동포 53명이 그곳에서 재난을 당하였는데 공립협회 회관은 소실되었으나 동포 중 사상자는 없었다.

『대한매일신보』 제227호에 기재되기를 일본 통감부가 상항 일본 영사의 보고를 받으니 상항 진재에 한인 사망자가 24명이고 피상자가 84명이라 하였으며 제228호에는 한국정부가 이재 동포를 위하여 구휼금 4,000환을 일본 영사에게 보내서 분급한다고 하였다.

공립협회가 이 소식을 받고 조사한바, 일본 영사에게서 구휼금 받은 동포가 없었으나 일본정부의 간섭행위를 막으려고 아래와 같은 통고문을 발포하고 그 등본을 대한매일신보사에 보냈다.

통고문

통고자는 국내에서 발행하는 『대한매일신보』에 기재되기를 한국정부가 상항 진재의 소난 농포들을 위하여 구휼금 4천 환을 보내는데 일본 영사로 하여금 분급한다고 하였다.

이번에 재난으로 인하여 회관이 소화되고 신문을 정간하는 경우에 처하였으며 동포들이 곤경에 있으나 그러나 왜적의 간섭을 거절하는 우리로서 일본 영사가 분급하는 구휼금은 받지 않을 것이다.

재래에 일본 영사가 우리의 일을 간섭하려고 여러 번 시험하다가 거절을 당한 까닭에 우리가 곤경에 빠진 때를 기회 삼아 구휼금으로 은혜를 베풀고 우리의 마음을 사려는 것이나 우리가 굶어서 죽을지언정 일본 영사의 간섭은 받지 않아야 한다.

일찍이 하와이 동포와 함께 배일을 공결한 바 있고 그 신조를 지켜야 할 것이니 우리의 회관과 신문사 설비가 지체되고 동포의 곤란이 막심하더라도 일본 영사를 경유하여서 주는 구휼금은 거절할 것이다.

1906년 6월 24일
북미 한인 공립협회 총회장 송석준

공립협회가 일본 영사에게 사람을 보내서 질문하기를 상항 진재에 한인 사상자가 없는데 어찌하여 통감부에 거짓보고를 하였으며 한인의 일을 어째서 간섭하는가 하였다.

일본 영사의 대답이 진재에 관한 일반 정형은 일본 외무성에 보고하였으나 한인의 사정을 통감부에 보고한 일이 없으며 한인구제에 관하여는 5월 10일에 예배당 전도사 문경호에게 일화 500원과 백미 13부대와 간장 3통을 주고 한인들에게 분배하라고 하였으나 그 사건은 이미 지나간 일이며 앞으로는 한인의 일을 간섭하지 않겠다고 하였다.

공립협회가 심사회를 열고 전도사 문경호를 불러서 일본 영사 구제에 대한 질문을 하는데 처음에는 문경호가 사실을 부인하다가 10일 동안 질문을 받고 필경에 그 죄과를 자복하였다. 동 7월 14일에 공립협회가 문경호를 친일자이며 구제금 횡령 협잡자이라고 판정하였으며 문경호는 즉시에 도망하였다.

한인의 곤궁한 때를 이용하여 그 배일정신을 농락하려던 일본 영사의 계획이 실패되고 이 소식이 국내에 전파되니 국내에서 일본 영사를 통하여 보내려던 구제금 계획이 변경되었다.

그래서 광무황제가 이재동포에게 보내는 구휼금 미화 1,900달러를 뉴욕 선교부의 쁘라운 목사를 경유하여 상항에 있던 미국인 라클린으로 하여금 분급하게 하였고 대한매일신보사에서 수합한 구제금 한화 4,000환은 상항에 있던 뚜루 박사에게 보내서 분급하였다.

리재명 의사의 헌신

리재명 의사의 본명은 리수길이고 1888년(무자년) 4월 8일에 한국 평안남도 평양군에서 출생하였으며 소년시대부터 국세가 치폐됨을 근심하였으나 아무런 기능을 낼 수 없었다.

1905년 7월에 이민으로 하와이에 와서 농부가 되었다가 1906년 3월 10일에 미주로 와서 한인공립협회 회원이 되었으며 항상 조국을 위하여 헌신할 기회를 엿보고 있었다.

1907년 7월에 해아 평화회의에서 리준 대사가 순국한 소식을 받고 공분에 의하여 상항에 공동회가 열렸는데 그 회석에서 리재명 의사가 위국헌신을 자원하였으며 그 목적이 매국적 숙청이었다.

동년 10월 9일에 리재명 의사가 재미한인의 사명을 띠고 싸이베리아호 선편으로 귀국하였으며 의사활동의 협조와 통신연락을 위하여 동월 25일에 림치정이 몽골리아호 선편으로 국내에 들어갔으나 매국적들을 만날 기회가 없어서 2년의 세월을 보내게 되었던 것이다.

의사가 1909년 11월 22일에 경성 종현 천주교당에서 거행한 벨지엄 황제 추도식에 참례하고 돌아가는 리완용을 비수로 쳐서 중상을 주었다.

의사가 이로써 매국적들을 증계하고 왜적에게 잡혀서 1910년 5월 18일에 사형선고를 받고 동년 9월 30일에 처형되니 22세 일생을 위국헌신으로 마치고 열렬하고도 용감한 역사를 남겼다.

스티분쓰 사건

한국정부 외교고문이던 미국인 스티분쓰는 친일자이며 을사보호조약 당시에도 일본을 위하여 한국을 모해한 자인데 1908년 3월 21일에 쌘·푸랜씨스코에 와서 일본의 침략정책을 찬양하며 한국을 모함하는 선전문을 각 신문에 발표하였으며 그 요령이 다음과 같다.

1. 한국이 일본의 보호를 받은 후에 발전이 계속되며 인민이 일본의 보호정책을 좋아하여서 한일 양국 백성의 교의는 매우 친선하게

　　되어 있다.

2. 일본의 한국정책은 미국이 필리핀을 다스리는 것보다 나은 대우를
　　하고 있다.

3. 일본 보호 아래에 한국정부를 새로 조직한 후에 정부 요직을 얻지
　　못한 소수 사람들이 불평을 갖고 일본을 반대하는 것이고 백성
　　전체는 농촌의 농민까지도 일본의 보호정치를 좋아하는데 지금
　　정부는 전과 같이 백성을 학대하지 않는 까닭에 환영을 받는 것이다.

한국정부 외교고문의 명의를 갖고 한국을 모함하며 일본의 침략정책을
두호하여 선전하는 스티분쓰의 배신행동이 재미한인의 공분을 일으켰다.
　동 3월 22일 하오 8시에 한인공립협회가 각 단체와 함께 공동회의를
열고 스티분쓰 행동에 대책을 토의한 결과로 대표 최정익, 문양목, 정재관,
리학현 4인을 페아몬트·호텔에 보내서 스티분쓰를 보고 한국에 관한
신문기사를 정정하라고 요구하였으며 스티분쓰는 기사의 정정을 거절하
면서 다음과 같이 말하였다.

　　한국은 황제가 암매하고 정부 관리들이 백성을 학대하며 재산을
　탈취하므로 민원이 심하다. 그리고 백성이 어리석어서 독립할 자격이
　없으니 일본의 보호가 아니면 아라사에게 빼앗길 것이다. 다행히 한국
　의 리완용과 일본의 이등박문(이토 히로부미) 같은 사람들이 있어서
　정부를 개혁한 것이 한국 백성에게 행복인 까닭에 일본 정치를 찬양하
　여 기서한 것이고 그것이 사실이니 정정할 수 없다.

스티분쓰의 말을 듣고 분함을 참지 못하여 정재관이 스티분쓰를 쳐서
거꾸러뜨리고 다른 대표는 의자를 들어서 치니 스티분쓰의 면부가 상하여
유혈이 낭자하므로 호텔에 있던 사람들이 달려들어서 싸움을 말렸다.
　대표들이 돌아와서 경과를 보고하니 회중이 분개하여 대책을 약속하고

밤늦게 산회하였다.

스티분쓰가 구타를 당한 후에 겁이 나서 속히 와싱톤으로 가기를 생각하였고 한인들은 스티분쓰의 행동을 탐지하고 있었다.

그 이튿날 아침에 스티분쓰가 일본 영사 소지(고이케)를 동반하고 패리 정거장에 당도할 때에 홀연히 총소리가 세 번 나면서 스티분쓰가 가슴과 허리를 맞아 혼도하고 일본 영사는 도망하였으며 전명운이 어깨를 맞고 넘어졌으니 이는 장인환 의사의 발사였고 때는 1908년 3월 23일 상오 9시 30분이었다.

최초에 공립협회 회석에서 전명운이 스티분쓰에 대항하겠다고 자원하였으며 장인환은 말없이 있었으나 만일에 실수가 있을까 염려하여 정거장에 가서 동정을 살피고 있다가 전명운의 총이 발사되지 않는 것을 보고 예비하였던 총을 발사하였던 것이다.

인산인해를 이룬 정거장에서 총소리가 나며 사람이 상하니 경관들이 달려들어 스티분쓰와 전명운은 병원으로 보내고 장인환을 체포하였는데 동 3월 25일에 스티분쓰가 절명하고 그로부터 장인환의 재판이 시작되었다.

장인환 의사 재판

1908년 3월 27일에 장인환 의사의 재판이 시작되어서 280일 동안을 끌다가 1909년 1월 2일에 제2등 살인범과로 25년 금고의 판결을 받았다.

이 재판의 원고는 스티분쓰의 유족이고 피고는 장인환이었으나 정신적으로는 한국과 일본 간의 재판이던 까닭에 한인사회는 장 의사의 무죄백방을 위하여 노력하고 일본 영사와 스티분쓰의 유족은 장인환으로 하여금 사형을 받게 하려고 하였다.

그러나 장 의사가 사형을 면하였으니 이는 장 의사를 변호하던 카클린, 파웰, 빼렐 3인이 당시의 유명한 변호사들로서 의사의 애국정신을 존경하여 성심 노력한 결과와 일본의 세력이 미국 법정에 미치지 못한 까닭이었다.
  장인환 의사의 심문에 대한 대답은 형무소나 재판석에서나 한결같았고 다른 말이 없었으니 다음과 같다.

  한국이 국가와 민족의 유익을 위하여 스티분쓰를 외교고문으로 고빙한 것인데 스티분쓰는 한국의 국록을 먹고 그 직임을 이용하여 한국의 원수 일본에 협조하여 한국을 모해하니 그 증거는 『쌘프랜씨스코·크로니클』 신문의 기사를 보아서 알 것이다.
  이와 같은 배신자를 용납하면 갈수록 우리 나라를 모해하여 망하게 할 것이므로 마음에 분기가 발하여 내 몸을 희생하여서 국적을 없이하며 후일에 배신자를 징계하려고 결심하고 스티분쓰의 행동을 살피다가 정거장에서 만나니 발사하였다.

장 의사의 변호사 빼렡이 배심관들을 향하여 애소하던 변론이 다음과 같다.

  오는 이 재판은 권세 가진 일본과 망명객 장인환 간에 유죄 무죄를 판결하는 재판이며 고금 역사에 이러한 일이 없는 것도 아니다.
  이제 사람마다 자기 몸을 진실되게 하며 하나님과 율법과 모든 옳은 일에 진실되어야 할 것이고 이 재판에도 진실되어야 할 것인데 더욱이 이 사건은 국제상 관계로 일어난 것이니 우리는 공정한 중재가 되어야 할 것이다.
  이제 무엇이 죄인고 하면 남의 집을 폭탄으로 깨뜨리고 다수 인명을 살해하거나 남의 집에 들어가서 주인을 죽이고 재물을 탈취하면 1등 살인죄가 될 것이고 그보다 경하면 2등 혹은 3등 죄가 될 것이므로 이 재판에 먼저 분별한 것이 죄의 등분이며 죄의 원인을 생각함에는 오늘의 한국 정형을 생각할 필요가 있는 것이다.
  원고측 변호사가 말하기를 "장인환이 한국에서 이런 일을 하였으면 곧 포살되었을 것이니 마땅히 죽어야 한다"고 하였는데 그 말에 합의되는 점이 많다.

지금 한국의 정권을 일본이 갖고 임의로 하여서 한국의 애국자는 일본의 형벌을 받으니 장인환도 한국에 있었다면 정의와 인도를 불계하고 사형을 당하였을 것이다. 그러나 장인환이 미국에 있어서 공정한 재판을 받게 된 것이 하나님께 감사할 일이다.

한국에 미국 사람이 많이 있고 그들이 좋은 대우를 받는데 오직 스티분쓰가 한인에게 총살을 당하였으니 스티분쓰의 죄가 있는 것을 알 수 있으며 배심관들이 자기의 몸을 장인환 처지에 두고 생각하면 판단이 공정할 것이다.

장 의사의 변호사 카클린이 배심관들을 향하여 애소하던 변론이 다음과 같다.

내가 이 재판의 변호를 시작할 때에 한국, 중국, 일본 들의 역사적 기록을 많이 보았는데 이를 대강 말하여서 법정의 참고로 제공하려고 한다.

한국은 4천년 역사를 가진 나라이고 그 민족이 단일한 민족이며 애국성이 특이한 사람들인데 일본이 군력으로 그 나라를 강탈한 후에 그 민족이 견디기 어려운 욕을 당하고 있는 것이다.

1883년에 미국이 한국과 상호조약을 체결하고 양국 간에 어느 나라가 침략을 당하면 서로 보호한다고 하였으나 미국이 한국을 침략자의 손에서 구하여 내지 못하였으니 이것도 고려할 것의 하나이다.

1895년 중일전쟁의 결과로 일본이 중국과 조약하기를 한국의 독립을 보장하며 다시 군대를 보내지 않겠다고 하였다. 그러나 10년이 불과하여 한국에 군대를 보내서 불의 행사를 하니 한인된 자 누가 분하지 아니할까 생각하여 볼 것이다.

장인환이 미국에 온 지 3년에 불과하였고 한국에서 일병이 사람을 짐승같이 죽이는 것을 보고 와서 아직까지 그 기억이 남아 있으며 나라가 망하는 것을 생각하고 통분한 마음이 누구보다 많은 것을 알아야 공정한 판결을 할 수 있는 것이다.

　1905년 아일전쟁 담판 시에도 일본이 한국 독립을 담보한다 하고 돌아가서 보호조약을 성립시켰으며 1907년에 한국을 무력으로 위협하여 7조약을 체결한 후에 한국 황제를 폐위하고 군대를 해산하며 점차로 국토를 먹어 들어가는 소식이 신문마다 기재된 것을 장인환이 알고 있으니 그 심사가 어떠할 것인가 생각하여야 공정한 판결을 할 수 있는 것이다.

　만일에 우리를 장인환 처지에 두면 우리는 미칠 것이다.

　우리의 부형과 친척이 일인의 손에 죽으며 우리의 강산이 일본 군대의 말먹이는 목장이 되며 세전하여 내려오는 건물들을 일본 통감이 차지하고 음모의 소굴을 만들면 우리 중에 미치지 않을 사람이 누구인가. 장인환도 사람의 마음을 갖은 줄 알아야 공정한 판결을 할 수 있는 것이다.

　한국의 재원을 일인이 채굴하고 양전 옥토를 일인이 경작하며 한국 사람은 굶어죽게 되는데 분한 마음이 없으면 한국 사람이 아니요 혈기 있는 사람으로 그러한 일을 당하고 분하지 않을 수 없는 것이며 그러한 일을 협조하는 사람을 보고 심상히 여길 수 없는 것을 생각하여야 공정한 판단이 있을 것이다.

　배심관 여러분! 이 재판에 대하여 생각을 많이 하시오! 만일에 우리가 장인환을 죽이면 그 사람은 공리를 주장한 애국자인 까닭에 죽는 것이니 그것은 옳은 일인가, 애국자의 생명을 구하는 것이 의로운 일인가 생각할 것입니다.

장·전 두 의사 재판 후원

　장인환·전명운 두 의사의 재판을 후원하는데 미주 쎈·프랜씨스코에서 공립협회와 대동보국회의 연합으로 후원회를 조직하고 재판 후원의 경비 조달과 변호사 교섭과 통역 선택과 여러 가지 일을 담책하였으며 하와이에서는 후원회를 조직하고 재판 후원경비 특연 수봉에 노력하였다.

재판 후원의 경제상 곤란은 없었으나 이 때 한인 중에 영어 아는 사람이 귀하여서 통역이 곤란하던 까닭에 하버드 대학에서 석사학위를 받은 리승만을 통역으로 청하였다.

1908년 7월 16일에 리승만이 쌘·프란씨스코에 와서 형편을 살피고 통역하기를 거절하였는데 그 이유는 시간관계로 오래 있을 수 없으며 예수교인의 신분으로 살인재판 통역을 원하지 않는다 하고 동 8월 25일에 동방으로 갔다. 그래서 라성에서 공부하던 신흥우를 청하여 통역하였다.

미주, 하와이, 멕시코, 중령, 일본 각지의 동포들이 재판 후원에 성력을 기울여 수합한 후원경비 특연이 7,390달러에 달하였다.

장인환 의사

장인환 의사는 1875년(을해년) 3월 30일(장의사 비석에는 1878.3.30 ~1930.5.22로 되어 있다)에 한국 평안남도 평양군 대동면에서 출생하였 으며 일찍이 미미교회에 들어가 세례교인이 되었고 천성이 탁월하며 학자의 풍채가 있으나 국가를 위하여는 오히려 독립전쟁에 나아가기 좋아하는 무사의 기개를 가진 인물이다.

의사가 왜적의 침략으로 인하여 쇠퇴되는 국내 정세에 밀리어서 1905 년 2월에 하와이 이민에 응모하여 마위에 와서 있다가 그 이듬해 8월 8일에 미주로 와서 대동보국회 회원이 되었고 철로 역장과 앨라스카 어장에서 노동하였다.

의사가 1908년 3월에 스티분쓰를 사격하여 한국의 매국적들을 징계하 고 태연히 법률에 복종하여 280일 동안의 지루한 심판을 받고 1909년 1월 2일에 북미 합중국 고등법원 쿡 판사의 담당 법정에서 제2등 살인죄로 25년 금고의 선고를 받았다.

의사가 쌘·퀴인틴 감옥에서 옥중생활로 지루한 세월을 보내던 때에 품행이 단정하고 정직하므로 만 10년 금고를 마치고 15년 감등을 받아서 1919년 1월 17일에 출옥하였다.

장인환 의사

　의사가 죄수생활을 면하였으나 옥중에서 건강이 쇠약해졌고 출옥 후에 경제가 곤란하여 여러 동포가 모아주는 것으로 근근한 연명을 부지하며 궁핍을 탄식하던 것이 그 정경이었다.

　의사가 1927년에 귀국하여 가정을 이루고 선천에 고아원을 설립하였으며 그것에 마음을 의탁하고 여생을 보내려 하였으나 왜적의 학정 밑에서 살 수 없으므로 새로 이룬 가정을 작별하고 다시 미국에 와서 세탁업을 시작하였다.

　의사가 본국에 다녀온 후로 상심과 번민이 심하여 병이 들어 누우니 대한인국민회가 상항 안식교 병원으로 인도하여 치료하다가 고민을 견디지 못하고 자살하니 때는 1930년 5월 22일이고 당년이 55세였다.

　의사가 별세하니 해외 각지에서 조문을 보내며 각 단체가 대표를 보내서 장엄한 사회장을 5월 26일 하오 2시 30분에 상항 싸이푸레쓰 묘지에 안장하고 「대한의사 장인환 공의 묘」라는 비석을 세워 천추에

전명운

기억을 남기었다. (현재 국립묘지로 이장되었다)

전명운 의사

전명운 의사는 1880년(경진년) 5월에 한국 경성에서 출생하였으며 그 천성이 영민하고 용맹하여서 남의 일이라도 불의 행사를 보면 달려들어 싸우는 용맹 투사였다.

일찍이 미국 유학을 목적하고 1905년 5월에 하와이 이민에 응모하여 가와이 농장에 와서 있다가 그 이듬해 6월에 미국으로 와서 공립협회 회원이 되었고 학비를 위하여 철로 역장과 앨라스카 어장에서 노동하였다.

1908년 3월에 스티분쓰 사건이 발생되니 분함을 참지 못하여 곧 페아몬트·호텔에 가서 스티분쓰를 만나려고 하였으나 만나지 못하고 공립협회에 와서 스티분쓰를 대항하겠다고 자원 출동하였다.

재미한인의 공분을 일으키고 그 위세에 겁이 나서 도망하려던 스티분쓰가 패리 정거장에 당도하던 때에 총을 쏘는데 발사되지 않으므로 스티분쓰에게 달려들어 주먹 싸움하던 즈음에 총소리가 나며 스티분쓰와 함께 거꾸러졌으니 이는 장인환의 발사였다.

의사의 상처가 치료된 후에 동년 6월 13일에 재판이 시작되어 3차 심사가 있었으며 "전명운이 애국심의 발동으로 스티분쓰를 습격하였으나 손해 준 증거가 없다"는 이유로 무죄판결을 받았다.

한일합방 반대운동

안중근 의사가 하얼빈에서 한국침략의 앞잡이 이등박문을 총살한 이후로 일본 정부의 신경이 과민해져서 한국에서 폭행을 기탄없이 하다가 필경은 합방을 강압하게까지 되었던 것이다.

1910년 8월 29일에 일본 통감 사내정의(데라우치 마사요시)와 매국총리 이완용들이 발표한 8개조 합방 문서로써 일본이 한국 민족의 생존권과 산림천택을 강탈하던 것이 소위 한일합방이었다.

동년 2월부터 그 합방계획의 소식이 각 신문에 기재되었으나 국내에서는 애덕이 경찰망에 눌리어서 크게 활동하지 못하였고 해외동포들이 각지에서 처지대로 합방을 반대하는데 재미한인은 그 소식을 받던 때에 곧 반대하였으며 합방문서가 발표된 후에는 그것을 반항하였다.

이 때에 재미한인의 단체들이 대한인국민회로 통일되고 대한인국민회가 재미한인 전체를 대표하던 때였다. 그러나 합방문제가 조국의 운명을 좌우하던 큰 문제이고 이를 반항함에는 민족적 총의와 총동원이 필요한 까닭에 일반 동포에게 근고문을 돌려서 미주와 하와이에 산재한 정치, 종교, 실업, 사교 각 계의 대소단체를 망라하여 미주에 애국 애국동맹단과 하와이에 대동공진단을 조직하고 그로써 합방 반항운동을 진행하였다.

근고문

애국동포 제군에게 근고함

옥야 삼천리는 하나님이 우리에게 주신 것이오 5천년 이래에 우리 민족이 자유 향락하며 의식을 자작 자급하는 강산이다. 그런데 왜적이 이것을 욕심내어서 일본의 합방하려는 침략행동을 살풍경을 일으키어 금수강산에 일광이 빛을 잃었고 2천만 민족은 비린 바람에 쌓이어 위험이 조석에 임박하였다.

왜적이 불 같은 욕심으로 몇 개 매국적을 이용하여 우리의 임군을 위협하며 우리의 형제를 학살하며 우리의 강토를 강탈하여서 일본에 합방하려 하니 우리가 이것을 어찌 당할 것인가. 우리 민족은 문화 민족이오 왜놈의 노예가 되어서는 살 수 없는 것이다.

애국동포 제군이여 조국이 위란을 당하여 우리를 부르니 민족을 위하여 몸을 바칠 자 국가를 위하여 원수를 대항할 자 모두 오늘에 맹성하라.

국가의 흥망성회가 그 민족의 정신과 활동에 있나니 우리가 비록 해외에 있으나 이 때에 국민된 직분을 각성하지 않으면 위로 조상에게 죄를 짓고 아래로 후손에게 죄를 지을 것이다.

애국동포 제군이여 분발하고 모이라. 우리 전체가 미주에서는 북미 지방총회로 하와이에서는 하와이 지방총회로 모여서 운동방침을 정하고 민족과 국가를 위하여 우리의 한 몫을 바치기를 맹약하자

1910년 6월 25일
대한인국민회 근고

애국동맹단

1910년 7월 3일에 대한인국민회 북미 지방총회가 각 지방에서 모여드는 민중 대표자들을 총회관 싸크라멘토 스추릴 2928호에 회합하여 공동대회를 열고 항일운동방침을 정한 결과에 애국동맹단을 조직하고 9개조

결의안을 통과하였으며 동포 전체가 일치하여 행하기를 맹약하였다.

결의안

1. 재미한인은 이로부터 일본을 원수로 인정하고 적대행동을 취하기를 맹약함.
2. 일본이 국제공약을 무시하고 한국을 강탈하는 사실을 명문하여 한국과 상호조약을 체결한 중, 아, 영, 법, 덕, 이, 백, 오, 9개국 정부에 보내서 조약상 의무를 요청하기로 함.
3. 한국 황제께 왜적의 무리한 합방 요구를 끝까지 거절할 것을 상소하며 일본 황제에게 우리의 합방반대를 통지하기로 함.
4. 국내 동포들이 당하는 비참한 실정과 왜적의 불의행동을 탐지하기 위하여 국내에 연락기관을 설치하기로 함.
5. 국내 실정을 탐지하는 대로 선전문을 만들어서 구미 각지의 유력한 언론기관에 발표하여 국제여론을 일으키는 데 노력하기로 함.
6. 국제공법과 선전문 작성에 기능 있는 법률사를 고빙하여 각항 외교서류와 선전문 작성을 위탁하되 외교서류와 서전문은 대한인국민회의 명의로 발행하게 함.
7. 각 도시에서 사람이 많이 모여드는 절일들을 이용하여 선전대회를 열며 때때에 대내 선전문을 발행하여 동포의 애국정신을 고취하기로 함.
8. 우선 외교선전과 군사인재 양성사업에 착수하여 천지환경의 구애로 인하여 실행이 곤란한 사건의 처리방도를 연구할 위원을 설치하며 형편에 부합되지 않은 이론을 방지하기로 함.
9. 애국동맹단 사업경비는 일반 동포의 특연으로 충당하며 임원은 민중 공선으로 선출하여 사무를 장리하게 함.

단 장 최정익   외교원 윤병구   서 기 리원익
번역원 리대위   장 재 허승원   회 계 조성학

한국 황제께 보낸 전보문

(미국 영사관으로 보내서 서기생 '신봉휴'로 하여금 전하게 하였고 전보비는 91달러 96전을 지발하였다.)

본 회가 재미 동포 전체를 대표하여 간곡한 애국정신으로 이 글을 폐하께 올리오니 통촉하시옵소서.

지금 미령에 있는 동포들이 조국을 일본에 합방한다는 소식을 받고 마음이 아파서 간원하오니 폐하께서 합방을 끝까지 거절하시고 양보하지 마시기를 바라나이다.

이것이 물론 폐하의 판단에 있을 것이나 만일에 합방이 되면 조국이 망할 것과 무죄한 백성이 왜적의 노예가 되는 책임이 폐하에게로 돌아갈 것입니다.

폐하 앞에 왜적의 위협과 역적배의 간휼이 있을 것이나 2천만 신민이 폐하의 용단을 바라보고 있으니 치욕을 거절하시면 그 은택이 천추만대에 미칠 것입니다.

1910년 (경술년) 7월 6일
재미한인 전체대표 대한인국민회 하와이 지방총회
북미 지방총회

일본 황제에게 보낸 전보문

(일본 외무성으로 보냈고 전보비는 111달러 54전이었다)

본 회가 미령에 있는 한국민족 전체를 대표하여 정의와 인도의 사명으로 폐하에게 간원하오니 우리의 강토를 일본에 합방하지 말으시고 한일 양국의 친선을 장려하시기 바라나이다.

일본이 국제공약으로 한국의 독립을 승인하였는데 그 조약의 묵흔이 마르기도 전에 한국을 병탄하려는 것은 일본으로 하여금 국제도덕과 신용을 말살하고 세계 문명국 지위에서 타락되게 하시는 것입니다.

공리를 거슬려 합방을 강박하면 이것이 두 민족 사이에 악화를 일으켜서 영원한 원수를 맺을 것이며 이로써 동양의 평화를 교란하고 태서 민족의 업신여김을 받아 동양의 위험을 부를 것입니다.

합방정책을 변경하여 한일 친선을 실천하시면 폐하의 덕성이 천추에 미칠 것이오 만일에 합방을 감행하시면 우리는 폐하와 일본신민을 적대시하여 영원한 원수가 될 것입니다.

1910년(명치 43년) 7월 6일
재미한인 전체 대표 대한인국민회 하와이 지방총회
북미 지방총회

통고문

슬픈 소리를 말하고 싶지 않으나 불꽃이 눈썹에 임박하고 칼 끝이 몸에 당도하므로 부득이 하는 것인데 이는 어제 하던 말도 아니고 내일에 다시 하기도 싫은 말이다.

국내 통신을 받으니 왜적이 합방을 준비하고 7월 15일에 사내정의를 소위 조선통감으로 임명하여 불원간 합방의 형식을 진행한다고 하는데 순검과 병정으로 전국을 포위하였고 황제는 궁중에 갇히어서 속수무책이며 애국지사들은 총칼에 눌리어 있는 참경이다.

왜적은 불의하여 총칼을 들고 우리 민족을 도륙하여 강토를 뺏거니와 이것을 당한 우리는 어찌하려는가. 버러지는 미물이나 다치면 쏠 줄 아나니 하물며 사람으로서 대책이 있어야 하는 것이다.

오늘 한족 된 자 누가 애통하지 않으며 분개하지 않으리오만은 애통하고 분개한 설화로 일을 치르지 못할 것이니 항일투쟁을 곧 시작하여야 할 것이다.

왜적을 대항하는 방도가 여러 가지 있으나 해외동포는 각기 처지에서 가급적 성공할 자를 택하는 것이 첩경인데 우리는 이미 결의한 대로 외교선전과 군인양성을 급선무로 택하였다.

1. 외교선전의 필요

이 시대는 혼자 살지 못하는 시대이며 특별히 정치행사에는 외교와 선전으로 남의 동정을 얻어서 자기의 주견을 성공하는 것이다.

지금 일본이 우리의 강토를 도적질하면서 거짓 외교와 선전으로 열강의 동정을 얻은 까닭에 일본의 악행을 논죄하려는 자가 없고 우리의 사정을 동정하려는 자가 적으니 이적이 이 시대 외교와 선전의 효력이다.

도적이 남의 집에 들어가서 인명을 살해하고 재산을 탈취하는데 보는 자 눈을 뜨려고 하지 않으며 듣는 자 귀 먹은 체하는 이 세상에 공리를 말할 수 있으랴. 그러나 우리가 일찍이 외교로 남과 친선하지 않고 있다가 동정이 없다고 원망할 수 없는 것이다.

도적의 불의행동과 거짓선전을 폭로하고 우리의 사정을 호소하여 남에게 알리지 않으면 앞에도 동정이 없을 것이므로 외교와 선전을 급선무로 하자는 것이다.

2. 군인 양성의 필요

강적에게 빼앗긴 국토 회복을 피흘리지 않고 앉아서 기대할 수 없는 것이며 피를 규모 있게 흘리는 방도가 군사운동이다.

그러나 우리와 원수 간에 수만 리 대양이 격하였고 인수가 적은 우리 사회의 군인 양성이 급선무일까 하고 몽롱한 의심을 가질 수도 있을 것이다.

우리의 군사운동은 국내 연락관계로 보든지 왜적을 대항하는 방편으로 보든지 원동 방면에서 할 것인데 기구의 곤란이 없고 설계가 가능한 미령에서 한 번에 몇 십명씩 혹은 몇 백명씩 사관을 양성하여서 원동의 군대 편성을 협조하자는 것이다.

1910년 7월 9일
· 애국동맹단 근계

대동공진단

1910년 7월 5일에 대한인국민회 하와이 지방총회가 하와이 각 지방 대표자들을 호노루루에 소집하여 대동공진단을 조직하고 한일합방 반대를 결의하였다.

결의안
1. 우리 민족의 의사가 아니고 왜적이 강압적 수단으로 만드는 한일합방을 절대로 반대하기를 결의함.
2. 한일합방 반대운동에 관한 모든 정책을 북미 지방총회 결의안에 위반됨이 없게 하여서 행동일치를 도모함.
3. 한국 황제와 일본 황제에게 통지하는 서류는 이미 북미 지방총회가 작성한 서류에 연서하여 우리의 태도와 책임을 같이하기로 함.
4. 외교와 선전사업은 대한인국민회가 담책하고 군인 양성사업은 대동공진단에 일임하기로 함.
5. 각 지방에 양성소를 설립하고 청년동포로 하여금 의무적 병식훈련을 받게 함.
6. 일반 운동의 경비는 동포의 애국 특연으로 충당하고 대동공진단 임원은 민중공선으로 선택함.

단　장 정원명　　재　무 안원규
서　기 리내수　　외교원 민찬호

한일합방 부인

필경에 왜적이 한일합방을 발포하고 그것으로써 한국의 국호를 조선이라고 고치며 한국의 국기를 떼어버리던 때에 재미한인이 국기를 집어 달고 애국가를 부르며 한일합방을 부인하고 그 결의문을 세계에 발표하였으니 이것이 정신상 독립선언이었으며 이로부터 왜적이 패망하여 한국

강토에서 쫓겨가던 때까지 이 정신에서 살아 왔다.

1910년 9월 11일에 대한인국민회 하와이 지방총회가 각 지방 동포 매 10명에 대표 1인씩 소집하여 공동대회를 열고 왜적을 성토하며 합방을 부인하고 그 결의문을 연합통신으로 세계에 발표하였으며 북미 지방총회도 동일한 행사를 하여서 우리 민족의 의사를 표시하였다.

결의안
1. 우리는 만고의 치욕적 한일합방을 부인하며 그에 관한 왜적의 일체 행사를 배척함.
2. 우리는 대한민족이요 왜족의 부속민이 되지 않을 것을 맹서하며 소위 한일합방은 우리 민족의 의사로 된 것이 아니고 왜적의 위협적 위조인 것을 확인함.
3. 우리는 한국의 국호와 국기를 보장하며 우리 강토에서 왜적을 축출할 때까지 8월 29일을 국치일로 기념하여서 왜적에게 대한 적개심을 해마다 새롭게 함.
4. 우리는 왜적과 공사간 일체 관계를 단절하며 국제상 관계가 발생될 때는 대한인국민회가 재미한인을 대표하게 함.
5. 일본 황제와 사내정의에게 이 결의문을 보내서 우리의 주장을 명확히 알게 함.
6. 한국과의 조약상 의무가 있는 각국 정부에 공첩을 보내서 한일합방 부인의 이유와 일본이 우리의 원수인 사실과 국제상 관계가 있을 경우에 대한인국민회가 재미한인을 대표할 것을 알게 하기로 함.
7. 한인으로서 왜적의 정부기관이나 개인 간의 친선관계를 가진 자는 민족반역자로 인정할 것이며 경우와 형편에 따라서 처리하기로 함.

군인 양성운동

재미한인의 군인 양성운동은 국치를 전후하여서 불같이 일어난 동포의 애국심과 적개심에서 나온 활동이며 그 목적은 사관 인재를 양성하여 원동에 보내서 독립군 편성을 협조하려던 것이다.

미령에서 외국인 군사교련이 용이하지 않은 문제였으나 다행히 당국의 양해를 얻어서 운동을 시작하는데 미주의 애국동맹단과 하와이의 대동공진단의 활동으로 「무예장려문」을 발표하여 동포의 무예정신을 고취하며 『체조요지』를 출판하여 분급하고 청년들의 병식훈련을 장려하였다.

이 때에 한국 군인으로 이민되어 온 동포가 하와이와 미주에 500여 명이 있고 멕시코에 200여 명이 있어서 교련을 지도하였으며 그 경과는 다음과 같다.

미주 동포의 훈련

1910년 10월 3일부터 클레어몬트에 훈련반을 조직하여 매주 3일 저녁 병식훈련을 하였다.

1910년 10월 8일부터 롬폭에 의용훈련대를 조직하고 매일 저녁에 병식훈련을 하였다.

1910년 11월 10일부터 캔사쓰 시에 소년 병학원을 조직하고 매일 저녁에 병식교련을 하였다.

1910년 12월 5일부터 와요밍 쓔페리오에 청년 병학원을 조직하고 매일 저녁에 병식교련을 하였다.

하와이 동포의 훈련

처음에 대동공진단이 각 지방에 양성소를 조직하고 병식교련을 시작하였다가 그것을 변경하여 국민회 안에 연무부를 설립하였다.

1910년 11월부터 국민회 연무부에서 다수 동포가 거류하는 지방마다 병식교련을 시작하고 청년 동포로 하여금 매일 저녁에 목총 메고 교련하게 하는데 무관 학생이 200여 명이었다.

네부라쓰카·소년병학교

미주 네부라쓰카에서 유학하던 박용만이 커늬 농장과 학생노동을 계약하고 학생들에게 일을 얻어 주던 때에 그 지방 당국의 양해를 얻어서 소년병학교를 설립하고 사관 양성을 시작하였다.

1910년 6월에 헤쓰팅쓰 대학 학장의 후원을 받아서 교실과 운동장을 사용하게 된 뒤로 병학교가 확장되었으며 학장은 박용만이고 학생은 27명이었다.

1912년 9월에 소년병학교 제1회 수업식을 거행하는데 졸업생이 13명이었으니 이는 학생들이 방학 때를 이용하여 낮이면 농장에서 일하고 저녁에는 목총 메고 교련하며 농장에 일없는 때에는 학반에서 군사학을 강습하면서 3년 동안 일신 양역으로 13명 사관을 양성한 것이다.

동년 11월에 학장 박용만이 하와이 신문 주필로 고빙되어 간 후에 수년을 계속하다가 폐교하기에 이르렀다.

멕시코 숭무학교

1910년 11월 17일에 멕시코 메리다 지방에서 리근영, 양귀선, 죠병하 리순근 들의 발기로 숭무학교를 설립하고 사관 양성을 시작하니 학생이 118명이었다.

학교가 확장되던 때에 멕시코 혁명란이 일어나니 학생들이 가족을 따라서 피란하고 혹은 전쟁에 종군하여서 사방으로 헤어진 까닭에 1913년 3월에 폐교되었다.

국민군단

1914년 6월 10일에 하와이 오아후 가할루 지방에 있던 아후마누 농장에서 국민군단을 설립하니 이는 하와이 대한인국민회의 연무부 사업을 확장한 것이고 박용만의 노력으로 된 것이었다.

최초에 안원규와 박종수가 리비 회사와 계약한 1,500에이커의 파인애플 경작 도급을 기부하고 와이아와에서 자작 농사하던 임응천, 한태경, 한치운, 리치영 들이 당년 농사의 수입을 기부하여서 군단의 재원을 성립하였다.

미국 영토에서 외국인의 군사활동은 허락되지 않는 일이었으나 하와이 군사령부가 이를 묵허하는데 군제는 미국 군제를 사용하되 다만 총을 사용하지 못하게 한 까닭에 목총을 사용하였다.

국민군단이 학도들의 기숙을 공급하며 제복소를 설비하여 군복을 용달하였고 교련기구는 사관의 단총(45식) 39정과 군도 10개와 나팔 12개와 북 6개와 목총 350정과 병학교 교과서 영문 서적 28종이 있었다.

국민군단이 농장 주인에게 목재를 얻고 학도들의 인공으로 영문을 건축하였으며 1914년 8월 29일에 낙성식을 거행하던 때 600명 동포들이 참석한 앞에서 군단 학도(산넘어 아이)들의 선서식 하는 관경이 거룩하였다.

처음에 국민군단이 학도 103명으로 시작하여 311명에 달하였으며 설비는 적었으나 완전한 군대였다.

1. 군단 사령부

   단장 박용만, 부관 구종권, 부관 태병선, 서기 백운택, 장재 최순서
2. 군단 경리부

   부관 로훈, 부관 박승선, 회계 리정근, 장부 정인수, 군의 홍종훈
3. 제복소 주임

   소대장 김성옥, 소대장 김승윤

4. 병학교 주임

　　단장 박용만, 대대장 박종수, 대대부관 최창영, 정교 정명열

5. 훈련대 주임

　　대대　　대대장 박종수, 부관 리두환, 부관 허용

　　중대　　중대장 김세근, 부관 리정근, 부위 김치명, 부위 조봉운,
　　　　　　부위 한명수

　　소대　　소대장 박춘식, 소대장 강태순, 소대장 한응순, 참위 안경
　　　　　　식, 참위 리상호, 참위 김례준, 참위 김성옥, 참위 김용팔,
　　　　　　참위 한경선 참위 림성우, 참위 전종문, 정교 방재순,
　　　　　　정교 림순용, 정교 김순근, 하사 김상호, 윤히중, 리태홍,
　　　　　　서순백, 백윤서

6. 별동대 주임

　　로백린, 김성옥, 허용, 리복희, 리상호

7. 곡호수와 고수

　　곡호수 리제원, 강달제, 강운학, 김용환, 백운경, 차성절

　　고　수 리창ㅠ, 리봉용, 김백화, 최태제, 김중환

　군단 학도들이 들에서 교련하고 학반에서 군사학을 공부하던 한편 때로는 작전연습을 하였고 번차례로 농장에 나아가 농역하는데 연부 역강하여 피곤한 줄을 몰랐으며 독립군 편성이 기대가 높아서 낙오자가 없었다.

　1916년 10월에 국민군단의 경작계약이 만기되고 그 농토의 질이 좋지 않아서 농사를 폐지하는 까닭에 군단을 다른 곳으로 옮기게 되었는데 이 때에 군단장 박용만이 리승만의 풍파를 당하여 당황하게 지나던 처지에서 군단이 적합한 지대를 얻지 못하고 사업을 중단하였으며 국민군단이 중단된 후에 재미한인의 군인 양성사업이 일반적으로 중지되었다.

　국민군단의 재정은 파인애플 경작도급과 특연으로 수입된 것이 78,642

국민군단

교련 광경

달러 25전이며 2년 동안에 군단경비로 지출된 것이 58,442달러 25전이며 여재금 20,200달러인데 이것은 원동 사업자금으로 적립되었다고 하였다.

비행사 양성소

대한민국 임시정부 군무총장 로백린이 미주에 체류하던 때에 가주 윌로우쓰에 와서 6개월 동안 비행술을 교수하였으니 그 목적이 원동 군사운동 후원에 있었던 것이다.

1920년 2월 20일에 가주 윌로우쓰 지방에서 로백린과 김종림의 발기로 한인 비행사 양성소를 설립하였으며 동년 5월에 비행기 2대를 매득하고 미국인 기술자 1인과 한인 비행사 6인으로 교수진을 조직하였는데 학생이 19명이었다.

비행사 양성소는 동포의 특연과 봉사로 유지되었으며 직원과 학생은 다음과 같다.

직　　　원	총재 김종림, 총무 로백린, 서기 강영문, 재무 리재수, 재무 신광히, 감독 곽림대, 간 사 진영규, 윤응호, ,양순진, 림치호, 리암, 마춘봉, 리운경, 한성준, 리진섭
비 행 사	로정민, 박낙선, 우병옥, 오림하, 리용선, 리초
비행학생	최영길, 김태선, 박유대, 조기호, 최능익, 박대일, 신영철, 조종익, 정이용, 정홍성, 정몽용, 홍종만, 조진환, 신형근, 임상히, 리영기, 김전, 손리도, 박히성

일본의 정탐과 간섭행동

1905년 보호조약 이후에 일본 정부가 그 영사들을 통하여 재미한인의 태도를 정탐하며 그 일을 간섭하여 보려다가 실패하였고 한일합방 후에 무한히 노력하였으니 그 이유는 첫째로 저의가 해외 한인까지 관할한다는 선전을 위함이고 둘째는 미주에 있어서 대외체면을 고려하던 까닭이었다.

그러나 재미한인의 배일 태도가 강경하였고 일본의 세력이 미주에 미치지 못하여서 그 정책을 실패하지 않을 수 없었다. 이에 우리 동포의 배일 태도가 얼마나 강경하였던가를 참고하려고 그때 발생하였던 몇 사건을 기록한다.

일본 영사의 인구조사사건

미주와 하와이에서 일본 영사가 한인의 인구조사를 여러 번 실패한 후 1910년 12월 28일에 멕시코 산으리 농장으로 한인들을 심방하고 이제부터 일본 영사가 해외한인을 보호한다 하면서 인구조사를 요구하였다.

한인들의 대답이 일본 영사는 우리의 원수이므로 우리의 인구를 조사할 권리가 없다 하였고 일본 영사는 인구조사를 고집하다가 시비가 일어나서 김봉주가 일본 영사를 구타하여 보냈는데 여러 곳에서 이와 같은 경우를 당하고 다시 인구조사를 시험하지 못하였다.

최순용의 정탐사건

하와이에 있던 최순용은 한인사회의 일을 탐지하여 일본 영사에게 보고하던 정탐꾼이었다. 1911년 8월 5일에 대한인국민회가 최순용을 잡아서 조사한 결과에 그자는 일하지 않고 호활하게 지나려던 방탕자이며 일본 영사가 주던 금전에 팔리어 불의 행사를 하던 것이 판명되었으나 그자가 죄를 자복하며 회개하겠다고 하므로 장래를 경계하여 보낸 일이 있었다.

그러나 최순용이 회개하지 못하고 정탐을 계속한 까닭에 동년 9월 11일에 리상린이 최순용을 칼로 찔러서 친일죄상을 증계하였다.

공권 정지 사건

하와이 한인감리교회 힐로 예배당에 봉사하던 홍한식 목사와 박세환 목사가 일인에게 예배당 건축비를 청연하여 200달러를 받은 일이 있었다.

1911년 9월 10일에 대한인국민회가 그 사실을 조사하고 친일행사를 증계하는데 홍한식 목사에게 1년간 공권 정지 처분을 내리고 박세환 목사에게 8개월간 공권 정지 처분을 내렸다. 그 목사들은 공권 정지기간에 한인 공회석상에서 발언하지 못하였다.

일본 정탐 축출사건

독립선언 이후에 재미한인의 독립운동을 정탐하려고 1920년 6월 3일에 선우갑과 선우요가 남가주 라성에 도착하였다.

라성의 동포들이 그 사람들을 잡아서 질문하는데 일본 총독부에서 정탐으로 보낸 사실을 고백한 까닭에 별일이 없었고 다만 그들의 거주를 라성 시내에 제한하고 만일 한 곳에 있다가 다음 선편으로 돌아가지 않으면 위험을 당하리라고 하였다.

그들이 장차에 위험이 있을 것을 짐작하고 10일 동안 한 곳에 조용히 있다가 동월 14일에 코리아·마루 선편으로 귀국하였다.

일본 부영사 양재하 사건

일본 정부가 재미한인의 일을 간섭하여 보려던 정책을 실패한 후에 한인을 일본 부영사로 임명하여 한인사회를 연락하려는 계획으로 1925년 5월 12일에 한인 양재하를 일본 부영사로 택하여서 하와이에 파송하였다.

한인사회가 양재하에게 직임을 버리고 가라는 경고를 하였으나 양재하는 그 경고를 불구하고 한인과 연락하기를 시작하였다.

동년 7월 7일 밤에 양재하가 자동차를 타고 일본 영사관으로 가던 길에서 어떤 사람이 자동차에 뛰어올라 양재하를 습격하는데 차부 리상춘이 길을 막으므로 리상춘을 칼로 찔러 중상한 후에 다시 양재하를 찌르지 못하고 종적을 감추었다.

양재하가 겁이 나서 하와이에 있지 못하고 미주로 갔으나 역시 안전이 없는 줄 알고 귀국하였다.

일본 부영사 김우영 사건

1928년 12월 31일에 뉴욕에 있던 동포들이 송구영신절을 당하여 예배당에 모여서 윷놀이를 하는데 일본 부영사 김우영이 왔다가 김용하에게 칼 맞은 일이 있었다.

일본 부영사 김우영이 구라파 여행을 마치고 뉴욕에 와서 있던 때에 유학생 장덕수, 윤홍섭, 김도연 들과 연락이 있던 관계로 예배당에 모인 사교회에 왔던 것이다.

예배당에 있던 김용하가 김우영을 대하여 말하기를 "우리의 신성한 공회석에 왜놈의 사냥개를 용납할 수 없으니 가라" 하였다. 그러나 김우영이 속히 가지 않으므로 면도칼로 치는데 여러 사람이 달려들어 말린 까닭에 김우영이 중상을 면하였다.

일본 사냥개와 연락 있는 사람들을 뉴욕에서 축출하자는 사회여론이 있었고 그에 대한 장덕수의 변명은 김우영을 데리고 예배당에 갔던 것이 순전히 사교적이고 다른 의사가 없었다고 하다가 필경은 공중 앞에 나와서 사과하였다.

이 때는 일본제국의 전성시대였고 일본 관리들이 공연히 교만하였으나 구라파와 미주에 국제회합이 있을 때마다 재미 한인대표를 맡게 될까 겁내고 싫어하였으며 그것을 방지하여 보려 많은 활동을 했던 것이다.

광복운동

제1차 세계대전의 형세가 연합군의 승리를 보이고 연합국들은 세계평화를 고창하여서 세계 정국을 평화무대로 전환시키며 소약국들이 인류의 평화와 자유평등을 부르고 일어나던 때에 우리는 항일운동에서 조국광복운동을 들어가기 시작하였다.

소약국 동맹회에 대표 파송

1917년 10월에 뉴욕 맥칼린 호텔에서 29일부터 31일까지 3일간 소약국 동맹회를 열었는데 그 목적이 세계 소약민족들의 의사와 요구를 종합하여 전후 평화회에 제출할 의안 작성의 준비였으며 주최자는 놀웨이, 뗸막, 스위든, 아일랜드 등 24개 국이었다.

우리의 대표를 택선하는데 각 단체 연합행사로 공선하여 하와이에 있던 박용만을 보내게 되니 리승만이 대표 파송을 동의하지 않으며 하와이 대한인국민회의 위임장을 주지 아니 하므로 박용만이 미주에 와서 북미 대한인국민회 위임장을 갖고 소약국 동맹회에 참석하였다.

때마침 미국 국회에서 윌손 대통령이 14개조 세계 평화원칙을 선포하고 이를 각국 말로 번역하여 전파하였는데 이것이 승전국의 전후 평화정책 발표이던 까닭에 세계 소약민족들이 그 정책의 실현을 믿게 되었으며 우리 민족의 희망이 더욱 높아서 국내와 국외에 광복운동이 한층 더 커졌다.

윌손의 평화원칙

1918년 1월 8일에 선포한 윌손의 14개조 평화원칙 중에 소약민족의 희망을 고취시키던 조목들이 다음과 같다.

제1조 평화회의 모든 행사는 반드시 공개하여서 비밀이 없을 것이다.

제5조 식민지와 부속 민족들에게 대한 정치적 개량은 각기 민족자결에 의하여 처결할 것이다.

제14조 국제연맹을 설립하여 크고 작은 민족을 물론하고 국가의 주권과 영토 보전을 담보할 것이다.

광복운동 전개

1918년 11월에 제1차 세계대전이 연합국의 승리로 끝나고 승전국들이 프랑스 파리에서 평화회의를 열던 때에 대한인국민회 중앙총회가 미주, 하와이, 멕시코 각지를 연락하여 재미한인 전체 대표회를 열고 광복운동 방침을 결정하였다.

1918년 12월 1일에 소집한 재미한인 전체 대표회 결의에 의하여 평화회의에 우리 대표단을 보내는데 리승만, 민찬호, 정한경 들을 대표로 임명하여 파송하였다.

1919년 1월 25일에 리승만과 정한경이 와싱톤에 가서 출국 허가를 주선하며 민찬호는 뉴욕에 열린 '소약국 동맹회'에 참석하였다.

대표단이 출국허가를 얻지 못하여 평화회의에 가지 못하게 되니 리승만이 칭병하고 요양원에 들어가 있으면서 정한경으로 하여금 중앙총회에 보낸 보고서가 다음과 같다.

대한인국민회 중앙총회장 안창호 귀하
1919년 2월 5일 대표단
경계자는 미국 국무성과 이민국이 본 대표단의 파리 여행을 거절하므로 영국 공사까지 교섭하였으나 원조를 얻지 못하였습니다.
그들이 개인으로는 동정하나 공식으로는 국제관계를 인하여 허락할 수 없다고 합니다. 그래서 하기의 3항을 제의하오니 그 중의 하나를 지시하시기 바라나이다.

1. 대표단이 캐나다로 가서 그 곳에서 비밀히 파리에 가기를 시험할 것.
2. 파리에 있는 헐벝 박사에게 우리의 문제를 위임하여 제출할 것.
3. 본월 25일께 귀국하는 윌손 대통령에게 원조를 청하여 볼 것

중앙 총회장의 회답

1. 캐나다에 가더라도 그 곳에서 파리에 가는 문제가 역시 곤란할 것인즉 불가하다.
2. 한국 문제는 한국 민족의 일이니 외국 사람에게 위임하는 것이 불가하다.
3. 월손 대통령을 면회할 수 있으면 우리의 사정을 말하고 출국 허가를 얻는 데 원조를 청하여 보는 것은 좋은 일이다.

위임통치와 자치론

대표들이 출국허가를 얻지 못하고 고민하던 중에서 리승만이 한국의 위임통치를 청원하고 정한경은 자치와 참정권 요구를 발표하여서 광복운 동의 입장과 체면을 손상시켰다.

리승만의 위임통치 청원

1919년 2월 16일에 리승만, 민찬호, 정한경 3인이 서명한 위임통치 청원서를 평화회에 가서 있던 월손 대통령에게 보내고 연합통신에 발표하 였는데 그 사실은 리승만이 발행하던 태평양잡지사에서 출판한 『독립혈 전기』 제35면에 기재된 것이 다음과 같다.

한국이 일본의 속박을 벗고 자유를 회복하고자 하는데 한국이 완전한 정부를 설립하고 내치와 외교의 권리가 있을 때까지는 국제연맹 위임통 치에 부쳐서 보호를 받게 하여 달라.

고 하였다.

정한경의 자치론 발표

『아세아』 잡지 1919년 5월호에 발표된 정한경의 기사 「금일한국」이라 는 제목 하에 말하기를,

만일 일본이 한국에 대하여 공정하게 하려면 독립이나, 자치나, 참정
권이나 3자 중에 하나를 주어야 한다.

라고 하였다.

세계 사조가 민족자결주의를 부르며 국내에 독립운동이 전개되던 때에
위임통치 청원과 자치론 발표가 우리의 민족정신을 위반하던 행동이고
외교상으로도 큰 실책이므로 민중의 비난이 일어났다.

민중의 요구는 위임통치와 자치론의 책임자 리승만과 정한경은 반드시
광복운동에서 물러갈 것이며 적어도 월손 대통령에게 잘못된 의사를
교정하고 민중에게 사과하는 성명서를 발표하라는 것이었다.

그러나 리승만은 후회하는 태도가 없이 민중여론을 반박하였고 민중
속에는 리승만 반대파와 후원파의 분열이 발생되어서 광복운동에 큰
혼란을 주었다.

대한인국민회는 광복운동 초기에 불행히도 발생한 시비와 충돌이 악화
될까 염려하여서 용단을 내리지 못하고 다만 대표들의 사면을 권고하였으
며 민중의 인심융화를 노력하다가 독립선언의 소식을 받고 독립운동을
응원하게 되었던 것이다.

조국의 독립선언

1919년 3월 9일에 재미동포가 원동 통신원 현순을 통하여 국내의
독립선언 소식을 받았다.

민족대표 33인이 1919년 3월 1일에 서울에서 독립을 선언하였고 이
날에 3천리 강산 곳곳에서 민중이 태극기를 들고 일어나 만세를 부르며
독립운동을 응원하였으니 이는 국치 이후로 눌려 있던 우리 민족의 생존
요구가 끊임없이 표현되고 환경과 시대사조가 변천되는 사이에서 민족적
양심이 발동되어 일호 만응으로 일어난 독립운동이었다.

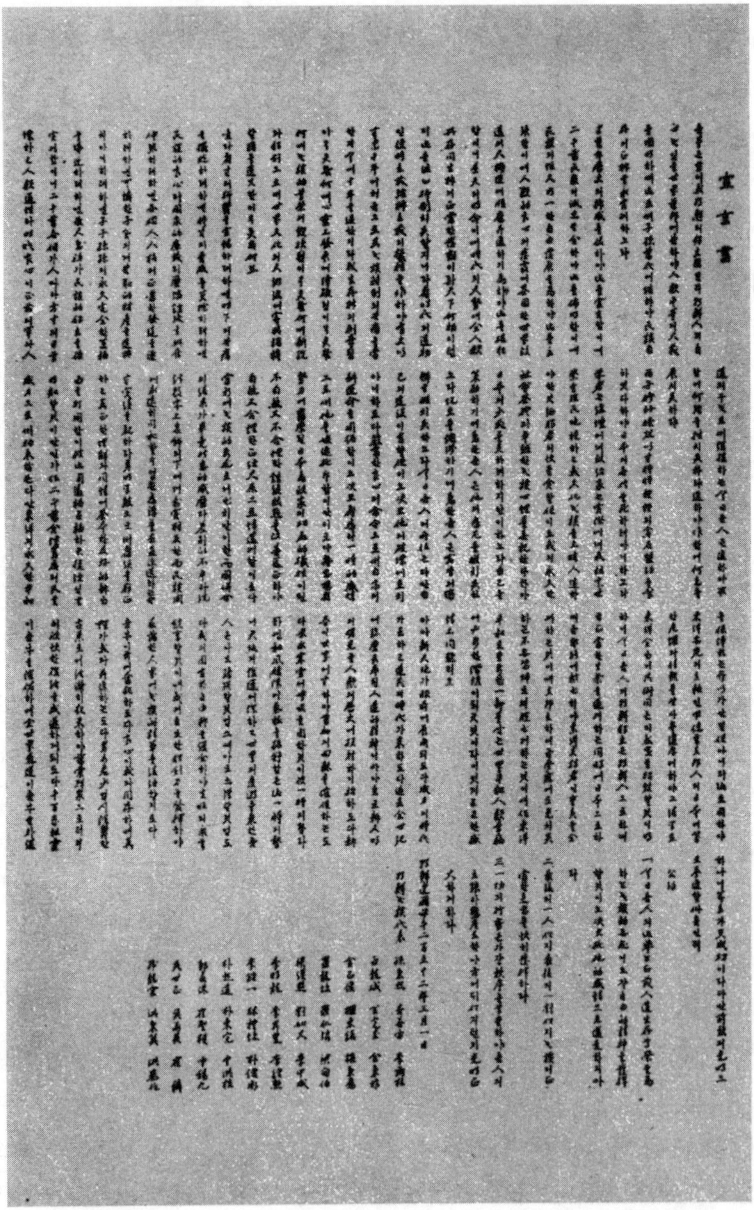

宣言書

독립운동 응원

대한인국민회 중앙총회가 조국 독립선언의 소식을 받고 재미동포를 총동원하여 독립운동을 응원하는데 1919년 3월 15일에 미주, 하와이, 멕시코 재류동포 전체 대표회를 열고 운동방침을 결정하였다.

전체 대표회 결의안

1. 재미한인 독립운동 응원의 일체 행사는 전체 대표회 결의에 의하여 이행하며 그 행정은 대한인국민회 중앙총회에 일임함.
2. 중앙총회 사무부서를 확장하고 상무원을 증가하기로 함.
3. 중앙총회 예산은 위선 76,000달러를 예산함.
4. 원동과 구미 각지에 운동경비 조달을 위하여 일반 동포에게 애국 특연금 수봉을 실시함.
5. 서재필을 외교고문으로 임명하여 필라델피아에 외교 통신부를 설치하고 경비는 매월 800달러씩 지발함.
6. 원동에 대표를 파송하여 대한민국 임시정부 수립에 봉사하게 하고 미주와 하와이 각 지방에 특파원들을 파송하여 민중여론을 수습하며 의사를 연락하여서 행동일치를 도모함.
7. 하와이에서 진행할 사무는 대한인국민회 하와이 지방총회에 위임함.
8. 윤병구를 지방 외교원으로 임명하여 가주에서 미국인 사회에 선전사무를 담임하게 함.
9. 리승만을 필라델피아에 보내서 서재필을 협조하게 함.
10. 홍언, 김영훈, 임정우, 강영각 들을 화교위원으로 임명하여 중국인 사회에 선전 사무를 담임하게 함.
11. 영문과 한문으로 선전문을 출판하여 분포함.
12. 한국 국기를 만들어서 동포에게 분급함.
13. 미주, 하와이, 멕시코 재류동포를 등록하여 인구를 조사함.

중앙총회 포고문 (도산 안창호 기사)

오랫동안 우리 민족이 마음 아픈 비애에 싸여 있다가 이제 비로소 큰일을 일으켰으니 이는 대한독립선언이다.

이 소식을 받고 기쁨과 슬픔이 아울러 나와 피가 끓으니 실로 마음을 진정하기 어려우며 국내의 2천 5백만 겨레와 함께 일어나는 이 때에 느낌이 간절하여 정신이 막막하니 이는 성공의 길이 간난함을 염려하는 까닭이다.

우리 민족이 적수공권이었지만은 끓는 피와 붉은 주먹으로 다만 인도정의와 민족자결이라는 무기를 들고 용맹하게 일어나서 수만 번 싸우고 수만의 죽음이 쌓인 지 10일 만에야 그 소리가 우리의 귀를 울렸으니 그 동안 잔학무도한 탄압의 참상이 어떠할까 양심의 눈을 뜨면 능히 볼 수 있는 것이다.

과거를 회상하라. 우리가 낮이면 노동에 흐르는 땀으로 몸을 적시다가 밤이 되면 전전 불매하던 것이 무슨 근심이었는가 오직 나라잃은 민족으로 인권 무시를 당하여 느끼던 설움이었다.

우리의 소망이 조국광복이오 부르던 것이 인권자유가 아니었던가 그 정신의 결정으로 오늘에 거룩한 3월 1일이 생겼으며 이것이 우리 민족의 정신부활이오 자손만대의 기초를 세움이다.

우리의 국권이 침탈되던 때에 독립을 잃지 않으려고 얼마나 싸웠으며 독립을 잃은 후에 독립을 찾으려고 오늘까지 얼마나 싸우고 있는가 국내에서 생명을 희생한 애국지사가 수백만에 이르렀고 국외에서 생명을 희생한 의사들이 우리 기억에 분명하지 않은가. 그러나 이것은 부분적 활동이었다.

이번에 독립선언은 거국일치하여 왜적을 대항하는 혈전이므로 앞에서 왜적에게 죽으면 뒤에 섰던 자 계속하여 방방곡곡에 만세성과 왜적의 총소리가 3천리 강산을 흔들었다.

우리의 독립선언이 이만치 장쾌하나 그 뒤를 이어서 일할 자가 누구인가. 만일에 국내에서 독립운동이 왜적의 총칼에 진압되면 어찌할 것인가. 이에 대하여 우리의 각오가 있어야 할 것이다.

우리의 독립선언은 독립을 하겠다는 의사 발표요 그 뒤를 받들어서 할 일은 이로부터 독립을 찾을 때까지 허다하게 많다. 그런데 세계 역사로 보아서 한때에 일어난 열정만으로 성공한 일이 별로 없고 어느 국가나 값없이 얻은 독립이 없으며 더욱이 우리의 사정은 반드시 악전고투하고 무량한 피를 흘려야 성공이 있을 것이다.

독립을 선언하기 전에는 우리가 국내 동포의 기밀공작과 연락이 없었던 까닭에 주저하던 때도 없지 않았으나 오늘은 전체 민족이 일어나서 생명을 바치는 때이니 아무것도 주저할 것 없이 대한민족 된 자 일제히 일어나서 가진 바 생명 재산 기능 모든 것을 바치고 용맹하게 나아가기를 맹서하자.

용감한 자는 큰 일에 임하여 대담하고 신중하므로 일을 치르는 것이니 우리는 허영을 증계하고 진실한 행동으로 독립운동에 응원을 끝까지 할지며 죽음으로써 성공하기를 기약하고 우선하기 3항을 실천하자.

1. 우리는 피흘린 후에 목적이 관철될 것을 각오하고 마음으로 굳세게 맹서할 것이며 우리의 운동이 단결과 행동일치를 요구하나니 동포 간에 서로 비밀이 없을 것이다.
2. 재미한인은 처지와 환경의 구애로 이행할 책임이 국한되어 있는데 다행히 미국은 공화국으로 인권과 자유를 가장 힘있게 창도하고 있는 터이니 미국의 언론기관과 종교기관을 통하여 우리의 억울한 사정을 선전하므로 국제공론을 일으키는 데 노력할 것이다.
3. 재미한인은 다른 곳 동포에게 비교하여 경제적 여유가 있은즉 내외 각지 독립운동의 경제적 책임을 부담할 것이다.

특파원 파송

전체 대표회 결의안 제6항에 의하여 다음과 같이 각 지방에 특파원을 파송하였다.

1. 김호를 미주 특파원으로 임명하여 1919년 3월 17일부터 각지의 동포를 심방하게 하다.

2. 도산 안창호를 재미한인의 대표로 선정하고 정인과와 황진남을 통신원으로 임명하여 동년 4월 5일에 중국 상해로 파송하다.
3. 강영소와 황사용을 하와이 특파원으로 임명하여 동년 5월 20일에 하와이 호노루루로 파송하다.

파리 한국대사관

1919년 2월 1일에 김규식이 신한청년당의 후원으로 중국 상해를 출발하여 동년 3월 13일에 프랑스 파리에 도착하였는데 이 때는 재미한인 대표가 출발하지 못하고 대한민국 임시정부가 수립되기 전이었다.

동 3월 24일에 김규식이 대한인국민회에 전보하여 대표위임장과 운동방침을 요구하였으며 대한인국민회 중앙총회가 대표위임장과 경비 3,500달러를 보내서 파리에 한국대사관을 설립하게 하였다.

대사관 위치를 프랑스 파리 사도당가 38호에 정하고 헐벝을 고문으로 정빙하며 서서국 쮜리히 대학에 있던 리관용을 서기관으로 임명하여서 대사관을 설립하였디.

동년 8월 21일에 김규식이 대한민국 통신부의 초청으로 미국에 왔으며 그 후에 황기환을 서기관으로 임명하고 1921년 9월까지 파리의 대사관을 유지하였다.

1919년 12월에 발표한 김규식의 보고가 다음과 같다.

1. 한국의 역사, 문화, 독립, 국제지위, 민족혁명, 임시정부들의 실적을 설명하고 일본의 공법 위반, 침략, 학정, 민의 탄압, 교회압박, 거짓선전, 대륙정책 들의 사실을 진술하였으며 한일합방 폐지와 국가주권 승인을 요구하는 원정서를 평화회에 제출하였으나 평화회의 공식 회답이 없었다.
2. 평화회에서 승전국들의 이권문제 다툼이 심하여 월손 대통령의 평화원칙 같은 것은 논의도 되지 않은 까닭에 한국문제가 상정되었

더라도 이번 전쟁에 참가한 구라파의 소약국 문제들같이 처리될 희망은 없었다.

3. 평화회에 참가한 각국 대표 중에 한국문제를 동정하는 사람이 많으나 승전국의 하나인 일본의 반대가 심하여 한국문제를 공식으로 토의할 수 없었다.

4. 한국문제가 평화회에서는 토의되지 못하였으나 민중선전의 성적은 좋았다.

   (ㄱ) 6월 28일에 파리에서 평화회 미국대표단이 강연회를 열고 한국문제를 공개 강연하였다.

   (ㄴ) 7월 25일에 프랑스 국민정치연구회에서 한국문제를 강연하였다.

   (ㄷ) 7월 30일에 프랑스 동양정치연구회에서 한국선전을 위하여 연설대회를 열었다.

5. 선전문을 출판하여 3차에 8,500장을 분전하였고 연합통신으로 발표된 한국소식이 290건에 달하였다.

김규식

우사 김규식은 1881년(신사년) 1월 29일에 한국 경상남도 동래군에서 출생하였다.

1897년 2월에 미국 유학을 목적하고 도미하였다.

1903년 6월에 으로녹 대학에서 문학과를 졸업하였다.

1904년 6월에 프린스톤 대학에서 석사학위를 받았다.

1905년에 귀국하여 경성청년회 총무와 경신학교 교감과 연희전문학교 교수직임을 역임하였다.

1913년 5월에 중국으로 나와서 해외민족운동에 봉사하였다.

1919년 3월에 한국 민족 대표의 사명을 갖고 프랑스 파리에서 열린 평화회에 가서 한국민족의 원정서를 제출하였다.

1919년에 대한민국 임시정부가 수립된 이후로 외무총장과 학무총장으

김규식

로 봉사하였다.

1919년 9월에 구미위원부 위원장으로 피선되어서 봉사하였다.

1923년 6월에 으로놁 대학에서 법학박사학위를 받았다.

1924년 이후에는 중국에서 상해의 푸탄 대학과 천진의 페양 대학과 남경의 정치대학과 사천의 국민대학에서 교수하였다.

1944년 4월에 대한민국 임시정부 부주석으로 피선되어서 봉사하였다.

1945년 11월에 해방된 조국 재건에 봉사할 목적으로 귀국하였다.

1945년 12월에 대한민국 과도정부 입법의원 의장으로 피선되어 봉사하였다.

1952년 6월에 공산당 남침 이후로 납치되었다가 신병으로 별세하였다.

한인 자유대회

대한민국 임시정부 수립 후에 1919년 4월 14일부터 16일까지 3일 동안 필라델피아에서 '한인 자유대회'를 열었으니 그 목적이 독립운동과 임시정부 수립의 선전이었다.

한인 자유대회는 대한민국 통신부 외교고문 서재필의 주선으로 소집된 것인데 상업, 교육, 언론, 종교 각계의 유력한 미국 인사들을 청하여 연설로 국내운동의 진상과 왜적의 탄압행동과 애국 열사들이 당하던 악형의 사실을 선전하고 이어서 결의안을 통과시켰다.

결의안
1. 재미한인은 중국 상해에 건설한 대한민국 임시정부를 지지하며 후원하기를 결의함.
2. 구미 각국에 대한민국 외교사무소를 설치하기로 함.
3. 구미 각국 민중으로 하여금 우리 독립선언의 주장과 국내의 실정을 이해하게 하는 데 노력하기로 함.
4. 일본 정객들에게 충고문을 보내서 일본의 실책을 각오하게 함.
5. 미국 정부와 국제연맹에 대한민국 임시정부 승인을 요구하기로 함.

대회 끝 날에 의장 서재필의 지도로 140명이 한국국기 행렬을 하였으며 미국독립관에 가서 미국 대통령 쪼지·와싱톤이 앉았던 교자에 임시정부 국무총리 리승만을 앉히고 독립선언서를 낭독하는 것으로 대회 순서를 마쳤다.

이 때에 리승만이 커져서 정부가 임명한 직명을 불구하고 대통령으로 행세하며 한인사회에 국부라는 말을 돌렸고 기탄없는 행동으로 사회의 법규를 문란하게 하므로 사회의 시비가 계속되었던 것이다.

대한민국 통신부

1919년 4월 25일에 대한민국 임시정부 통신부를 설립하니 이는 대한인 국민회가 필라델피아에 설치하였던 외교사무소를 임시정부 기관으로 변경한 것이었다.

서재필이 대한민국 임시정부 대미 외교 고문으로 임명된 후에 대한민국 통신부를 설립하였으며 와싱톤에 구미위원부가 조직된 후에는 위원부 부위원장을 겸임하고 와싱톤과 필라델피아 간을 왕래하면서 봉사하였는데 통신부의 사업성적은 다음과 같다.

1. 대한민국 통신부 위치는 필라델피아였다.
2. 대한민국 통신부의 임무는 한국의 소식을 구미 각국에 선전하며 한국독립을 동정하는 백인 친구를 모아서 한국 친구회를 조직하고 그로 하여금 한국 독립운동에 관한 외교사업을 협찬하게 함이었다.
3. 한국문제를 강연하는 사람들의 연설문 작성과 재료를 공급하며 영문 출판과 선전문 작성을 협조하여 한국선전의 문자와 언론이 일치되게 하는 데 노력하였다.
4. 1919년 8월부터 1921년 12월까지『한국공론』이란 영문 잡지를 발행하였다.

한국 친구회

한국 친구회는 대한민국 통신부 사업이었고 순전히 통신부장 서재필의 활동으로 된 것이며 미국 동방 각지의 한국 친구들을 모아서 조직하였던 것인데 회원이 백여 명에 달하여 한국의 외교선전을 후원하였다.

1919년 5월 5일에 탐킨쓰 박사의 주선으로 필라델피아 씨티 · 클럽에서 미국의 유명한 인사 19명이 한국 친구회를 조직하였고 동 5월 15일에 펜실베니아 으레밍톤에서 조직하였으며 동 6월 6일에는 와싱톤에서 조직하였으니 이것이 처음 조직들이었다.

1920년 10월 3일에 영국 론돈에서 멕킨시와 윌리암쓰의 발기로 '한국 친구회'를 조직하였으니 이는 구라파의 처음 조직이며 이 때에 참석한 한인은 조소앙, 오철은, 황기환이었다.

한국 친구회가 이와 같이 시작되어서 10여 곳에 조직이 있었는데 그 목적과 회원의 의무가 다음과 같다.

목 적

한국 독립사업을 원조하며 한국 안에서 당하는 일본의 압박과 학정을 항의하며 한국의 실정을 선전함.

회원의 의무

회원은 본회의 목적을 이행함에 의무적으로 봉사하며 회원의 종별은 보통 회원과 유지 회원의 분별이 있는데 보통 회원은 매년에 회비 1달러씩을 보내며 유지 회원은 사업경비를 분담함.

구미위원부

1919년 5월에 리승만이 국내로부터 한성정부 조직의 소식을 받고 와싱톤에 집정관 총재사무소를 설비한 후 동년 8월 25일에 한국위원회를 조직하였다가 동 9월에 그 명칭을 고치어 구미위원부라고 하였는데 그 목적이 집정관 총재가 미국에서 구미 각지에 대한 정부 행정을 대항하며 구미의 외교사업을 진행함이었다.

구미위원부 조직 발표

대한민국 집정관 총재 리승만은 총재의 직권으로 구미위원부를 조직하고 그 직무와 권한을 아래와 같이 발표하였다.

1. 집정관 총재는 적임자 3인 이상을 자벽하여서 구미위원부를 조직함.
2. 구미위원부의 직무는 구미 각지에서 실행할 정부행정을 대행함.
3. 구미위원부는 미주에서 출납되는 정부의 재정을 관리함.
4. 구미위원부는 필요할 때마다 예산안을 정부에 제출하며 미주에서 정부에 바치는 의연금, 공채금, 기타의 세납들의 일체 재정을 수합하여 위원부 명의로 은행에 임치함.
5. 재정 출납의 일체 행사는 반드시 집정관 총재의 승낙을 얻어서 이행함.
6. 구미위원부 위원장과 위원의 택선은 위원부의 공천을 받아서 집정관 총재가 임명함.
7. 구미위원부 위원의 임기와 출척은 집정관 총재가 자의 처단함.
8. 집정관 총재는 직권상 책임으로 위원부 사업을 지도함.

리승만이 구미위원부 조직을 발표한 후에 송헌주를 청하여 국민회 하와이 지방총회 대표로 지정하고 리대위를 청하여 국민회 북미 지방총회 대표로 지정하여서 각 단체의 연합행사로 구미위원부가 조직된 형식을 취하려고 하였다.

그러나 정부행정의 대행기관을 조직하면서 정부에 문의하지 않고 각 단체 대표를 청하는데 그 단체들의 허락이 없이 남의 대표를 자의로 지정한 까닭에 그 계획을 실패하고 자기의 동정자들을 모아서 조직하였다.

1919년부터 1923년까지 3년 동안은 세계대전 이후에 국제회의가 계속되고 독립선언 이후로 우리의 희망이 가장 높던 때인데 리승만이 대통령 명의를 내세우고 매사에 자행 자지하던 것을 교정하려던 것이 사회의 싸움이 되었다.

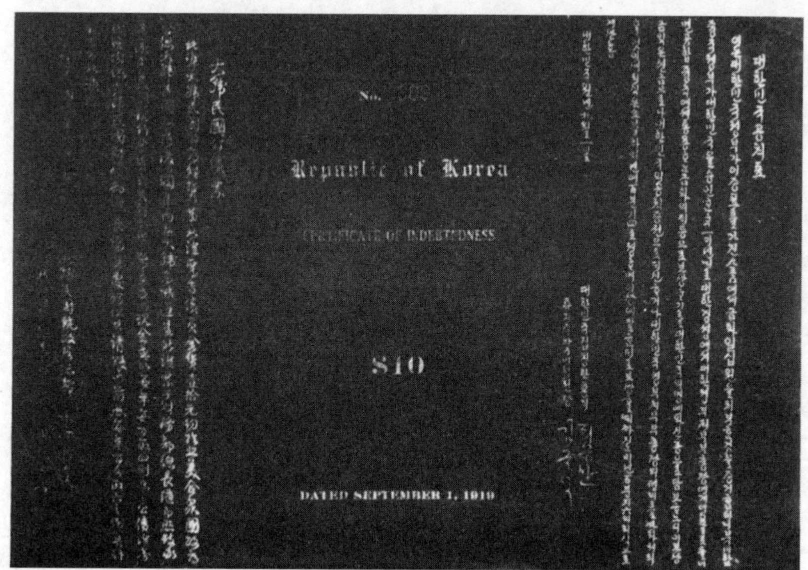

공채표

공채표 발행

대한민국 임시정부 수립 후에 즉시 리승만이 공채표 발행 권리를 요청하였으나 헌법 수정 관계로 인하여 속히 허락되지 않았다.

1919년 9월에 구미위원부에서 의정원의 법안과 정부의 인준이 없이 집정관 총재 리승만과 구미위원부 위원장 김규식의 연서로 대한민국 공채표를 발행하였다.

의정원의 법안이 없이 자의로 공채표를 발행한 후에 일어나는 비난을 막으려고 리승만이 의정원에 대하여 역설하기를 공채표가 속히 인준되어서 외국인 자본가에게 국채를 얻어야 우리 운동의 재정 곤란이 없겠다 하였고 미주 정세에 몽매하던 의정원 의원들은 재정 곤란을 면하여 보려는 희망으로 그 공채표 발행의 인준안을 통과시켰다.

공채표 발행규정
1. 공채표 발행 액수는 5백만 달러로 정함.
2. 제1차에 25만 달러 공채표를 발행함.
3. 공채표의 종류는 10달러, 25달러, 50달러, 100달러, 1,000달러 5종을 발행함.
4. 공채표의 환상 기한은 미국이 한국정부를 승인한 후 1년 안에 한국 서울에서 재무총장이 지발하되 이식은 연 6푼으로 정함.

공채표 발매

1919년 9월 4일에 집정관 총재 행정령으로 공채표 발매를 공포하고 미주, 하와이, 멕시코 재류 동포에게 배당된 것이 25만 달러인즉 공채표 사기를 시작하라고 하였다.

그리고 대한인국민회는 이제부터 애국금을 수봉하지 말고 공채표를 발매하며 임시정부를 위하여 수봉한 재정을 전부 구미위원부에 보내라 하였고 동시에 다음과 같은 애국금 폐지 발포문을 만들어서 각 지방 동포에게 발송하였다.

애국금 폐지 발포

대한인국민회가 수봉하는 애국금은 임시정부의 재정이 곤란하던 때에 재무총장이 발포한 것이나 대통령의 인준이 없이 시작된 것이므로 이번에 공채표를 발행하고 애국금을 폐지하는 것이다.

구미위원부는 임시정부를 대표하여서 구미에 재류하는 동포에게 대한 행정과 외교 사무를 진행하며 임시정부에 바치는 재정을 관리하고 있으니 임시정부에 보내는 모든 재정을 구미위원부로 보낼 것이다.

국가대업을 위하여 바치는 돈은 그 명칭에 관계가 없으니 애국금으로 내든지 공채표를 사든지 모두 광복사업에 공용되는 까닭이다.

대한인국민회에 애국금을 폐지하라고 통지하였으니 일반 동포는 애국금을 내지 말고 공채표를 사기를 바라노라.

대한인국민회가 대한민국 임시정부 징세령과 재무부 공문 제57호를 받은 이후로 동포의 인구세와 애국금을 수봉하여 임시정부에 보내며 정부의 지시를 따라 리승만에게 외교사무소 경비를 지발하였는데 리승만은 그것에 만족이 없어서 재정권리를 독점하여 보려고 대통령의 권력 행사를 시험하였다.

그러나 리승만이 임시정부를 통하여 법적 차서를 밟지 않고 구미위원부 통신을 각 지방 동포에게 돌려서 인심을 선동하고 국민회의 재정 수봉을 방해하는 억지행동을 하므로 국민회와 리승만 간에 충돌이 발생되었다.

대한인 국민회의 정책 발포

대한인국민회는 상해의 임시정부와 와싱톤의 외교사무소를 다 중요 기관으로 인정한다. 그러나 법적 질서를 따라서 정부 명령으로 수봉한 재정을 정부에 보내며 그 명령에 따라서 와싱톤의 외교사무소 경비도 보냈다.

지금 리승만 박사가 임시정부에 가는 재정을 독점하려고 하나 현하에 원동 정세는 왜적이 한국 독립운동자들의 길을 막으며 체포하려는 활동이 심하여서 그 처지가 안전하지 않으므로 임시정부의 재정 곤란이 없게 하려고 최선의 노력을 하고 있다.

그런데 미주와 하와이에 비밀히 통신을 돌리는 사람이 있어 '국민회가 정부를 반대하며 명령을 복종하지 않는다'고 악선전한 이것이 공연한 이간정책이며 리승만 박사의 발포를 맹종하지 않는다는 의미 같다.

광복사업의 일이 많은 때이니 우리의 행동이 반드시 법적 질서를 유지하여야 하겠는데 거짓말을 돌려서 민중심리를 현혹시키는 까닭에 이제 정책을 발포하여 우리의 입장을 명확하게 한다.

1. 대한민국 임시정부나 와싱톤의 구미위원부가 월권과 남권 행사로 독재하든지 민의를 무시할 때에는 그 행동을 반대하기로 함.
2. 대한민국 임시헌법이 발포되었은즉 정부와 정부기관들의 행사는 반드시 헌법에 의하여야 할 것이다. 그러함에도 불구하고 선전되는 바 와싱톤의 구미위원부와 임시 대통령 리승만이 곧 정부이며 정부명령은 무조건 복종히여야 한다는 짓은 법리와 민주주의에 위반되는 무식한 선동이므로 이를 반대하기로 함.
3. 임시정부가 상해에 있고 와싱톤에 있는 것이 아니며 구미위원부는 대미 외교기관으로 설립한 정부기관 중의 하나인 것을 인정하고 모든 법령은 임시정부가 발포하는 것을 준행하기로 함.
4. 어느 때나 비밀히 통신과 말을 돌려서 군중 심리를 선동하며 파쟁을 조장하는 행동이 발생되는 때에는 그 사실을 공포하여 민중단체의 정당방위를 명확하게 하기로 함.
5. 구미위원부에서 리승만 박사가 자의로 애국금 폐지를 발포한 후에 그 사건을 임시정부에 보고하였던바 1919년 10월 19일에 임시정부가 회답하기를 국내 재정의 길이 막혔으니 미주의 애국금 수봉을 계속하라 하였으므로 이를 계속하기로 함.
6. 애국금 수봉이 임시정부 재무부 행정이고 구미위원부의 월권행사

로 처리될 것이 아니며 재미한인의 재정을 구미위원부에 집중할 필요가 없으나 이것도 임시정부의 명령이면 실행하기로 함.

7. 대한민국 임시의정원의 법안과 재무총장의 부서가 없이 집정관 총재 리승만과 구미위원부 위원장 김규식의 서명으로 대한민국 공채표를 발행한 것이 불법적 행사로 인정함.

8. 대한민국 임시정부의 사업이 외교만도 아니고 대미외교가 외교의 전부도 아닌데 대미외교의 경비를 위하여 대한민국의 공채를 발행할 수 없는 일이고 더욱이 공채표의 환상을 장래에 건설될 정부에서 지발한다고 예약한 것은 민족 장래의 신용과 권리를 침손한 것으로 인정함.

9. 지금 문제에 있는 임시정부 애국금 징수령을 다음에 기록하여 일반 동포의 참고를 제공함.

재발 제57호

대한민국 원년 8월 2일

임시정부 재무총장 최재형

애국금에 관한 건

이미 발포한 인구세만으로 정부의 경상비, 외교비, 군사, 운동비들을 감당하기 불능하여 이에 부가조건으로 애국금 징수를 발포함.

국내 재정의 길이 비상히 곤란하여서 해외동포의 부담이 과중하게 되는데 정부가 동포의 고통을 모르지 않으나 달리는 배민된 형제자매는 뜨거운 마음과 정성으로 영력하여서 광복대업에 지장이 없게 하기를 간망함.

대한인국민회 중앙총회를 애국금 징수원으로 지정하고 징수원신표 제50호를 주어서 재미한인의 애국금 수봉을 위임함.

미주에서 애국금과 공채표의 시비는 그 자체의 혼란보다 리승만의 조리없는 행동으로 인하여 시비가 악화되었던 것인데 필경에 리승만 후원자이던 리시영이 재무총장으로 임명된 후에 임시정부 지무부 발포로 애국금을 폐지하고 임시정부 재정 수봉사무를 구미위원부에 위임하였다.

재무부 포고 제1호
대한민국 2년 2월 24일
임시정부 재무총장 리시영

지금 시의와 이폐에 감하여 애국금 제도를 폐지하여 그에 따라서 본년 3월 11부터 대한인국민회 중앙총회에 위임하였던 애국금 수봉사무가 폐지된 것을 포고함.

일반 국민은 이 사정을 참작하고 지금부터는 임시정부에 보내는 모든 특연을 구미위원부로 보내며 미국 원년에 발행한 공채표를 사기 요망함.

구미위원부 활동

구미위원부가 외교와 대내선전과 공채표 발매와 임시정부 재무부 일까지 겸행하여서 사무가 복잡한 중에 1920년 5월 15일부터는 뉴욕, 띄추로일, 시카고, 싸우드밴드, 쓔페리오, 콜로라도, 딴유바, 쌘·프랜씨스코, 하와이 등지에 지방위원들을 두고 민간활동까지 하였다.

1920년 6월 29일에 송헌주를 하와이에 파송하고 박봉래를 미주에 파송하고 김승세를 멕시코에 파송하여서 한인과 중국인들에게 공채표를 발매하였다.

그러나 임시정부는 재정 곤란을 당하였으며 각 지방의 지방위원들은 민중단체와 대립하여 인심이 갈리고 사회가 혼란하므로 구미위원부 위원장 김규식이 미주 각지를 순행하며 동포의 융화를 노력하다가 사회 정형을 살펴보고 불안을 느껴서 위원장을 사면하고 상해로 간 후에 부위원장 서재필이 외교사무를 주장하였다.

대한민족대표단

1921년 8월에 대한민족대표단을 조직하고 국내와 연락하여 대한 인민의 건의서를 만들어서 동년 11월 11일부터 와싱톤에서 열렸던 5대 열강회의에 제출하였다.

이 열강회의가 전후의 군비축소와 태평양 문제와 원동정책을 획정하던 것이었으므로 한국문제 조정을 요청하였는데 한국문제 조정의 결과는 얻지 못하였으나 대외선전에 큰 효과가 있었다.

이 때에 서재필이 뉴욕에 대표단 후원회를 조직하고 리원익과 천세헌을 동방 각지에 파송하고 림초를 서방 각지에 파송하여 동포의 특연 21,219달러를 수봉하여서 대한민족대표단의 외교경비를 감당하였다.

대한 인민의 건의서 작성은 국내의 리상재를 연락하여 만들고 국내에서 13도와 260군과 기타 각 사회단체 대표자 372명이 서명하였는데 이것이 왜적의 철망 속에서 만들어 보낸 역사적 서류이므로 그 본문을 다음에 사진으로 표시하여 둔다.

외교와 선전 사업의 성적

이에 기록하는 외교와 선전 사업의 성적은 다만 조국 독립선언 이후 긴장하던 3년 동안 활동을 말하는 것인데 대한인국민회와 구미위원부의 활동을 들어보면 대략 다음과 같다.

1. 프랑스 파리에 파송한 김규식 대표로 하여금 한국 대사관을 설립하게 하였고 1919년 5월 10일에 대한민족의 원정서를 평화회에 제출하게 하였으며 한국 독립선언과 대한민국 임시정부 건설의 사실을 여러 나라 정부에 통지하고 승인을 요구하였다.
2. 우리 민족의 독립운동이 일본의 포악한 탄압을 널리 선전하였고 미국 민중으로 하여금 국회에 건의서를 드려 한국 독립운동에 원조

韓國人民致太平洋會議書

建國紀元四千二百五十四年九月 日

韓國人代表

대한민족대표단 건의서(2)

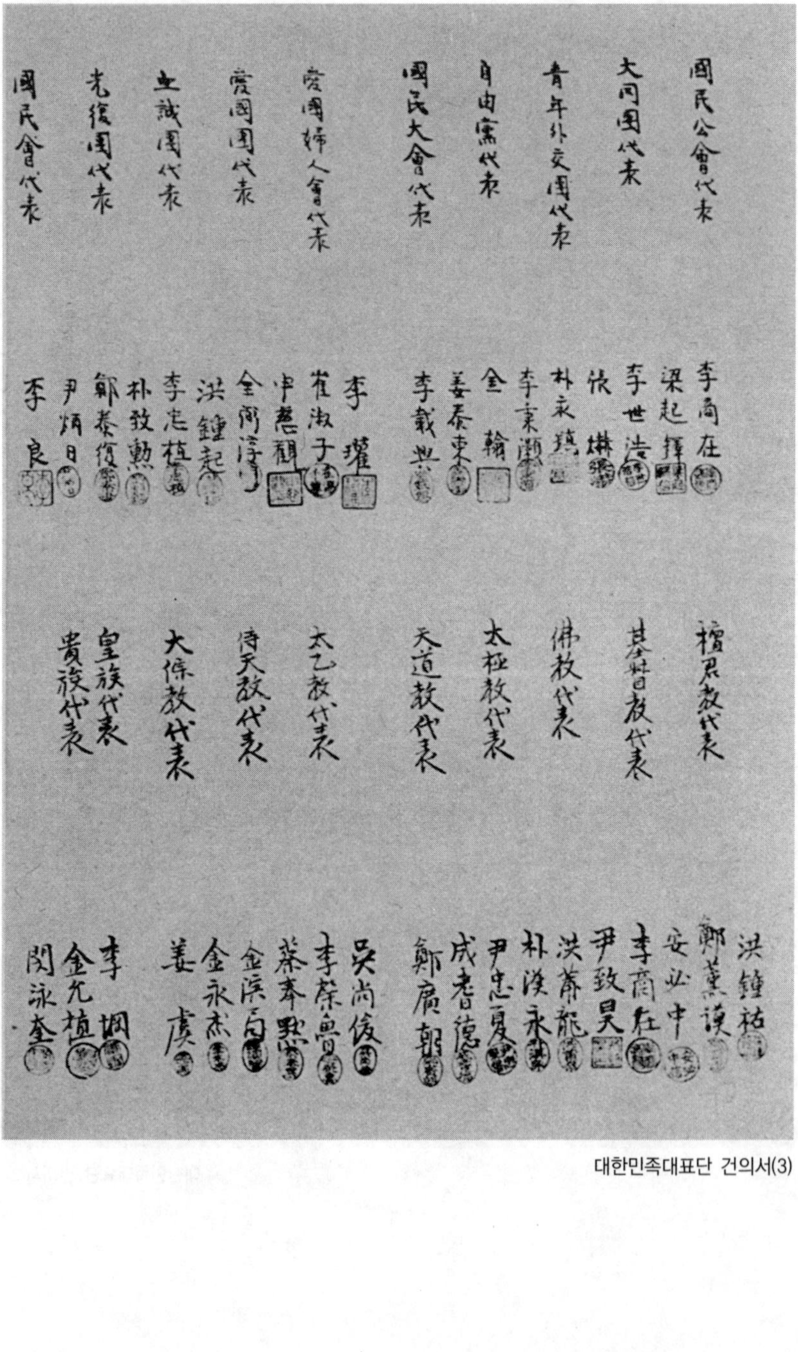
國民公會代表
大同團代表
青年外交團代表
自由黨代表
國民大會代表
愛國婦人會代表
愛國團代表
血誠團代表
光復團代表
國民會代表

李商在
梁起鐸
李世浩
依燐
朴永琪
李秉灝
金 輪
姜泰東
李載興
李 擢
崔淑子
申惠觀
金爾淳
洪鍾起
李忠植
朴致勳
鄭泰復
尹炳日
李 良

檀君教代表
基督教代表
佛教代表
太極教代表
天道教代表
太乙教代表
侍天教代表
大倧教代表
皇族代表
貴族代表

洪鍾祐
鄭薰謨
安必中
李商在
尹致昊
洪蕃龍
朴漢永
尹忠夏
成耆德
鄭廣朝
吳尚俊
李㮣魯
蔡奉默
金濱貞
金永杰
姜 虞
李 堈
金允植
閔泳奎

대한민족대표단 건의서(3)

朝鮮佛教會代表　李莊和　金泰欽
佛教振興會代表　金仏佐　申綢洶
儒教大同會代表　成岐運　申綢
儒教振興會代表　劉束徽　李麻夏
大同斯文會代表　金榮藻　魚允迪
大成興學會代表　李元旦　閔京鎬
勞働大會代表　趙重初　文鐸
青年會聯合會代表　盧定卨　張德秀
中央基督青年會代表　金思國　李東旅　洪秉漢
佛教青年會代表　金尙昊　都鎭鎬

天道教青年會代表　鄭道俊　朴思稷
大倧教青年會代表　朴一秉　柳蓮秀
學生大會代表　全一　金演義
朝鮮勞働共濟會代表　朴珥圭　柳鎭熙
朝鮮教育協會代表　兪鎭泰　朴一秉
苦學生갈돕會代表　李載敎　崔鉉
商務研究會代表　李光顯　魏洪奭
半島苦學生會代表　張世瀯　金始奎
女子教育會代表　金美珵　白玉福
苦學生救濟會代表　金鑄應　金連鈺

대한민족대표단 건의서(4)

朝鮮教育學會代表　尹益善 (印)

貧民住宅救濟會代表　朴勝國 (印)

維民會代表　金鬥完 (印)

靑邱儒學會代表　朴泳孝 (印)　李龍承 (印)

啓明俱樂部代表　洪鎮裕 (印)　沈瀍澤 (印)　金炳昌 (印)　高元勳 (印)

朝鮮經濟會代表　羅章龍 (印)

全國辨護士代表　崔鎮 (印)　許憲 (印)

全國商業會代表　李升雨 (印)

産業大會代表　柴東爀 (印)　朱源榮 (印)　朴泳孝 (印)

全國醫生代表　柳秉龍 (印)　羅美焕 (印)　李喜迪 (印)

全國醫師會代表　吳兢善 (印)　高仁煥 (印)

全國韓人鐵道從業員代表　崔寅國 (印)　金溶 (印)

京畿道代表

京城府長老　洪淳馨 (印)

高陽郡代表　金晩秀 (印)

楊州郡代表　金宗圭 (印)

廣州郡代表　金潤晃 (印)

楊平郡代表　崔永年 (印)

驪州郡代表　李承九 (印)

利川郡代表　李明玖 (印)　趙東洵 (印)　趙宰奎 (印)　朴遇良 (印)

대한민족대표단 건의서(5)

를 요청하게 하였으며 각주 선출 상원의원들을 통하여 미국 국회에 한국문제를 제출하고 전국적으로 동정을 일으키는 일에 노력하였다.

3. 미국 국회 상원에 '한국독립원조제안'이 4차 상정되어서 토의가 긴장하였는데 그 제안자들을 미소리 의원 스펜써, 캘리포니아 의원 필랜드, 네부라쓰카 의원 노리쓰, 콜로라도 의원 토마스였으며 그 중에 토마쓰 의원의 제안은 '미국이 평화조약을 비준하기 전에 먼저 한국문제 해결을 국제연맹의 중요 안으로 성립하자'는 것이었는데 그 문제를 투표에 부쳤던 결과 과반수에 3표 부족으로 통과되지 못하였으나 이것으로써 한국선전이 굉장하게 되었다.

4. 미국 국회 하원에서 일리노이쓰 의원 메슨이 대한민국 임시정부 '현실상·존재'(디·팍토 de facto) 승인제안을 상정한 결과, 외교 분과위원회로 넘겨 실정을 조사하기로 하였다. 미국 국회 상원과 하원에서 이만한 정도의 토의가 있었던 까닭에 한국 민족의 독립운동 실적이 미국 국회록의 64페이지를 차지한 역사적 기록을 남겼고 그 소식이 연합통신을 통하여 세계에 전파되었다.

5. 선전의 성적은 1919년 3월부터 1921년 9월까지 미국 안에서 한국독립을 동정한 잡지와 신문들의 논설·기서 소식들이 9,702건에 달하였고 그 동시에 친일자들의 친일기사는 50건에 불과하였다.

6. 1921년 11월에 와싱톤에서 열렸던 열강회의에 대한 인민건의서를 제출하고 대한민국 임시정부 '디·팍토' 승인을 요구하였다.

열강회의에서 한국문제가 공식으로 토의되지 않은 것이 유감이었으나 비공식 토의가 여러 번 있어서 각국 대표들이 한국의 실정을 알게 되었고 연설과 신문기사들로써 많이 선전하여 일본의 거짓선전이 효력을 얻지 못하게 하였다.

구미위원부 폐지령

구미위원부는 외교선전의 일이 많던 때에 임시대통령 리승만이 외교운동의 보좌기관으로 설립하여 대미외교에 힘쓰던 한편 재미한인 단체들과 임시정부에 혼란을 일으킨 때도 많았다. 그러나 긴절하던 시절에 그 영향이 독립운동에 미칠까 하여서 교정하지 못하고 있게 되었던 것이다.

필경 우리 운동의 긴절하던 시기가 지나가고 장기적 투쟁을 계획할 시기에 이르니 곳곳에서 법리론이 일어나는데 아직도 리승만은 독재행동으로 민중의 여론을 억압하려고 하였으며 파쟁을 계속하여서 대한민국 임시정부와 충돌이 심하였다.

그래서 1925년 3월 23일에 대한민국 임시의정원이 임시 대통령 리승만을 탄핵 면직하였고 임시정부 구미위원부 폐지령이 내렸으니 다음과 같다.

행정령 제1호
대한민국 7년 4월 10일
임시대통령 박은식

구미위원부 폐지에 관한 건
본 임시대통령이 국무회의의 결의로 미경 와싱톤에 있는 구미위원부 폐지를 발포함.

1. 구미위원부는 구미외교를 목적하였던 것이나 전임 임시대통령 리승만이 국무회와 외무총장의 인준이 없이 비법적으로 설립한 후에 이로써 정부행정을 혼돈시켰으며 외교에도 매사를 임의처단하고 정부에 보고하지 않아서 한 조각 참고 건을 남기지 않았다. 이러한 건과를 인하여 폐지를 명령함.
2. 구미위원부의 혼돈된 사무를 정리하며 외교정책을 쇄신하고 필요한 시기에 대미 외교위원을 다시 파송할 것을 지령함.

3. 구미위원부의 문부와 서류는 임시정부 오무부에 송정하며 종래에
   수봉하던 재정 사무에 관하여는 미주, 멕시코, 큐바 등지에 관한
   사무를 북미 대한인국민회에 위임하고 하와이에 관한 사무를 하와
   이 대한인교민단에 위임하기로 지령함.

구미위원부 폐지령을 받은 리승만은 그 명령을 불복하고 구미위원부를
그대로 계속하였으며 뉴욕, 로쓰·앤젤스, 하와이 등지에 있던 동지들은
임시의정원과 임시정부를 반대하였다.

어제까지 '임시정부의 신성'을 부르짖던 사람들이 '구미위원부 신성'
을 부르며 임시정부를 반대하니 도덕과 법칙은 의론할 여지도 없었고
위법행동의 모순 동작이 갈수록 심하였다.

리승만이 협착한 소견을 끝까지 버리지 못하고 사리에 몽매한 동지들을
선동하여 파쟁을 계속한 결과는 싸움과 시비가 삼각사각으로 벌어져서
한 사람도 체면을 온전히 보존할 수 없었던 것이다.

이러한 정형에서 1928년까지 구미위원부를 억지로 계속하다가 종당에
재정 곤란으로 인하여 폐지하였으며 이 기관에서 봉사한 사람들은 다음과
같다.

위원장   김규식, 서재필, 리승만
위 원   정한경, 송헌주, 림병직, 남궁염, 신형호, 김영기, 현 순,
            주영한, 허 정, 김현구, 리원순

사회가 이와 같이 혼란상태에 놓여 있다가 중일전쟁이 확대되고 임시정
부가 중경으로 옮기게 되던 때부터 해외동포의 운동을 통일하려는 기운이
움직였다.

연합운동

중일 충돌과 구주대전으로 말미암아 세계 정세가 긴박하던 때에 재미 한인사회가 원동에 광복전선과 민족전선 통일공작의 소식을 받고 자극되는 바 있어서 미주의 연합운동을 시작하였다.

북미 대한인국민회가 먼저 미주에서 합동운동을 일으키고 1940년 9월 21에 하와이 대한인국민회와 동지회에 제의하여 미주와 하와이 각 단체 당국자들의 합석회의로 시국대책을 강구하자고 하였다.

하와이에서 국민회와 동지회가 미주의 제의안을 동의하고 동년 11월 5일에 단체 대표자들을 소집하여 연합운동 준비회를 열었다.

각 단체 대표들이 3일 동안에 5차 회의를 열고 각 단체의 제의안을 검토한 후에 연합운동 촉진을 결의하였으며 그 결의안과 각 단체의 제의안들이 다음과 같다.

결의안
1. 현하 각 단체의 실정이 그 자체를 해소하고 단일당을 결성하기에 준비되지 않은 까닭에 해외 한인 전체의 공동결의로 연합기관을 조직하고 독립운동의 모든 행사를 그 기관에 일임하기로 함.
2. 각 단체들은 연합기관의 세포기관이 되어서 독립 운동에 대한 의무를 분담하되 다만 그 자체에 관한 일에는 자외 행사하기로 함.
3. 각 단체가 이 결의안을 일치 동의하면 해외 한족대회를 열기로 함.

각 단체의 제의안
1. 북미 대한인국민회 제의안
각 단체의 의사가 일치되면 모든 기성 단체들을 해체하고 미주와 하와이를 통하여 단일당을 결성하기로 하되 이것을 실천하기 위하여 미주와 하와이 각 단체의 당국자들이 합석회의를 열기로 함.

2. 하와이 동지회 중앙부 제의안

재미 한족의 연합기관을 설립하고 독립운동에 관한 정치 재정 외교
선전 사업을 일임하여 각 단체는 각기 자체를 유지하면서 다만
독립 운동에 관한 일체 행사를 연합기관 지시에 따라서 이행하게
하기를 제의함.

3. 하와이 대한인국민회 제의안
미령과 중령에 있는 독립운동 단체 대표자들을 소집하여 해외 한족
대회를 열고 독립운동의 새 방략을 획정하며 그 대회 공결에 따라서
사업을 진행하기로 제의함.

1941년 1월에 미주와 하와이의 각 단체가 연합운동 준비회 결의안을
동의하고 해외 한족대회 소집을 준비하는데 일자는 1941년 4월 20일이고
장소는 하와이 호노루루로 정하였으며 원동 각 단체에 연락하는 일은
임시정부 주석 김구에게 일임하고 미령 각 단체에 공함을 보내어 일치한
동의를 얻었다.

원동에서 김구를 대표로 택선하였으나 임시정부의 일이 많아서 떠날
수 없다 하므로 원동 대표의 참석이 없이 대회를 진행하게 되었다.

1941년 4월 16일에 각 단체 대표들이 호노루루에 모여서 대회 준비회를
열고 대회규정을 기초하니 다음과 같다.

해외 한족대회 규정
1. 목적
대한민족이 대동단결하여 독립전선에 역량을 집중하고 광복대업을
극일 촉성함에 있음.

2. 토의사항
(ㄱ) 독립전선에 대한 민족 총동원 강화와 그 지도의 방략
(ㄴ) 정치 외교 군사 3대 운동의 획기적 방략

㈐ 독립운동 강화와 실천에 관한 경제적 기초의 방략

3. 참가단체와 대표의 자격
㈎ 대한민국 임시정부를 신뢰 옹호하며 그를 서약하는 단체
㈏ 전항에 해당한 단체가 전권 임명하는 신임장을 갖고 자격 심사회의
  승낙을 얻은 자
4. 대회의 임원
의장 : 안원규, 부의장 : 한시대, 비서 김원용, 도진호,
의안수리 김호, 리원순

해외 한족대회

오랫동안 기대되던 해외 한족대회는 드디어 민족운동 통일과 독립운동
강화의 중대 임무를 갖고 1941년 4월 20일 하오 2시에 하와이 호누루루
밀러 스추릴 1306호에서 개회하고 역사적 선언을 하였다.

선 언

대한과 및 대한 민족의 문화와 역사는 반만년의 구원한 과거에 있어서
종교적 문화적 과학적으로 자기의 창조와 확충의 건설로부터 세계 동광
과 인류공명의 표현운동이 항상 활발하였고 특히 정치적 지위에 있어
해방과 혁신운동에 선구자 되었음을 우리는 무한 영광으로 느끼노라.

역사 거륜이 어찌하다가 변칙의 전환을 보이어서 불행이 적의 침략을
받아 존엄하던 국가의 주권이 동요되고 위대하던 민족의 보무가 정체되
던 때로부터 전 민족의 정의적 분노와 독립자존의 정신은 드디어 독립
전선을 천하에 대장하고 의군이 대기하여 적을 구토할새 광야의 천화와
천풍을 좋게 맞아 1919년에 대한독립을 세계에 선언하고 만세의 함성
과 정의의 무기로써 대항하니 천지가 진감하고 세계 열국의 동정과
옹호가 은근히 금일에 존속하며 33의사의 위대한 지도와 공적을 이에
경하하노라.

비장하도다. 과거 반세기 동안에 조국독립을 위하여 온갖 전투에서 생명을 희생한 형제자매가 그 몇 천 몇 만이신고 거룩한 정신과 피와 죽음으로써 꾸준하고 맹렬하게 쌓아준 민족적 훈련은 이에 다시 전 민족의 동원을 요구하는 충동으로써 새 시대를 창조하도다.

동방에 있어서 중일전쟁을 계기로 하여 우리 민족의 정부는 독립전선을 확대하고 중국군과 협력하며 적을 토벌하여 온 지 이미 수개 성상이요 미령을 중심으로 한 해외 한족단체들이 물질적 정신적으로 이 대업을 꾸준하게 원조하여 왔음을 충심으로 감사하노라.

동아와 구주를 통하여 전체주의 제국주의들의 도량은 침략과 살해로써 거의 전 세계를 파괴하고자 하므로 제2차 세계대전이 촉발된 지 1년에 세계는 벌써 화해가 되고 인류와 문명은 파멸에 빠지도다.

천도와 정의는 어느 시대나 항상 최후에 승리를 보이는 원리에서 미국정부가 홀로 세계를 광정하며 인류를 옹호하는 위대한 사명을 자부하고 세계 민주주의 국가들의 간성이 되어서 원조를 선언하고 실행함에 우리는 경의를 표하노라.

해외 한족대회를 미령에 소집함은 해외 한족 전체가 일치 협력하여 미국정부의 급진 맹작하는 세계 원조의 대업을 직접 간접으로 후원하며 전후 건설공작에 이르기까지 만일의 공헌을 같이하자 함이요 독립자주의 정당한 권리와 행복을 누리고자 하는 민족적 충동과 요구에서 이 시대에 대처하는 최선의 방법을 연구하여 토의하자 함이니 대회와 대회의원의 사선의 방법을 연구하여 토의하자 함이니 대회와 대회위원의 사명이 실로 중대하고 그 의무가 또한 중대함을 깊이 자각하여 가깝게는 미령 동포의 성실한 원조와 지도가 있기를 바라고 멀리는 전 민족의 뜨거운 편달이 있기를 바라며 이로부터 통일과 조직적 투쟁으로써 승리를 굳게 맹약하노라.

불원 장래에 조국의 완전 독립을 다시 세계에 선포하고 위대한 민족 장래를 자유와 행복으로써 광휘 있게 개척함에 삼천만 민중의 건전한 분투를 기대하며 이에 선언하노라.

대한민국 23년 4월 20일
해외 한족대회 의장 안원규
의원 일동

해외 한족대회 결의안

1. 독립전선 통일에 관한 문제
(1) 대한민족은 주의와 이론을 초월하고 온갖 역량을 항일전선에 집중함.
(2) 우리 기관들의 신문과 잡지와 모든 출판물은 독립운동에 대한 논조를 일치하게 함.
(3) 표어(슬로건)를 만들어서 정신집중과 행동통일을 민활하게 함.

2. 대한민국 임시정부 봉대 문제
(1) 대한민족과 각 단체는 임시정부를 절대 신뢰하며 물질과 정신을 다하여 희생적으로 봉대함.
(2) 대한민족과 각 단체는 임시정부의 온갖 법령을 준행하기로 함
(3) 정부의 위신과 규율의 신성을 보중하기 위하여 임시정부의 현 정체는 민족의 총의적 요구가 아니면 변경하지 않도록 임시의정원에 법안 통과를 요청하기로 함.

3. 군사운동에 관한 문제
(1) 해외 한족단체는 전체 동포에서 광복군 군인의 의무가 있는 것을 인식시키며 전선 출동의 훈련을 장려하기로 함.
(2) 광복군과 의용대는 무조건으로 합동하고 임시정부 관하에서 대일항전을 합작하도록 요청하기로 함.

4. 대미 외교기관 설치 문제
(1) 와싱톤에 외교위원부를 설치하기로 함.
(2) 외교사무는 위원 한 사람을 두어 전무하게 하되 시국의 전개와

사무 증가에 따라서 인원을 증가함.

(3) 외교위원부 사업은 임시정부 외무부 지시를 따라서 진행함.

(4) 외교위원부 경비는 재미한족 연합위원회가 부담하기로 함.

(5) 리승만을 대미 외교위원으로 택정함.

(6) 이상의 조건은 임시정부에 청원하여 인준을 받은 후에 실시하기
로 함.

5. 미국 국방공작 후원 문제

(1) 재미한족은 어디에서든지 직접 간접으로 미국의 국방공작을 원
조하므로 거류민된 의무를 이행하기로 함.

(2) 국방공작 봉사원 1인을 선택하여 적당한 부문에 봉사하게 하되
경비는 재미한족 연합위원회가 부담하기로 함.

(3) 한길수를 국방봉사원으로 택정함.

6. 재정방침에 관한 문제

(1) 독립운동에 쓰는 모든 재정을 독립금이라 칭하고 각지에서 일정
한 방법으로 독립금 특연을 수봉하여 재미한족 연합위원회에
납부하기로 함.

(2) 재래에 각 단체가 독립운동을 위하여 수봉하던 각종 특연의 명칭
을 일체 폐지하고 독립금을 수봉하기로 함.

(3) 독립금 수입의 3분 2는 임시정부로 보내고 3분 1은 외교경비와
국방공작 후원경비에 사용하기로 함.

(4) 재정출납에 관한 세칙은 때로 정하기로 함.

7. 연합기관 설치 문제

(1) 재미한족 연합위원회를 설립함.

(2) 연합위원회 기관은 의사부와 집행부로 조직하며 의사부는 하와
이에 두고 집행부는 미주에 두기로 함.

8. 재미한족 연합위원회 규정

(1) 본 회의 명칭은 재미한족 연합위원회라 함.

(2) 본 회의 목적은 대한민족의 독립운동과 항일전선을 통일하며 항일 승리를 획득하기 위하여 재미 한인단체들을 규합하여서 그 역량을 집중하며 일반 운동을 확대 강화함에 있음.

(3) 본 회는 재미한인의 정치단체들로써 구성함.

(4) 본 회의 제도는 위원제를 채용하며 임원은 각 단체 대표들로 조직함.

(5) 궐임된 임원을 보선할 경우에는 전임자 소속 단체에 통지하여 대표 파송을 요구하며 임원의 직무를 변경할 경우에는 임원회의 결의로 실행함.

(6) 본 회의 회원 단체는 사업 진행의 제의권과 투표권이 있고 경비를 분담하는 의무와 독립금을 수봉하여 본회 재무부에 납부하는 책임이 있음.

(7) 본 회의 회원 단체는 해외 한족대회 결의안과 본 규정을 준수하며 본회 목적에 위반되는 일을 행하지 않기를 서약함.

(8) 본 회의 임원과 본회의 임명을 빝은 인사들은 반드시 본 회의 지도에 따라서 임무를 수행함.

(9) 미국 국방공작 후원의 일체 사무는 본 회의 임원회가 관리함.

(10) 본 회 재정출납의 세칙은 시세를 따라서 변경할 수 있으나 반드시 의사부의 인준이 있어야 함.

(11) 본 회의 재정지출은 의사부 지시에 의하여 집행부가 지발함.

(12) 본 회에는 상례회가 없고 의사부와 집행부의 공결로 사업을 진행하되 특별한 경우에는 전체 대회나 각 단체 합석회의를 소집함.

9. 독립금 수봉에 관한 문제

(1) 독립금 판납은 하와이에서는 의사부에 납부하고 미주에서는 집행부에 납부하며 각 기관에 재무 2인씩이 있어 관리함.

(2) 재미한족은 누구나 매년에 독립금 15달러 이상을 부담하되 각 지방의 형편을 따라서 수봉방법을 발표함.

(3) 미령에서 재미한족 연합위원회의 인준이 없이 독립금을 수봉하지 못함.

(4) 집행부는 매월 1차씩 재정보고를 발표함.

본 대표들이 '해외 한족대회'에서 의정한 일체 결의안을 이에 거듭 증명하며 실행의 효과를 얻도록 충성으로 노력하기를 서약함.

북미대한인국민회대표	한시대, 김　호, 송종익
동지회중앙부대표	안현경, 리원순, 도진호
하와이대한인국민회대표	안원규, 김현구, 김원용
중한민중동맹단대표	차신호
대조선독립단대표	강상호
한국독립당하와이지부대표	림성우
의용대미주후원회대표	권도인
대한부인구제회대표	심영신, 민함나
대한여자애국단대표	림성녜, 박경신

재미동포 전체의 간곡한 기대와 넘치는 환영 속에 열렸던 '해외 한족대회'는 각 단체 대표들이 참석하여 각자 단체의 사정과 의견 차이를 모두 쏟아 놓고 큰 것을 위하여 작은 것을 희생하는 원칙 하에서 8일 동안 주야 노력으로 9개조 결의안을 통고하고 임무를 수행하였다.

'해외 한족대회' 결의안에 의하여 '재미 한족연합위원회'를 설립하는 데 하와이 호노루루에 의사부를 조직하고 미주 로스·앤젤쓰에 집행부를 조직하였으며 위원으로 봉사한 인사들이 다음과 같다.

해외 한족대회

의사부 위원

리원순, 안원규, 김현구, 도진호, 김원용, 조병요, 손승운, 뎐경무, 차신호, 강상호, 림성우, 민함나, 심영신, 유진석, 최두욱, 정두옥

하와이 지방위원

김재한, 김예준, 김국경, 현도명, 임봉주, 리봉수, 리윤호, 김우옥, 리병준, 정호영

집행부 위원

김호, 한시대, 김병연, 송철, 송종익, 리경선, 송헌주, 박경신, 김용중, 김성낙, 유일한, 김용성, 신두식, 김혜란, 림병직

미주 지방위원

리순여, 안인식, 림천택, 박창운

미주, 하와이, 멕시코, 큐바를 통하여 재미한인 사회단체들이 이와 같은 조직으로 재미 한족연합위원회 산하에 집중되어 대한민국 임시정부 후원과 외교와 선전 사업을 힘있게 추진하여서 독립운동에 봉사하였다.

진주만 폭격

1941년 12월 7일 새벽에 왜적이 최후 발악으로 선전포고도 없이 하와이 진주만을 비행 폭격하여 다수의 해군 선함을 파상하고 많은 인명을 살해하였다.

그리고 호노루루 시내를 폭격하였는데 이 때는 일요일 아침이요 미국생활의 습성으로 토요일 밤에 늦게 취침하여서 곤하게 자다가 당한 폭격이던 까닭에 혼란이 있었으나 그 날 오전으로 침략군을 전멸하고 24시간

MAINLAND
HEADQUARTERS
1368 W. Jefferson
Los Angeles, Calif.

HAWAII
HEADQUARTERS
1306 Miller St.
Honolulu, T. H.

UNITED KOREAN COMMITTEE
IN AMERICA
This certifies that

M___________________________________
identified on reverse side hereof by photograph and signature, is a
citizen of the Republic of Korea residing in the United States or its
possessions.

UNITED KOREAN COMMITTEE IN AMERICA

No. 1000   By_____________________________

FRONT

U. S. ALIEN REGISTRATION

PHOTO
HERE

No.___________________________

____
Signature of Holder

ISSUED BY
LOS ANGELES OFFICE

DATE_____________________________

BACK

재미한족연합위원회에서 발행한 한인증명서

자동차 표장

안에 대일전쟁을 선포하였다.

우리의 관찰에는 미일전쟁이 일본 패망의 시초이며 일본의 패망은 우리 민족의 해방인 까닭에 전쟁중에서도 희망이 크고 운동이 활발하였다.

때마침 결성된 재미 한족연합위원회는 조국 광복운동의 통일기관으로 임무 수행에 중대 시국을 당하여 외교적으로 미국정부의 동정을 얻어서 광복운동을 확대하며 동포의 전시 안녕을 보장하는 데 노력하였다.

이 때에 하와이는 전쟁지대이던 까닭에 군정 계엄령 하에서 시민의 자유가 구속되는데 더욱이 한인은 법리상으로 왜적의 부속민이었으므로 적산 취급에 의한 재산동결과 행동제한을 받게 되었던 것이다.

군정 당국이 한인의 입장을 모르지 않았으나 일찍이 중앙정부에서 한인과 일인을 분별하는 법령이 없던 까닭으로 곤란하였으며 미주의 형편도 하와이와 같지는 않았으나 재산동결을 면하지 못하였다.

필경에 중앙정부에 교섭하여 국무부와 사법부의 특별 행정령으로 한인에게 적국인 대우를 하지 않게 하였고 동년 12월 15일에 재무성 발표로 한인의 재산 동결을 취소하니 이로부터 한인이 연합국 인민과 같은 대우를 받게 되었다.

그러나 각 지방 동포들이 전시생활 중에서 때때로 당하는 곤란이 있던 까닭에 재미 한족연합위원회가 전체 동포를 등록하고 증명서와 표장을 발행하여 한인의 신분을 증명하게 하였으며 멕시코와 큐바 재류 동포들을 위하여 주미 멕시코 공사와 큐바 공사를 교섭하여 그 나라 정부들의 동정을 얻고 1942년 6월 15일에 서반아 말로 증명서를 발행하여서 멕시코와 큐바에 거류하던 동포의 안녕까지도 보장하였다.

재미 한족이 미령에서 외교와 선전으로 한국 독립에 대한 연합국의 동정을 구하며 원동의 사업으로는 임시정부 강화와 광복군 편성을 후원하였으며 미국 전시행정의 여러 가지 일을 후원하였으니 이는 연합국과 함께 대일 항전의 승리를 도모하는 실제적 행동이던 한편 전시의 거류민 된 의무 이행이었다.

(1) 청년 남자로 하여금 국방 경위군에 참가하게 하였다.

(2) 여성 동포로 하여금 적십자대의 수용품 제조를 협조하였다.

(3) 장년 동포들로 하여금 순행경찰대에 참가하여 육, 해, 군, 국방 공사에 봉사하게 하였다.

(4) 남녀 동포로 하여금 전시공채 발매에 봉사하게 하였다.

미주에서 재미 한족 집행부는 국방과를 조직하고 다음과 같은 활동을 하였다.

(1) 가주의 국방 경위군 한인 부대를 편성하였다.

(2) 남녀 동포로 하여금 전시 공채 발매에 봉사하게 하였다.

(3) 태평양 군도와 원동 전선의 특무 공작과 통역으로 복무할 인원을 공급하였다.

(4) 정보 사무에 기능 있는 동포들로 하여금 정보국 사무를 협조하게 하였다.

한인 국방경위대

1941년 12월 22일에 재미한족 연합위원회 집행부가 한인 국방군 편성 계획을 육군 사령부에 제출하여 허가를 얻고 남가주 로스·앤젤쓰에 한인 국방경위대를 편성하였으니 이는 재미한족이 미군과 함께 대일 승전을 기약하며 한국 독립에 대한연합국의 동정을 구하는 의도이었다.

한인 국방경위대 편성에 응모한 동포가 109명이었고 그 연령은 30세로 65세까지 있었으나 그 중에 노년들은 대개 구한국 시대에 광무 군인으로 다소간 훈련받은 사람들이었다. 그리고 육군 소위 쇄리를 고빙하여 교련 하는데 그들이 조국 광복을 위하여 원수 대항을 준비한다는 관념으로 몸이 피곤한 줄 모르고 복무하였다.

한인 경위대가 편성된 후에 국적 문제가 발생하였으니 한인 경위대의

맹호군

국적이 한국 국민이므로 미국 군대에 부속할 수 없다는 법률 문제이었다.

가주 정부와 군사령부와 재미한족 연합위원회 간에 의론이 많던 끝에 한인 경위대를 미국 육군에 부속되지 않는 가주 민병 한인부대로 인정하고 가주 민병대에 부속하게 되었던 것이다.

한인 경위대의 명칭을 맹호군이라 하고 대한민국 임시정부에 인준을 청원하여서 1942년 2월 30일에 대한민국 군사위원회의 인준을 받았으니 맹호군이 임시정부 관하에 있던 것이 아니라 이것이 임시정부의 위신을 존중하는 의도에서였다.

동년 4월 26일에 가주정부 인가장 수요식을 거행하는데 그 식장 좌편에 재미한족 연합위원회 집행부 위원장, 부위원장, 국방과장, 선전과장들이 착석하고 그 우편에는 가주 지사 대리, 라성 시장, 육군 사령부 대표, 가주 민병대 대표들이 열석한 중에서 집행부 위원장 김호의 훈사와 케어 소령의 연설과 여러 사람의 축사로 예식을 마치고 맹호군의 관병식이 있었다.

맹호군 사령관 김용성 지휘로 나팔 소리를 따라서 나열한 맹호군에게 대대기를 전달하였다. 맹호군의 대대기는 남색 바탕에 맹호의 머리를 수놓은 비단기인데 이는 맹호 형상 같은 한국 강토를 표시한 것이다.

맹호군의 행렬이 시작되니 군율과 위의가 엄숙하고 앞에서 날리는 태극기의 기상과 서리 같은 창검이 산악을 뚫을 듯하여서 기세가 호호탕탕하였으며 외양에서 국치 이후 삼십 성상 조국광복에 분투하던 동포들이 이 광경을 볼 때에 흐르는 정서가 감개무량하였다.

1943년 1월 6일에는 쌘·프랜씨스코에서 맹호군 지대를 편성하였으며 맹호군의 소식을 원동과 국내에 방송하여 항일 투쟁을 격려하였다.

현기식(懸旗式)

1942년 8월 29일에 남가주 로스·앤젤쓰 시청에서 현기식을 거행하고

현기식 광경

OFFICE OF THE MAYOR

CITY OF CHICAGO

EDWARD J. KELLY
MAYOR

KEEP 'EM FLYING
BUY WAR BONDS

June 29, 1943

Mr. C. Ho Kim
Executive Chairman
United Korean Committee in America
1368 West Jefferson Boulevard
Los Angeles, California

Dear Mr. Kim:

This is to thank you for your letter of June 4 and to let you know of my appreciation for bringing to my attention the attitude toward and the participation in the present war of the Korean people.

You may be sure that we, here in Chicago, shall be glad to display the Korean emblem at municipal and government functions.

With kind good wishes, I am

Sincerely yours,

Mayor

현기식에 관한 시카고 시장의 회답

OFFICE OF THE MAYOR
CORNELIUS D. SCULLY
MAYOR

June 7, 1943

C. Ho Kim, Executive Chairman,
United Korean Committee in America,
1368 W. Jefferson Boulevard,
Los Angeles, California

Dear Sir:

This will acknowledge receipt
of your letter of June 4th. We will be
pleased, indeed, to include the Korean
Flag in any display of flags of the
United Nations, and shall ask that the
flags of the United Nations and those
Nations actively opposed to the Axis Powers
be honored along with ours.

Very truly yours,

Mayor,
City of Pittsburgh

P.S. A copy of my Proclamation for Flag Day,
June 14th, will be forwarded to you within
the next few days.

C.D.S.

현기식에 관한 '핏쓰벅' 시장의 회답

OFFICE OF THE MAYOR
CITY OF SAINT LOUIS
MISSOURI

WILLIAM DEE BECKER
MAYOR

June 7, 1943

Mr. C. Ho Kim
Executive Chairman
United Korean Committee in America
1368 West Jefferson Boulevard
Los Angeles, California

Dear Mr. Ho Kim:-

     Mayor Becker has asked me to acknowledge
receipt of your letter of June 4, in reference to
the issuing of a Flag Day Proclamation to include
the Korean Flag.

     The Mayor appreciates your having brought
this to his attention, and he will ask that a proper
display be made of the Korean Flag, together with
the flag of the United Nations.

                         Very truly yours,

                         CHARLES J. RYDEY
                         Secretary to the Mayor.

현기식에 관한 '쎈트·루이쓰' 시장의 회답

한국 국기를 달았으니 이는 왜적의 침략으로 떨어졌던 한국 국기가 32년 만에 다시 외국 관청에 달리던 날이며 로스·앤젤쓰 시청에서 먼저 한국 독립을 승인한 것이었다.

청천에 날리는 깃발은 3천만 민족의 성충을 대표하며 전쟁승리와 세계평화를 기약하는 위풍이 늠름하여서 관광자로 하여금 경의를 표하지 않을 수 없게 하였고 더욱이 한인들은 국치 이후에 처음 보는 관경을 칭송하며 기쁨에 넘치는 눈물을 흘렸다.

현기식 순서가 장엄하고 찬란하였는데 그 예식의 주석은 미국측 해군대장 알버트·마쌀이고 한국 측에는 재미한족 연합위원회 집행부 위원장 김호였으며 사회자는 로스·앤젤쓰 부시장 피터슨이었다.

이 날 오후 2시에 로쓰엔젤쓰 퍼셩·스쾌어에서 시청까지 행렬하는데 지휘관의 차를 따라서 군악대와 한복을 일매지게 차린 한국 부녀의 국기 행렬이 제1차 순서였다.

대 위에 한미 양국 대표자들이 열석하고 대 밑에는 미국 육군과 한인 맹호군이 정렬하였으며 좌·우편에 한국 부녀찬양대가 늘어섰고 내외국인 참가자들로 인산인해를 이루는 중에서 한미 양국 애국가 주악으로 개회하고 로스·앤젤쓰 시청에 드리는 한국 국기 봉헌식이 제 2차 순서이었다.

로스·앤젤쓰 시장 빠론이 국기게양식을 거행할 때에 대상과 대하의 일동이 기립하고 한미 양국인 군대가 나열하였으며 하오 3시 정각에 성악가 리용준이 군악대 반주로 "동해물과 백두산이"를 부르는 소리와 함께 서서히 올라가던 태극기가 대 위에 올라서 광영 찬란하게 펼치는 때에 찬양대가 "대한사람 대한으로 기리 보전하세"를 크게 불러 그 기세가 산악을 움직일 듯하게 한 관경이 제3차 순서였다.

대한민국 임시정부, 가주 정부 및 각 방면의 축사들을 낭독하고 명사들의 연설이 있은 후 선언문을 12개 국 국어로 번역하여 국내와 원동과 구라파 각지에 방송하는 것으로 현기식을 마쳤다.

그 이듬해 1943년 6월에 재미한족 연합위원회 집행부에서 미국 사팔주 주지사와 각 도시 시장에게 공함을 보내서(6월 14일) 국기일에 한국 국기를 연합국 국기들과 같이 달기를 요청하였으며 각지에서 그 요구를 승낙하고 주청과 시청과 예식장에 한국국기를 달기 시작했다.

한국 국기 게양에 대하여 받은 회답이 50여 건인데 역사적 참고를 위하여 그 중에서 핏쓰벅, 시카고, 샌트·루이쓰 3처의 회답을 사진으로 실어 둔다.

중경 특파원

이 때에 원동에서 대한민국 임시정부가 광복군을 편성하고 대일선전을 포고하였으며 미령에서는 한인 경위대를 편성하고 각 방면으로 연합국의 대일항전을 후원하며 외교적으로 대한민국 임시정부 승인을 요구하여 우리의 운동이 자못 활발하였다.

그런데 중경에서 김구와 김원봉파들의 충돌로 인하여 광복군과 의용대의 대립 상태를 주출하고 와싱톤에서는 외교위원장 리승만과 국방봉사원 한길수 간의 불목으로 외교진용의 혼란을 보여서 내부에 시비가 발생하였다.

1942년 5월 4일에 재미 한족연합위원회 전체 위원회를 열고 시국대책을 토의한 결과 하와이 의사부 대표 리원순, 조병요를 미경 와싱톤에 보내서 집행부에 대한 리승만의 감정을 타협하고 한미협회 사건과 한길수 사건과 외교진용 정돈을 협력하게 하였으며 원동과 미주간의 장래 정책협정을 위하여 특파원으로 파송하기로 결정하였다.

중경 특파원 파송에 관한 사건을 임시정부에 건의하여 국무회의의 동의를 얻고 하와이에서 던경무와 미주에서 김호를 중경 특파원으로 선택하였다.

미국정부의 출국 허가 교섭과 외교위원장 리승만과의 의론을 할 필요로 특파원들을 와싱톤에 보내고 중국정부의 입국허가 주선을 임시정부 주석 김구에게 요청하였다.

중경 특파원들이 와싱톤에 가서 미국정부의 출국허가를 얻었으나 리승만이 중경 특파원 파송에 반대의사를 갖고 그 의사를 표시도 하지 않으면서 은근히 김구에게 통지하여 중국정부의 입국허가 주선을 방해하였고 김구는 차일피일하면서 중국정부의 입국허가를 얻어 보내지 않은 까닭에 중경에 특파원을 파송하려던 계획이 실패되었는데 이 때 전형이 와싱톤의 리승만은 자기의 실정을 원동에 알리기 원하지 않았고 중경의 김구도 역시 자기의 실정을 재미동포에게 알리지 않으려고 두 사람이 의사가 같았던 까닭이었으나 우리 운동에는 많은 지장을 주었다. 다음에 미국정부의 출국 허가장을 사진으로 실어둔다.

재미 한족연합위원회 파란

중경 특파원들이 미국정부의 출국 허가를 얻느라고 와싱톤에 체류하던 때에 외교위원부 사업 진행의 능률과 대외신용이 어느 정도로 있는 것을 조사하여서 연합위원회 집행부에 보고하였으며 집행부는 김호 위원으로 하여금 외교위원부 인원 증가와 사업 확장을 외교위원장 리승만에게 제의하게 하였다.

리승만이 그 제의안을 받지 않으며 '연합위원회에서 외교사업을 간섭하지 말라'고 하고 의론하기를 거절하므로 김호와 리승만 간의 의사가 충돌되었다.

김호가 연합위원회 집행부에 와서 중경에 발정하려던 수속의 경과와 외교위원부 정형과 외교사업 확장의 제의안이 거절된 사실을 보고하였고 그 보고의 전문이 『신한민보』에 발표되니 리승만이 외교위원부 통신을 발행하여 연합위원회 집행부와 김호를 공박하고 동지회원들을 선동하여 연합위원회에서 탈퇴하라고 하였다.

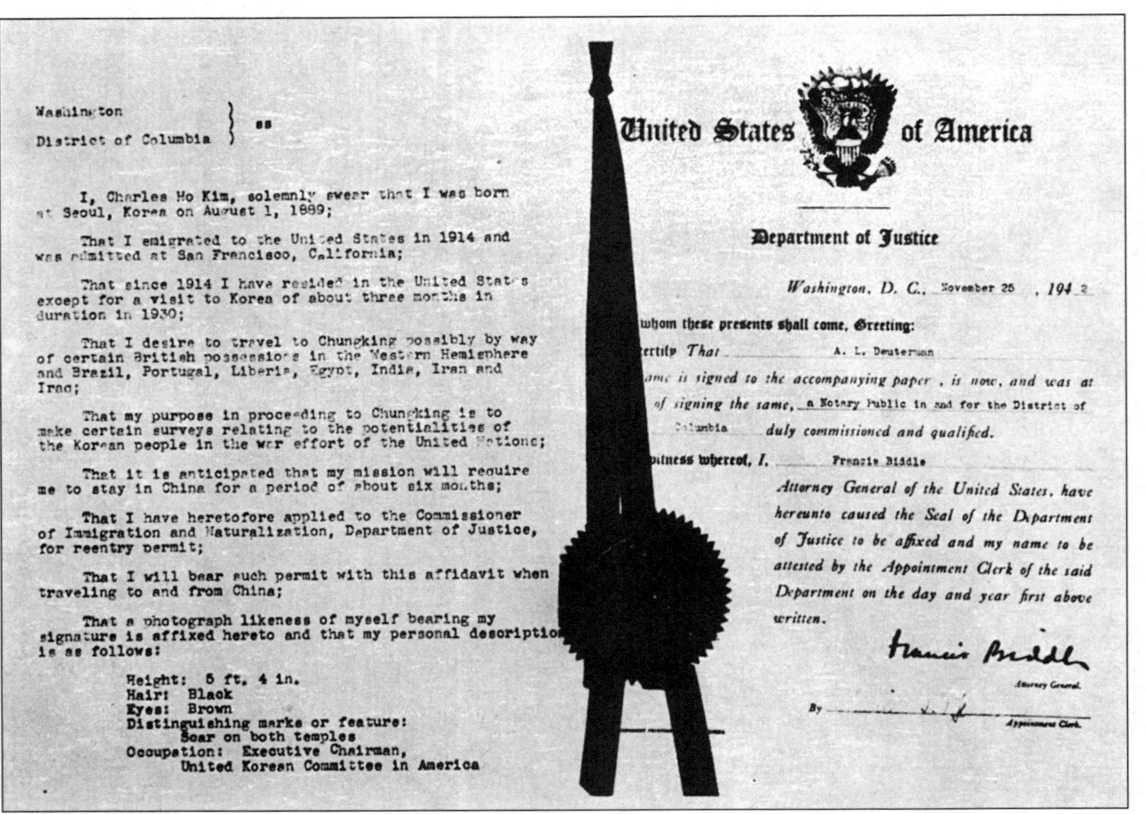

Washington
District of Columbia } ss

I, Charles Ho Kim, solemnly swear that I was born at Seoul, Korea on August 1, 1889;

That I emigrated to the United States in 1914 and was admitted at San Francisco, California;

That since 1914 I have resided in the United States except for a visit to Korea of about three months in duration in 1930;

That I desire to travel to Chungking possibly by way of certain British possessions in the Western Hemisphere and Brazil, Portugal, Liberia, Egypt, India, Iran and Iraq;

That my purpose in proceeding to Chungking is to make certain surveys relating to the potentialities of the Korean people in the war effort of the United Nations;

That it is anticipated that my mission will require me to stay in China for a period of about six months;

That I have heretofore applied to the Commissioner of Immigration and Naturalization, Department of Justice, for reentry permit;

That I will bear such permit with this affidavit when traveling to and from China;

That a photograph likeness of myself bearing my signature is affixed hereto and that my personal description is as follows:

Height: 5 ft. 4 in.
Hair: Black
Eyes: Brown
Distinguishing marks or feature:
    Scar on both temples
Occupation: Executive Chairman,
    United Korean Committee in America

United States of America

Department of Justice

Washington, D. C., November 25 , 194 2

whom these presents shall come, Greeting:

ertify That _______ A. L. Deuterman

ame is signed to the accompanying paper , is now, and was at of signing the same, a Notary Public in and for the District of Columbia duly commissioned and qualified.

itness whereof, I, _______ Francis Biddle

Attorney General of the United States, have hereunto caused the Seal of the Department of Justice to be affixed and my name to be attested by the Appointment Clerk of the said Department on the day and year first above written.

Francis Biddle
Attorney General.

By _______ Appointment Clerk.

중경 특파원 김호 출국 허가장

원래 동지회가 재미 한족연합위원회에 참가하던 때 리승만을 외교위원장으로 임명하여 주기를 요구하였으며 연합에 결함이 없게 하기 위하여 그 요구를 승낙하였던 것인데 리승만이 이것을 무기 삼아서 연합위원회를 위협하며 파괴하려고 한 것이다.

로쓰·앤젤쓰 동지회가 중가주에서 동재 대회를 열고 연합위원회로부터 탈퇴하기로 결정하였으며 그로부터 『북미시보』와 『민중시보』라는 것들을 속쇄판으로 발행하여서 미령 동포의 분열을 조장하는 한편 리승만은 연합위원회 하와이 의사부와 로쓰·앤젤스 집행부를 이간하는 계책으로 의사부 위원장 리원순에게 보낸 전보가 다음과 같다.

> 호노루루 리원순 귀하
>
> 정부가 외교위원부를 반항하는 로스·앤젤쓰 위원회를 반대하고 있는 중가주 대회의 처사에 동의한다. 만일에 하와이 위원회가 로스·앤젤쓰 위원회를 배척하지 않으면 미주에서 당하는 정형을 면하지 못할 것이니 주의하라.
>
> 리승만

리승만이 이렇게 분열을 선동한 결과로 연합위원회와 동지회 간에 충돌이 발생되는 것을 막으려고 최선의 노력을 하였으나 리승만의 통신과 『북미시보』와 『민중시보』들을 하와이 동지 회원들에게 분전하여 선동하던 것은 막을 수 없었다.

1943년 3월 17일에 하와이 연합위원회 의사부가 리원순과 김원용을 미주에 파송하여 집행부와 동지회 간의 의견차이를 타협하고 동월 28일에 와싱톤에 가서 리승만과 여러 날 동안 토의하게 한 결과 양해를 얻고 리원순을 외교위원부 위원으로 임명하여 외교사무를 협조하기로 약속하였다.

리원순은 동지회를 대표하여 연합위원회에 참가하였다가 의사부 위원장이 되었고 단체합동에 관심이 있던 까닭에 외교위원부에 들어가서 리승만을 협조하므로 분열 조장을 완화시키려던 것이었다.

1943년 5월 10일에 연합위원회 제2차 전체 위원회를 열고 김원용 위원의 보고를 받은 후에 리원순을 외교위원부 위원으로 천거하여 당분간 평화를 유지하였다.

그러나 리승만이 협동을 약속한 지 석 달이 지나지 않아서 또다시 연합위원회를 공박하고 독립금을 외교위원부로 보내라는 선전문을 돌리며 동지회는 연합위원회에서 탈퇴하므로 희생에 희생을 거듭하면서 동지회와 협동하려던 노력이 실패로 돌아갔다.

재미한족 연합위원회 정책 변동

사회에 분열이 시작되니 분열을 조장하는 사람이나 당하는 사람이나 가치혼란에 싸여서 일을 진행할 수 없게 되어 연합위원회 정책을 변동하기에까지 이르렀다.

1943년 9월 27일에 동지회가 연합위원회에서 탈퇴하므로 연합위원회가 각 단체 대표회를 열고 동년 10월 3일부터 일주일 동안 연속 회의로 다음과 같은 결의안을 통과하여 정책을 변동하였다.

결의안

1. 동지회가 연합운동에서 탈퇴한 것이 유감이나 그를 교정할 길이 없은즉 동지회를 제외하고 진용을 결속하며 연합위원회의 간부를 개선하기로 함.
2. 외교위원장 리승만을 소환하고 외교위원부를 혁신할 제의안을 대한민국 임시정부에 제출하기로 함.
3. 집행부의 와싱톤 사무소 설립 제의안은 필요될 때까지 유안하기로 함.
4. 동지회와 연합하여 수봉한 독립금은 금년 12월 말까지 회계를 막아서 비례대로 리승만에게 보내고 명년도 예산안은 신계획을

세우기로 함.

재미한족의 통일합작이 분열된 후에 의사가 같은 단체들이 단결되어
서 재미 한족연합위원회의 조직을 결속하고 조국이 해방되던 때까지
광복운동을 계속하였으며 설립 이래에 위원장으로 봉사한 인사들이
다음과 같다.

의사부 위원장   리원순, 안원규, 김원용
집행부 위원장   김   호, 한시대

한미 승전 후원금

하와이 재류동포가 한미 승전 후원금을 수봉하여 1943년 8월 30일에
미국대통령 로스벨트에게 26,265달러 35전을 보내고 적십자사에 429달
러 50전을 보냈으니 이것이 왜적을 대항하던 전쟁의 승리를 위한 우리의
물질적 의무이행이었다.

이 날은 우리 민족이 일본의 침략으로 국치를 당한 33주년이고 태평양
전쟁이 조국의 해방을 약속하던 때이므로 대일항전에 대한 우리 민족의
한 몫으로 한미 승전 후원금을 바친 것이다.

역사적 참고를 위하여 한미 승전 후원금의 은행수표를 다음에 실어둔
다.

재미한인의 정치운동 재원

재미한인의 운동 재원이 오직 동포의 특연이었기 때문에 필요가 있을
때마다 특연을 수봉하였는데 때때로 그 명칭을 달리하였다.

특별히 조국 독립선언 이후에 독립의연금, 21례금(수입의 5퍼센트),
애국금, 혈성금 국민 부담금, 독립금 들의 명칭으로 특연을 수봉하여서

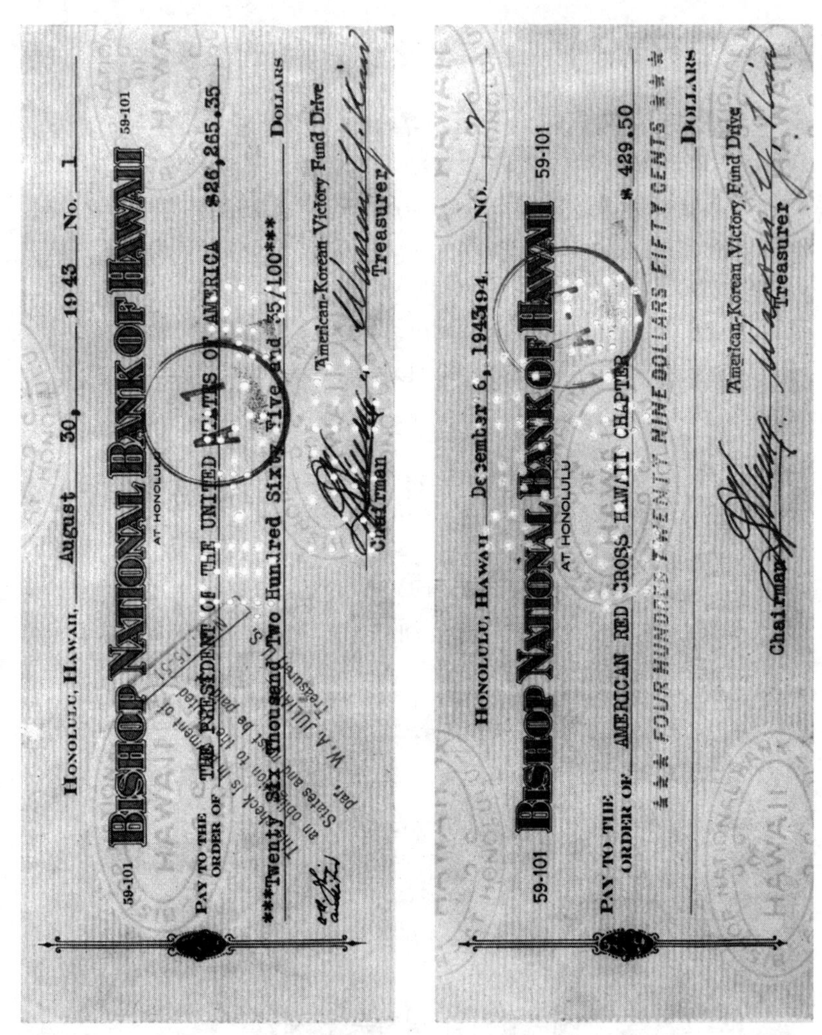

한미 승전후원금 수표(표면과 미국 국무장관보가 서명한 이면)

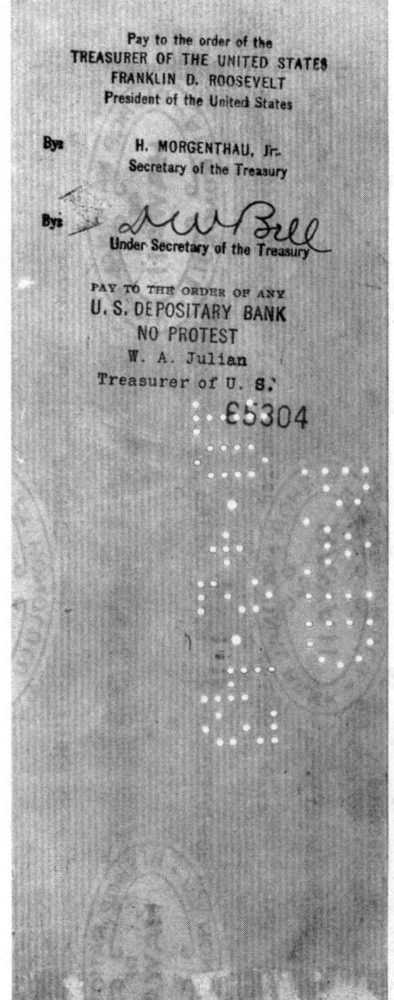 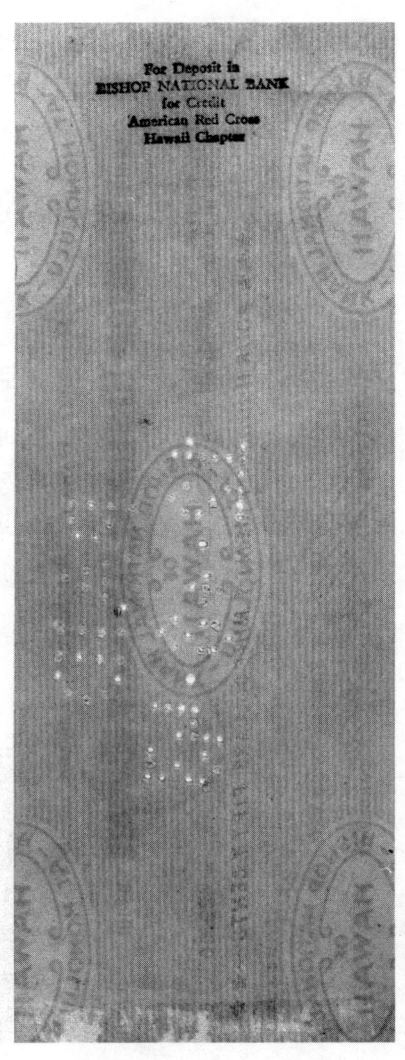

원동과 구미 각지의 외교선전과 대한민국 임시정부 유지와 군사운동들의 경비를 조달하였는데 배일운동시대부터 조국 해방 당시까지 조국 광복사업을 위하여 바친 재정이 3백만 달러를 초과하였다.

그리고 대한민국 임시정부의 행사로 인구세 수봉과 공채표 발매가 있었는데 그것은 구미위원부가 수봉하였으며 재정보고를 발표하지 않았다.

가이로 선언

1943년 11월에 미국 대통령 로스벨트와 영국 총리 처어칠과 중화민국 군사위원장 장개석이 가이로에서 동월 22일로 26일까지 연합국 3 거두 회의를 열고 일본의 무조건 항복과 1895년 청일전쟁 이후에 일본이 점령한 영토문제를 조정하던 때에 한국에 대하여 다음과 같은 공동선언을 세계에 선포하였다.

미·영·중 3국이 한국 민족의 예속상태를 고려하여서 적당한 절차에 따라 한국이 반드시 자유되며 독립할 것을 결정하였다.

이 선언으로써 한국문제가 국제정치 무대에 올라섰고 국치 이후에 항일운동을 계속하고 있던 재미한인의 운동에 큰 힘을 주었으나 '적당한 절차'라는 조건부의 결정이 우리의 의심을 일으키던 것이다.

그러나 이 때가 전시이고 이 선언이 전시정책이던 까닭에 그 내용에 포함된 의사를 알 길이 없었으며 다만 적당한 절차라는 문자가 일본의 무조건 항복을 받은 후에 한국 강토를 한인에게 돌리는 절차가 되기를 희망할 것뿐이었고 이것이 전쟁 후에 38선으로 변화하여서 민족과 국토를 두 진영으로 가를 줄은 알지 못하였다.

연합위원회 와싱톤 사무소

가이로 선언이 발표된 이래 외교운동이 더욱 긴절하였는데 외교위원장 리승만은 연합위원회에 대한 분쟁을 계속하여 의사를 통할 수 없는 까닭에 재미 한족연합위원회가 와싱톤에 사무소를 설립하였다.

1944년 6월 5일에 와싱톤 사무소를 설립하고 총무 김원용과 외교원 던경무를 선택하여 외교사무를 진행하니 와싱톤에 두 개 외교사무소가 있어 대립상태를 이루었던 것이다.

외교위원부 개조의 혼란

한때 재미한족의 운동역량이 집중되어서 재미 한족연합위원회를 결성하였으며 이것이 원동에 임시정부와 광복군 편성과 와싱톤 외교위원부들의 경제적 배경이 되었던 것이다.

그런데 리승만이 이것의 세력이 확대될까 시기하여 분열을 조장하는데 임시정부 주석 김구는 미주 정형을 알지 못하고 리승만을 추앙하며 후원하던 까닭에 혼란이 더욱 심하였다.

필경에 재미 한족연합위원회가 분열되니 임시정부가 재정 곤란을 당하고 와싱톤 외교사무소의 대립 상태를 보게 된 후에 외교위원부 개조를 고려하게 되었다.

1944년 8월 12일에 대한민국 임시정부가 '신한민보사'에 기사를 보내서 재미 한인단체들의 다수 의사를 따라 외교위원부 인선과 조직을 개량하라고 발표하였다.

대한민국 임시정부 발포

대한민국 임시정부가 이에 재미 한인사회에 발생한 문제를 정돈하기 위하여 미주 각 단체와 일반 애국 동지에게 『신한민보』를 통하여 이를 발포함.

대한민국 임시정부가 재미한인 각 파 각 단체의 편지와 전보를 받고 국무회의의 무편 공정한 처사로 하기의 4항 제의안을 발포함.

1. 재미한인 각 파 영수들의 연합 주최로 미주와 하와이에 있는 각 단체 대표회를 열고 그 대표회의 결의로 외교위원부를 다시 조직하되 임시정부 외교기관관리법에 의하여 이행할 것.
2. 주미 외교위원부 인선은 특례로 이번에 소집한 대표회에서 7인 내지 15인을 택선하되 임시정부의 인준을 얻어 임명할 것.
3. 대표회의 구성은 재미 한족연합위원회에서 탈퇴한 단체들을 합하여 성립하고 개회 정원 수는 적어도 재미한인 각 단체의 10분의 7을 요구하며 표결은 참석원 4분의 3을 택할 것.
4. 현하 외교위원부와 연합위원회 와싱톤 사무소를 정지하고 외교위원부 조직을 완성한 후에는 그들을 폐지할 것이며 외교위원부 개량조직이 완성되면 곧 임시정부에 보고할 것.

재미한인 각 단체 대표회

미주와 하와이 각지에 있던 17개 단체 중에서 13단체가 대한민국 임시정부의 외교위원부 개조안 발포에 의하여 대표회를 열기로 동의하였다.

1944년 10월 28일에 13단체 대표자들이 로스앤젤스에 회집하여 대표회를 열고 9개일 동안 회의하여서 주미 외교위원부 개조안을 통과하였으니 그 경과가 다음과 같다.

대표회 참가단체 : 하와이 대한인국민회, 한국독립당 지부, 민족혁명당 하와이 지부, 중한민중 동맹단, 대조선독립단, 한인구락부, 대한부인구제회, 영남부인회, 애국부인회, 북미 대한인국민회, 민족혁명당 미주지부, 대한여자애국단, 재미한인유학생회

대표원 : 김원용, 리성녜, 박원걸, 임인재, 한길수, 변준호, 김 호, 황성택, 한시대, 현 철, 곽림대, 김병연, 최능익, 송종익, 정기원, 윤 혁, 김용성, 김광원, 한영숙, 김준성, 김덕세, 김재훈, 리초실, 강택모

대표회 임원
의장 : 한시대
서기 : 강영문, 홍 언

대한민국 임시정부에 보낸 보고서
라성 11월 7일발 전보
재미 한인단체의 10분의 7 이상 단체 대표자들이 북미 로스앤젤스에 회집하여 10월 28일로 11월 5일까지 9개 일 동안 대표회를 열고 임시정부 훈시를 준수하여 주미 외교위원부 개조안을 원만히 처리하였으며 그 경과사항을 다음과 같이 보고합니다.

1. 현하에 존재한 재미 한인단체가 17인데 그 중에서 13단체가 참가하여 대표회를 구성하였습니다.
2. 동지회의 참가를 간곡하게 권고하였으나 그들이 임시정부 발포를 신임하지 않는다 하며 참석을 거절하였는데 그 이유는 리승만 박사의 지시를 받은 까닭이라고 합니다.
3. 동지회 계통 4개 단체 이외에 재미 한인단체의 전부 또는 인원 수로 보아서 9할 이상의 민중 대표가 참가하여서 민중의사가 충분히 표시되었습니다.
4. 재미한인 각 단체 대표회가 주미 외교위원부 조직개량 제안을 통과한 후에 임시정부 발포 제2항에 의하여 인선을 다음과 같이 공선하고 이를 보고하오니 인준하심을 바라나이다.

주미 외교위원부 인선
외교위원장 : 김원용

부위원장 : 한시대
비서 : 뎐경무
서기 : 배의환, 한길수
위원 : 김 호, 정기원, 장기형, 송종익, 김병연, 김용성, 김용중, 강택모,
　　　유진석, 김현구

임시정부의 회답
중경 11월 11일발 전보
재미한인 대표회 일정
동지회가 대표회에 참가하지 않은 것을 미안하게 생각합니다. 그리고
동지회의 선출이 없는 대표회의 인선을 인준할 수 없습니다. 그 이유는
재미한인의 절대 합동을 기대하는 까닭입니다. 하여간 지금 적당한
대책을 고려하는 중입니다.

재미한인 대표회 회답
라성 11월 15일 발 전보
중경 내한민국 임시정부
동지회가 계획적으로 참가하지 않은 책임을 대표회에 넘길 것이
아닙니다. 그리고 임시정부가 '동지회 참가가 없어 합동이 아니 되었다'
하시고 민중 대다수의 공결을 퇴각하면 최초에 '재미한인 각 단체의
10분의 7로 대표회를 구성할 수 있다'고 발포하신 훈사에 위반되는
행사입니다.
　임시정부가 리승만과 동지회를 보편하여서 민중의 의사를 여러 번
무시하였으니 이것이 민주정치의 행사가 아니며 이와 같이 민중의사를
무시하면 앞으로 민중이 임시정부를 신뢰하지 않을 것이니 지금 임시정
부가 리승만이나 민중이나 어느 하나를 택하실 것이고 다른 이론이
필요하지 않을 것입니다.

필경에 임시정부가 외교위원부 개조안을 처리하지 못하였으니 그 이유

는 주석 김구가 리승만을 편역하고 재미 한인대표의 공결을 무시하는데 부주석 김규식은 민중공결을 인준하자고 주장하므로 국무회에서 의사가 충돌된 까닭이었다.

그래서 주석과 부주석 간의 타협정책으로 연합위원회와 동지회의 인사 중에서 위원들을 택하고 리승만을 위원장으로 임명하여 조직을 발포하였으나 이것이 민중의 공의를 무시하고 리승만을 후원한 행사였기 때문에 실패되었다.

국련 결성대회에 대표단 파송

세계 제2차 대전의 전후 평화 준비로 1945년 4월 25일에, 57개 국 대표들이 쌘·프랜시스코에 모여서 국련을 결성하던 때에 한국대표단을 파송하려고 노력하였다.

일찍이 재미 한족연합위원회 와싱톤 사무소에서 미국 국무부를 연락하여 국련 결성에 한국 대표의 참가를 요구하였으나 이 때는 일본이 항복하기 전이고 한국이 해방되지 않아서 국제적 지위가 없다는 이유로 한국대표의 참가를 허락하지 않았다.

그러나 전후 평화를 위하여 국제회의가 열리는 때에 활동이 없이 방관할 수 없는 까닭에 대표단 파송을 결정하였으니 그 의사가 대표단이 국련 결성에 참가하지 못하더라도 그 곳에 가서 한국을 선전하며 각국 대표로 하여금 한국에 대한 동정과 관심을 갖게 하자는 것이었다.

재미 한족연합위원회 집행부 주최로 하와이와 미주 각 단체 대표회의를 열고 한족 대표단을 조직하여 국련 결성대회에 파송하였다.

이 때에 리승만이 동지회 회원으로 임시정부 대표단을 조직하여 갖고 쌘·프랜씨스코에 도착하니 국련 결성에 참례할 권리도 없던 한인 대표단이 둘씩이나 있어서 대립상태를 보이게 되었으므로 대표단을 합하여 대외 체면을 보존하자고 리승만에게 제의하였다.

리승만의 대답이 자기가 임시정부 대표인즉 한인은 누구나 지도를

구제물자의 첫 짐

받을 것이요 한족 대표단을 위하여 자기의 의사를 희생하지 않겠다고
하여서 합작하지 못하였다.

    임시정부대표단인원   리승만, 윤병구, 리살음, 림병석
    한족대표단인원한시대   김   호, 김병연, 뎐경무, 유진석

전후 구제회

태평양 전쟁이 일군 패전의 소식을 날마다 전하고 조국의 해방이
멀지 않은 기세를 보이던 때에 재미동포가 국내의 주리고 헐벗은 동포들
을 생각하여서 전후 구제회를 조직하였다.

1945년 3월 10일에 하와이에서 먼저 전후 구제회를 조직하고 내외국인
으로부터 특연을 비롯하여 각종의 구제물자를 수집하였다가 조국이 해방
된 후에 즉시 군정부를 통하여 7백 톤의 물자를 국내에 보냈으며 이하에
실은 사진은 당시 구제물자의 첫 짐이었다.

미주에서는 조국해방 후 1945년 8월 30일에 전후 구제회를 조직하고
1955년까지 여러 천 톤의 구제물자를 수집하여 미국 해군 선편과 자선기
관들을 의뢰하여서 국내에 보냈다.

조국에 대표단 파송

역사적인 1945년(을유) 8월 15일에 일본이 패망하고 한국은 반세기에
궁하여 악독하게 당하던 기반에서 해방되었다.

우리 민족이 자력으로 왜적을 내몰지 못하고 연합국 승전의 결과로
해방을 얻었으나 그러나 우리가 국치 이후로 끝까지 광복운동과 항일투쟁
을 추진한 결과인 것도 또한 사실이다.

재미한족이 그 처지와 환경에서 허락되는 바 최선의 노력과 물질을
바치어 조국 광복운동을 계속하다가 조국의 해방을 맞이하던 때에 남은

사명이 조국재건 후원인 것을 느껴서 대표를 국내에 파송하였다.

미주, 하와이, 멕시코, 큐바를 통하여 재미 한족연합위원회 산하 각 단체에서 선출한 대표들을 하와이 호노루루에 소집하고, 1945년 10월 24일에 대표단을 조직하여서 국내에 파송하였으니 그 조직과 사명이 다음과 같다.

1. 대표단 조직

미주 각 단체에서 한시대, 김호, 송종익, 김병연, 김성낙 5인을 택선하고 하와이 각 단체에서 김원용, 도진호, 뎐경무, 최두욱, 조제언, 정두옥, 안창호, 박금우, 안정송 9인을 택선하여서 14인으로 대표단을 조직하였으며 그 직임은 다음과 같다.

단장 한시대 부단장 김원용 서기 도진호, 김병연
재무 송종익, 최두욱 정치위원 김호, 김원용
외교원 뎐경무, 조제언
사교원 박금우, 안정송, 김성낙, 안창호, 정두옥

2. 대표단의 사명

(ㄱ) 해방을 맞이하고 건국 노상에서 노심초사하는 국내 동포에게 재미 한족의 위문을 드리고 재건사업에 봉사할 것.

(ㄴ) 남북통일과 군정의 행정이양을 요구하는 민족적 운동을 후원할 것.

(ㄷ) 국내의 정치동향을 살펴서 건설적 운동에 봉사할 것.

(ㄹ) 대표단의 국내 체류기간은 위선 1년으로 정할 것.

3. 대표단의 출발

귀국하는 법적 수속으로 인하여 대표단이 2차로 나누어 발정하였는데 미주 선출 대표원 일행은 1945년 10월 27일에 비행기로 출발하여 동년 11월 4일에 서울에 도착하였고 하와이 선출 대표원 일행은 1946년 1월 26일에 기선으로 출발하여 동년 2월 12일에 서울에 도착하였다.

4. 대표단의 국내활동

대표단이 서울 종로 한청빌딩에 사무소를 설비하고 정당과 단체들을 연락하여 많은 노력을 하였으나 혼란이 막심하던 판국에서 아무 효과를 얻지 못하였다.

이 때에 국내 정형은 군정 아래에 정치의 실권이 없는 민중과 다수 정당이 있을 뿐이었는데 그 중에 한국민주당은 중산층과 교회파와 중령에 있던 전재민과 월남한 피난민의 정객들이 집중되어서 가장 유력하였으나 대개 리승만을 중심하고 군정의 세력을 바라보던 극우파였다.

작은 정당이 많았고 그 중에 정수 분자들이 있었으나 그들의 생활이 빈궁하여서 많은 재정을 갖고 구제하지 않으면 활동시킬 수 없는 형편이 었으며 그 외에 좌익분자들이 있었다. 그런데 그 정당들의 기대가 재미 한족 대표단의 의사와 같지 않아서 협동할 수 없었다.

하여간 수십 년래에 리승만이 재미 한인사회에 끼친 쓰라린 경험을 국내에서 다시 보게 된 까닭에 대표단이 민족 장래를 위하는 마음으로 과거 경험을 솔직히 고백하여 주의를 주었으나 국내 인사 중에 이것을 이해하려는 사람이 없었고 리승만 후원파의 공연한 질시를 받았을 뿐이며 혼란한 정국에 유익을 끼칠 도리가 없어서 겨우 8개월을 지나고 대표단이 회정하기를 시작하였다.

이 때에 미군정이 과도 입법의원 설립을 발포하였으니 이것이 한인으로 하여금 한국에 적당한 민주국가 건설의 법률을 기초하게 하며 장차에 수립될 남북통일 정부를 예상하고 행정 이양을 준비하던 것이다.

과도 입법의원 의원의 반수는 각도 인민의 선거로 택선하고 반수는 국내와 국외에 있던 각 단체의 유능한 지도자 중에서 택정하는 데 재미

한인사회에서 김호와 김원용이 택선을 받고 1년 동안 봉사하였다.

재미 한인사회의 현상

재미한인의 사회운동은 조국해방까지에 한 계단을 마치고 새 계단으로 들어가는데 그 앞에 실업장려와 장학사업과 문화운동과 노소협동들의 여러 가지 사업이 놓여 있다.

국내에 정부가 수립된 후에 이민을 기대하며 조국과 통하므로 모든 사업을 발전시켜 보려는 희망이 일층 컸으나 아직도 조국에 왕래하는 자유가 없고 때로는 차별 행사까지 보게 되어서 기대에 어그러지고 실망 속에서 방황하는 것으로 10년의 세월을 보냈다.

근래에 사회재건을 크게 부르고 있으니 그 의사가 독립운동시대부터 쌓여 내려온 모든 악조건을 쓸어버리고 조국광복운동에 바치던 성심을 다시 분발하며 역량을 사회부흥에 집중하여서 미주 한인사회를 발전하자는 것이다.

이것이 '우리가 잘 살아보자'는 민생문제이므로 싱사될 것을 기대하고 있는데 필연코 재미 한인사회 건설시대의 도덕과 원기가 회복되어서 단체의 통일을 이루면 재미한인의 장래가 또다시 활발할 것이다.

제7장 대한민국 임시정부

정부 건설의 초기

1919년 3월 1일에 한국 서울에서 민족대표가 독립을 선언하니 이는 나라를 잃고 압박기반에 눌려 있던 민족의 감정과 요구가 끊임없이 표현되어 오던 중에 시대가 변천되고 민족의 양심이 발동하여 전국적으로 이러한 운동이나 왜적의 가혹한 탄압으로 인하여 국내에 정부를 세우지 못하고 해외동포의 담책이 되었다.

그러나 국외 각지에 연락이 곤란하여 의사가 교환되지 못한 까닭에 각지의 지도자들이 필요를 느끼던 대로 정부를 설립하게 되니 아령에 대한국민의회와 상해에 '대한민국 임시정부'와 국내에 한성정부가 각각 조직되어서 처음에 정부 설립이 중첩되었던 것이다.

(1) 대한국민의회

대한국민의회는 만주와 아령의 동포 대표자들이 모여서 1919년 3월 17일에 설립을 선포하고 동 21일에 조직한 정부인데 그 결의안과 각원이 다음과 같다.

결의안
1. 대한국민의회는 조국 독립의 달성을 기약하며 세계 민족자결주의에 기인하여 한국민족의 정당한 자주독립을 주장함.

2. 한일합방조약은 일본의 가압적 수단으로 성립한 것이고 우리 민족의 의사가 아니므로 그 존속을 부인하며 일본의 통치철폐를 주장함.
3. 프랑스 파리에서 열리는 평화회에 대표를 파송하여 우리의 독립운동과 정부 건설의 승인을 요구하며 국제연맹에 참가를 주장함.
4. 한국 독립운동의 실정을 세계에 선전하며 정부 건설의 사실을 각국 정부에 통지하여 우리의 주권을 주장함.
5. 이상의 목적이 인도 정의의 공정한 판결을 받지 못하면 일본에 대하여 혈전 포고를 주장함.

각원

대통령 손병희, 부통령 박영효, 국무총리 리승만, 탁지총장 윤현진, 군무총장 리동휘, 내무총장 안창호, 산업총장 남형우, 참모총장 류동열, 강화대사 김규식

(2) 대한민국 임시정부

대한민국 임시정부는 중국 상해에 회집하였던 내외 각지 대표자들이 설립한 정부인데 처음에 각지 대표자 중에서 자격자 40명을 선출하여 임시의정원을 창설하고 13장 57조로 기초한 임시의정원법을 통과한 후 그 법안에 기인하여 1919년 4월 10일에 정부를 조직하였으며 임시의정원 선포문과 각 원은 다음과 같다.

선포문

단기 4252년 3월 1일에 우리 민족이 독립을 선언함으로부터 남녀노소와 모든 계급과 모든 교파가 일치단결하여 일본의 비인도적 폭행 아래서 백절불굴하며 국가의 독립과 민족의 자유를 인도정의에 애소하여 국민성을 표시하였으며 세계의 동정은 흡연히 우리 민족에게로 집중된다.

이 때를 당하여 전 민족의 기대로써 대한민국 임시정부를 설립하였으

며 이에 국민으로 더불어 전심하고 육력하며 국토광복의 사명 이행을 선포한다.

　국민이여 분발하라 우리의 흘리는 한 방울 피가 자손만대에 자유와 행복의 길이며 국권회복의 기초요 우리의 정의와 인도적 행사가 종당 일본의 야만을 교화시킬 것이며 폭력을 억제할지니 마지막 한 사람까지 분투할 것이다.

　강령

1. 민족평등, 국가평등, 인류평등의 대의를 천명함.
2. 국제도덕에 기인하여 외국인의 생명 재산을 보호함.
3. 정치범을 일체로 특사함.
4. 외국에 대한 권리와 의무는 국제 간에 협정하는 조약에 의함.
5. 조국의 절대독립을 주장함.
6. 임시정부 법령을 위월하는 자는 국적으로 인정함.

대한민국 원년 4월　　일
임시의정원 의장 리동녕

　국무원

　국무총리 리승만, 내무총장 안창호, 외무총장 김규식, 재무총장 최재형, 법무총장 남형우, 군무총장 리동휘, 교통총장 문창범

(3) 한성정부

　한성정부는 국내 13도 대표가 서울에서 비밀히 국민대표회를 열고 1919년 4월 23일에 조직한 정부인데 인선을 전부 해외동포 중에서 선출하였으며 그 결의안과 약법과 각원이 다음과 같다.

　결의안

1. 정부 수립에 관한 일체 사항을 해외동포에게 일임할 일.
2. 일본 정부에 향하여 조선의 통치권 철거와 군비 철퇴를 요구할 일.
3. 파리 강화회에 민족대표를 파송할 일.
4. 조선인으로 일본 관청에 재직한 관·공리는 일체 퇴직할 일.
5. 일반 인민은 일본 관청에 납세를 거절할 일.
6. 일반 인민은 일본 관청에 대하여 일체 청원과 소송행위를 거절할 일.

건국 4252년 4월 일
국민대표회 13도 대표 :
 리만식, 리용규, 장훈, 김유, 최천구, 리내수, 유식, 김명선, 기식, 김탁, 박한영, 리종욱, 류근, 주익, 김형준, 박창호, 송진헌, 강기형, 정담교, 리용준, 리동욱, 장성, 장사, 박탁, 홍성욱

약법

제1조 국체는 민주제도를 채용함.
제2조 정체는 대의제도를 채용함.
제3조 국시는 국민의 자유와 권리를 존중하고 세계평화의 향운을 증진함.
제4조 정부는 일체 내정과 일체 외교의 권한이 있음.
제5조 조선민족은 납세와 병역의 의무가 있음.
제6조 본 약법은 정식 국회를 소집하여 헌법을 반포하기까지 이를 적용함.

각원

집정관 총재 리승만, 국무총리 리동휘 내무총장 리동녕
재무총장 리시영, 학무총장 김규식, 교통총장 문창범
참모총장 류동열, 외무총장 박용만, 군무총장 로백린

법무총장 신규식, 노동총판 안창호

평정관

조정구, 박은식, 현상건, 한남수, 손진형, 신채호, 정양필, 현　순, 손정도, 정현식, 김진용, 조성환, 리규풍, 박경종, 박찬익, 리범윤, 리규갑, 윤　해

강화회 대표반

리승만, 민찬호, 안창호, 박용만, 리동휘, 김규식, 로백린

정부통일의 구실

　정부 설립 초기에 연락이 없이 각지에서 필요를 느끼는 대로 정부를 조직하여 중첩된 것이 상서롭지 않은 일이었으나 이것이 시대환경의 산물이었고 대립이 아니던 까닭에 그 정부들을 합하여 전 민족이 신뢰할 수 있는 통일정부를 수립하자는 문제가 제출되었다.

　그러나 아령의 의사는 지리상 관계와 동포의 인수로 보아서 독립운동의 중요 지대가 아령이니 정부를 아령에 세우자는 주장이 강하였고 중령에는 정부 인선에 반대가 심하였으니 그 이유는 리승만이 위임 통치 제안의 과실이 있고 민중의사를 존중하지 않는 독재 습성을 갖은 까닭에 정부 수석의 자격이 없다는 것이었다.

　국내의 의사는 당분간 정부가 해외에 있어야 할 필요를 참작하여 정부를 조직할 때에 인선을 해외동포 중에서 선출하고 정부 설립의 일체 상황을 해외동포에게 일임한 까닭에 의견의 차이가 없었으나 재미동포가 한성정부 신성을 고집하였다.

　그래서 국내, 미령, 아령, 중령 동포를 대표하여 상해에 와서 있던 대표자들로 하여금 각기 대표한 지방의 의사를 연락시키는 한편 아령과 중령 각지에 대표를 파송하여 의견의 차이를 타협하고 내외 일치된 의사

로써 대한민국 임시정부를 건설하였으며 정부통일의 결의사항은 다음과 같다(상해 『독립신문』 참조).

결의사항

1. 상해와 아령에서 설립한 정부들을 일체 작소하고 오직 국내에서 13도 대표가 창설한 한성정부를 계승할 것이니 국내의 13도 대표가 민족 전체의 대표인 것을 인정함이다.
2. 정부의 위치는 아직 상해에 둘 것이니 각지에 연락이 비교적 편리한 까닭이다.
3. 상해에서 설립한 정부의 제도와 인선을 작소한 후에 한성정부의 집정관 총재제도와 그 인선을 채용하되 상해에서 정부 설립 이래에 실시한 행정은 그대로 유효를 인정할 것이다.
4. 정부의 명칭은 대한민국 임시정부라 할 것이니 독립선언 이후에 각지를 원만히 대표하여 설립된 정부의 역사적 사실을 살리기 위함이다.
5. 현임 정부 각원은 일제히 퇴직하고 한성정부가 택선한 각 원들이 정부를 인계할 것이다.

정부 개조의 혼란

난립된 정부들을 통일하여 정부 설립을 완성한 후에 집정관 총재 리승만이 대통령 되기를 고집하여서 정부제도를 다시 변경하게 되니 혼란이 발생하였다.

최초에 상해에서 설립한 정부는 리승만을 국무총리로 임명하였고 국내에서 조직한 한성정부는 집정관총재로 임명하였는데 리승만이 한인사회에는 집정관 총재의 직명을 사용하고 외국인을 대상으로 하던 서류와 신문 발포에는 대통령으로 행사하다가 정부가 통일된 후에 정부제도를 대통령제도로 변경하자고 요구하였다.

집정관총재 리승만이 정부의 헌법 개정이 없이 자의로 대통령 행사를 하여서 헌법을 위반하였으며 이것이 정부를 통일하던 주장과 신의에 배치되는 행동이고 민중의 신념을 타락시키는 까닭에 정부와 리승만 간에 통신이 많았는데 그 중에서 맨 나중에 교환된 통신 하나를 하기하여 둔다.

1919년 8월 25일 상해 발 전보

와싱톤 코릭 리승만 각하 (코릭은 구미위원부의 약칭)

처음에 임시정부는 국무총리 제도이고 한성정부는 집정관총재 제도이며 어느 정부에나 대통령 직명이 없으므로 각하가 대통령이 아닙니다. 지금은 각하가 집정관총재 직명을 갖고 정부를 대표하실 것이요 헌법을 개정하지 않고 대통령 행사를 하시면 헌법 위반이며 정부를 통일하던 신조를 배반하는 것이니 대통령 행사를 하지 마시오

대한민국 임시정부 국무총리 대리 안창호

1919년 8월 26일 와싱톤 발 전보

상해 고포고 안창호 씨 (고포고는 대한민국 임시정부의 약자)

우리가 정부 승인을 얻으려고 전력하는데 내가 대통령 명의로 각국에 국서를 보냈고 대통령 명의로 한국 사정을 발포한 까닭에 지금 대통령 명칭을 변경하지 못하겠소 만일 우리끼리 떠들어서 행동이 일치하지 못한 소문이 세상에 전파되면 독립운동에 큰 방해가 있을 것이며 그 책임이 당신들에게 돌아갈 것이니 떠들지 마시오

미경 와싱톤 리승만

정부는 법적 질서와 신의 문제를 주장하며 리승만은 그를 불구하고 대통령으로 행세하던 까닭에 충돌이 발생하고 동포의 의사는 두 갈래로 갈리어서 정부창조파와 개조파가 생겼다.

정부창조파가 다수였고 그 주장은 국내에서 창설한 한성정부를 계승한

것이 정부통일의 신조이며 민중의 신념인데 이제 리승만의 고집을 따라서 민중신념을 희생시키고 정부를 개조하면 이는 민의를 억압하여 민주주의 정신을 말살하고 세상을 속이는 행동이므로 용납할 수 없다는 것이었다.

정부개조파는 소수였으나 그 중에 정부 각원과 교회 목사들과 식자층으로서 무슨 모양이나 평화를 희망하던 사람들이 있었고 그 외에는 리승만 후원자들인데 그 주장은 미국 대통령 윌손의 14개조 평화원칙이 실현될 것이고 대미외교가 중요한 이 때에 미국에서 철학박사학위를 받고 윌손 대통령과 친분이 있는 리승만 박사가 시대 인물이니 그를 후원한다는 것이었다.

이 때 정부의 입장이 매우 곤란하였으니 창조파와 개조파 간에 타협이 되지 않는데 만일에 창조파의 주장이 희생되면 아령과 중령의 다수 동포와 길이 갈릴 것이며 개조파의 주장이 희생되면 미주에서 리승만파가 분열을 일으켜 재정 후원이 방해될까 염려함이었다.

정부가 재미동포의 장래 태도를 확신하지 못하여 주저하던 때에 정부를 둘러싸고 있던 개조파의 활동이 맹렬하여서 정국이 혼란하였으며 필경 창조파의 주장을 희생시키고 정부개조안을 임시의정원에 제출하였으니 이것이 정부와 리승만 간의 타협정책이고 많은 민중에게 실망을 주었던 것이다.

1919년 8월 29일에 임시의정원에서 집정관총재 제도를 폐지하고 대통령 제도를 채용하는 개헌안을 통과시켰으며 동년 9월 6일에 정부를 개조하였다.

정부가 개조된 후에 민중의 분열이 악화되는데 아령은 물론이고 미주와 중령 동 3성 각지 군사운동계에까지 파급되어서 곳곳에 분열 상태를 보게 되었으며 리승만은 그러한 정형을 불관하고 미경 와싱톤에 앉아서 대미외교만을 일로 알고 있던 까닭에 인심을 수습하지 못하고 독립운동에 결함을 주었다.

정부의 확립

대한민국 임시정부가 창설한 이래에 자체 조직으로부터 통일과 개조의 복잡한 계단을 밟아서 유일한 임시정부를 건설하고 27년 동안 해외에 존립하여 불휴 불식의 성충으로써 독립운동의 사명을 이해하였으니 이것이 해외동포 애국정신의 자최이다.

대한민국 임시정부의 조직은 입법, 사법, 행정의 3권 분립제도였는데 독립운동 과정에 있던 까닭으로 사법기관은 미약하였으나 입법기관으로 임시의정원이 있고 행정기관으로 국무원이 있었다.

대한민국 임시헌법은 처음에 임시의정원 법과 임시헌장을 제정하였고, 추후에 시의와 사정에 따라서 임시헌법, 임시약헌, 임시헌장 등의 순서로 3차 개헌이 있었다.

1. 임시의정원 법

임시의정원 법은 13장 57조로 기초된 것인데 이에 그 강령만을 하기한다.

제1장 강령
제1조 대한민국 임시의정원은 국내, 국외, 각 지방 인민의 대표로
　　　선출된 의원으로 조직함
제2조 의원의 자격은 대한 국민으로 중등 교육을 받고 만 20세 이상
　　　된 남녀에게 한하며 의원의 정수는 각 지방 인구에 의하여 정하되
　　　인구조사가 완전히 될 때까지는 아래에 의함
　　　　　　경기도 6인, 경상도 6인, 충청도 6인, 전라도 6인,
　　　　　　평안도 6인, 황해도 3인, 강원도 3인, 함경도 6인,
　　　　　　미령 3인, 중령 3인, 아령 3인
제3조 의원의 임기는 2개년으로 정하되 매번에 3분의 1씩을 개선함

2. 임시헌장

제1장 강령

제1조 대한민국의 국체는 민주공화제도로 함

제2조 대한민국은 임시정부가 임시의정원에서 제정한 법률에 의하여 통치함

제3조 대한민국의 인민은 남녀 귀천과 빈부의 계급이 없고 일체 평등함

제4조 대한민국의 인민은 신교 언론 저작 출판 결사 집회 신서 주소 신체 소송 등의 자유를 형유함

제5조 대한민국의 인민으로 공민 자격이 있는 자는 선거와 피선거의 권리가 있음

제6조 대한민국의 인민은 교육 납세 병역 들의 의무가 있음

제7조 대한민국은 인민의 건국정신을 발양시키며 나아가 인류의 문화와 평화에 공헌함

제8조 대한민국의 생명과 신체의 악형과 공창제도를 폐지함

제9조 대한민국은 구황실을 우대함

제10조 대한민국은 국토 회복 후 1년 안에 정식 국회를 소집함

3. 임시헌법

임시헌법은 1919년 8월 29일에 개헌된 것이며 8장 58조로 기초하였는데 이에 제1장 강령과 제2장 인민의 권리 의무들을 하기한다.

제1장 강령

제1조 대한민국은 대한 인민으로써 건설함

제2조 대한민국의 주권은 대한 인민 전체에 있음

제3조 대한민국의 강토는 구한국 판도로 정함

제4조 대한민국의 인민은 일체 평등함

제5조 대한민국의 주권 행사는 임시헌법 범위 안에서 임시대통령이 행사함

제6조 대한민국의 입법권은 임시의정원이 행정권은 국무원이, 사법

　권은 법원이 행사함
제7조 대한민국은 구한국 황실을 우대함

제2장 인민의 권리와 의무
제8조 대한민국의 인민은 법률 범위 안에서 하기의 자유를 향유함
　　　(1) 신교의 자유
　　　(2) 재산의 보류와 영업의 자유
　　　(3) 언론, 저작, 출판, 집회, 결사 들의 자유
　　　(4) 신서 비밀의 자유
　　　(5) 거주의 자유
제9조 대한민국의 인민은 하기의 권리가 있음
　　　(1) 법률에 의하지 않은 체포 감금 힐문 처벌 들을 받지 않을
　　　　　권리
　　　(2) 법률에 의하지 않은 가택 침입과 수색을 받지 않는 권리
　　　(3) 선거와 피선거의 권리
　　　(4) 입법부에 청원하는 권리
　　　(5) 법원에 소송과 재판의 권리
　　　(6) 행정 관서에 대하여 소송하는 권리
　　　(7) 정부의 공무원 임명을 받지 않는 권리
제10조 대한민국의 인민은 법률에 의하여 하기의 의무가 있음
　　　(1) 납세의 의무
　　　(2) 병역의 의무
　　　(3) 보통교육을 받는 의무

4. 임시약헌

대한민국 임시약헌은 1925년 7월에 임시대통령 제도를 폐지하고
국무령 제도를 채용하던 때에 개헌한 것인데 이전 임시헌법 중에서
다만 행정 수석의 직명과 규모의 변동이 약간 있을 뿐이고 그 강령의
변동이 없었으므로 이에 그 주문을 다시 기록하지 아니한다.

5. 대한민국 임시헌장

대한민국 임시헌장은 1944년 6월 22일에 임시의정원 제36차 의회에
서 통과한 개헌안이며 총7장 62조로 기초된 것인데 다만 제1장과
제2장을 이하에 기록한다.

제1장 총강
제1조 대한민국은 민주공화국임
제2조 대한민국의 강토는 대한의 고유한 판도로 함
제3조 대한민국의 인민은 원칙상 대한 민족으로 함
제4조 대한민국의 주권은 인민 전체 있으되 국가를 광복하기 전까지
　　는 광복운동자 전체에 있음

제2장 인민의 권리와 의무
제5조 대한민국의 인민은 하기 각항의 자유와 권리를 형유함
　　　(1) 신앙 언론 출판 집회 결사 들의 자유
　　　(2) 거주 여행 통신 비밀 들의 자유
　　　(3) 법률에 의하여 취학 취직 부양 들을 요구하는 자유
　　　(4) 선거와 피선거권의 권리
　　　(5) 소송과 공소를 청원하는 권리
　　　(6) 법률에 의하지 않은 신체 수색 체포 감금 심문 처벌 들을
　　　　　받지 않는 권리
　　　(7) 법률에 의하지 않은 가택수색 봉쇄 침입 출입제한 들을
　　　　　받지 않는 권리
　　　(8) 법률에 의하지 않은 재산의 증발과 몰수와 추가세 들을
　　　　　받지 않는 권리
제6조 대한민국의 국민은 하기 각항의 의무가 있음
　　　(1) 조국을 광복하고 부흥하며 민주정체를 보위하는 의무
　　　(2) 헌장과 법령을 존수하는 의무
　　　(3) 병역과 공무에 복무하는 의무

(4) 국세를 납입하는 의무
제7조 인민의 자유와 권리를 제한하는 법률은 국가의 안전과 질서의
　　절대 필요한 것이 아니면 제정하지 못함
제8조 광복운동자의 자격은 조국 광복사업을 유일한 직업으로 알고
　　공헌하는 자를 인정함 (이하 생략)

정부의 위치

대한민국 임시정부의 위치를 일본의 세력이 침입되지 않는 곳에 정할 필요로 인하여 중국 상해 프랑스 조계에 정한 것이며 처음에 프랑스 조계 마랑로 보광리에 관청을 설비하고 13년 동안 프랑스 관리들의 동정을 받고 있었다.

1932년 4월 29일에 윤봉길 의사 홍구 폭격사건이 있은 이후로 왜적의 정탐과 수색 행동이 프랑스 조계를 침입하므로 국무원들이 가흥 지방에 가서 3년을 지나고 1935년에 정부를 남경 진강에 이전하여서 2년을 지나는데 이 때는 중국 관민의 동정을 받고 있었다.

중일전쟁이 확대되어서 중국 국민정부가 남경을 방어하지 못하고 중경으로 이전하던 때에 우리의 정부도 파란길에 올라서 1937년 11월 23일에 호남성 장사에 당도하여 1년을 지나고 1938년 10월 16일에 다시 광서성 유주에 이전하였으며 1939년 3월 10일에 광동성 광주로 갔다가 동년 5월에 사천성 중경에 도착하여 기강 연안에 임시정부 관청을 정돈하고 귀국하던 때까지 있었다.

정부가 노약 수백 명을 데리고 수만 리 험한 길에서 피란으로 일년 반 세월을 보내면서 중경까지 들어가던 고생이 막심하였으나 다행히 재미동포의 재정후원과 중국 관민의 원조로써 정부와 동포들의 피란이 가능하였다.

우리 정부에 대한 중국 정부 및 민중의 태도는 왜적이 만주를 침략하던 때에 한인들의 폭행이 심악하였다는 혐의로 감정이 악화되었다가 윤봉길

의사의 홍구 폭격사건 이후에 오해가 풀려서 동정이 커졌던 것이다.

역대 정부 각원

대한민국 임시정부 창설 이래 27년간에 임시의정원 의원과 임시정부 각원으로 봉사한 인사가 수백 명인데 그들은 조국광복을 위하여 해외에 나와서 풍찬 노숙하며 자신을 희생한 애국자들이다.

그분들을 기록하여 천추에 기억을 남기고자 하나 재미한인 기록에서 전부를 찾을 수 없는 까닭으로 정부 확립 후에 제1차 임시의정원 의원과 각원이 변동되던 때마다 당선된 국무원들만을 기록하게 되었다.

최초에 각지에서 조직한 정부들을 통일하여 한성정부를 계승하였다가 1919년 9월 6일에 다시 개조하여 임시대통령 제도를 채용하던 때에 임시정부 인선이 다음과 같다.

임시의정원 의원
의장 손정도, 부의장 이춘숙
의원 조완구, 최건우, 장붕, 유정근, 유경환, 라용균, 김인전, 리필규,
　　　김진우, 김태윤, 서병호, 리원익, 김홍서, 정인과, 계봉우, 현순,
　　　왕삼덕, 손영직, 안현형, 오윤환, 홍도, 리진산, 윤기섭, 박선,
　　　리유필, 신익희, 최창식, 윤현진, 리규홍, 리영근, 김원식, 홍진,
　　　리종욱, 김갑수, 조동우, 리광수, 김석황

국무원
임시대통령 리승만, 국무총리 리동휘, 외무총장 박용만
학무총장 김규식, 참모총장 류동열, 교통총장 문창범
내무총장 리동녕, 재무총장 리시영, 법무총장 신규식
군무총장 로백린, 노동총판 안창호

1925년 3월 23일에 임시대통령 리승만이 탄핵 면직된 후 당선된 임시대통령 박은식 내각이 다음과 같으며 이 때에 임시의정원 의장은 홍진이었다.

임시대통령 박은식, 내무총장 리유필, 재무총장 리규홍
법무총장 오영선, 학무촌장 조상섭, 교통총장 로백린
외무총장 김철, 노동총판 김갑

1925년 7월 8일에 임시대통령 제도를 폐지하고 국무령 제도를 채용하던 때에 당선된 국무령 리상용이 신병으로 인하여 취임하지 못하므로 당분간 국무원을 개선하지 않고 내무총장 리유필을 국무령을 대리하였다.

국무령 리상용이 사면한 후 1926년 2월 20일에 당선한 국무령 홍진 내각이 다음과 같으며 이 때의 임시의정원 의장은 송병조였다.

국무령 홍진, 내무 리규홍, 학무 조상섭, 재무 최창덕, 외무 조소앙
법무 리유필, 교통 김갑

1926년 12월 9일에 국무령 홍진이 사면한 후에 당선한 국무령 김구 내각이 다음과 같으며 이 때에 임시의정원 의장은 송병조였다.

국무령 김구, 내무 윤기섭, 재무 김당, 법무 리동녕, 외무 리규홍, 군무 오영선, 교통 김철

1930년 8월 4일에 임시정부가 신국면 전개를 계획하던 때에 개선된 국무원이 다음과 같다.

국무령 김구, 내무 차리석, 재무 송병조, 학무 김규식, 외무 조소앙
법무 량기택, 군무 류동열, 교통 최동오, 선전 윤기섭

윤봉길 의사 사건 이후에 왜적의 수색을 피하여 각지에 헤어져 있던
국무원들을 회합시켜 정무를 정리하던 때에 중국 가흥 남호 해상에서
1935년 11월 2일에 개선한 국무원이 다음과 같다.

국무령 리동녕, 내무 송병조, 재무 김구, 학무 죠완구, 법무 리시영
외무 차리석, 군무 조성환

1940년 10월 9일에 국무령 제도를 폐지하고 국무위원 제도를 채용하던
때에 당선된 국무위원이 다음과 같다.

국무위원 주석 김구
국무위원 리시영, 조성환, 홍지, 류동열, 차리석, 죠완구,
          죠소앙, 리청천

1944년 4월 22일에 각파 연립내각을 조직하던 때에 개선된 국무위원이
다음과 같으며 이 때에 임시의정원 의장은 홍진이었다.

국무위원 주석 김구
국무위원 부주석 김규식
국무위원 류동열, 리시영, 박찬익, 장건상, 조성환, 죠완구, 죠소앙,
          차리석, 황학수

정부의 혼란

대한민국 임시정부 혼란의 원인을 대개 세 가지로 볼 수 있는데 첫째는 인선의 실책이었다. 처음에 국내에서 정부를 조직하고 인선을 하는데 인사의 정형을 불구하고 다만 명성을 취하여서 리승만을 정부의 수석으로 택선하는 동시에 각부 총장은 반수 이상이나 리승만과 불목하던 인사들을 택선한 까닭에 국무원을 합석하여 보지 못하고 총장대리 혹은 차장으로 행정을 시작하였으며 리승만이 각원들과 융합하지 못하던 중에 더욱이 국무원의 행정 권리를 무시하며 매사에 독재하려고 하여서 충돌이 계속되었다.

둘재는 재정의 곤란이었다. 국내 재정의 길이 막힌 후에 정부가 해외동포의 재정 후원에 의뢰하게 되었는데 원동에는 리승만 불신임의 감정으로 정부 후원이 타락되었고 미주에서는 특연의 대부분과 공채표 발매금을 구미위원부가 수합하여서 임시대통령의 외교비로 쓰고 남는 것을 정부에 보내면서 그 재력으로 각원들을 제재하려던 까닭에 충돌이 막심하였다.

셋째는 임시대통령 리승만의 정책 결핍이었다. 정부 건설 이래에 임시대통령의 정책 발표가 없었고 국무원을 합석하여 국정을 토의한 일이 없었으며 미경 와싱톤에 앉아서 정부가 알지 못하는 행정력을 임의로 발표하여서 의사가 충돌되던 중에 정부의 행정은 무엇이나 임시대통령의 결재가 없이는 실행하지 말라고 발령하며 그 명령을 복종하지 않으면 조금씩 보내던 재정마저 중단하여 각원들의 생활을 위협하므로 혼란이 계속되었다.

정형이 혼란하고 민중의 여론이 심하여서 필경에 임시의정원이 임시대통령에게 초래장을 보내어 정부에 부임하기를 요구하게 되었다.

임시대통령 초래장 (상해 『독립신문』 참조)
대한민국 2년 3월 19일에 임시대통령 리승만을 2개월 안으로 정부에 초래하여 정무를 정리하자는 의원서가 임시의정원에 사정되었으며 동 3월 22일에 그 의원서를 통과시키고 리승만에게 초래장을 보냈다.

의원서 제안자 : 리유필, 윤현진, 김태윤, 리영근, 계봉우, 김홍서, 이춘숙, 오윤환, 왕삼덕, 리진산, 박선, 리규홍, 리원익, 유정근, 신익희, 윤기섭, 조동우

의원서의 주문

정부 건설 초에 내외인심 통일이 미흡하고 만반 정무가 진흥되지 못하였음을 유감으로 생각하는 바이다.

민족의 사명을 부담하고 광복 대업을 성공하려는 정부의 수뇌자들이 한 곳에 모여서 정책을 세우고 사업을 진전시켜야 민중이 정부방침 아래서 일치행동을 취할 터인데 지금 임시대통령이 먼 곳에 있어서 정부 각원들을 회합하지 못하였고 정무를 살피지 않는 까닭에 일에 장애와 착오가 중첩되는 것이 중대 관계이다.

와싱톤에 김규식과 서재필이 있어서 외교사무를 담임하는 터이니 임시대통령이 그 곳을 떠나도 외교에 영향이 없을 것이고 정부의 사무와 원동 군사운동과 인심융화에 관한 일들을 처리하자면 임시 대통령이 정부에 부임하여야 하겠으므로 이에 리승만 초래를 제의하는 바이다.

임시대통령 환영(상해 『독립신문』 참조)

임시대통령 리승만이 임시의정원의 초래장을 받고 민국 2년(1920년) 12월 8일에 상해에 도착하였다.

정부 창설 이래에 혼란의 중심인물이던 임시대통령 리승만이 정부에 도착하니 정부 각원은 물론이고 일찍이 그 명성을 추앙하던 사람이나 반대하던 사람이나 모두 기대가 있었으므로 민중의 큰 주목을 끌어서 동 12월 28일에 열린 환영회에 일대 운집을 이루었던 것이다.

이 때 민족의 사명을 받고 독립운동을 지도하게 된 임시대통령의 지위가 가장 존경스럽던 까닭에 영웅을 대하듯이 환영회의 일반 시선은

임시대통령에게로 쏠리었으며 그들의 기대가 적어도 독립운동에 관한 정책발표가 있기를 갈망하던 것이다.

그러나 리승만의 첫 인사가 '미국서 갖고 온 것이 금전이 아니고 소식뿐이라'고 하면서 자기가 독립협회 때부터 애국사업에 종사하였다는 선전과 대미외교가 가장 긴요하다는 말로 시간을 보냈고 독립운동이나 임시정부에 관한 정견이 조금도 없었다.

환영회 절차가 끝나면서 즉시 임시정부 경무국장 김구의 지도로 경위원들이 임시대통령을 호위하고 장소를 떠나니 일반 회중이 낙심천만하였다. 이로부터 리승만의 인격을 알게 되어 상해에서 리승만을 싸고돌던 시비 문제는 없어졌으나 민중의 실망이 크게 되었다.

국무회의 결렬(임시정부 통신 참조)

대한민국 3년 1월 5일에 임시정부 국무회의를 열었는데 이는 임시대통령 리승만이 피임된 후에 처음으로 참석한 국무회의이며 과거의 착오를 교정하고 행정방침을 세우려는 기대가 많던 회의였다.

제1차 회의
국무총리 리동휘 제의
세계대전 이후로 민족자결주의가 고창되고 우리 민족이 자결에 의하여 절대독립을 요구하는 때에 리승만 박사의 위임통치 청원과 정한경의 자치론이 외교상 실패이고 우리 민족의 독립정신을 현혹시킨 행동인 까닭으로 사회에 비난이 계속되고 그 영향을 정부가 받으니 이에 대한 양책을 구하자고 하였다.

임시대통령 리승만 답변
원래 위임통치 청원의 동기가 고의로 된 것이 아니고 그 때 정세에 그러한 문제라도 제출하여 한국문제의 선전을 시작하자는 것이었으며 그것이 독립을 부인한 위임통치도 아니고 이미 지나간 일이며 지금 국제정세에 현혹이 없는 것인데 우리 사람들이 공연히 이론을 만들어 갖고 시비하는 것이라고 하였다.

문답이 복잡하던 끝에 의결되기를 위임통치 청원의 동기가 독립을 부인하려던 고의가 아니고 지금 국제정세에 현혹이 없다는 성명서를 발포하여 일반 동포의 의혹을 풀게 하자고 하였으나 리승만이 성명서 발포를 거절하므로 논쟁하다가 정회하였다.

제2차 회의
국무회의의 공결

국무회의에서 정책을 토의할 때에 임시대통령이 다만 현상을 그대로 유지하기를 주장하며 아무 정견이 없었다. 그래서 국무원의 다수 의사로 공결하기를 임시대통령이 정부에 와서 정부를 주관하되 만일 정부에 오지 못할 때에는 행정의 결재권을 국무총리에게 위임하고 국무총리는 매월에 한 번씩 임시대통령에게 정무를 보고하라고 하였다.

임시대통령 리승만의 답변

미경 와싱톤의 외교사업이 중요하여서 자기가 그 곳을 떠날 수 없으며 행정의 결재권도 위임할 필요가 없은즉 현상을 그대로 유지하되 중요 사건은 반드시 와싱톤에 보내서 자기의 재가를 받은 후에 실행하라고 고집하였다.

혼란이 중첩된 정부 현상을 그대로 유지한다면 사업을 퇴보시키는 것이라고 각부 총장들의 반대가 일어났으나 리승만이 자기 의사만을 주장하며 공결을 불계하는 까닭에 토의가 결렬되어서 정회하였다.

제3차 회의
행정제도 변경의 제안

국무총리 제도를 변경하여 국무위원 제도를 채용하고 국무위원회의 공결로 행정하자는 제의안이 제출되었는데 그 이유는 과거 경험으로 보아 임시대통령이 미국에 앉아서 중국 상해에 있는 정부의 행정을 이해하지 못하였으며 거리의 관계로 의사를 통하지 못하여 재가를 받으려다가 실패한 일이 많았으니 이미 경험한 실패를 다시 하지 말자는 것이었다.

국무회의 종결

임시대통령 리승만이 위원제는 한성정부의 정신이 아니므로 응락할 수 없다고 하면서 자기의 주장만을 고집하며 회중 공결과 남의 의사를 무시하는 까닭에 국무회의를 더 계속하지 못하고 폐회하였다.

국무회의가 산회되니 미국에 있던 임시대통령을 초래한 목적이 실패되었으며 그 실패에 따라서 리동휘, 안창호, 김규식 그 외에 여러 총장이 사면을 제출하고 다만 리동녕과 리시영 두 총장이 남아서 정부에 중대 사태가 발생하였다.

1921년 1월 26일에 각부 총장이 연서하여 제출한 사면청원의 이유가 다음과 같다.(상해『독립신문』참조)

1. 정국이 혼란하고 인심이 이산되어서 정부의 지위가 위태하여지는데 그 결함이 임시대통령 리승만의 혼돈정책에서 발생되는 까닭에 임시의정원이 임시대통령을 초래하였고 정부 각원들은 그를 협조하여 행정개선에 전력하였으나 종당 결과를 얻지 못한 것이 유감이다.
2. 임시대통령 리승만이 절대 주장하는 한성정부의 정신을 존중하여 각원을 변동하지 않고 다만 행정제도를 개선하여 과거의 착오를 교정하며 이산된 인심환기의 방도를 강구하려고 행정방침의 여러 가지 문제를 제출하였으나 리승만이 과거의 착오를 후회하지 않고 민중의 여론을 무시하는 동시에 아무 정견도 없이 자기의 임시의 조처를 따르라는 것뿐이며 이해 불통의 독재행동으로 무슨 일이나 자기 소견에 맞지 않으면 퇴각하고 회중의 공결을 따르지 않으므로 일마다 싸움하였을 뿐이고 정책을 세우지 못하였다.

3. 정부에 잠복된 혼란을 교정하려면 큰 싸움이 될 것이고 정부가
   개량되지 않을 것이며 현상을 계속한다면 리승만의 혼돈정책을
   협조하는 것이니 차라리 중임을 사면하고 밖에 나아가서 정부를
   후원하는 것이 양심에 당연하게 생각되어서 사면을 제출하였다.

임시대통령 리승만이 정부에 갔다가 정국을 정돈하지 못하고 국무회의에 실패한 후에 동정자 신규식, 로백린, 리동녕, 손정도, 리시영 5인을 모아 국무원으로 지정하고 동년 5월 20일에 미주로 돌아왔다. 미주에 와서는 상해에 있는 지도자들을 공격하며 보고를 험하게 하여서 동포의 감정을 격동한 결과에 하와이에서 교민단과 독립단이 충돌되고 미주에서는 국민회원과 리승만 동지들 간에 시비가 있었다.

이 때 임시정부에 국무원 5인과 임시의정원 의원 21인이 남아서 명의를 지키고 있었으며 상해에는 정부 후원의 목적으로 소집되던 국민 대표회 운동이 소란하였고 미주에는 파쟁이 조장되어서 민중의 재정 후원이 감축되니 정부의 재정곤란이 막심하였다.

이 같은 혼란 중에서 1년을 지낸 후에 임시의정원이 급한 정형을 당하여 임시대통령 리승만에게 정부 유지방침을 요구하던 통신 왕복이 다음과 같다.

1922년 4월 17일 상해 전보
임시대통령 리승만 각하
정부의 형세가 급하니 유지방침을 보내시고 난국을 정돈하시오
대한민국 임시의정원

1922년 4월 18일 와싱톤 발 전보
임시의정원 제공
로백린을 국무총리로 임명하니 내각을 다시 조직하고 나의 결재를 받은 후에 실시하시오

와싱톤 리승만

1922년 5월 16일 상해 발 전보
임시대통령 리승만 각하
로백린은 국무총리직에 취임이 불능하고 정부에 각원이 없으니 무정
부 상태요 속히 책임을 이행하시되 5일 안으로 회답하시오
대한민국 임시의정원

1922년 5월 22일 와싱톤 발 전보
임시의정원 제공
당신들이 소란을 일으키면 이 곳의 재정 수합하는 일이 방해되어서
재정 곤란을 당할 터이니 속히 정돈하시오
와싱톤 리승만

1922년 6월 5일 상해 발 전보
임시대통령 리승만 각하
시국이 지극히 어려운데 임시대통령과 국무원들이 정부에 대한 책임
을 이행하지 못하므로 임시대통령 내각불신임안이 제출되었으니
의향을 말씀하시오
대한민국 임시의정원

1922년 6월 8일 와싱톤 발 전보
임시의정원 제공
국내에서 13도 대표가 정부를 조직하고 이로써 정식 정부가 설립될
때까지 이행하자는 약법이 있으므로 정식 후임자가 나오기 전에는
사명을 전할 곳이 없어서 사면하지 못하겠소
와싱톤 리승만

1922년 6월 9일 상해 발 전보

임시대통령 리승만 각하
헌법에 의하여 후임자 택선의 책임이 임시의정원에 있는 것이니
염려마시고 사직하시오
　　　　　　　대한민국 임시의정원

정부의 정형이 곤란한데 임시대통령 리승만이 아무 정책도 없이 임시의
정원의 요구를 무시하고 위협하는 의사를 표시하며 임시 대통령 자리만을
잡고 있으려 하므로 불신임안이 제출되었다.

불신임안

대한민국 4년 6월 10일에 임시대통령 리승만과 국무원 불신임안이
제10차 임시의정원에 상정되어서 1주간 심사를 경유하고 6월 17일에
재적의원 4분 3의 가표로 통과되었다.
제안자 대한민국 임시의정원 의원
　　　　　오명선, 안정근, 조상섭, 량기하, 차리석

주 문
1. 현임 임시대통령 리승만이 피선된 지 불과 4년에 인민의 불신임이
   현저하여 각지에서 반대가 날마다 증가되며 그 영향이 임시정부에
   미치는데 민중을 융화하지 못하고 감정으로써 민중여론을 배척하
   는 까닭에 민중에 분규와 파쟁이 조장되고 정부 후원이 타락되어서
   독립운동이 침체 상태에 빠져 있다.
2. 현임 임시대통령 리승만이 대미 외교사업을 빙자하고 미주에서
   동포가 정부에 상납하는 재정을 수합하여 임의 용지하였고 정부행
   정을 돌아보지 않았으며 국제연맹과 열강회의를 대상으로 하던
   구미 외교사무가 중단됨에도 불구하고 헛된 선전으로 동포를 유혹
   하며 외교비 모집을 계속하여서 그 재정으로 자기의 동정자를
   매수하고 있다.

3. 국무원이 총사직을 제출하였으나 임시대통령이 그 사직 청원을 처리하지 못하고 몽매한 처사로 여러 번 국무총리를 임명하였는데 매번 당사자가 알지 못하게 독단적 행사를 하여서 혼란을 계속할 뿐이고 아직도 정부를 정돈하지 못하고 있다.

4. 국무원은 총사직을 발표한 지 여러 달이 되었으나 아직도 거취를 작정하지 못하고 다만 임시대통령의 처사를 기다린다고 하며 곤란한 시국에 대책 없이 앉아서 감정적 행동으로 정부위신을 타락하고 있다.

5. 이상의 사실이 임시대통령 리승만과 국무원불신임안 제출의 이유이다.

임시대통령의 그 내각불신임안이 통과된 후에 리승만이 임시의정원의 행사를 반대하니 동지회와 교민단이 임시의정원에 성토문을 보내고 상해, 하와이, 미주 각지에 선전문을 돌려서 임시의정원 반대를 선동하였다.

국민대표회

대한민국 임시정부 국무회의가 결렬된 후에 파쟁이 계속되고 시국이 소란하므로 상해에 있던 유지 인사들이 1921년 5월 12일에 '시국 강연대회'를 열었는데 그 목적이 통일, 군사, 외교, 경제, 문화, 식산 6대사를 공개 토론하여 독립운동의 새로운 방략을 강구하며 모든 역량을 임시정부로 집중하여서 중앙세력을 확립하자는 것이었고 이것이 국민대표회 소집의 동기였다.

독립운동의 전도 방침과 중앙세력 확립을 위하여 크게 모여 보자는 것이 소란하던 판국의 지침이 되어서 각지의 인사들이 향응하여 동 5월 29일에 상해, 프랑스 조계에서 국민대표회 발기회를 열고 대회 소집 준비에 착수하였다.

발기인

여운형, 강구우, 리탁, 안창호, 서병호, 김병조, 김규식, 김위택, 남형우, 송병조, 최동오, 남공선, 윤현진, 리병열, 도익권, 김만겸, 신숙, 김 철, 최대갑, 양현, 원세훈, 라용균, 한진교, 리규홍, 리원익

국민대표회 발기회가 본국 일본, 봉천, 천진, 흑룡강, 길림, 상해, 남경, 북경, 모스코, 연해주, 치따, 미주, 하와이 등지에 있던 단체와 지도자들을 연락하기에 많은 시일을 소비하고 각지의 대표들이 모여드는 데 여러 달이 걸린 까닭에 대회 소집을 준비한 지 1년 9개월 만에 열게 되었던 것이다.

1923년 1월 3일에 중국 상해 법조계에서 국민대표회를 열고 대회 조직과 대표의 자격 심사를 마친 후 동년 2월 21일에 선서식을 거행하니 참가한 단체가 61이고 국내 각도 대표 13명과 각 단체 대표 113명이 참석하였는데 그 중에 미주 대표는 북미 대한인국민회 대표 도산 안창호와 하와이 독립단 대표 리상호와 멕시코 대한인국민회 대표 대리 신익희였다.

국민대표회 임원 조직
의장 김동삼, 부의장 안창호, 서기 2인
자격심사 위원 5인, 군사분과 위원 6인, 외교분과 위원 7인, 재정분과 위원 7인, 개헌분과 위원 7인, 노동분과 위원 7인, 과거문제 조사 위원 7인

국민대표회가 3개월 동안에 92차 의회를 열었고 150번 의안 토의가 있었는데 각 당파의 사정과 시국관이 같지 않아서 이론이 복잡하던 중에 피차간의 양보와 희생의 정신이 부족하고 충돌이 심하였다.

1. 군사문제는 '자유시 사건'과 '호림 밀산 사건'과 '통의부 사건' 토의에 충돌이 있었다.

2. 외교문제는 '원동의 외교실패'와 '위임통치 사건' 토의에 충돌이
   있었다.
3. 재정문제는 '김립의 40만 원 사건'과 '한형권의 30만 원 사건' 토의에
   충돌이 있었다.
4. 임시정부문제에 들어가 의사가 갈리고 분열이 심하여서 국민대표회
   가 실패되기에까지 이르렀다.

국민대표회 소집의 본의가 임시정부 후원이었으나 그 때의 사세는
임시정부 현상을 그대로 계속할 수 없었기 때문에 개조안이 제출되었다.
대한민국 임시정부개조안은 해외동포 시비의 중심 문제이던 까닭에
토의가 긴장하여 15일 동안 연속되던 회석이 매일 만원이었으며 그
대표들의 주장이 세 갈래로 분열되어서 토의 중에 박수갈채 할 때도
있었고 분기가 충천하여 회석을 소란하게 한 때도 많았었다.

1. 정부를 개혁하자는 것이니 이는 리동휘, 문창범, 윤해 일파의 주장이
   며 그 배후세력이 아령의 군사운동자들이었다.
2. 정부를 현상대로 유지하자는 것이니 이는 김구, 리시영, 손정도, 송병
   조 일파의 주장이며 그 배후세력이 미주의 교민단과 동지회였다.
3. 정부를 개조하자는 것이니 이는 김동삼, 안창호, 여운형, 홍진, 리유
   필 일파의 주장이며 그 배후세력이 미주의 대한인국민회와 만주의
   군사운동자들이었다.

필경에 정부 현상 유지파는 국민대표회 파괴를 운동하고 개혁파는 정부
전복을 운동하던 좌우 극단의 충돌로 인하여 국민대표회가 실패되었다.

대국 쇄신안

국민대표회의 실패로 인하여 원동의 인심이 헤어지고 리승만 불신임안

이 통과된 후에 재미동포 간의 분규가 발생되어서 원동과 미주의 후원이 모두 타락되므로 정부 유지가 곤란하게 되었다.

이 때에 임시의정원이 정부의 위급한 정세를 고려하여 각계 각파를 모아서 장래 방침을 강구하려는 목적으로 대국 쇄신안을 통과시켰다.

제의안의 주문
1. 정국의 혼란과 임시정부의 혼돈 상태를 교정하려던 결과가 오늘의 현상을 초래하였고 지금에 쌓인 착오를 문제마다 교정하려면 시비에서 헤어나지 못할 것이며 문제도 해결되지 않을 것임.
2. 임시정부 문제를 중심하고 시비하던 우리의 충돌이 모두 정부를 위함이고 정부 존재의 위기를 부르려던 것이 아니었으나 그 시비로 인하여 정부의 존폐 문제가 발생되었으니 이제 모든 의사 차이를 무조건으로 쓸어버리고 정부 후원에 동심동력하지 않을 수 없음.
3. 임시정부의 혼란한 정형을 정돈하는 첫 계단으로 임시대통령 불신임안을 작소하고 리승만 박사와 각계의 인사들을 합석시키어 대국 쇄신의 방책을 강구하기로 제안함.

임시의정원이 리승만에게 대국 쇄신안 통과의 사실을 알리고 정부에 오기를 청하였으나 리승만은 대국 쇄신안을 찬동하지 않으며 임시의정원 요청에도 응락하지 않았다.

임시의정원 대한민국 임시헌법 제3장 제17조에 의하여 국무총리 리동녕을 임시대통령 직권대리로 임명하고 국무원을 다시 조직하여 정국을 쇄신한 후에 원동과 미주 각지에 통첩을 보내서 동포의 후원을 청하였다.

대국 쇄신안이 실현되니 각지에서 임시정부 후원운동이 시작되는데 상해에 정부후원회가 조직되고 하와이와 미주의 각 단체가 임시정부에 재정 후원을 계속하며 하와이 교민단까지도 인구세를 수봉하여 보냈다.

그러나 리승만은 임시의정원의 행사를 반대하며 하와이 교민단에서 수봉하여 보내는 인구세까지 막으려고 일으킨 시비문제가 있었는데 그 사실을 다음에 기록한 구미위원부 특별 통신과 임시정부 재무총장의 공문에서 볼 수 있다.

구미위원부 특별 통신

대한민국 6년 7월 3일

그동안 임시정부 내용이 단결되지 못하여 일을 진행하지 못하고 헛되게 세월을 보냈으며 수월 전에 하와이에서 보낸 재정도 공결이 없이 비용하여서 시비가 있던 소식을 우리까지 알게 된 것이 유감이다.

미주와 하와이에서 임시정부에 재정을 보내서 도움이 되지 못하고 분열이 있게 되므로 우리가 의정원과 국무원에 공함하여 재정의 일정한 규모를 세우라고 제의한 일이 있었다.

하와이에서 인구세를 임시정부로 보낸 일이 몇 번 있으나 그것은 예외로 묵허하고 지금부터는 인구세를 구미위원부로 보내며 규례의 문란함이 없게 하라고 하와이 교민단장에게 훈시하였다.

하와이 교민단장이 임시정부 재무총장의 지령으로 수봉하는 인구세는 임시정부로 보낼 것이라고 고집하여 이론을 일으켜서 각 지방 동포에게 오해를 주는 까닭에 구미위원부가 교민단장에게 사실을 이해하도록 효유하려고 한다.

원래에 하와이 교민단의 자치권을 침해하더라도 국사에 필요가 있다면 명령을 복종할 것이며 더욱이 인구세는 정부 행정에 관한 것이니 명령과 조례에 따라서 구미위원부에 보낼 것이고 다른 이론이 없을 것이다.

하와이 교민단장의 주장이 교민단 의사회에서 인구세를 임시정부에 보내기로 결정하였으니 다시 변동할 수 없다고 한다. 사세가 그러하더라도 상부 명령으로 인구세를 구미위원부에 보낸다고 성명서를 발포하여 동포로 하여금 이해하게 할 것인데 그렇지 않고 이 사건을 공중의 결의로 판정하겠다고 하는 것은 정부의 질서를 문란하게 하는 것이다.

이같이 질서를 문란하게 하면 정부 행정이 곤란하므로 이 사실을 공포하여 일반 동포에게 알게 하는 동시에 교민단 단장 김영기를 견책하노니 자금 이후에는 이러한 폐습이 없기를 바라노라.

임시정부 재무부 공문 제95호

대한민국 6년 11월 28일
재무총장 리시영
임시대통령 리승만 각하

본인이 경제상 식견이 부족하여 사업에 유익을 주지 못하므로 여러 번 사면하고자 하였으나 정부의 사정이 곤란하여서 어찌할 수 없이 책임을 이행하고 있는 것을 잘 아실 것입니다.

그런데 본년 7월 3일에 발행한 소위 구미위원부 특별통신을 본즉 기괴착란한 말을 기재하였기로 부득이 몇 조건 사실을 들어서 경고합니다.

구미위원부라는 것이 연방정부가 아니고 정부 이상의 기관도 아니며 다만 임시대통령의 외교 보좌기관에 불과한 것으로서 **법률을 초월하여** 정부 이상의 행정을 못할 것인데 무슨 법률에 의하여 그러한 망설을 발포하였는지 알고자 합니다.

하와이에서 보낸 '재정을 공결이 없이 비용하여 이론과 분열이 있다'고 하였은즉 그 증거가 무엇인지 질문하지 않을 수 없습니다.

정부의 수입과 지출은 다소를 물론하고 문부가 있으며 1푼이라도 법에 의하지 않은 지출이 없으니 이는 본인이 지나간 5년 동안에 지켜온 신조이고 정부 동인이 아는 바인데 지금 구미위원부가 증거없는 말을 기탄 없이 공개한 의사가 무엇입니까.

어떤 사람이 정부를 중상하려는지 알 수 없으나 이는 정부 동인의 신분상 관계가 있을 뿐만 아니라 정부 재정수지에 막대한 영향을 주는 것이고 기회를 만들어서 정부를 분립하려는 음모인즉 이에 대하여는 책임자가 있을 것입니다.

하와이의 인구세는 그 곳 동포들이 정부에 보내겠다고 공결한 바가 있고 정부에 교민단 단장을 징수위원으로 임명하여 수봉하는 것입니다.

정부의 세납징수는 법으로 정한 기관 이외에 누구나 간섭하지 못하는 것은 상식으로 알 수 있는 것인데 구미위원부가 못된 말을 발포한 것이 무슨 의사입니까.

전자에 재무부에서 미주의 징수사무를 구미위원부에 위임하였던 것은 그 때에 위원부가 징수사무에 협조하겠다고 하여서 허락하였던 것이고 그것으로 어느 때이나 정부의 징세 법칙을 무시하라는 것이 아니며 그것에 관한 명문이 있는 것을 누구보다 각하께서 잘 아실 것입니다.

구미위원부가 임시정부의 인구세 수봉을 방해하려고 사실 없는 말을 발포하여 인심을 현혹시키는 행동을 질문하오며 이 사건을 각하에게 드리오니 조량하시고 법을 준수하시와 처리하심을 경요합니다.

재무총장 리시영의 공문이 효과를 발생하지 못하고 도리어 리승만의 촉감을 일으켜서 정부 반항운동이 심하였다. 임시정부와 임시대통령 리승만 간의 충돌로 인하여 보조를 같이할 희망이 없고 시일이 갈수록 파쟁의 혼란이 파급되어서 독립운동이 침체되는 까닭으로 임시의정원에 임시대통령 리승만 탄핵안이 제출되었다.

임시대통령 리승만 탄핵안
(『신한민보』 및 정부통신 참조)

1925년 3월 13일에 대한민국 임시의정원에 '임시대통령 리승만 탄핵안'이 상정되어서 동 3월 18일까지 토의를 종결하고 심사원에게 넘기었던바 동 3월 23일 의회에서 심사위원의 보고를 받고 재적의원 5분의 4의 출석과 출석의원 4분의 3의 가표로 임시대통령 리승만 탄핵 면직을 가결하였다.

탄핵 심판서
탄핵 제안자 : 대한민국 임시의정원 의원(곽헌 최석순 문일민 고준택

강창제 강경신 라창현 김현구 림득산 채운개)

탄핵 피고자 : 대한민국 임시대통령 리승만(초래에 응하지 않고 결석)

탄핵 심사자 : 대한민국 임시의정원 사법의원

탄핵 심판의 내용 : 임시대통령 리승만은 시세에 암매하여 정견이 없고 무소불위의 독재행동을 감행하였으며 포용과 덕성이 결핍하여 민주주의 국가정부의 책임자 자격이 없음을 판정함.

임시대통령 리승만이 대한민국 임시헌법을 기탄 없이 저촉하였고 국정을 혼란시켜서 국법의 신성과 정부의 위신을 타락하게 하였음을 판정함.

임시대통령 리승만의 범과 사실을 심리하고 대한민국 임시헌법 제4장 제21조 제14항에 의하여서 탄핵면직에 해당함을 판정함.

리승만 범과의 사실 :

1. 임시대통령 리승만이 그 직임에 피선된 지 7년에 임시대통령의 선서를 이행하지 않았으며 정부의 행정을 집정하지 않았고 각원들과 불목하여 정책을 세워보지 못하였다.
2. 임시대통령 리승만이 대미 외교사업을 목적하고 설립한 구미위원부를 갖고 국무원과 충돌하였고 아무 때나 자의로 법령을 발포하여서 질서를 혼란하게 하였으며 정부의 처사가 자기 의사에 맞지 않으면 동지자들을 선동하여 정부를 반항하였다.
3. 임시대통령 리승만은 그 직임이 국내 13도 대표가 임명한 것이라 하여 신성불가침의 태도를 갖고 임시의정원 결의를 무시하여 대통령 직임을 '황제'로 간주하여 '국부'라 하며 '평생직업'을 만들려는 행동으로써 민주주의정신을 말살하였다.
4. 임시대통령 리승만이 미주에 앉아서 구미위원부로 하여금 재미동포의 인구세와 정부 후원금과 공채표 발매금들을 전부 수합하여

자의로 처단하고 정부에 재정보고를 제출하지 않아서 재정 범포가 어느 정도까지 달하였는지 아지 못하게 하였다.
5. 임시대통령 리승만이 민중단체의 지도자들과 충돌하여 정부의 고립 상태를 주출하고 재미 한인사회의 인심을 선동하여서 파쟁을 계속하므로 독립운동에 막대한 지장을 주었다.

임시대통령 탄핵심판서를 리승만에게 보내고 만일 사실상 착오가 있으면 2개월 안으로 대한민국 임시의정원에 공소하라고 하였으나 회답이 없었고 탄핵안은 사실 그대로 실시되었다.

임시정부 설립 이래 정치운동, 군사운동, 외교선전 들에 관한 일이 많았는데 일마다 충돌과 분열을 당하다가 시비의 중심인물이던 리승만이 면직되고 임시정부는 내부 결속에 노력하였다. 그러나 일의 좋은 시기가 벌써 지나갔고 정치적 파동의 영향과 민중 분열의 흔적이 너무도 커서 정형이 곤란하였다.

이 때에 원동의 인심수습이 어려웠으며 미주에는 동지회 일파가 임시정부를 후원하지 않았으나 여러 단체와 뜻있는 개인들의 후원이 많고 각원들의 희생적 봉사로 정부 유지가 가능하였다.

특무 공작

1930년 8월 4일에 대한민국 임시정부가 혁명동지 환기운동을 계획하였으니 이는 왜적이 대륙침략으로 인하여 소란하여지던 원동 정세를 계기하여서 우리의 운동을 부흥하던 것이다.

그래서 국무령 김구가 민중운동으로 애국단을 조직하고 그로 하여금 특무 공작에 착수하게 하였으니 그것이 왜적의 침략군 수뇌자들을 숙청하려던 것이며 그 운동으로써 피곤하던 우리 동포와 중국 민중의 애국정신을 고취하였다.

1931년 12월에 최홍식과 유상근을 중령 장춘에 파송하여 왜적의 점령군 수뇌자 숙청을 계획하던 한편 리봉창을 일본 동경(도쿄)에 보내서 일황 폭격을 계획하고 윤봉길로 하여금 상해에서 왜적의 동정을 탐지하게 하였다.

1932년 1월 8일에 리봉창 의사가 일본 동경에서 일황 유인(히로히토)을 폭격하였는데 불행히 뜻을 이루지 못하였다. 그러나 그 소식이 세계에 전파되어 대한 민족의 애국기상을 발휘하였다.

동년 4월 29일에 윤봉길 의사가 상해 홍구공원에서 일황의 생일에 일본의 위세를 시위하고 있던 왜적의 수뇌자들을 폭격하니 중국 민중의 정신이 고취되어서 이로부터 한인에게 대한 동정심이 많아졌고 대중외교와 선전의 효과를 얻었으나 그 반면에 윤봉길과 도산 안창호가 희생되었다.

일본이 중국정부와 프랑스 조계 관리들에서 홍구 폭격 주모자 체포를 요구하며 프랑스 조계에 거류하던 한인들의 주택을 수색하던 때 도산 안창호가 체포되고 임시정부 각원들이 피신하여서 3년 동안 지하운동을 하였다.

윤봉길 의사의 홍구 폭격이 중국을 진동하고 그 민족의 애국정신을 환기하였으며 중국 정부 주석 장개석이 대한민국 임시정부 국무령 김구를 찾아서 회견하던 때에 김구가 그 기회에 한국 사관 양성사업의 원조를 청하였다.

1934년 10월에 중국정부가 한국 사관 양성사업을 동의하고 중국 하남성 군관학교 낙양분교를 한국 사관양성소로 사용하기를 허락하였다.

1935년 2월부터 북경, 천진, 남경, 상해 등지에 있던 한국 청년 백여 명을 모집하고 만주에 있던 리청천과 리범석을 교관으로 청하여 사관양성소를 시작하였다가 겨우 1기생 졸업을 마치고 중단하였으니 일본정부의 김구 체포 요구와 한국 사관양성소에 대한 항의가 심하여서 중국정부가 한국 사관양성소 폐지를 발표한 까닭이었다.

독립군의 활동

대한민국 임시정부 설립 이전부터 원동에 한인 군사운동이 있었는데 이는 1907년 8월에 한국 군대가 해산을 당하고 국내 각지에 의병을 편성하여 왜적을 대항하던 애국지사들이 일제의 강점후에 국경을 넘어서 서간도 유하현에 자리를 잡고 경학사를 설립하여 군인을 양성하던 것이 원동 군사운동의 시작이었다.

대한민국 임시정부가 설립되고 독립군 편성을 경영하던 때에 임시정부 개조의 혼란이 발생되었고 그 영향이 군사 운동계에까지 파급된 까닭에 원동의 군사 운동자 전부를 망라하지 못하였으나 대개 임시정부 기치 하에 들어와서 활동하였다.

재미한인 기록에서 볼 수 있는 임시정부 기사에 의하면 대한민국 2년에 획정한 독립군의 활동지대가 다음과 같다.

중국 노령현 동변도에서 압록강 연안으로 홍경까지는 한국독립군과 서로·군정서의 활동구역이었는데 그 곳에 총재 리상용과 총사령 홍범도 장군과 지휘관 리청천 장군이 있었다. 그리고 길림성 동변도와 연길, 화룡, 왕청 등지는 조선혁명군과 북로·군정서의 활동구역이었고 그 곳에는 총재 서일과 총사령관 김좌진 장군이 있었다.

군사운동 경비는 대개 원동과 미주 동포들의 후원으로 충당되고 군기는 서백리아에 주둔하였던 체코 군대를 통하여 구입하였으며 수백 명 장교들이 있어서 독립군을 훈련하였다.

독립군의 전적이 많으나 그 중에서 유명하던 승전과 패전의 한 예를 이에 들어서 기록, 역사의 참고로 하여 둔다.

대한민국 2년 10월에 북로·군정서 사령관 김좌진 부하 독립군 4백여 명이 화룡현 천산리에 주둔한 소식을 알고 왜적이 동병하는데 1대는 장고봉을 지나서 남하하고 1대는 라남으로부터 두만강을 건너서 북상하여 길림성 화룡현에 와서 합세하여 갖고 청산리를 습격하였다.

김좌진 장군이 왜적의 동병을 탐지하고 산악이 험준한 백운평 산림

중에 복병하였다가 일병이 당도하던 때에 수십 명 병졸들로 하여금 일병을 유인하여 산속에 들어오게 한 후 좌우에서 복병이 포격하니 불과 하루 동안에 일군이 대패하여 사망자가 3천여 명에 달하였고 수백 명 패잔군들은 군기를 버리고 도망하였다.

우리 군대의 부상자가 50여 명이고 사망자가 20여 명에 달하였으나 일군을 대패시키고 다량의 군물을 얻었으니 이것이 유명한 독립군 승전의 사실이다. 그리고 리청천 장군의 부하 군대가 소련군에게 잡혀서 무장해제를 당하고 도망하던 것은 패전의 한 사실이다.

임시정부 풍파의 영향으로 원동 각지의 군사운동 부대들이 분립된 후에 7년 동안 산곡에 근거를 두고 두만강과 압록강 연안에 출동하여 유격전으로 항일투쟁을 계속하며 국내에 유격대를 들여보내서 왜적의 경비시설을 파괴한 사실이 많았다.

1931년 9월 18일에 왜적이 중국에 심양 사변을 일으키고 그로써 동삼성을 점령한 후에 우리 독립군 부대들이 근거지를 유지할 수 없게 되니 중국 관내에 들어가서 혹은 부대나 혹은 개인으로 중국 군대에 종군하게 되어 독립군은 이산되었다.

한국광복군

1937년 7월 7일에 중국이 일본의 침입을 입고 대일선전을 포고하여서 동양에 전운이 일어나고 해외동포가 항일운동 확대를 고창하는데 응하여 대한민국 임시정부가 동월 15일에 군사위원회를 조직하고 재미 한인사회에 경제적 후원을 요구하였다. 그래서 하와이 대한인국민회가 군사운동 후원금을 모집하며 북미 대한인국민회는 국민부담금을 수봉하여 보내니 이것이 한국광복군 편성 계획의 처음이었다.

그러나 왜적의 침략세력이 강대하여 중국정부가 남경을 방어하지 못하고 피란하니 우리의 임시정부도 피란하게 되어서 광복군 편성을 시작하지 못하였다. 그 후 1939년 2월에 광서성 유주에 당도하여서 광복 진선 청년들을 모집하여 공작대를 조직하고 중국 군대 후방 공작을 협조하던 것이 광복군 편성을 준비하게 되었다.

동년 5월에 대한민국 임시정부가 중국 사천성 중경에 도착하니 이곳이 피란의 종점이었고 이로부터 활동을 전개하였는데 정치상으로는 각 당파를 망라하여 연립내각을 조직하며 군사상으로는 광복군 편성에 착수하였다.

동년 11월에 임시정부 군사위원회가 특파원 조성환, 황학수, 리춘식, 왕중양, 유웅 들과 장교 12명을 화북 각지에 파송하여 군사모집과 군대훈련을 시작하고 1940년을 '군사년'으로 지정하여 광복군 편성에 전력하였다.

1940년 2월 5일에 한국광복군 편성의 설계를 중국정부에 제출하여 중국영토 안에서 한국 군사운동을 허락하라고 요청하였던바 동년 5월 22일에 중국 정부 주석 장개석이 그에 동의하고 육군부로 하여금 대한민국 임시정부 군대편성을 협조하니 이로부터 한국광복군 편성이 확대되었다.

광서성 유주에서 훈련한 광복 진선 청년 공작대를 광복군 편성의 기본 부대로 정하고 섬서성 서안부에서 잡힌 왜적 포로 중에 혼합되었던 한국 청년들을 감화시켜 한국광복군의 처음 1대를 편성하였다.

1940년 8월 18일에 한국광복군 편성을 완성하고 광복군 총사령부와 군비조달의 책임 부서를 다음과 같이 조직하였다.

한국광복군 총사령부
참모총장 류동열
참모부장 리범석
총사령관 리청천
부사령관 김원봉

군비조달 위원 :
하와이 대한인국민회, 하와이 동지회, 북미 대한인국민회

한국광복군 편성의 요지

1. 대한민국 임시정부가 국가광복을 목적하고 민족 총동원의 선봉으로 광복군을 편성하였으며 대한 민족은 누구나 광복군에 복무할 의무가 있는데 몸을 바치기 어려운 경우에는 군비를 위하여 경제적 책임을 부담할 것이다.
2. 중국에 있어서 광복군 모집의 방도는 중령 각지에 산재한 무장 동지들을 규합하며 윤함 구역에 있는 동포들과 국내에서 탈주하는 청년들을 훈련하여 광복군에 복무하게 할 것이다.
3. 한국광복군의 활동지대는 북으로 화북 전선을 연락하고 서북으로 산서성에 유격대를 연락하며 서안에서 영제와 하남에 있는 중국 군대와 연락하고 남으로 중경을 호위할 것인데 전세를 따라서 군사위원회의 지도가 있을 것이다.
4. 한국광복군의 기치와 표장은 태극을 사용하되 한국광복군이라는 글자를 붙여서 대한민국 국군인 것을 표시할 것이다.
5. 한국광복군은 대한민국 임시정부 통솔 하에 있는 한국 군대이므로 중국 군대에 부속되지 않고 임시정부 광복군 총사령부 명령에 의하여 행동할 것을 원칙으로 하되 활동지대가 중국 영토이고 중국 군대와 동일한 전선에서 작전하게 된 관계로 인하여 작전행사에는 중국 군대 최고사령부의 지휘를 받을 것이다.
6. 한국광복군의 사명은 중국의 전쟁에 협조하여 항일전쟁에 승리하는 것이므로 우리의 국가를 광복할 것이요 중국에 있어서 당면한 문제는 연합군의 자격을 갖고 왜적을 대항할 것이다.

1940년 9월 17에 대한민국 임시정부가 중경에서 한국광복군 전례식을 거행하고 재미한인이 미령 각지에서 축하식을 거행하였으며 이것이 국치 이후 30년 만에 정비한 군대로 왜적을 대항하던 첫 날이었다.

대한민국 임시정부 포고문 (한국광복군 전례식에서)

한국광복군 편성과 총사령부 설립을 일반 국민과 충용 장사들에게 고하노라.

3·1선언과 함께 본 정부가 창설된 이래에 내외 각지에서 무장 동지들이 혈전을 계속하였고 정부는 무장세력의 통일집중과 군비조달을 관심하는 동시에 지구전 격려에 노력하여 왔다.

그러나 정부가 무장 동지들의 대립 상태를 융합하지 못하였고 외국 영토에서 우리의 군사활동을 추진하는 데 국제 동정을 구하지 못하였던 모든 책임을 자인하는 바이다.

과거 수십 년에 무장 동지들이 당한 고통을 고찰하여서 그 불합리적 원인을 없이 하려고 노심한 결과로 한국광복군 편성의 설계를 중국 정부에 제출하여 양해를 얻었다.

중국 영토에서 한국광복군의 대일항전 행동을 공인할 것과 우리 군대의 필요조건을 협조하여 줄 것과 우리 군대와 중국 군대가 연합군의 형세를 지어서 상응상조할 것과 공동 작전계획을 중국 정부와 협정하였으며 이제 아래의 5항을 실천할 것이다.

1. 한국광복군 총사령부는 군대 편성과 사령의 임무를 이행하며 군력 집중에 노력함.
2. 대외행사는 연합국 군대와 병진하여 상응상조하는 신조를 유지함에 노력함.
3. 각 군사운동 직선에 있는 혁명 동지와 그 부하의 충용장사들로 하여금 광복군 기치 하에서 군사통일을 도모하는 데 노력함.
4. 광복군은 정확한 전력으로 진용을 정비하고 최후 승리를 탐책함.
5. 지도정신을 귀일하며 군비를 조달하며 외교와 선전으로 광복군의 위신을 향상하는 일체 행사는 임시정부가 담책함.

한국광복군이 중국 각 전선에서 유격대에 복무하다가 1941년 10월 25일에 중국 정부가 한국광복군의 참전을 승인한 후부터 정식으로 출전하였으며 동년 11월 19일에 대한민국 군사위원회와 중국 군사 최고 사령부 간에 9개조 '행동준승'을 협정하였으니 이는 한국광복군 편성 요지 제5항에 있는 조건을 이행하던 것이었다.

조선의용대가 한국광복군에 합동된 후에 행동준승협정을 반대하며 임시정부를 비난하였으나 일시적 감정이었고 한국광복군은 참전 이래 3년 동안 행동준승협정에 의하여 작전하다가 1944년 8월 23일부터는 작전행사가 자유롭게 되었다.

조선의용대는 조선민족혁명당 소장파의 집단이었는데 일군이 중국 남경을 침입하던 때에 피난하여 한구에 당도하면서 중국 군대 후방에서 선전과 벽보 통신을 협조하는 것으로 군사위원회 정치부 동정을 얻어서 유격대를 조직한 것이며 1942년 2월 4일 중경 통신에 의하면 그 대원이 300명 가량이고 대장은 김원봉이었다.

중국 정부가 한국광복군과 조선의용대 간의 대립 상태를 융화하려고 한인 군사운동의 통일을 권고하다가 필경 1942년 5월 13일에 조선의용대 폐지령을 발포하고 조선의용대로 하여금 한국광복군에 편입하게 하라고 지령하였다.

동 5월 18일에 대한민국 군사위원회가 조선의용대를 광복군 제1로군으로 편입하고 그 대장 김원봉을 부사령관으로 임명하였다.

대일 선전 포고

1941년 12월 11일에 대한민국 임시정부가 중경에서 대일 선전을 포고하고 민주주의 국가 연합전선에 참가하는 통고문을 미·영·중·소 4개 국에 보냈다.

1942년 1월 3일에 대한민국 임시정부가 재미한족연합위원회에 보낸 공문에 의하면 이 때 한국광복군이 925명인데 중경에 총사령부가 있고 중경 남부에 제1대 본부가 있으며 안휘성 구양에 제2대 본부가 있으며 섬서성 서안에 제3대 본부가 있으며 군량과 군수품은 중국정부의 원조를 받고 군사행정 경비는 전부 재미동포의 후원을 의뢰한다고 하였다.

1943년 8월 13일에 연합군 사령부의 요구로 광복군 사관 1대를 뻐마 전선에 보내서 연합군의 작전을 협조함으로부터 연합군 총사령부가 한국 광복군을 공인하였다.

대한민국 임시정부가 해외에 설립되어서 27년간 국가광복사업에 항구여일한 봉사를 바쳤으며 조국이 해방되고 해외활동의 사명을 마치니 조국재건에 봉사하기 위하여 1945년 11월에 귀국하였다.

부 록 · 자료모음

부 록 · 자료모음

뉴욕에 도착한 제1차 신사유람단의 기념사진

박용만의 대한인국민공회 民籍

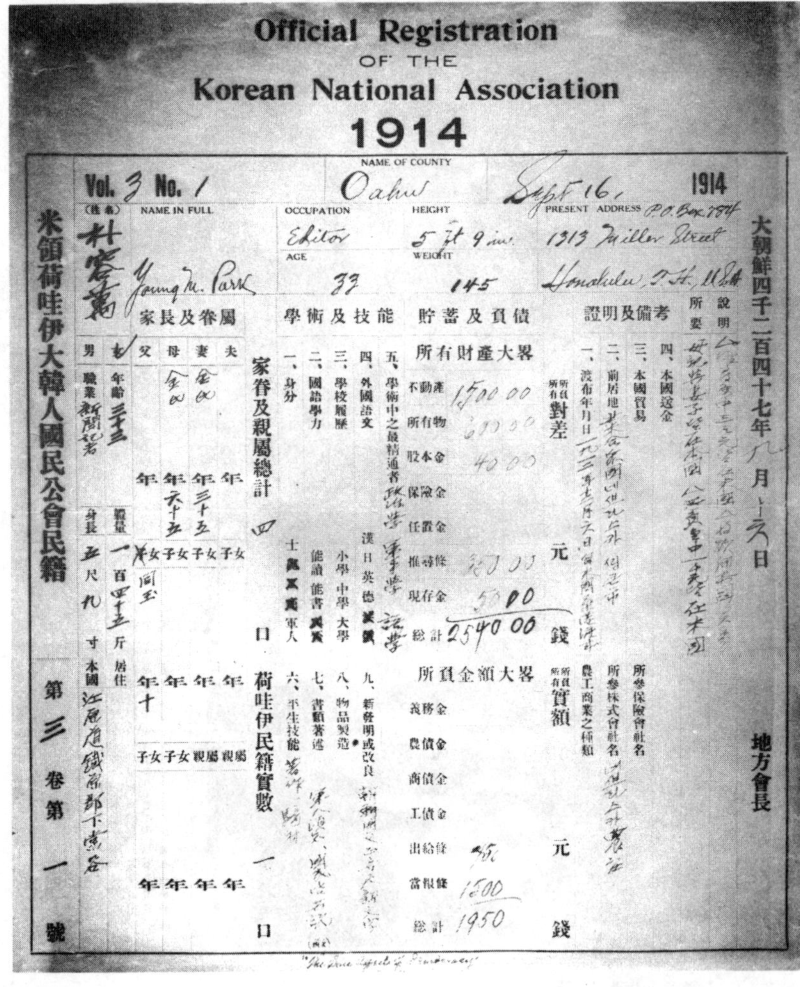

Official Registration
OF THE
Korean National Association
1914

Vol. 3 No. 1   NAME OF COUNTY Oahu   Sept 16,   1914

장 의사와 스티븐슨 의거 사진

장 의사와 스티븐슨 저격 사건

SOME OF THE PERSONS WHO PLAYED PROMINENT PARTS IN THE INTERNATIONAL INCIDENT THAT HAS DISTURBED TWO CONTINENTS.

장 의사와 스티븐스 사건

In Whan Chang and facsimile of the statement he prepared yesterday justifying his assault on Durham W. Stevens. Below is a portrait of General Min Yong Whan, whose name is being mentioned by local Coreans in the same breath with Stevens' assailants.

In Whan Chang Says Corea's Wrongs justified the Shooting of d. w. Stevens

SAN FRANSISCO CHROICELE

In WHAN CHANG, in his cell at the City Prison, where he is held for the attempted assassination of Durham W. Stevens, worte a statement yesterday in explanation and justification of his ant. Translated,the statement reads: My country is completely wrexked by the Japanese since the Japanese protection. Mr. Stevens helps Japan to make out the plan to destroy Corea, for he was appointed adviser I the interest of Japan, and as he said here, he is a great friend of Japan. He did many things cruel to Corean Government to do service for Corea. While he was paid by the appeared to de something for Corea, but that was all cheating in reality. He said I was a fool and misunderstood the situation, but that is a part if his plan to cheat other people. He has come to the United Stated to tell the people the same false tales that he told here, and if I had cared for my life and let him go on to do it, the hope of my country would have been gone forever. On account of the restrictions placed on her by the other countries of the world Japan is not able to do all the things in Corea that they would like. Therefore, Japan made out a plan to send Steven into the United States under the title of "American Adviser to Corea" to make the people to believe, or to cheat them to believe that the Japanese control is beautiful to Corea. He said in the papers that he is a great friend to Corea, but that is what he says, and he says it to make the people to believe what else he says.

Why would I not kill him? Thousand of thousands of people have been killed through his plan, and as much will be killed if he returns to Corea from United States America. So I shot him for the sake of my country and to sympathize with the people who have already been killed, and to save the people from another killing by Stevens.

What is life? Everybody ought to know how to die. if I kill him and die it will be glory to my country and happy to the people.

대한독립군이 부인구제회 회장 앞으로 보낸 감사장

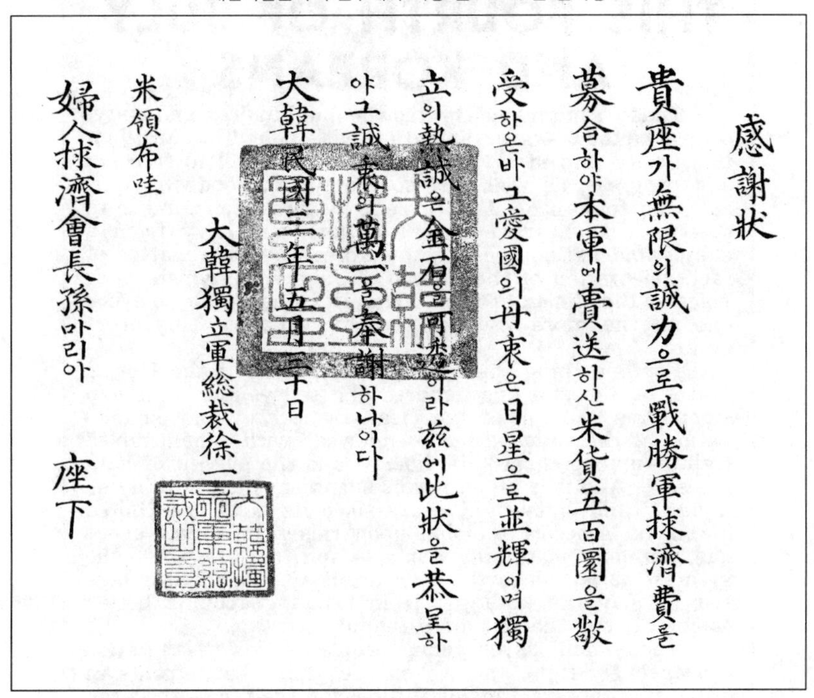

感謝狀

貴座가 無限의 誠力으로 戰勝軍抹濟費를
募合하야 本軍에 賣送하신 米貨五百圜을 敬
受하온바 그 愛國의 丹衷은 日星으로 並輝이며 獨
立의 熱誠은 金石을 可透하랴 茲에 此狀을 恭呈하
야 그 誠意의 萬一을 奉謝하나이다

大韓民國三年五月二十日

大韓獨立軍總裁徐一

米領布哇

婦人救濟會長孫마리아 座下

THIS FOURTH OF JULY AND KOREANS

Today America celebrates the one hundred and sixty-eighth birthday—a great nation with boundless imagination, vision and ideal, and an indomitable will to freedom and progress, as well as resourcefulness, goodwill, courage, and tolerance. And there is every reason for her to deserve wholehearted congratulations and envy from a subjugated nation such as the Koreans. As a matter of fact, celebration of the Fourth of July, 1944, which takes place at the climax of World War II, brings home to every one all the more vividly the significance of this great event.

For one thing the birth of the nation of the United States of America one hundred and sixty-eight years ago symbolizes triumph of the idea—Democracy and emancipation of the common men "endowed" with "unalienable" rights—among them "life, liberty, and the pursuit of happiness." And it is by no means surprising that within one hundred and sixty-eight years since its birth the United States of America founded upon this magnificent spirit has, not only materially but also spiritually, become the greatest nation on earth. Nor is this all. This nation bids fair to play the leading role in bringing about a better tomorrow for the rest of mankind.

Today millions of young people of this great nation courageously fight and die on the global battlefronts in order to preserve the institutions of their country—the crystallization of the immortal spiritual heritage they have derived from their ancestors. At the same time, dedication of their lives to the cause of their present crusade against the evil of the enemy of Democracy is, we believe, motivated by a sacred determination to enable not only their own descendants, but also the rest of mankind to share equally the fruits of Democracy, spiritual, political, material, as soon as the world is liberated from the grip of the Mars. Also through the victory of the United Nations they want to see every nation on earth enjoy an equal opportunity of progress toward a better life by developing to the fullest extent its potentialities.

It is our earnest prayer that the day will come soon when the victory of the United Nations will convert the devastated world into a garden of universal peace, joy, and happiness so that each nation, great and small or rich and poor, may wholeheartedly celebrate its own "Fourth of July."

Dr. Albert Einstein Urges Korean Independence For Future Peace

Famed Professors of Princeton Emphasize Need for Independent Korea

American Committee for Korean Independence Gives Dinner on Princeton Campus

By LLOYD KIMM, N. Y.

"The minority nations of the world, like Korea, must solidify their efforts and must have their places in the international organization and they should work together for the welfare of mankind," declared Dr. Albert Einstein, the world famous physicist and the originator of the Theory of Relativity, who is the professor at the Institute of Humanity at Princeton University.

Famous Writer Justifies Koreans' Qualification

By PEARL S. BUCK

(Following is the text of the speech delivered by Miss Pearl S. Buck, the Nobel Prize Winner, at "Let's Know Korea" Meeting, Town Hall, New York City on February 16, 1944.—Ed.)

조선민족혁명당 북미총 지부 집행위원

조선민족혁명당 하와이 지부 임원

조선의용대 제1차 확대간부회 기념 촬영(1940. 11)

조선민족혁명당 제7차 전당대표대회(1943. 2. 24.)

독립신문사 제1차 사우총회 기념사진(1944. 11. 16.)

하와이 민족혁명당의 군비금 수합 기사

군비금 五千원 수합

하와이 민족 혁명당에서

하와이 미쥭 혁명당에서 보월 十六일에 혁명당 본부의 장졍으로 의하야 의원을 개선 한바.

집행 위원 주석 ┈┈┈┈ 미찬호,
총 서긔 ┈┈┈┈ 현 순,
후보 ┈┈┈┈ 리졍건, 문인화,
조직부 부장 ┈┈┈┈ 박상하, 리졍건,
긔록 서긔 ┈┈┈┈ 리졍건,
선젼부 위원 ┈┈┈┈ 최죵곤, 젼희윤, 홍한식, 젼원박,
재무장 ┈┈┈┈ 졍의수, 김영선,
감찰 위원 ┈┈┈┈ 신세라, 오창익, 천진화, 젼웅관, 탐웅관,
지무장 ┈┈┈┈

각 의원을 선졍하야 군수금 모집을 실시하야 수합된 금액과 씨명이 여좌함.

김영선, 三빅원
김일원, 二빅원
박상하, 二빅원
홍이경, 二빅원
미찬호, 一빅원
김릭제, 二빅원
졍의수, 二빅원
천진화, 二빅원
쳠부인, 一빅원
최죵곤, 一빅원
윤인화, 一빅원
황인환, 五十원
젼원박, 五十원
오창익, 五十원
리졍건, 五十원
오졋자, 五十원

림벽으신, 원형으진, 홍한식, 홍혜자, 고영준,
五十원, 五十원, 五十원, 五十원, 五十원

당석에서 三천 一빅원이 수봉되엇스며, 우리주 장하난 군수금을 하와이에서 五十만원으로 一빅만원을 실시하야 보내난 주장으로 실시하기로 하엿다더라.

그후에 천원이 더수합되여 五천원이 수봉되엇다 도라.

하와이 민족 혁명당 서긔 리졍건

1932년 3월 1일 한인의용대 후원회 주최로
라성 일본영사관 앞에서 벌어진 한인들의 시위행렬

독립신문사 인쇄소 내부와 식자기계

한국의 독립을 약속하는 미국정부의 국제우표(1944.11.2)

KOREAN INDEPENDENCE

Volume 2—   Los Angeles, California, November 8, 1944   —Number 45

U. S. PAYS HIGH TRIBUTE TO KOREA'S VALOR

"Koreans Want To Fight The Japs"

Korea's Potentiality—A Tremendous Asset To The Allies' Victory

SIGNIFICANT ROLE OF KOREA IN WAR AND POSTWAR PEACE

By KIUSIC KIMM
Vice-Chairman of Korean Provisional Government

No one can deny the fact that in the present war effort of the United Nations against the Axis-Powers in Europe and Asia every available men and means must be mobilized and utilized to the utmost. Likewise in the coming rehabilitation of this war-ravaged

THE MAN OF DESTINY

Pres. Franklin D. Roosevelt Who Will Serve the U.S.A. For Another Four Years

AN EXPRESSION OF GRATITUDE TO AMERICAN PEOPLE

Korea, a forgotten nation, has finally emerged from the darkness of oblivion and solitude.

5c Korean Commemorative Stamp Issued

Ceremony Held in Nation's Capital

By INEZ KONG PAI

November 2, 1944 marks a memorable day in the history of Korean-American relations. It is the day that the United States government issued the first Korean stamp as a high tribute to the valor of the Korean people in resisting Japanese oppression. In a simple ceremony in the morning at the Post Office Department building in Washington, D. C., Postmaster General Frank C. Walker presented the stamps to Korea and the Korean people. They were received on behalf of the Koreans by Misses Marion and Lillian Lee, twin daughters of Mr. and Mrs. Won Soon Lee.

Mr. Jacob Dunn was the spokesman for the Koreans who were present. He expressed the Korean people's deep gratitude and appreciation for the bestowment of this honor. Mr. Dunn

전신, 공한 모음 (날짜순)

■MAR. 14. 1919

Hyunsoon, Korean Representative Shanghai

Hawaii help country with soul, and money soon want your full address answer.

Rhee's address Foreign Mission Jocoma? Park Washington D. C.

Lee.　Korean National association

■Mar. 25. 1919

Syngman Rhee Washington Hotel Washington Hotel?

It impossible come home soon.

answer.

Lee Changkwaan

■Mar. 28. 1919

Choi Hong Wye, Namsun Hotel 212 Kilaua? St Hilo Philadelphia, cable which Shanghai Repres. Koreans sent to Dr. Rhee 11,000 Koreans in gail several thousands of women, men children were speared by Japanese troops (to curb uprising) but constantly spread.

Christian missionaries want Dr. Rhee have voiced a demand for independence. Rhee calls conference of Koreans from Hawaii, Mexico and U.S. at Philadelphia.

■Mar. 28. 1919

Kim Kyungchoon Korean tailor Honokaa? Hawaii

Philadelphia cable which Shanghai Representatives sent to Dr. Rhee 11,000 Koreans in gail several thousands of women children were? speared by Japanese troops but constantly spread out christian missionaries want Rhee voice demand? for independence.

Rhee calls conference of Koreans from Hawaii, Mexico, U.S. at Philaphelphia.?
Lee Changkwaan

■*Mar. 29. 1919*

Chin Chungwen Boite postale 369 Paris.
Korean National association congratulate you are in Paris communicate with only association president give your news address then we help you money. answer immediately cable address Konation.
Lee Changkwan
association President.

■*MAR. 29th. 1919*

Hyunsoon Korean representative, Shanghai
Hawaiian Koreans congratulate organized provisional government help country with souls money receive again one thousand from Canton Bank. Answer for news, receipt.
Lee Changkwan
Konation

■*Mar. 30. 1919*

Koreans Sanfrancisco
Did you send cable other society instead of our association so you lost sympathize from Hawaii. There is nothing say. answer immediately.
Changkwan Lee.

■*APR. 2nd. 1919*

Chin Chungwen Boite postale 369 Paris
Received first cable know your difficulties but carry on our claim until we get doing successfully don't spare money for details send 300answer for news receipt.

Lee Changkwan
Konation

■*APR. 2. 1919*
We celebrate for first Korean congress call in independent hall April 14'
keep it holiday through Hawaii with congratulation.
How is your opion? explain with immediate answer.
Lee Changkwan

■*1919. 4. 5.*
KIM KYUNGCHOON ?
We formly Announce that Koreans in Hawaii will celebrate 12t
coming Saturday of inst. as holiday without labroing business
Schooling for congratulate the Organized PROVISIONAL COVERMMEN
of our Country keep it Celebrattion at different Plantations
Persident Lee
Mackay Radio RADIOGRAM

■*1919 4. 5.*
HONG MYUNGCHO
We formly Announce that Koreans in Hawaii will celebrate 12t
coming Saturday of inst. as holiday without labroing business
Schooling for congratulate the Organized PROVISIONAL COVERMMEN
of our Country keep it Celebrattion at different Plantations
Persident Lee
1306 Miller St.
RADIOGRAM

■*1919 4. 5.*
KIM ?

We firmly Announce that Koreans in Hawaii will celebrate 12th, coming Saturday of inst. as Holiday without laboring Business, Schooling for Congratulate the organized PROVISIONAL GOVERMENT of our country keep it Celebration at Different Plantations,
persident Lee Changkwan
RADIOGRAM

■1919. 4. 5.

KIM SUNG KEE
We formly Announce that Koreans in Hawaii will elebrate 12th, coming Saturday of inst. as Holiday without laboring Business, Schooling for Congratulate the rganized PROVISIONAL GOVERMENT of our country keep it Celebration at Different Plantations,
persident
1306 Miller St.
RADIOGRAM

■1919. 4. 5.

Korean Hotel 212Kelruea St.
We formly Announce that Koreans in Hawaii will elebrate 12th, coming Saturday of inst. as Holiday without laboring Business, Schooling for Congratulate the rganized PROVISIONAL GOVERMENT of our country keep it Celebration at Different Plantations,
persident Lee
RADIOGRAM

■APR. 6. 1919

Syngman Rhee Retco Philadelphia
We also hold mass meetings through islands to support our movement on 12TH. and send Hawaii sympathy resolutions to our congress by cable

We sent 1300 dollars to Hyunsoon our raising fund growing (much) higher. Tokyo cable to Nippu Fuji? of 5TH. said our independent movement growing more rapidly through whole country and border of Aprokkang? Manchuria. But government general at Seoul firmly desided that without delay destroy them with more strong military powers.

Receive money tommorrow.

Lee

(1306 miller St)

■*APR. 8th. 1919*

Cin Chungwen Boite postale 369 Paris

Rhee tring passport once week cable from Shanghai all American papers say our movement (with) wen treaties celebrate 12TH to congratulate organized provisional government did you receive money answer for news receipt send more money

Lee Changkwan (1306 miller St)

■*APR. 9. 1919*

Korean Ahn, Santa cruz steamer?

Your name and two are listed on Honolulu paper.

"As merchants who have touring the states are returning home on the Santa cruz. You must careful and we hope you might go to Shanghai directly from Manila not to Hongkong"

President Lee konahin

■*APR. 9th. 1919*

Syngman Rhee Retco Philadelphia

today we met Changho Ahn who going to orient according your and Ahn's advice ? (we will) send money to central association to support your movement cable to Japanes ? paper from Japan says government send 4400 soldiers

to Korea to oppress uprising (other today's cable an American missionary arrested on account of hiding one person who connected movement).
Lee

■*APR. 10. 1919*

Hanseungkon 414 Hewes Building Sanfrancisco
Receive 1500 dollars answer for receipt.
Lee Changkwan

■*APR. 10. 1919*

Hyunsoon Korean representative Shanghai
Did you receive one thousand dollars understood changed staffs of provisional government. Can you not communicate with Kim Kyusik telegraphically he waiting cable (from) Shanghai.
Ahn Changho reach Shanghai soon (America favor us greatly)
Lee Changkwan

■*9:20 P.M. APR. 13. 1919*

Syngman Rhee, Korean Congress
Philadelphia, Pa.
In every island Koreans celebrated their Independence. Koreans throughtout Islands stopped for celebration. In Honolulu 1200 took part in street car parade. Everyone carried work American and Korean. flags. Meeting place decorated with flags of all nations. Royal Hawaiian Band sent by Mayo Fern furnashed music. Following reading Independence Declaration in English and Korean, spirited addresses made by the Korean delegates and a from other islands and American friends in cheers and appaulse.
Principal adresses made by Drs. Park, Song, Ahn, and Irwin, Advertiser Editor. The meeting unanimously adopted to despatch the following resolution to the Korean Independence celebration at the Independence Hall, Philadelphia :

"We, 6000 KOreans in Hawaii hdreby renounce Japanese rule and resolve the independence movement will be carried on through Korean National Association"

"A request shall be made to the Secretary on? State that a passport be granted to our delegates to the Paris conference, who are now staying at Philadelphia, and who are associate representatives to the Korean envoy already in Paris for 2,000,000"

■*APR. 15. 1919*

#51 Bubblingwell Road

Hyunsoon Shanghai

For credentials by Provisional government wire? to Syngman Rhee Receive money through canton Bank

Lee Changkwan

■*APR. 15-19. 1919*

Sungman-Rhee Retco Philadelphia

Cabled to Hyunsoon as you told me (like your opinion) did you receive 1500 dollars from central association.

We send 1000 more to you directly (by association) answer for full (more) congress detail (new) and receipt.

Lee Changkwan

■*APR. 16. 1919*

Hyunsoon, Shanghai

received real provisional government announcement.

you w? send cable ? For credentials to Syngman by government.

Lee Changkwan

■*APR. 16. 1919*

Paikyilkyu 419 Hewes building SanFrancisco.

From where and when did you get cable which tells Kim Kyusik is premier answer within a day.

Lee Changkwan

■*APR. 16. 1919*

Rheesyngman Retco? Philadelphia

Shanghai cable of 16th from Hyunsoon said that real provisional government of the republic of Korea has been organized by provisional congress and officially announced (by) as follows premier Rheesyngman home Ahnchangho foreign Kimkyusik finance? Choicheihyung? justice Leesiyoung war Leetongwhi communication Moonchangbum.

I want you must act as a premier ?on national movement governing? by (officially ? order?) all communities in Hawaii America and government in Manchuria.

■*APR. 20. 1919*

Hyunsoon Shanghai (#51 Bubbling well road)

Philadelphia congress great success send money soon.

Lee Changkwan

■*APR. 20. 1919*

Rhee Syngman Retco Philadelphia-pa

Approved congress resolution cabled? your required credentials to Hyunsoon. One thousand dollar sent.

Lee Changkwan

■*APR. 21. 1919*

Kokim Paris

Philadelphia congress great success receive onethousand dollars. (send news

that)
Lee Changkwan

■*APR. 29. 1919*
Hyunsoon Shanghai (#51 Bubbling well Road)
Hinderance caused by youngman who distrust provisional government and against premier.
Since APR. 5. Syngman cabled many times starting demand doknip and asking you cable credentials authorizing follow kookchai you recevied none. Do you need him there or America answer quick.
Lee Changkwan

■*APR. 29. 1919*
Kimkyungchoon Korean tailor Honokaa? meet Donghyunchoo? at mabukona where if? Kobala on first of may.
Lee Changkwan

■*APR. 29. 1919*
Kokim Paris
Did you receive onethousand your second cable of APR. 29. ? to Parkyongman stirred Hawaii because he distrust provisional government and against premier.
Lee Changkwan

■*APR. 29. 1919*
Syngman Rhee Koric Washington
Did you receive one thousand cabled Shanghai about you committees resolutions following first send money to provisional government office to support our movement second if you agree we send Hawaiian representative to America and Shanghai to help your work.
Answer explain.

Lee Changkwan

■*MAY. 7TH. 1919*

Kokim ? Paris

Have you received money again news wished.

Lee Changkwan

(1306 miller St)

■*MAY. 7TH. 1919*

Syngman Rhee Koric Washington

No Shanghai reply donbonaileda? dookisomoon? wrong usually three mails.

Lee Kimyungwoo

(1306 miller St)

■*MAY. 8. 1919*

Syngman Rhee Washington D.C.

Wanted full address for sending money

Lee Changkwan

(1306 miller St)

■*MAY. 12TH. 1919*

Kokim? Paris

Call credit commercial de France remittance 1000 we do all our best, for freedom Rhee working successfully answer.

Lee Changkwan

(1306 miller St)

■*1919* 날짜 불명

Dr. Rhee

S.S. Calawaii

Arrange mass meeting tomorrow evening answer
Konation
1306 Miller St

■*1919 날짜 불명*
Hyunsoon Korean Representative, Shanghai
Did you receive money through Canton Bank for communication wish news.
Lee Changkwan
Korean National association

■*JAN 10 1922*
3 ChUf 1001p 40 NITE
Fs Washinton DC Jan 10 1922
Henry Kim
1670 o'Farrell St SanFrancisco
Yukipilio somunupsi kotiriosio kinkuphso kimyunki katsni bokoarai maldairo
junhasio penjiboaso bapennutji anketkudun dinubakasu kiomindan palkihamen
dongpensu dadopkesni kotkongpo harahasio kongchakum winwonpuro
kotbonaiji malkomunju bokohasio najiyokusu kongpohatso woriyokusu
kukhoiroke mahnkwon palkanhaso wiwonpu yesanpio banpohatso
Narasin
TELEGRAM

■*JANUARY 31, 1922*, READLEY, CAL,
Dr. Syngman Rhee
Koric.
Washinton, D.C.
We plan to cable following message to Euijungwan:
MINJUKIOMIN DASUNAN NAIJIDONGPO DASUKATCHI HYUNIM
NAIKAUL SINIMHAGO ONGHOHAKI KYULSIMININ CHAMJO

HASIMWIYO. P.K.YOON.
feb. 14. 1922.
HANIN
WASHINGTON,(D.C.)
KIJAILHOM ALKIWONHAO PENJIBOKO JUSUNHAO.
AHNKIM
CABLEGRAM

■*FEB. 9. 1922*
HU 14 WASHINGTON 30
KOHAKIO HONOLULU
KIOMINDAN DAIPIOHOI CHUKHAHO KUKSAWIKUP HANITDAIE
HYEUNSANG YUJIWIHAYA JUNRYUHAO MIKENGEI DAIHOIUN
DACHIKO WIWONJANG YEJUNGDARO SAMENHATSO POWASU
SAMWAL KUMEUMANE SAMCHUNWON IRIBONAIKO MAISAK
ILCHUWON DAMBOHAYA HEYUNSANG YUJIHAKETSO
HOIDAPBOKO MIJUYUHANG HARYUHAO.
HANIN.

■*Feb. 14. 1922.* COPY
24 WASHINGTON, 8
KOHAKIO HONOLULU
OBAKWONMAN JUNBOROKOT BONAOKO ILCHUNWON
WOPENROHAO
HANIN
CABLEGRAM

■*Feb. 14. 1922.*
HANIN
WASHINGTON,(D.C.)

KIJAILHOM ALKIWONHAO PENJIBOKO JUSUNHAO.
AHNKIM
TELEGRAM

■COPY *FEB. 16. 1922*
LO WASHINGTON 10
AHNKIM,
HONOLULU
JUPILWON HANANDAIRO BONAIRIDA KIMSIPILIO MIJUYUHANG
PALJUNGHAO MOKSAYNHAP KOWNCHIMAO.
RADIOGRAM

■*FEB. 28. 1922*
111 KO REEDLEY CAL 8 CTF
KONATION
HONOLULU
SAMILJUL CHUKAHAO IKOTDONGPO JUNGPOWIHAI YULSIMHAO
HANIN
636P
CABLEGRAM

■*March 13 1922.*
HONATION
HONOLULU
DONUPSUR MAIUKOLAN ILCHUNWON KOTBONASIO
KORIC
RADIOGRAM

■KORIC *April 21, 1922*
WASHINTON DC

KOREAN WOMEN'S RELIFE SOCIETY REMIT THREEHUNDRED
KOPOGO ACKNOWLEDGE
MRS MIN
KIM.
1306 Miller Street.
CABLEGRAM

■Hanin *April 24, 1922*
WASHINGTON(D.C.)
KUKMUWON CHONGSAJIK HADNAN JANPUNGIE PENJIWATSO
UTJIHARIKA
MINKIM
CABLEGRAM

■*MAY 2, 1922*
KORIC
WASHINGTON (D.C.)
INSTRUCTING DIRECT REMITTANCE AFFECTS DAMPUKUM
UNABLE COLLECT MONEY WIRE DEFINITE POLICY
MINKIM
1306 Miller st.
CABLEGRAM

■*MAY 4, 1922*
WK HU 28 WASHINGTONDC 9
KOHAKIO
HONOLULU
NEVER INSTRUCTED DIRECT REMITTANCE RECEIVED
SAMBAKWON
KORIC

RADIOGRAM

■COPY *MAY 19, 1922*
FR. KEIJO
KONATION
HONOLULU
SONGBYUNGHI DIED TODAY ILLNESS
CHUNDOKYO
RADIOGRAM

■COPY *MAY 30, 1922*
28 WASHINGTON 14
KONATION HONOLULU
YUWAL SIPILILE SONBENGHI CHUDOHOI HANGHAKO
ILHANAN SARAMEN JUNGOE JAMSIKAN JUNGMUHARA
BANPOHASIO
WIWONPU
CABLEGRAM

■*JUNE 11, 1922*
KORIC
WASHINGTON(D.C.)
DESIRE TALK BECRET TONGSIN PROMINENT DONGJIS
ANTICIPATING ADVANTAGES WIRE
AHNKIM
1306 Miller St.
CABLEGRAM

■*JUN 16 1922*
10 CHBR 1030P 15NITE

FX WASH INGTONDC JAN 16 1922
YUNGKI KIM
LINCOLN HOTEL SANFRANCISCO
JUNPODAIRKRO HARYUHAO SOKHIDUNAO KOPOGOYUJI
HALSUUPSU NAWAKAKWUN CHONGSAJIK HARYUHANI
BIMILIPOWA METSARAMKWA EUINONHAY JONGYONGHI
NARULNAIYU NOKOILHAKE JOOSUNHAO
HANANARASIN
CABLEGRAM

■*JUNE 21, 1922*
EUIJUNGWON
KOPOGO, SHANGHAI
TONGYUNGKAKWON BULSINIMEUL SIPILINWIWONI
TONGKWAHASUNJUGG HUNPUPWIPANIRA JUNGPUWAHAIMEN
POAILBANHANINUN JULDABULSINYONG KUKMINDAPYOHOI
BIPUPIMAIHANGKU
KONATION
1306 Miller St.
RADIOGRAM

■COPY *JULY 2 1922*
UM #1 SHANGHAI 8
KONATION HONOLULU
IKOTILDUGIPGO SIKUKSUSUPDOINI CHUNGPUYUGIBI
TAMDAKHAKETSO KOTEUNONSOIJUN
KOCOA
CABLEGRAM

■*JULY 7, 1922*

408

HANIN
WASHINGTON, (D.C.)
700dollaes DONGJIKUM HAKALAU YOUR
COMING RELIEVES SITUATION WIRE
MINAHNKIM
1306 Miller St.
CABLEGRAM

■*JULY 7, 1922*
HANIN
WASHINGTON,(D.C.)
700dallars DONGJIKUM HAKALAU YOUR
COMING RELIEVES SITUATION WIRE
MINAHNKIM
1306 Miller St.
RADIOGRAM

■*10.45PM ART JUL 12 1922*
HU 28 WASHINTON DC 6
KOHAKIO HONOLULU
JLKUMUN KALSUUPSO PENJIKAO
HANIN
RADIOGRAM

■*JULY 16, 1922*
EUIJUNGWON
KOPOGO, SHANGHAI
KAKWONTONGYOUNG BULSINIMANUN HUNPUBWIPANINE
JULDAIHANGKU HOHANGKOIMINUN SUNGSIMJALUKURO HEUN
JUNGPULULONGHOYU JIKULSIM SIPILINEUWONEUL

JINGCHIN\HAKILUL KANGKENGHIYOKU
KOIMINDAIHOI
1306 Miller St.
CABLEGRAM

■*JULY 16, 1922*
YUNPENGKU
BOX 416, Reedley, (CAL)
NAIKAKBUL SINIMANIE BIPUBIMAI HANGUSUEL EUJUNGWONE
PONATSNI MIJUSUDO HANGKUHAO
KOIMINDAHOI
1306 Millerㄴ 从.
CABLEGRAM

■FO *937PM JUL 17 1922*
30 WASINTONDC 14
KONATION HONOLULU
SHANGHAI JUNBOEI DAIPVOHOI CHANSUNG TATONGYUNG
BULSINIM DUEIANEL IDALYUKILE JAKSOHATSO MIPOEBANPO
EUIJUNGWON
KORIC
CABLEGRAM

■*JULY 28 1922*
TA HU 19 WASHINGTONDC 13
MINAHKIM KOHAKIO HONOLULU
NAIYUBI DOKUDUN KOTBONAIGO DAMBOKUM JUNSONHAO
YUKIYIL MAKAMHAIYA KAKETSO KONGPOMAO
HANIN
CABLEGRAM

■COPY *JULY 31, 1922*
L HU 3 SHANGAI 7
KONATION HONOLULU
KAIHOIILJA KOOWELILIL GEPANGDAI PYOPONAO
KOBLY
NOTE : Kobly is the cable address of the Kookmindaiho I of which the
promotor is Nam Heyung Woo.
CABLEGRAM

■*OCT. 19. 1922*
KORIC
WASHINGTON,(D:C.)
KOREAN COMISSION IS AUTHORIZED TO SEND TO LEAGUE OF
NATIONS APPEAL FOR MEMBERSHIP CONSULT PHILIP JAISOHN
FRED DOLPH COUNSELS
PRESIDENT SYNGMAN RHEE
RADIOGRAM

■*1922* 날짜 불명
(2)
Koreans residing abroad, so they can proceed to the peace conference without
any delay. "The American public shall be informed with the Japanese cruelty
and inhumanity and that through the moral support and sympathy of this
great republic, the sufferings of the Koreans at the hands of Japan shall be
made to stop. There are now more than hundred thousand Koreans in Korea
who have received wounds and have died at the hands of japan since the
independence movement started, and untold thousands are in prisons.
"The Korean from of government shall be patterned after that of the United
States.
Liberty of conscience and commerce shall be established, and that the Korean

government shall advocate the "Open Door" policy in Manchuria and
maintenance of the permanent peace of the Orient."
Secretary Kim Youngwoo
president The National Association, Hawaii
Counsellor, H F Song
CABLEGRAM

■*JAN 9, 1923*
KORIC
WASHINGTON, D.C.
DELAY PRINTING MASSACRE PAMPHLETS SENDING VALUABLE
INFORMATION AND CUTS
KONATION
CABLEGRAM

■*FEB. 18, 1923*
KORIC
WASHINGTON(D.C.)
WILL ANNOUNCE MINDAN BE UNDER WIWONPU'S CONTROL
IF OBJECTIONABLE WIRE
RIBAKSA
1306 Miller st.
RADIOGRAM

■*MARCH 29, 1923*
KORIC
WASHINGTON(D.C.)
WARNING AMERICAN FINANCIERS FOR TWENTY MILLION
DOLLARS LOAN TO JAPANESE ORIENTAL DEVELOPMENT
COMPANY FOR EXPLOITATION IN KOREA PUBLISH STATEMENT

KONATION
1306 Miller St.
CABLEGRAM

■*MARCH 29, 1923*
KORIC
WASHINGTON(D.C.)
WARNING AMERICAN FINANCIERS FOR TWENTY MILLION
DOLLARS LOAN TO JAPANESE ORIENTAL DEVELOPMENT
COMPANY FOR EXPLOITATION IN KOREA PUBLISH STATEMENT
KONATION
1306 Miller St.
MUTELEGRAM

■*APRIL 17, 1923*
LISANGJAI KIMYUNSOO
KOREAN YMCA SEOUL (KOREA)
ARRANGEMENTS COMPLETED LEAVE JUNE. TENTH REMIT
TRANSPORTATION
MINKIMKIM
1306 Miller St.
RADIOGRAM

■COPY *April 20, 1923*
G HU 22WASHINGTON 19
KONATON
HONOLULU
ORENTAL DEVELOPMENT COMPNAY BONDS FAILED LOAN
CANCELLED CITY COMPANY THREATENS SUE US FOR BLOCKING
NO FEAR

KORIC
CABLEGRAM

■*APR 20 1923 6-45PM*
G HU 22 WASHINTON 19
KONATION
HONOLULU
ORIENTAL DEVELOPMENT COMPANY BONDS FAILED LOAN
CANCELLED CITY COMPANY THREATENS SUE US FOR BLOCKING
NO FEAR
KORIC.
RADIOGRAM

■*April 23, 1923*
KORIC
WAHSINTON,(D.C.)
CITY COMPANY DENIED LOAN CANCELLATION WHAT
INFORMATION
KONATION
1306 Miller St.
CABLEGRAM

■*1923 APR 24 PM 4-01*
96 MA/LM
WASHINGTON DC 11
KONATION
HONOLULU
MUANMYEN HANURAGO PUINHAMINI DUMALMAO SULMYENGSU
DASINAGAO LETTER FOLLOWS
KORIC

(무안 면 ? 라고 부인홈이니 두말마오 셜명셔 다시나가오 편지가오)
CABLEGRAM

■*MAY 10, 1923*
CHANGDUKSOO
SS SIBERIA MARU
ILINIDANGSINUL HARYUKMOTHAKE HARUTUN MIKYENGKWA
POWARO
JUNPOHASIC
KONATION
RADIOGRAM

■*MAY 10, 1923*
KORIC
WASHINGTON (D.C.)
DONGAYILPO JOOPIL JANGDKSOO KONGPUHARYU SIBERIAHOE
SANGHANGURO KATNANDAI ILINI JOIMYOUNG ULKERSUR
JAPAKARYU HALDUTHANI MIRIKIOSUP
KONATION
1306 Miller St.
RADIOGRAM

■*JUN 3 7-54PM 1923*
12 KHK CH 8 SS PRESIDENTPIERCE....3RD
KONATION
HONOLULU
MARIA KIMM ARRIVAING PIERCE INFORM CHMIN
MUTUAL TELEPHONE COMPANY

■*JUN 14 1923 4-50AM*

C. UM-9 KEIJO 6
KONATION
HONOLULU
OVER 4000 IMPOSSIBLE
YISANGCHAI
CABLEGRAM

■*JUNE 20, 1923*
LEESANGCHAI
FLEMINGO, SEOUL(KOREA)
ONALPALJUNG
KONATION
1306 Miller St.
CABLEGRAM

■*JUN 21 11-21AM 1923*
HONOLULU
1KDUY BU VIA KHM13
SSPRES LINCOLN 21.
KONATION
HONOLULU.
ALL WELL CABLE SEOUL IMMEDIATELY ASK JUNGYUNPIL
ELIZABETH YUMS
BAGGAGES LOST.
RADIOGRAM

■*AM 11-21 JUNE 21 1923*
1KDUY BU VIA KHM13
SS PRES LINCOLN 21
KONATION

HONOLULU.
ALL WELL CABLE SEOUL IMMEDIATELY ASK JUNGYUNPIL
ELIZABETH
YUMS BAGGAGES LOST

KORIC #2
IRRELIABLE. NO CABLE REPLY PROM KOREA. WE DEMAND INVESTIGATION
KONATION

■*JUL 3 1923 7-56PM*
H.2 KEIJO 4
KONATION
HONOLULU
ARRINED SAFE
MUTELEGRAM

■*Aug. 21, 1923.*
MINCHANHO
FLEMINGO
SEOUL,(KOREA)
SOONSANDUKNAM
KONATION
1306 Miller St.
CABLEGRAM

■*SEP 4 1923 11-15AM*
G UMHU 10 KEIJO 6
KONATION
HONOLULU

LEAVE KOBE SIXTH YISANGCHAI
CABLEGRAM

■*1923 SEP 14 AM 7-42*
3 KHK CH 10 SS PRESIDENTPIERCE 14TH
KIMYUNGKI
KONATION HONOLULU
ARRANGE MR HALSEY STUDENTS LAND PROMPTHY
MINCHANHO
CABLEGRAM

■*SEP 5 1923 5-30AM*
C. UM-12 KOBE 6
KIMYUNGKI KONATION
HONOLULU
COMING PIERCE
MINCHANHO
CABLEGRAM

■*1923 SEP 14 AM 9-47*
1 KDNV VIA KHM CH 4
SS PRESIDENT PIERCE 15TH
KONATION
HONOLULU
YES ABOARD
MUTELEGRAM

■*Oct. 24. 1923*
KORIC,
WASHINGTON, (D.C.)

MASS MEETING HELD IN HONOLULU RESOLVED TO APPEAL
THROUGH KOREAN COMMISSION TO THE STATE DEPARTMENT
FOR THOROUGH INVESTIGATION OF REPORTED KOREAN MASSAGE
IN JAPAN. KOREAN INVESTIGATION PARTY ORGANIZED IN KOREA
WAS DISPERSED. RELEIF WORK FOR DISTRESSED KOREANS IN
JAPAN WAS ALSO PREVENTED. DISPATCHES FROM TOKIO
CONCERNING NUMBER OF KOREANS DEATH AND CAUSES ARE
CONFLICTING AND NRELIABLE. NO CABLE REPLY FROM KOREA.
WE DEMAND INVESTIGATION.

KONATION

CABLEGRAM

■*OCT. 24, 1923.*

KOKORIC

WASHINGTON,(D.C.)

MASS MEETING HELD IN HONOLULU RESOLVED TO APPEAL
THROUGH KOREAN COMMISSION TO THE STATE DEPARTMENT
FOR A THOROUGH INVESTIGATION OF REPORTED KOREAN
MASSARE IN JAPAN. KOREAN INVESTIGATION PARTY ORGANI-
ZAED IN KOREA WAS DISPERSED. RELEIF WORK FOR DISTRESSED
KOREANS IN JAPAN WAS ALSO PREVENTED. DISPATCHES FROM
TOKIO CONCERNING THE NUMBER OF KOREANS MAASCRED AND
CAUSES ARE CONFLICTING AND UNRELIABLE. NO CABLE REPLY
FROM KOREA. WE DEMAND INVESTIGATION.

KONATION.

RADIOGRAM

■*Oct. 24. 1923.*

KOPOGO.

SHANGHAI,(CHINA)

DONGKENGHANIN SOSIKALKIWONHAO
KONATION
1306 Miller St.
MUTELEGRAM

■*OCT. 24, 1923.*
DONGA DAILY,
SEOUL,(KOREA)
ANY NEWS CONCERNING KOREAN IN JAPAN.
KONATION
L306 MILLER St
MUTUAL TELEPHONE COMPANY

■*OCT 25 1923.*
MCCLATCHY
SACRAMENTO BEE
SACRAMENTO,(CAL).
DESIRING TO INVESTIGATE KOREAN MASSACRE IN TOKIO. CAN
YOU FURNISH A MAN TO GO TO JAPAN IMMEDIATLY WILL PAY
PART EXPENSE LET US KNOW
KONATION
1306 MILLER STREET.
CABLEGRAM

■*OCT 25 1923.*
MCCLATCHY
SACRAMENTO BEE
SACRAMENTO, (CAL).
DESIRING TO INVESTIGAE KOREAN MASSACRE IN TOKIO.
CAN YOU FURNISH A MAN TO GO TO JAPAN IMMEDIATELY WILL

PAY PART EXPENSX LET US KNOW
KONATION
1306 MILLER STREET.
RADIOGRAM

■*PM12 49 OCT 27 1923*
44SN
SACRAMENTO CAL 14
KONATION HONOLULU
THE BEE CANNOT JOIN WITH YOU IN SENDING MAN TO JAPAN
MCCLATCHY
CABLEGRAM

■*OCT 29, 1923.*
SONGJINWOO
DONGA DAILY
SEOUL, (KOREA)
SUJAIKUHULKUM YICHUNWHANUL DOJUNWHANHAONI
KOTDAPJUNHASIO
KONATION
1306 Miller st.
RADIOGRAM

■*OCT 30 1923*
C. SF-20 WASHINGTONDC 18
KONATION
HONOLULU
DOLPH ADVISES PROTEST THROUGH FRIENDS OF KOREA AS
AMERICAN CITIZENS IS ARRANGING FOR THAT COURSE
KORC

CABLEGRAM

■*NOV 9 1923 5-28AM*
G UMHU 5 KEIJO 5
KONATION HONOLULU
DOOBUNJAIDONPIO BONAITSINI KIDARIOKOO
MUTUAL TELEPHONE COMPANY

■*NOV 26 1923 3-56PM*
T SF 22 WASHINGTON 24
KONATION HONOLULU
PROTEST FILED WITH STATE DEPARTMENT SEVERAL HUNDRED
PAPERS GAVE COLUMN ARTICLES TO MATTER IT CREATED
SANSATION PARTICULARS WILL FOLLOW IN LETTER
KORIC
CABLEGRAM

■*DEC. 5. 1923.*
MRS. JOHN W. WADMAN
METHODIST BOOK CONCERN,
SAN FRANCISCO, CAL.)
ALL KOREANS IN HAWAII EXPRESS OUR PROFOUND SORROW
AND DEEP SYMPATHY TO YOU.
KOREAN NATIONAL ASSOCIATION
1306 Miller St.
 MUTELEGRAM

■*1923 날짜 불명*
PRESIDENT SS LINCOLN
ARE KOREANS SONKUMGUNG AND BESSIE LIM ABOARD

KONATION
Charge return message with four word
1306 Miller St.
CABLEGRAM

■*JANUARY 23 1924*
KORIC
WASHINGTON DC
RHEEPARSA LEFT HONOLULU FOR MAINLAND ENROUTE
PANAMA CANAL WILL WIRE HIS ARRIVAL AT NEW YORK
KONATION

■*1924 JAN 29* AM 10-51
205MI
SANFRANCISCO 13
CLT KONATION HONOLULU
LEAVING   TOMORROW   FOR   LOSANGELES   THENCE   TAKE
VENEZUELA THROUGH PANAMA
YISENGMAN
RADIOGRAM

■*Feb. 18 1924.*
C. UM-2 SHANGHAI 11
DAITONGLEUNG, KONATION, HONOLULU.
SIKUKSHUIUP MUMANGLIURO LOBAKRIN MYNCHIKHAO
LEEDONGYUNG SIUNGNAKHNI KOTIMMYNGHAO
KIMCHOLL
CABLEGRAM

■*FEB. 22, 1924*

KOPOGO
SHANGHAI,(CHINA)
DAITONGLEUNG MIKYENG PALJUNG SAMWOLOLLDOCHAK
KONATION.
1306 Miller St.
RADIOGRAM

■*1924 APR 4 PM 9-42*
18 KHK CH 6 SS TAIYOMARU
KONATION HONOLULU
MEET US AT PIER
RADIOGRAM

■*1924 APR 5 PM 4-52*
8 JAHA VIA KHM CH 3 RP
SS TAIYOMARU
KONATION
HONOLULU
NO ?
CABLEGRAM

■*APRIL 8. 1924*
WASHINGTON, D.C.
LIDONGYUNG
KOPOGO
SHANGHAI
EUIJUNGWON DONGUIJUNBOHAO MIPOEBANPOHAKE
KAKWONCHUNJUN NAIYILHOMRO EUJUNGWONE JECHOOLHASIO
PENJIKAO
CABLEGRAM

■*APRIL 11. 1924.*
KOREAN
SAN FRANCISCO, (CAL.)
CHANGEUISA HAIPANGIL CHOOKHAHAO
KONATION
1306 Miller St.
MUTELEGRAM

■*1924 APR 28 PM 11-08*
1 MAC
LISANGELES CALIF 17
Y K KIKIM
1306 MILLER ST HONOLULU
CHENYANYWHAN EUROKANAN LIMKONGSUN CHOOYECHARO
YELBUN YOUNSAKA DONCHOOWATSO
G Y CHUNG
CABLEGRAM

■*1924 MAY 6 PM 6-00*
53 FL
KEIJO 11
KIMYOUNGWOO
KONATION
HONOLULU
FIFTEEN HUNDRED DOLLARS GOLD NECESSARY SEND
IMMEDIATELY
HERR
CABLEGRAM

■*MAY 6 7-42PM 1924*
HONOLULU
16 KHK BU 7 SS SIBERIAMARU 6
KONATION
HONOLULU
MEET ME AT DOCK.
CHANGDUCKSU
feb. 14. 1922.
HANIN
WASHINGTON,(D.C.)
KIJAILHOM ALKIWONHAO PENJIBOKO JUSUNHAO.
AHNKIM
TELEGRAM

■*MAY 14. 1924*
HERRSUNG
FLEMINGO, SEOUL,(KOREA)
EIGHT HUNDRED YEN SENDING WE RESERVED YOKOHAMA
HONOLULU PASSAGE ON TENYO WIRE PASSPORTS SECURED
WIWONHOI
1306 Miller St.
CABLEGRAM

■*1924 MAY 14 AM 3 17*
248 MA
KEIJO 10
KONATION
HONOLULU
FIFTEEN HUNDRED YEN IMPOSSIBLE CANCEL TRIP WIRE
HERRSUNG

426

CABLEGRAM

■*1924 MAY 16 PM 7-30*
MC 94 KEIJO JAPAN 14
KONATION HONOLULU
PASSPORTS GRANTED FOURTEEN HUNDRED YEN ABSOLUTELY
NEEDED BESIDE TENYO PASSAGE WIRE
HERRSUNG
CABLEGRAM

■*1924 MAY 21 PM 6-22*
35 CN
KEIJO 8
KONATION HONOLULU
LEAVING THIRTEITH WIRE MONEY IMMEDIATELY HERR
CABLEGRAM

■*MAY 21, 1924.*
HERRSUNG
FIEMINGO, SEOUL(KOREA)
TWELIVE HUNDRED YEN SENDING THROUGH SPECICE BANK
WIWONHCI
1306 Miller St.
RADIOGRAM

■*MAY 28TH, 1924*
Herrsung, Flemingo, Seoul(korea)
Rekserved Tenyo Passage Leaving From Kobe June 5th
Wire departure
Wiwonhoi

(1306 Miller St.)
CABLEGRAM

■*1924 JUN 2 PM 1-25*
103 BN
EUGENE ORE 8
KIMYOUNGWOO KONATION HONOLULU WILL COME SEND
TRANSPORTATION
PIL
RADIOGRAM

■*JUN 3 1924 9-30PM*
HF SF L 46 WASINGTONDC 9
LCD KONATION HONOLULU
SUNPOMUN POWAWA WONDONGEI BUJUNHAKO KIYUNUN
IRIBONAO
CABLGRAM

■*1924 JUN 6 PM 1-51*
2 KDNV VIA KHMCH 4 ANS RP
SS PRESIDENT PIERCE
BESSIE KONATION
HONOLULU
YES
RADIOGRAM

■*1924 JUN 8 AM 12-32*
66 MA
TENYOMARU CHOSHIRADIO 7
KONATION

428

HONOLULU
FOURTEEN COMING GET FILCHISUNG
HERR
RADIOGRAM

■*JUNE 9, 1924*
OHCHANGIK
PAPAALOA,(HAWAII)
TELL MR. MIN OF WIRELESS FROM HERSUNGS PARTY ON TENYO
KONATION
1306 Miller St.
1924 OCT 29 PM 10-10
118AG
LOSANGELES CALIF 19
KOREAN NATIONAL HERALD
HONOLULU
DR RHEE LEFT ON CALAWALII OCT 25 DO NOT CHANGE WHAT
I WROTE
PILMAN SONG
CABLEGRAM

■*1924 JUN 16 PM 12-07*
22 LL HO CH 16
KOHALA HAWALL
YOUNGWOO KIM
KONATION
HONOLULU
YAGOODAN MUST PLAY KOHALA JULY TWENTIETH CAN OR NOT
ANSWER
CHONGKWAN LEE

RADIOGRAM

■*JUN 21 1924 5-11PM*
HF L HU 12 WASHINTONDC 7
LCD KONATION HONOLULU
HURSUNG YAKUDANUL WHANYUNG
YISUNGMAN
MUTUAL TELEPHONE COMPANY

■*JUN 21 1924 5-06PM*
HF SF HU L11 WASHINTONDC 29
LCO KONATION HONOLULU
FOLLOW INSTRUCTIONS REGARDING INKUSEI HAWAII HAS
ALWAYS BEEN UNDER WIWONPU YOUR INSUBORDINATION
UPSETS WHOLE SYSTEM DONT COMPEL US TAKE DRASTIC STEPS
SEND INKUSEI HERE FINAL
KORIC
RADIOGRAM

■*JUNE 25, 1924*
KIREAN
SAN FRANCISCO, (CAL)
SONGPILMAN ON MATSONIA KINDLY EXTEND HELP
KONATION
1306 Miller St.
MUTELEGRAM

■*JUN 25 1924 7-50 PM*
KHS LHU 40 WASHINGTONDC 14
LCD

KONATION
HONOLULU
MILJUN MINDAN PUINDONGJA IMWONEKE SANGHAISU
MOBUNJAKA DASIPUNGPA SIKUKWITAI DONITSUYA ILHAKESO
PENJIKAO
RADIOGRAM

■*JUNE 27, 1924.*
KORIC
WASHINGTON(D.C.)
CHAIOI DONGPO STATEMENTS PRINTED AWAITING
INSTRUCTIONS ACCOMPANY TEAM HAWAII MAUI
RETURN JULY TWENTITH
KIMYUNGKI
MUTELEGRAM

■*JULY 22, 1924*
LEESNAGCHAI
FLAMINGO
SEOUL(KOREA)
ASK MARQUIS PAK APPOINT DOCTOR YUCHANYANG AS
PEOPLES OFFICIAL DELEGATE TO PANPACIFIC
FOOD CONFERENCE HAWAII KOREANS WANTS YAND
REPRESENTED WIRE FOR AND KONATOION IMMEDIATELY.
KONATION
1306 Miller St.
RADIOGRAM

■*JUL 28 1924 3-23AM*
UM 5 KEIJO 5

KONATION HONOLULU
MARQUIS APPOINTS YANGYUCHAN
CABLEGRAM

■*Oct. 17. 1924*
KORIC
WASHINTON,(D.C.)
SEND DEAPOKUM RECEIPTS BY AIR MAIL SERVICE
KONATION
1306 Miller St.
MUTELEGRAM

■*1924 OCT 27 PM 8-58*
10 KHK JM 8 SS CALAWAII 27TH
KONATION
HONOLULU
CALAWAII DUE HONOLULU SATURDAY MORNING
RHEE
RADIOGRAM

■*Oct. 28. 1924.*
PILMAN SONG
2 OLIVE COURT
LOAS-ANGELES, (CAL)
HAS DR. RHEE LEFT ON SS CALAWAII FOR HAWAII
ANSWER
KONATION
1306 Miller St.
RADIOGRAM

■*Dec. 10. 1924*

KORIC

WASHINGTON(D.C.)

ANCHANGHO LEFT HERE FOR LOS ANGELES

KONATION

1306 Miller St

RADIOGRAM

■*1924 날짜 불명*

HERRSUNG

FIEMINGO,

SEOUL, (KOREA)

FIFTEEN HUNDRED YEN SENDING ARRANGE REST AMOUNT

THERE REQUEST LISANGJAIS OR LIKAITAIS COMING

WIWONHOI

1306 Miller St.

CABLEGRAM

■*1925 FEB 2 AM 1-33*

9KN

KEIJO 5

KONATION HONOLULIU

THIRTY THOUSAND WORST

CABLEGRAM

■*MAR 25TH. 1925*

HUGH CYNN

FLEMINGO

SEOUL(KOREA)

HOW MANY DELEGATES COMING PAN PACIFIC CONFERENCE

WIRE THEIR NAMES
KONATION
1306 Miller St.
RADIOGRAM

■*APRIL 19, 1925*
EUIJUNGWON
KOPOGO
SHANGHAI(CHINA)
EUJUNGWONBULPUB BANDAISUNGTO HUNPUBKAIJUNG
TONGYUNGDARIAN WIWONPUPAIJIAN CHUNPUPUIN
HOHANCKYOMIN KONGDONGHOI
1306 Miller St.
MUTELEGRAM

■*JUN 1 1925 8-43AM*
HF 21 PHILADELPHIAPA 11
KONATION HONOLULU
WIRE ME SUFFICIENT FUNCH WILL LEAVE NEXT WEEK
JAISOHN
RADIOGRAM

■*1925 JUN 4 PM 6-55*
151 CI
LOSANGELES CALIF 11
KONATION
HONOLULU
WILL SEND ONE HUNDRED JAISON SEND YOU ALL
PANG
CABLEGRAM

434

■*JUN 5 1925 L 11-45AM*
HU27 PHILADELPHIAPA 8
LCO KONATION HONOLULU
REMITTANCE INSUFFICIENT CABLE FIVEHUNDRED
JAISOHN
CABLEGRAM

■*1925 JUN 8 AM 10-13*
TEN K HO CH 14
HILO HAWAII
YOUNGKI KIM KONATION
HONOLULU
KAPOHO QUARRY THREE KOREANS DIED ONE BADLY WOUNDED
HUDSON LEE
RADIOGRAM

■*1925 JUN 10 AM 8-45*
5 HA HO CH 8
HILO HAWAII
YAUNGKI KIM
KONATION HONOLULU
COME YOU CAN
KYOMINDAN
MUTELEGRAM

■*1925 JUN 13 AM 7-39*
1 GF KHN CH 15 KOHALA HAWAII
C H MIN
KONATION HONOLULU
WIRE DEFINAITE DATE OF DOCTOERS FURS ARRIVAL

C K LEE
MUTELEGRAM

■*1925 JUN 22 PM 9-53*
32 KHK JM 10 SS PRESIDENT WILSON 22ND
KONATION
HONOLULU
FIVE DELEGATES ON BOARD HAS JAISON COME
CYNN
CABLEGRAM

■*1925 JUN 22 AM 9-19*
30 HN
SANFRANCISCO 8
LCD KONATION HONOLULU
LEAVING BY MAUI TWENTYFOURTH
JAISON
MUTELEGRAM

■*1925 JUN 23 PM 3-13*
5 KDSV VIA KHM CH 7
SS PRESIDENT-WILSON 23RD
KONATION
HONOLULU
YUUCKYUM SONGCHENWU KIMYANFSOO KIMCHONGTCHUL
CYNNHEUNGWU
유익겸 송진우 김양수 김종철 신홍우
RADIOGRAM

■*JUN. 31 1925*

436

LEESANGJAI
KIMDONGSUNG
CHOSENILPO, SEOUL, (KOREA)
CABLE FRMINE CONDITIONS HOW MANY FACE ACTUAL
STARVATION WANT FACTS RELIEF WORK STARTED HERE
KONATION
1306 Miller St.
MUTELEGRAM

■*1925 JUL 14 AM 8-58*
4 HG HO CH TEN
HILO HAWAII
KIMYUNGKI
KONATION HONOLULU
WANTED SUJAIPIL AND YOU SATURDAY WIRE
KYOMINDAN
MUTELEGRAM

■*JULY 28, 1925*
C L T
KORIC
WASHINTON, (D.C.)
SEND DAMPOKUM RECEIPTS BY AIR MAIL
JAISOHN LEFT TWENTY-SECOND
KONATION
1306 Miller Street
RADIOGRAM

■*1925 AUG 5 PM 7-08*
35 CI

KONATION

HONOLULU

FLOOD KILLED FIVEHUNDRED DAMAGED FIFTYMILLION YEN

DONGAILBO

RADIOGRAM

■*JAN 22 42*

C LIMB

1766 HOBART NW WASHINGTON DC

TO IT THAT UNTRUE ALLEGATIONS AGAINST DUNN BE IMMEDIATELY STOPPED THIS IS NO TIME FOR FACTIONAL OR PERSONAL FIGHT AT EXPENSE OF PUBLIC MORALE DUNN IS BACK AT OUR REQUEST FOR CONSULTATIVE PURPOSE BEFORE LEAVING FOR CHUNGXINO AND NOT RECALLED AS YOU CIRCULATE IN ANY SENSE OF BEING REPRIMANDED OR FOR WANT OF PUBLIC CONFIDENCE

UNTIED KOREAN COMMITTEE

12. 3. 1942

Syngman Rhee

1766 Hobart St., N.W.

Washington, DC

COMMITTEE SENT THE MESSAGE TO CROMWELL, WE DESIRE TO AVOID ACCELERATING FRICTION. CONFERENCE OF L A & HONOLULU COMMITTEES SCHEDULED EARLEIST PERMISSIBLE. SEASONAL GR ETING TO YOU AND YOUR STAFF.

WONSOON LEE.

UNTIED KOREAN COMMITTEE,

W, S. LEE.

MACKAY RADIO

■*MAR 13 42*
X. C271 주27F
MP106W (TEN) 16-3EX=MP WASHINTON DC MAR 12 VIA WN
SANFRAN 13
MESSERS LEE AND KIM= CARE COL BEN LIMB
605 WEST 27TH STREET(LOS ANGELES CALIF)=
GLAD YOU HAVE ARRIVED SAFELY ANTICIPATING THE PLEASURE
OF SEEING YOU BOTH SOON=
SYNGMAN RHEE=
MACKAY RADIO

■*DECEMBER 8 1942*
UNITED KOREAN COMMITTEE
1366 West Jefferson Hlvd
LOS ANGELES CALIFONNIA
WHAT AND WHOM YOU LIKE OR DISLIKE WE SHARE SAME REELING
WHAT IN YOUR OPINION CAN BEST SERVE NATIONAL UNITY
WITHOUT WHICH ALL OUR EFFORTS WOULD BE WASTED THINK
OF PROGRAM TO WORK OUT NEXT CONFERENCE UNTIL THEN
LET US FOLLOW PREVIOUS AGREEMENT FOR CHUNGKING TRIP
WE WILL STAND TWOTHIRDS EXPENSE
UNITED KOREAN COMMITTEE
RADIOGRAM

■*DEC 30 1942*
614 81=LOSANGELES CALIF 23 1029A PASSF
NLT S W SON=931 N KING ST HONOLULU=LAUCK VOTED TO
CHANGE STAFF STOP THEY CALLED SPECIAL SESSION STOP WE
INSIST THE SESSION BE HELD IN HONOLULU STOP IF TO BE HELD
LA YOU MUST SEND GOOD MEN STRONG ENOUGH STAND BY

PUBLIC OPINION WE INSIST RHEE REAMISNS AS CHAIRMAN STOP
WE WILL NEVER ACCEPT OTHER MAN STOP DECISION OF LAUKC
IS NOT
COMMERCIAL PACIFIC CABLE

■*Chunking, Feb. 4, 1943.*

Dear Mesars. Wonsoon Lee and Pyung-Yo Choi

I beg to acknowledge with thanks the receipt of your cables and letters, and
I am very sorry that I have been unable to reply you immediately due the
inconvenience in writing in our language during the war time. I trust you
will excues me.

I would like to know what kind of relation has been established between
Kilsoo Hahn, Kimho and Kyuang-Moo Dunn, and what friction is happening
between these men and Dr. Rhee. I request you to inform me in detail how
the situation, stands and how it is developing. Otherwise, it is impossible
for our government or for ant individual to find out an effective means for
handling this case.

According to the information given us by Yaksan Kim, the conflict has been
caused by Dr. Rhee who has assumed arbitrarlly the title of President and
Amnassador; on the other hand, it is said that Kim and Dunn have a coplete
understanding with Kilsoo Hahn. Anyhow it is impossible to believe, because
the UKC used to condemn publicly Kilsoo hahn's unlawful activities, supporting
Dr. Rhee; in other words, it was done by Kim and Dunn themselves. Our
government always respected the latters' opinion, therefore I can not believe
they might have, all of a sudden, changed their attitude without consulting
our givernment. A nyhow, it is a fact that there are cables coming from
America pro and con on this question which is really very deplorable.

We poor Korean need an urgent aid from our friendly nations. Without obtaining
this aid we are as powerless as soldiers without arms. It is obvious that
we can not defeat the Japs without such an aid from the Allies. Nevertheless,

they would not help us unconditionally. They are just testing us on a scale. It is only recently that they have began to pay attention, thanks to the successful unification of our compabriots in America and China. Yet some ignorant people, still not foregoing bad impressions from us, suggest that an "International Control" be applied to Korea. A mere protest against such an opinion is not enough, we shall eventually bring about a great calamity to our people unless our work develops in good order. We have to be conscious of this fact with courage.

Dear friends, to support Dr. Rhee means to support the UKC and the Provisional Government, because he is representing our government through the recommendation of the UKCs. If there is any shortcomings on his part, you should assist, sumpathize understand and advise, but should also make Kim and Dinn conscious of any erratic method with a good intention, then try to make everything come back to its normal state.

* ⋯⋯Believing you will try your utmost to solve every difficulty with your enthusiastic loyalty, I remain.

Cordially yours,
(signed) Kim Koo

■*June 5, 1943*
CONFIDENTIAL
TO :　　Mr. John J. McCloy,
　　　　　Assistant Secretary of War.
FROM : J. Kyuang Dunn,
　　　　　Secretart of Public Relations,
　　　　　United Korean Committee in America.
　　　　　KOREANS AS WAR POTENTIAL WITH SUGGESTION FOR

KOREAN
SERVICE IN MILITARY GOVERNMENT

KOREANS AS WAR POTENTIAL

In establishing the United Nations war front against Japan unoccupied China will be considered a principal base of military operations.

In strategy the United States is seen to take precedence in leadership and derection of operations by superior trained and equipped men and by tactical aid given the chinese allies through the Lend-Lease Act.

As plans for the United Nations offensive are undertaken manpower potential for collaboration and action on the field with proper evaluation is of important study. Per se the Chinese of the Chungking Government under Generalissimo Chiang Kai-shek are strong allies. And with successful offensive it is reasonably assumed that those Chinese now under the Japanese military and political direction will join forces for the enemy's expulsion.

Further, the United States in particular will consider other available manpower potential against the Japanese. Next to the Chinese allies the Koreans in China and Manchuria are to be considered as to their successive contributions against the enemy

BRIEF FOR KOREANS IN CHINA AND MANCHURIA

1. There is an estimate of one million Koreans in free and conquered areas of China; a million in Manchuria with the vast majority settled in South Manchria, especially in the region of Chinentao across the Korean border. This does not take into account some quarter million Koreans in Siberia.

2. These have been political exiles, forced immigrants of Japanese economic reprisals, or planned "colonizers" directed by Japanese expansionist policy.

3. By far and above and however they moved into foreign territories, these bear an inborn hatred for Japanese.

4. Of these many have been carrying on organized hostility against the Japanese

since 1905 with the loss of Korean independence.

KOREANS AS WAR POTENTIAL WITH SUGGESTION FOR KOREAN SERVICE IN MILITARY GOVERNMENT(2)

5. Mant have fought for China with the Manchurian invsion in1931.

6. Many wew soldiers of the Chinese 19th Route Army defending Shanghai in 1932. Since then others have joined the Chinese army both of the rightist and leftist wings to fight the Japanese.

7. There are volunteer Korean military units in Manchuria in guerrilla action against the Japanese.

8. There is the Korean Independence Army, recognized and formed a part of the Chinese Army.

9. There is the Korean Provisional Government active against the Japanese since 1919.

10. The Koreans without publicized credit have supplied much information of military value to Chinese Military Intelligence from occupied China and qualify for espinage by lingual wesatility and intimate knowledge of Japanese people and places. They supersede the Chinese in this branch of military service.

11. In warfare the Koreans are familiar with Chinese and Manchurian terrain.

12. They are eager to participate in a complete Japanese defeat.

In consideration of a major offensive the United States may well regard the Koreans as allies, And the United States should find the Koreans cooperatiog.

ESPIONAGE AND SABOTAGE

as the United Nations offensive expels the Japanese in China and draws closer to Manchuria increased Korean participation may be had.

Heavy Japanese industries are allocated in parts of Machuria and Northern Korea. Many thousands of Koreans are Known to be employed. The situation presents a stategic field for calculative espionage and sabotage.

LIAISON

For the United Stated to obtain the full complement of Korean contributtion in offensive liaison is needed with (1) the Korean Provisional Government in Chungking in cooperation of the Chinese Government, (2) the Koreans in the Chinese leftist groups, (3) the Koreans who follow the Japanese occupational armies and engage in brothels, gambling, smuggling, and peddling, and (4) the Koreans in Manchuria familiar with Japanese civil and military administration.

KOREANS AS WAR POTENTIAL WITH SUGGESTION FOR KOREAN SERVICE IN MILITARY GOVERNMENT(2)

The task of this liaison may be best undertaken by Koreans educated in the United States selected and specifically trained by the United Government and without the supervision of any Korean political interests in this country.

KOREAN SERVICE IN MILITARY GOVERNMENT

It is assumed from present perspective upon Japan's defeat the United Nations forces will occupy Korea and that the America Army will be a principal of occupation. A military government will be a principal of occupation. A military government will be established. And on the assumption the established military government is administration until proper and permaneunt statue is provided for the country.

korean assistance is regarded necessary in the interests and good government of 23,000,000people. It is felt applicable to give consideration now if training Koreans for future detail in connection with such military government and liaison than to remain unprepared and forced by exigencies to call upon untrained and unknown men as aides for specialized administrative tasks.

It is suggested that candidates for training be selected by America authorities in charge from Korean now residing in the United Stated with requisites as required by the school of Military Government; that such candidates be free of Korean party political responsibilities; that candidates fulfilling requirements and acceptably trained be returned to their private enterprises until called for active duty, or preferentially on a long range program the successful candidates be immediately inducted into American service in liaison in the theatre of action for gaining Korean manpower potential as asset in the earliest defeat and surrender of the Japanese Government and by which time they shall have had practically served both American and Korean war interests and better qualilfied themselves for responsibilities pertaining to a military government in Korea.

June 5, 1943

■*1943 JUN 18 AM 10-48*
SB HU21 CHICAGO ILL
59 NET
LC UNITED KOREAN COMMITTEE 1306 MILLER HONOLULU
PLEASE DESSOCIATE WITH LOSANGELES COMMITTEE THEY
BETRAY OUR CAUSE IN EVERY WAY SEND NO DELEGATE TO THEIR
CONFERNCE WANT YOU TO STAND WITH US IN DEFENSE OF
KOPOGO AND COMMISSION SEND DELEGATES TO ALL KOREAN
CONFERENCE TO BE HELD IN LOSANGELES SOON PLEASE DONT
SEND ANY MEN LIKE DUNN
DONGHI HOI CHGO
MACKAY RADIO

■*1943 JUN 22 AM 9-14*
MK1 CB WASHINGTONDC 127 21 1103AM PASJNY
NLT UNITED KOREAN COMMITTEE

1306 MILLER HONOLULU
YOURS RECEIVED APPRECIATE YOURS EFFORTS TO PRESERVE
UNITY BUT WHERE IS UNITY KILSOO DESTROYED MOST AND
KIMHO DESTROYING REST STATE DEPARTMENT DECLARED
DISUNITY UNLESS WE CONVINCE THAT DEPARTMENT UNITY
UNDER UNITED COMMITTEES IN MEANINGLESS FOR WHICH OUR
CAUSE HAS SUFFERED MUCH LOSANGELES COMMITTEES
POSTAL TELEGRAM

■*JUN 23 1943*
Umhagsup,
P.o. Box 95,
cHUNGKING-CHINA.
Two delegates will go to Losangeles for UKC conference
and to Washington DC to adjust differences Kopogo
advice urging them for conciliation would help much.
Dunn is back with us for consultation his mission to
chungking later date.
United Korean Committee.
RADIOGRAM

■WESTERN UNION *1944 APR 5*
IDENTIC CABLES TO KIMKOO KIMKIUSIC HONGCHIN TJOSOWANG
UKC THIRD ANNUAL CONFERENCE IN SESSION HERE RESOLVES
TO EXTEND MAXIMUM SUPPORT TO KOREAN MILITARY ACTION
IN CHINA BY RAISING SPECIAL FUND FROM ALL KOREANS IN
THIS HEMISPHERE OUR CONFERENCE SINCERELY EXPECTS
KOPOGO TO HAVE OUR ARMY IN CHINA RECOGNIZED AS AN
INDEPENDENT FIGHTING UNIT AND REQUESTS ALL OUR LEADERS
IN CHUNGKING TO COOPERATE WITH KOPOGO AND EIJUNGWON

AND STRENGTHEN CABINET FOR MORE EFFECTIVE CONTRIBUTION TOWARDS INDEPENDENCE PROMPT REPLY CLARIFYING KOREAN POLITICAL SITUATION THERE RECARDING THERE MATTERS REQUESTED

SIDAI HAHN CONFERENCE CHAIRMAN UKC THIRD ANNUAL CONFERENCE REPRESENTING KOREAN NATIONAL ASSO OF AMERICA KOREAN NATIONAL REVOLUTIONARY ASSO OF HAWAII TOKNIPTANG NORTH AMERICAN BRANCH KOREAN NATIONAL REVOLUTIONARY PARTY KOREAN WOMENS PATRIOTIC SOCIETY KOREAN WOMENS PATRIOTIC LEAGUE KOREAN WOMENS RELIEF SOCIETIED OF HAWAII TANHAPHOI KOREAN STUDENT FEDERATION

■CHUNGKING VIA MACKAY *1944 April 27*
PRESS KOREAN NATIONAL HERALD
1368 W. JEFFERSON
TO CLEANSE PAST CONFUSED POLITICAL SITUATION WITH EZENGWEN SESSION CLOSED OFFICIALLY 16 THIS MONTH STOP ON 20TH IN AMIABLE AND CORDIAL ATMOSPHERE 36TH TEMPORARY EZENWEN SESSION OPENED STOP SESSION PERIOD FIVE DAYS REVISION OF CONSTITUTION AND ELECTION OF POLITICAL COUNCIL STOP KIMKOO REELECTED AS CHAIRMAN KIUSICKIM AS VICECHAIRMAN OTHER NEW COUNCILLORS LEESHIYUNG CHOSHENWHAN HWANHAKSU CHOWANKU CHALISUK PAKCHANIK CHOCOWANG ANHUN ALL ATE INTEPENENCE MEMBERS CHANGERNSANG KIMPPNGJUN SHESGCHSIK KIMYAKSAN REVOLUTIONARY MEMBERS KIMSUNGSUK KOREAN NATIONAL EMANCIPATION LEAGUE YURIM KOREAN ANARCHIST LEAGUE WHO TOOK OATH ON 26TH THIS MONTH STOP UNDER NEW CONSTITUTION SEVEN MINISTERIES IN POLITICAL COUNCIL

MINISTERS RECOMMENDED BY CHAIRMAN AND UNDER CHAIR-
MANS SUPERVISION MINISTERS LOOK AFTER EXECUTIVE
AFFAIRES STOP NEW MINISTERS SHALL BE ELECTED SOON STOP
ALL POLITICAL PARTIES ARDENTLY SUPPORT CHAIRMAN MAN
KIM AND WHO ISSUED FOLLOWING PUBLIC STATEMENT AFTER
EZENGWEN CLOSED STOP ANNOUNCE IT KINDLY TO KOREANS
THERE STOP I SUFFERED A GREAT DEAL DURING PAST ONE YEAR
STOP BEFORE AND AFTER POLITICAL CONFUSION THERE SITUA-
TION HERE BEGAN TO TAKE WORSE COURSE AND BECAME
ALMOST CRITICAL STOP SO EZENGWEN SESSION TOOK SEVEN
MONTHS TIME STOP BUT I WITH FULL CONFIDENCE IN OUR
COMPATRIOTS AND COLLEAGUES AND THEIR PATRIOTISM AND
LOYALTY AND DESPITE RUMORS CRITICISM DOUBTS I WAITED
PATIENTLY SILENTLY THAT FACTS WOULD PROVE OTHERWISE
FORTUNATELY COMRADES OF DIFFERENT PARTIES WITH THEIR
LOYAL SUPPORT AND UNDOUBTFUL HOPE FOR UNIFICATION
COOPERATION IN REALIZATION SUCH UNIFICATION WHICH
MARKS EPOCH PERIOD IN OUR INDEPENDENCE MONUMENT
MISTRY STOP UNDER KOPOGO NOW NATIONAL UNIFICATION
COOPERATION CRATIC COOPERATION WILL BE STRENGTHENED
STOP SO KOPOGOS WORK SHALL PROCEED SPEEDILY HENCE STOP
NOT ONLY WE KOREANS ARE HAPPY AT THIS BUT OUR ALLIED
FRIENDS WOULD GIVE US SYMPATHETIC SUPPORTS STOP LASTLY
I EARN ESTLY HOPE THAT YOU KOREANS THERE TOO PEEASE
ALL YOUR CONFUSION AND CLEAR MISUNDERSTANDINGS AND
I TOO WILL DO MY BEST TO BE THAT ITS DONE STOP TJOSOWANG
WISHES TO TRANSMIT FOLLOWING MESSAGE TO HANSIDAI COLON
THANKS FOR YOUR WIRE STOP WILL TRY BEST TO REALIZE ABOUT
MILITARY FORCE STOP UNIFICATION HAS BEEN ACHIEVED STOP
DUE TO EXPENSES UNABLE TO SEND NEWS TO HONOLULU PLEASE

CONVEY THIS THROUGH UKC WIDELY TO KOREANS THERE STOP FOLLOWING IS REPLY FROM SPEAKER HONG TO UKC THIRD CONFERENCE COLON MEMBERS OF EZENGWEN ALL FEEL GRATEFUL FOR YOUR THIRD CONFERENCE WIRE STOP UNDER ARDENT COOPERATION SPIRIT UNDECIDED AFFAIRS IN 35TH SESSION BEEN SUCCESSFULLY AND SATISFACTORILY CONCLUDED IN 36TH SESSION STOP HAVE REVISED MUCH DISCUSSED CONSTITUTION SEVEN PARTS 62 ARTICLES IN ALL AND ELECTED NEW MEMBERS IN POLITICAL COUNCIL STOP CHAIRMAN KIMKOO VICECHAIRMAN KIMKIUSIC COUNCILLORS LEESHIYUNG CHOSUNGWHAN CHOWANKU PAKCHANIG CHALISUK HWANHAKSU CHANGKENSANG KIMPOONJUN SENGCHUSIK CHOSOWANG KIMYAKSAN KIMSENGUK ANHUN YURIM STOP COMPLETED THUS UNSECIDED QUESTIONS IN PREVIOUS SESSION STOP INTERNATIONAL COOPERATION CREATING ARMED FORCES FIGHTING SHOULDER TO SHOULDER WITH ALLIES WILL BE REALISED BEFORE LONG STOP PLEASE CONVEY THIS TO YOUR MEMBERS STOP SPECIAL BONDS QUESTION DHALL BE LEGALLY INSTRUCTED BY NEW POLITICAL COUNCIL SO PLEASE AWAIT THEIR DECISION EZENGWEN SPEAKER HONGCHIN STOP

UMHANGSUP

■WESTERN UNION *1944 APRIL 24*
KIMKOO
KOREAN PROVISIONAL GOVERNMENT
CHUNGKING CHINA

TIME TOO SHOUT TO REMAIN STALEMATED AS WE HAVE OUR REPRESENTATIVES IN WASHINGTON PROPERLY ESTABLISHED IN STRENGTH AND CONFIDENCE KOPOGO MUST TAKE CHOICE

BETWEEN UKC AND RHEE QUICK DECISION MUST BE HAD REPLY
IMMEDIATELY

UNITED KOREAN COMMITTEE IN AMERIC
SIDAI HAHN, EXECUTIVE CHAIRMAN
MEMBERS OF UNITED KOREAN COMMITTEE--
KOREAN NATIONAL ASSOCIATION MAINLAND
KOREAN NATIONAL ASSOCIATION HAWAII
KOREAN WOMENS PATRIOTIC LEAGUE MAINLAND
KOREAN WOMENS PATRIOTIC LEAGUE HAWAII
KOREAN WONENS RELIEF SOCIETY HAWAII
DOKNIPTANG HAWAII
TAICHOSEN DOKNIPTANG
KOREAN PATRIOTIC PARTY HONOLULU
TANHAPHOI HAWAII

■*1944 APRIL 28*
UNITED KOREAN COMMITTEE
HONOLULU
FIVE DAYS EZENGWEN SESSION OPENED APRIL 16 AND CON-
CLUDED COALITION CABINET MADE KIMKOO REELECTED
CHAIRMAN KIMKIUSIC VICECHAIRMAN COUNCILLORS LEE-
SIYUNG AHNHOON INDEPENDENCE MEMBERS CHANGKEUNSANG
KIMBOONGJUN SONGGHUSIK KIMYAKSAN REVOLUTIONART
MEMBERS KIMSUNGSUK NATIONAL EMANCIPATION MEMBER
YURIM KOREAN ANARCHIST MEMBER ALL FOURTEEN TOOK OATH
APRIL 26 CONSTITUTION REVISED HAVING SEVEN PARTS SIXTY
TWO ARTICLES CONGRATULATORY STATEMENT ISSUED BY
KIMKOO CHOSOWANG HONGCHIN TO KOREANS IN UNITED STATES
DETAILS POLLOW ABOVE RESULT OF THIRD CONFERENCE WIRE
TO KOPOGO AND KOREAN CHUNGGKING LEADERS

JKYUAND DUNN
EZENGWET-KOREAN PARLIAMENT IN CHUNGKING
ALL NAMES GIVEN IN MESSAGE ARE OFFICIALS OF KOREAN
PROVISIONAL GOVERNMENT
KOPOGO-KOREAN PROVISIONAL GOVERNMENT CHUNGKING
UNITED KOREAN COMMITTEE
1368 W JEFFERSON

■*June 5, 1944.*
Hotel Lafayette,
Washington D.C.,
CONFIDENTIAL

Dear Mr. McCloy:

While in Honolulu last February it was my confidence to have known that several hundred Koreans were intermed in Hawaii as prisoners of war in custody of the Army and Navy. These Koreans were taken off the Gilbert and Marchall Groups when they became occupied by American task forces. Upon conversation with the Office of the Military Governor of Hawaii I learned that these Koreans proved deserving of American hospitality and trustworthy and in many cases they were treated with more cordiality than that generally granted to 'prisiners of war.' Many were authorized to work on projects associated with Hawaii's military defense.

In my conversation with the Office of the Military Governor I suggested that due consideration be made for these Koreans in proving their loyalty as Koreans with no allegiance phase of military occupation as may be their want and volition to aid the forces of the United Nations in the Pacific theatre of operations. no conclusion was had as the subject was still new and required study.

Considerable time has passed since, and I now submit the same conversation in memorandum for your higher considerartion.

THE USE OF KOREANS AND THEIR SERVICE WHO ARE NOW IN AMERICAN MILITARY INTERNMENT

1. That practical application of the services of Koreans interned in Hawaii as 'prisoners of war' be studied by the War Department for early action under the direction of the United Stated Army to aid American war efforts and as a desirable Korean measure of contributing to the United Nations at war against Japan and her allies;that these Koreans serve as labor unots in American-occupied territories, as aid in territories, as liaison details in relation to other Koreans as may still be found in impressed service of the Japanese;and

■WESTERN UNION *1944 JUN 24* (VIA MACKAY RADIO)
KOREAN NATIONAL REVOLUTIONARY PARTY
KIMKIUSIC KIMYAKSAN
PO BOX 233
CHUNGKING CHINA
URGE UPON YOU IMMEDIATE DECISION REMOVING SYNGMAN RHEE AND AUTHORIZE UNITED KOREAN COMMITTEE AS KOPOGO AGENT TO SELECT COMMISSIONERS THIS CHANGE POSITIVELY NECESSARY FOR SUCCESSFUL NEGOTIATIONS HERE STOP MAJORITY OF THE KOREANS HERE AND HAWAII OBJECT TO THE POLICIES OF RHEE AND TO THIS DATE WE CONSIDER HIM A FAILURE AS THE KOREAN COMMISSIONER TO WASHINGTON STOP TIME TOO SHORT TO REMAIN STALEMATED AS WE HAVE OUR REPRESENTATIVES IN WASHINGTON PROPERLY ESTABLISHED IN STRENGTH AND CONFIDENCE KOPOGO MUST TAKE CHOICE BETWEEN UNITED KOREAN COMMITTEEDAND SYNGMAN RHEE QUICK DECISION MUST BE HAD STOP WE SEND WIRE TO KOPOGO TODAY

SIDAI HAHN, CHAIRMAN OF UNITED KOREAN COMMITTEE

KOREAN NATIONAL ASSOCIATION OF MAINLAND
KOREAN NATIONAL ASSOCIATION OF HAWAII
KOREAN WOMENS PATRIOTIC LEAGUE OF MAINLAND
KOREAN WOMENS PATRIOTIC LEAGUE OF HAWAII
KOREAN WOMENS PATRIOTIC SOCIETY OF HAWAII
DONKNIPTANG OF HAWAII
DANHAPHOI OF HAWAII
TAICHOSEN DOKNIPTANG OF HAWAII
KOREAN PATRIOTIC PARTY OF HAWAII

■WESTERN UNION *JUL 24 1944* (VIA MACKAY RADIO)
PO BOX 95
CHUNGKING CHINA
URGE UPON YOU IMMEDIATE DECISION REMOVING SYNGMAN
RHEE AND AUTHORIZING UNITED KOREAN COMMITTEE AS
KOPOGO AGENT TO SELECT COMMISSINERS THIS CHANGE
POSITIVELY NECESSARY FOR SUCCESSFUL NEGOTIATIONS HERE
STOP MAJORITY OF THE KOREANS HERE AND HAWAII OBJECT
TO THE POLICIES OF RHEE AND TO THIS DATE WE CONSIDER
HIM A FAILURE AS THE KOREAN COMMISSIONER TO WASHINGTON
STOP TIME TOO SHORT TO REMAIN STALEMATED AS WE HAVE
OUR REPRESENTATIVES IN WASHINGTON PROPERLY ESTABLISH-
ED IN STRENGTH AND CONFIDENCE KOPOGO MUST TAKE CHOICE
BETWEEN UNITED KOREAN COMMITTEE AND SYNGMAN RHEE
QUICK DECISION MUST BE HAD STOP WE SEND WIRE TO KOPOGO
TODAY.

SIDAI HAHN, CHAIRMAN OF UNITED KOREAN COMMITTEE
KOREAN NATIONAL ASSOCIATION OF MAINLAND
KOREAN NATIONAL ASSOCIATION OF HAWAII

KOREAN WOMENS PATRIOTIC LEAGUE OF MAINLAND
KOREAN WOMENS PATRIOTIC LEAGUE OF HAWAII
KOREAN WOMENS PATRIOTIC SOCIETY OF HAWAII
DONKNIPTANG OF HAWAII
DANHAPHOI OF HAWAII
TAICHOSEN DOKNIPTANG OF HAWAII
KOREAN PATRIOTIC PARTY OF HAWAII

■*July 24, 1944*

The honorable Kim Koo

Chairman, Korean Privisinal Government

P.O. Box 95

Chungking, China

Dear Mr. Kim:

It is my honor and want to apprize you of the establishment of the Office of the United Korean Committee in America here in Washington to undertake an urgently needed Korean program in research, publicity and public relations, essential now and in preparartion to aid the Korean people to meet postwar problems as mat effect them in international conferences. And it is my pleasure to inform that a strong staff represents our work with Mr. Won young Kim, formerly Executive-Secretary of the United Korean Committee and Vice President of Tokniptang, as the Executive Director of the Washington office. In more greatly aiding the course of the Korean Provisional Government, we abroad have been gravely handicapped by geographic separation with our leaders in the Far East. Following the sudden attack on Pearl Harbor and pressed by extraordinary time and emergency it was our determination to remedy this handicap, and to this end two representatives was to acquaint our people here to give direct aid and to gain a working knowledge and instruction as to policies and plans of the Korean Provisional Government for military and political participation of the United Nations. It was also their assignment to present as clear a picture as possible of the American Government's attitude towards the Korean Provisional Government and the probable extent to which it may give aid to Korean in her war for freedom.

■WESTERN UNION CHUNGKING *AUG. 11, 1944*
PRESS KOREAN
INTERVIEWED WITH LIEUT LAHDAONGYU WHO RECENTLY RETURNED FROM CALCULTTA FOR REPOET TO HIS HQ ANDKOPOGO AFTER HELPING BRITISH ARMY AT IMPHAL FRONT LAH IS ONE OF THE NINE OFFICERS INVITED BY THE BRITISH ARMY LAST YEAR HE HAS GIVEN ME FOLLOWING INFORMATION FOR NEW KOREA QUOTE THOUGH OUR PARTY IS COMPOSED OF DIFFERENT PARTY MEMBERS WE FORGET ALL DIFFERENCES WHEN WE WERE ENGAGED IN ACTUAL WORK FOR THE BENEFIT OF OUT COUNTRY AGAINST JAPS BROADCASTING EXAMINATION OF WAT PRISONERS AND INVESTIGATION OF ENEMY CONDITIONS HAVE BEEN ASSIGNED TO US BY BRITISH AS KOREANS UNDERSTAND WELL JAPANESE PSYCHOLOGY WE COULD FULFILL OUR TASKS TO SATISFACTION OF BRITISH ESPECIALLY CAPT MOONEUNG-KOOK SUCCESSFULLY PLANNED AN ESCAPE FOR BRITISH TROOP SURROUNDED BY JAPS AT TIDDIM CAUSING MUCH DAMAGE TO ENEMY AT PRESENT BRITISH NEED FURTHER HELP FROM KOREANS HOPING TO INVITE MORE OF THEM THEY TREAT KOREANS ON EQUAL FOOTING WITH THEIR OWN OFFICERS AND COOPERATION IS MOST SATISFACTORY UNQ UOTE
UMHONGSUP

■WESTERN UNION *AUGUST 29, 1944*
UNITED KOREAN COMITTEE

1306 MILLER

HONOLULU

LEAVING SEPTEMBER 18 EARLIEST LOS ANGELES TRANSPOR-
TATION IMMEDIATELY MALL HAWAII AGENDA FOR CONFERENCE
COLLECTIVE IDEAS OF ALL ORGANIZATIONS NUMBER OF DELE-
GATES EACH ORGANIZATION ENTITLED KIND OF STATUS DESIRED
IN REORGANIZED COMMISSION RECOMMENDATION ON DIREC-
TIVE CLAUSES 3 AND 7 DEALING WITH COMMISSION ELECTION
AND KOPOGO'S BUDGET APPROVAL SELECTION OF PRACTICAL
NUMBER FOR COMMISSION PERSONNEL AND THEIR NAMES
FORWARD AGENDA TO REACH US SEPTEMBER 20

WARREN KIM

■WESTEN UNION WUX WASHINGTO DC *SEP 14 1944* 118P
TR13 LD110 RR DL PD
J KYUANG DUNN UNITED KOREAN COMMITTEE IN AMERICA
1719 K STREET NW WASHDC
YOUR TELEGRAM SEPTEMBER 12. DIRECTOR GENERAL UNRRA
AUTHORIZED TO ISSUE VISITOR CARDS TO PRIVATE ORGANI-
ZATIONS OR INDIVIDUALS TO ATTEND THE PUBLIC MEETINGS
OF MONTREAL COUNCIL SESSION. HE WILL BE GLAD RESERVE
ONE VISITOR CARD FOR REPRESENTATIVES YOUR ORGANIZATION.
TO BE ISSUED AT HOTEL WINDSOR MONTREAL SEPTEMBER 15
OR AFTER.

    FRANCIS B SAYRE DIPLOMATIC ADVISER UNITED NATIONS
    RELIEF REHABILITATION ADM. 133P

■WESTERN UNION *SEPTEMBER 15, 1944*
WASHINGTON, D. C.

FRANCIS B SAYER, DIPLOMATIC ADVISER
UNITED NATIONS RELIEF REHABILITATION ADVISER
DUPONT BUILDING
1344 CONNECTICUT AVENUE, N. W.
WASHINGTON, D. C.
YOUR TELEGRAM RECEIVED ACCEPT OUR ORGANIZATION'S
APPRECIATION OF DIRECTOR GENERAL UNRRA GRANTING ONE
VISITOR TO ATTEND PUBLIC MEETINGS OF MONTREAL COUNCIL
SESSION WE DESIGINATE YONGJEUNG KIM OUR REPRESENTATIVE
J. KYUANG DUNN SECREARY
UNITED KOREAN COMMITTEE IN AMERICA

■*9/17- 44*
WORKIU AHN
UNITED KOREAN COMMITTEE
1306 MILLER HONOLULU
YOUR PLAN PERSONNEL SELECTION GOOD WE ADVISE FIFTEEN
NAMES QUALIFIED RECEIVING MAJORITY SELECTION FROM
HAWAII ORGANIZATIONS BE SENT IMMEDIATELY TO LOS ANGELES
STOP MAINLAND ORGANIZATIONS WILL DO SAME STOP FROM
THIRTY NAMES IN SUBISSION EMPOWER LIS ANGELES
CONFERENCE TO SELECT REQUIRED COMMISSION STAFF IN
ACCORDANCE TO PERSONS FITNESS ANDFOR KOPOGO APPROVAL
DESIGANTE HAWAII DELEGATES TO COMFERENCE IF NOT COMING
AUTHORIZE PROXIES
WARREN KIM
RADIOGRAM

■WESTERN UNION *11/15/44*
KOREAN PROVISIONAL GOVERNMENT CHUNGKING, CHINA

WE CAN NOT BE RESPONSIBLE FOR DONGJIHOIS PLANNED NONPARTICIPATION STOP YOU ARE WELL INFORMED THAT CONVENTION PROCEEDED LECITIMATELY INACCORDANCE TO YOUR INSTRUCTIONS AND CONVENED PROPERLY BY DELEGATES OF MAJORITY KOREAN ORGANIZATIONS PRESENTED OVER SEVENTENTHS OF ALL UNITS IN AMERICA HAWAII CUBA MEXICO USED EVERY EFFORT TO HAVE DONGJIHOIS PARTICIPATION AND REPEATEDLY PLEAED DISPITE THEIR PERSISTENT UNREASONABLE REFUSALSTOP YOU MAY CONSIDERABLY CONFUSED WITH THOSE TELEGRAMS FROM DR. RHEE DONGJIHOI AND OTHERS STOP IN YOUR PREVIOUS INSTRUCTIONS THE CONVENTION SHOULD PROCEED WITH AT LEAST SEVEN-TENTHS OF ALL UNITS WHICH WE SUCCEEDED BUT WE DONT UNDERSTAND YOUR ATTITUDE NOW THAT YOU ARE ASKING COMPLETE UNITY WHILE DONGJIHOI IS NOT COOPERATING PEOPLES WISHED TO SYMPATHIZE CERTAIN ONE FACTION STOP WHATEVER MEASURE YOU MAY TAKE WILL NOT BE RESPECTED HERE ANY MORE.

UNITED KOREAN COMMITTEE
EXCUTIVES CHAIRMAN   SIDAI HAHN

SENDERS ADDRESS:

1368 W. JEFFERSON BLVD.
LOS ANGELES, 7, CALIF.

■WESTERN UNION CHUNGKING *DEC 3 1944*
NEW KOREA LOSA
PLEASE PUBLISH IN NEW FOLLOWING KOPOGO PROCLAMATION TO KOREAN COMPATRIOTS IN AMERICA HAWAII MEXICO CUBA ETC GREETINGS KOPOGO ITSELF SHOULD HAVE APPOINTED KOREAN DIPLOMATIC MISSION MEMBERS ACCORDING TO NEW

REGULA- TIONS BUT FOR INITIAL ORGANIZATION EXPECTING BETTER RESULTS DESIRED NOMINATIONS BASED ON ALL CONSTITUEN- CIES HARMONIOUS UNIFIED OPINIONS STOP UNFORTUNATELY AN INDISPENSABLE GROUP HAVING WITHDRAWN FROM REPRESEN- TATIVE CONVENTION FULL UNIFICATION WAS NOT ACHIEVED KOPOGO THEREFORE ADAMANT ON ENTIRE UNIFICATION RE- GRETTING NOMINATION APPROVAL IMPOSSIBLE HAD TO MAKE OWN APPOINTMENT SUPERSEDES ALL APPOINTMENT STRUCTURES REPRESENTATIONS HERETOFORE AND WE URGE WITHOUT QUESTIONING WHO SHOULD BEAR GREATER OR LESS BLAME ALL FOLLOW KOPOGO IN PLACING CONFIDENCE ON NEWLY APPOINT- ED WINE MISSION MEMBERS BECAUSE FIRSTLY LIGHTNING PRO- GRESS OF WAR MAKES URGENT OUR UNIFIED DIPLOMATIC EFFORTS IN AMERICA SECONDLY MUST PRESERVE CONFIDENCE IN COMPATRIOTS IN AMERICA FIFTHLY TO NOT FAIL ARDENT DESIRE OF ENTIRE PEOPLE WITHIN HOME LAND SIXTHLY FULFILL EXPECTATIONS OF FRIENDLY NATIONS SEVENTHLY TO ERADI- CATE LONG STANDING SELEDESTRUCTIVE FEUDS AND TO EXPEDITE ATTAINMENT OF OUR ONE GREAT ATM STOP PLEASE BURY COMPLETELY PAST PREJUDICES ILLFEELINGS DIFFERENCES AND EFFECTUATE PRESENT INSTRUCIONS

KOPOGO COUNCIL OF STATE

■WESTERN UNION WASHINTON, D.C. *JANUARY 20, 1945*
COMMODORE HOTEL
NEW YORK, NEW YORK
ADVISE IF SINGLE ROOM RESERVATIONS FOR FANUARY
27 AND 28 MAY BE HAD.

WARREN Y. KIM

1719 K STREET, N.W.

■*February 26, 1945*
Mr. Warren Kim
1719 K Street, N. W.
Washington, D. C.

Dear Mr. Kim

I have just received a cable from our Government in Chunking requesting me to appoint the Korean Delegation to the San Francisco Conference of the United Nation, April 25, 1945.

Knowing your experience in the public affairs of our people and your ability equal to the task before us, I hereby appoint you as a member of the Korean Delegation to the said Conference. I hope you will serve gladly and will in this capacity.

I must ask you to furnish your own expense as you know the Commission is not in a position at present to meet it.

As we have very little time to lise, kindly afvise me at once your willingness to serve.

Cordially yours,
SYNGMAN RHEE

■*2/27-1945*
OFFICE OF INTERNAL SECURITY
Trans-Pacific Travel Control Bureau
Kerr Building 1055 Alakea Street
Honolulu, T. H.
Warren Young Kim
In connection with your application for transportation to the Territory of Hawaii,

it will be necessary for you to fill out and sign the enclosed "personal History Declaration". ALL questions MUST BE answered--if the answer is "No" or "None", so state. The Questionnaire does not need to be notarized nor do you need to submit a picture of yourself.
After you have filled out the Questionnaire COMPLETELY, please mail it in the self-addressed envelope which requires no postage and is enclosed herewith for your convenience.

Yours truly,

R. W. breed
Lieutenant, USNR
Officer-in Change
Encls (2)
2/27-1945

■P20 NPM G 16 RADIO HILO FLD *9PM JUNE 27*
KONATION HONOLULU
HILO KUYOK WHONYOUNG CHOONPEEOCHAK POONEEHAI
CUNGOPKA CHUNSOO CHODAI DUNG OCHAK CHUNSOO
FILOGUYAK DONGPO DUNG
KIM EUNG SUP
1033PM
교민총단
힐로구역 환영쥰비 오착 동포가전수
쵸되등 오착 일로구역 동포 등
김응섭
RADIOGRAM

■ *날짜 불명*

TO : Parksung-whan Hakalau, Hawaii
200 received Twenty leaving Nineth Music boys included cannot accept Japanese
reception notify to Kimeungsup
Wiwonhoi
U.S. NAVAL COMMUNICATION SERVICE

■ *날짜 불명*
111 KO REEDLEY CAL 8 CTF
KONATION
HONOLULU
SAMILJUL CHUKAHAO IKOTDONGPO JUNGPOWIHAI YULSIMHAO
HANIN
636P
CABLEGRAM

■*23 날짜 불명*
KORIC #2
IRRELIABLE. NA CABLE REPLY FORM KOREA. WE DEMAND
INVESTIGATION
KONATION
CABLEGRAM

■ 연도 불명 *JUN 16 AM 9-14*
NLT GENERAL YAKSAN KIM
PO BOX 203 CHUNGKING
SEND 800FEET KOREAN VOLUNTEER MOVIE FILM RECENTLY
RECEIVED FROM CHINESE GOVERNMENT TO ME FOR OFFICIAL
PREVIEW AND DISTRIBUTION THROUGHOUT AMERICA. BELIEVE
WILL AID EXPEDITE OUR NEGOTIATION FOR KOONMUL FOR YOUR
MEN. WIRE REPLY STOP. RHEE BEGAN CONTROVERSY WITH UKC

REPRESENTATIVE HERE ALREADY. KOPOGO MUST CHECK RHEES
UNETHICAL HARMFUL ACTIVITES.
KILSOO HAAN.
MUTELEGRAM

■ 날짜 불명
RAYMOND HERR
STEERAGE
TENYOMARU.
WHANYUNGHAO
KONATION
1306 Miller St.
MUTELEGRAM

■ 날짜 불명
FO 1020PM
UM5 KEIJO 6
KONATION HONOLULU
CHANGTUKSOO ARRIVES ON SIBERIA
RADIOGRAM

■ 연도 불명 *SEP 13 AM 1-34*
MK110/12
HONOLULU 40 11 3P
1719 K STREET NW WASHNGTON DC
DONGJIHOI REFUSES COOPERATION SENDING DONGJIHOI FINAL
NOTICE CALL DELEGATES OF ALL OTHER ORGANIZATION IN
HAWAII AS OF SEPTEMBER 18 PERIN KOPOGO INSTRUCTION
SIMILAR MESSAGE SENT TO UKC LOSANGELES
UNITED KOREAN COMMITTEE

CABLEGRAM

■ 연도 불명 *SEP 16 PM 3-11*
MK32/16
HONOLULU 68 15 357P
NLT UNITED KOREAN COMMITTEE
1719 K ST NW WASHNGTON DC
PLEASE ADVISE US HOW TO SELECT FIFTEEN MEMBERS OF
PROPOSED DIPLOMATIC MISSION IN OUR OPINION IT IS BEST EACH
ORGANIZATION SHALL SUBMIT LIST OF FIFTEEN NAMES FROM
WHICH ONES WHO RECEIVED MOST VOTES BE ELECTED
REPRESENTATIVE SESSION FOR HAWAII SCHEDULED FOR NEXT
MONDAY YOUR REPLY BEFORE THAT SHALL BE GREATLY
APPRECIATED
W K AHN CHAIRMAN UNITED KOREAN COMMITTEE

RADIOGRAM

■ *날짜 불명*
191X
Sungman Rhee Retco Philadelphia
Cable said Kim Kyu-sik arrived Paris yesterday.
We waiting your cable everyday. Please let us know your movement answer.
Lee Chong-kwan

■ *날짜 불명*
191X
Dr. Rhee Foreign Mission Jocoma? Park Washington D.C.
Let you know second Shanghai cable.
Demonstrations 100 places everyday Christians Chundokyos students girls
centre 33 representatives 5000 arrested 500 killed strike boycott broke need
men and money Dr. Rhee's address

464

Hyunsoon
Lee Chong-kwan

■ 날짜 불명
191X
Syngman Rhee Retco Philadelphia
Hawaii glad your news and provisional government Park changed to independent
union begs money even from foreigner so make disturb our work but few
left.
Lee Chong-kwan

■ 날짜 불명
191X
Syngman Rhee Retco Philadelphia
It impossible let us know need you here
Lee Changkwan

■ 날짜 불명
LEECHONGKWAN
CAMP NINE. HAWI(HAWAII)
YAKUDAN MUST LEAVE FOR KOREA JULY TWENTY FOURTH WILL
STAY AT HAWI SIXTEENTH AND SEVENTEENTH IF AGREEABLE
WIRE.
KONATION
1306 Miller St.
APRIL 5, 1924, Washington
Euijungwon-jang
Kopogo,
Shanghai
JUNNAIMJANG LIDONGYUNGRO KUKMUCHONGLI

IMMENGHANI EUIJUNGWONI DONGUIHASIO
DAITONGYUNG
CABLEGRAM

■ *날짜 불명*
CONFIDENTIAL
Mr. McCloy(2)

II. that these Koreans be given training and organized for the above and other applicable purposes as meet their qualification and military approval and returned to the Pacific area now occupied by American forces and there to assist in the handling of other such Koreans as may yet be taken into American custody and interned, and that there initially-trained and organized Koreans may be able to increase their force and service from such new korean member as gained with advancing American occupation of enermy areas and thereby build practicably a strength for the cause of Korea's Liberation that as Koreans they seek.

The effective consideration of this memorandum, I believe, will be based largely on the clarification of the status of these Koreans whether or not they are 'prisoners of war' and to be treated as such, as defined in the qualification of belligerents by the Genenva Convention of 1929 relative to the laws and customs of war on land and The Hague Convention of 1907 dealing with the same subject.

If the content of this memorandum proves in ant contravention of the above said Conventions as adopted by the United Stated and other Powers, consideration is sought in viwe of war necessities that a similar application of status as given to and enjoyed by all Koreans in the United Stated and Hawaii might not be granted these Koreans in American military custody upon establishment of their loyalty as patriotic Koreans desirous to do or dir for their country's freedom and independence.

May I be advised as to your frindings and decision.

very sincerely yours,

J. Kyuang Dunn
Secretary of Public Relationship,
United Korean Committee in America.

Mr. John J. McCloy,
Asst. Secty. of War,
4E- 886, Pentagon Building
Arlington, Va.

동포들에게

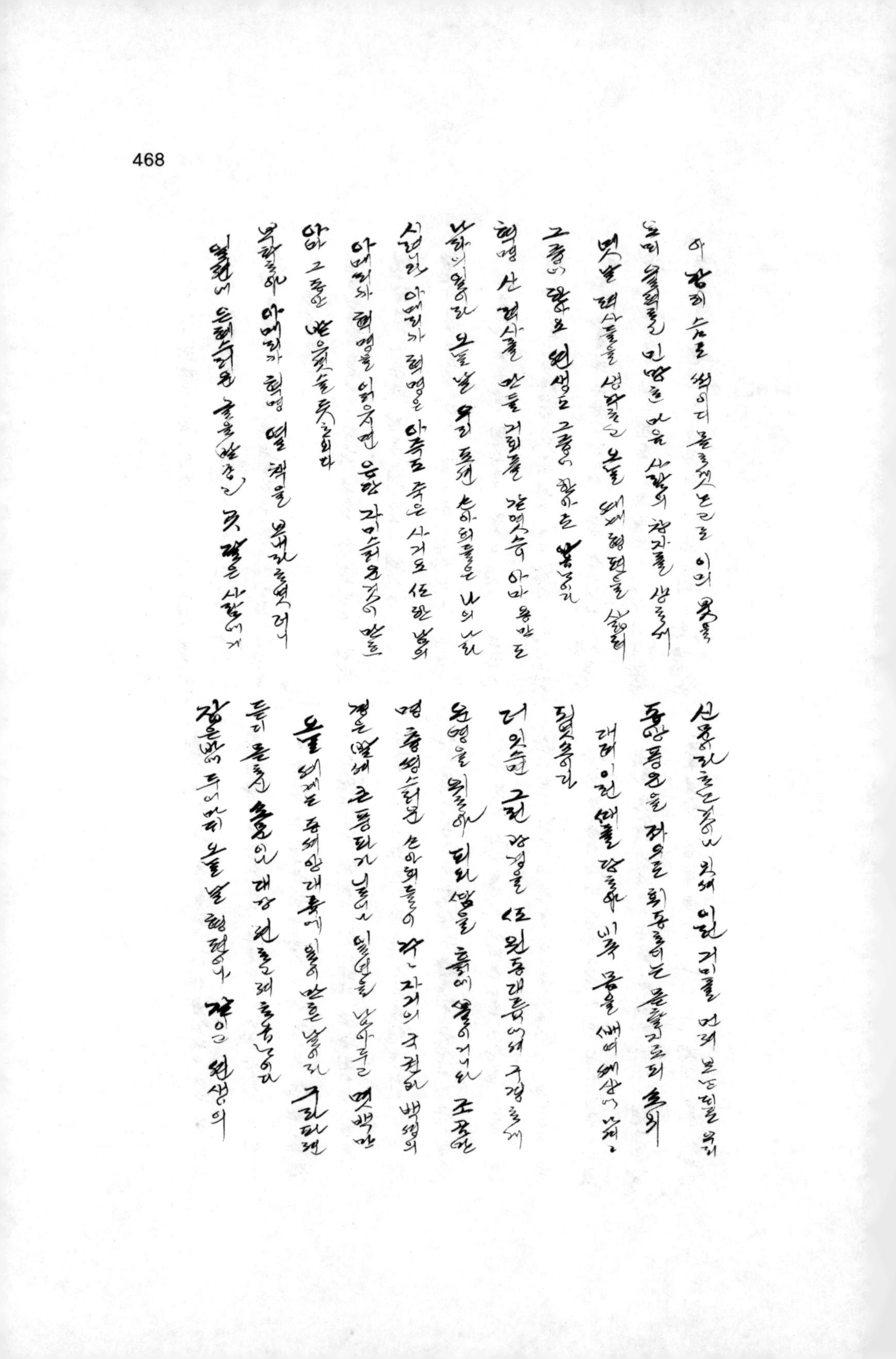

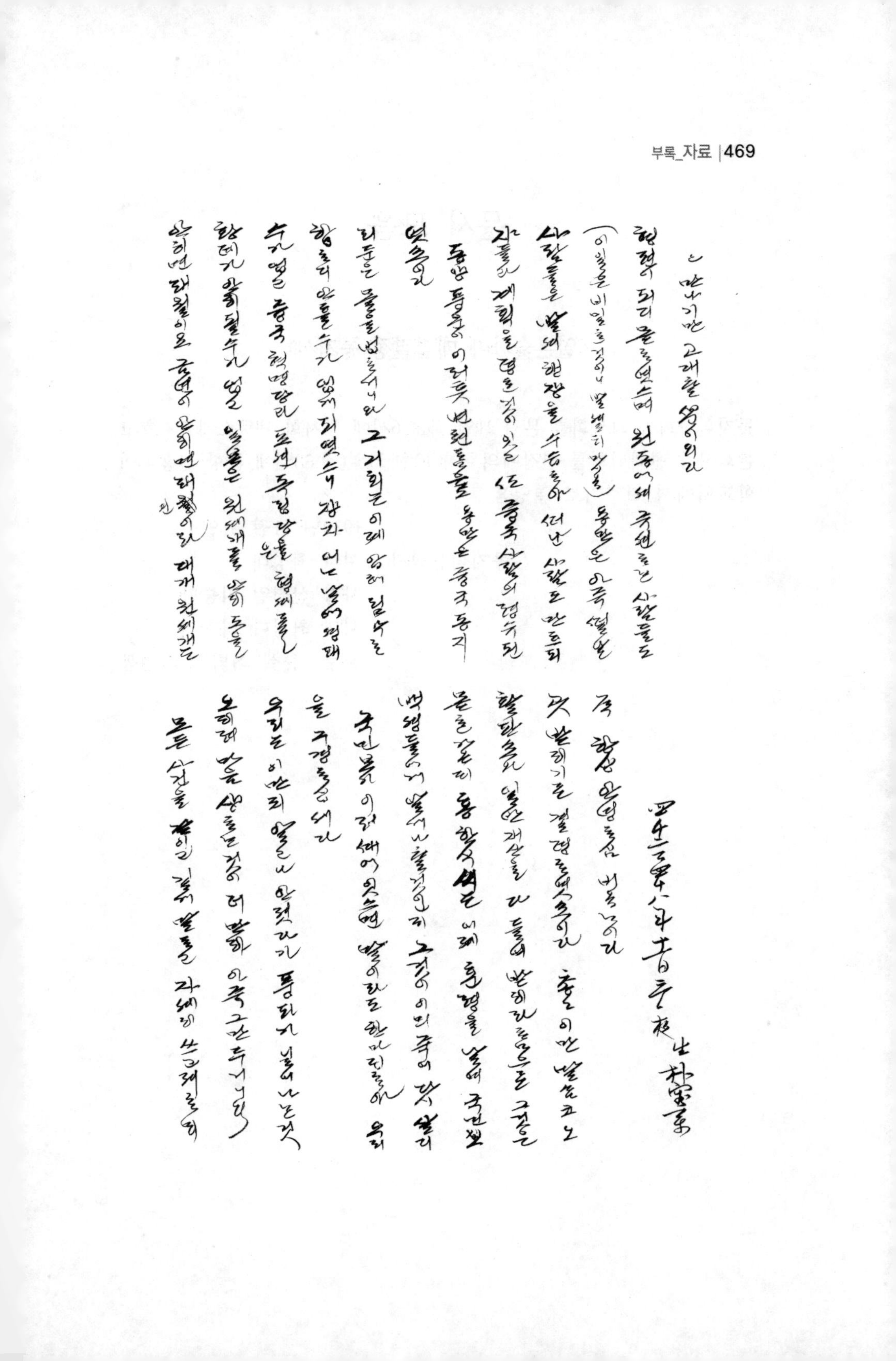

문서 모음

〈일본숯가마 매입결정 통지서〉

동지식산회사 리사회를 본월 21일 하오 6시에 동지회 사무쇼에셔지ᄒ고
본회사쥬 년례디회를 헌장에의ᄒ야 12월 21일(월요)일에 본항 신홍국어
학교니에셔 긔ᄒ긔호 결뎡홈

1930년 11월 21일

동지석산회사　셔긔 최셩대

사장 신셩일 리승만

셔긔 최셩디 리만긔

지부　유실 최틱열 리쳔봉

新韓國報에 대한 박용만의 요구서

大韓人國民會
荷哇伊総會

THE KOREAN NATIONAL ASSOCIATION

HEAD OFFICE OF HAWAII

CABLE ADDRESS:
"KONATION"
HONOLULU

Office—1313 Miller Street
Honolulu, T. H.

TELEPHONE 2577
P. O. BOX 784

No.____

紀元四二四二年三月十三

朴容萬 (新韓國報社)

領収証

一、美金五百元也

右金은第參次大韓獨立軍（前大韓軍
政署）經戰將士救濟費로確實領収함

大韓民國三年八月三日

大韓獨立軍代表　白　純　（印）

布哇大韓婦人救濟會會長

座下

〈通 牒〉

上海臨時議政院 僉中

肅啓本會는 一般國人의 意思와 與論에 基하여 現今時勢의 換起와 要求의 依하야 今此混亂紛糾의 狀態에 陷한 時局을 收拾하야 民心과 軍事의 完全한 統一로써 我國家의 光復을 早一日하야 實現께 할 見地下에서 左의 決議文을 定하고 玆에 地를 通告하며 급히 臨時議定院의 取消를 要求하노니 地書가 得達된 後滿三日以內에 可否의 答覆을 表示하야 發送하되 若該期內에 答覆이 無하거나 不明或不應의 答覆이 有한 時는 本會는 不得不自由行動을 取하겟사오니 照亮하심을 敬要

軍事統一會決議文

本會는 一般國人의 意思를 代表하야 上海臨時政府와 臨時議政院을 一體로 不承認하고 且其過去及將來의 諸般施設을 無效로 認하며

本會는 紀元四千二百五十二年 四月二十三日內地國民大會에셔 組織發布된 大朝鮮共和國臨時政府의 系統을 承하야 一新히 組織하기로 決議함

　　　　甲. 上海臨時政府不承認에 關한 理由

一. 上海臨時政府는 元來上海一隅에 在한 極少數人의 私心으로써 萬歲聲中內地國民大會에셔 組織發布된 政府를 無視하며 兼하야 內外地同胞의 意思를 博採하지 아니하고 局部的으로 組織되엿으며 且其新組織의 劈頭에 當하야 對委任統治請事件이 發露됨을 不拘하고 李承晚이 其首領의 任에 當하엿으니 其組織이 根本的으로 不正當하고 不神聖한바-오

二. 上海臨政府는 成立以來獨立運動에 對하야 可擧할 成績이 無할쑨이니라 反히 俄領國民議會에 대하야 無誠意한 妥協을 開始하던 當時에 詐欺的手段으로써 內地政府奉戴의 條件을 上海政府改造의 形式으로 約作하엿으며,

三. 上海臨時政府는 其閣員의 三年間施政이 各各自衆의 私黨을 植하며 門戶를 立할 쑨의 野鄙的行爲 쑨으로써 其影響은 漸次로 一般社會에 波及되어 獨立宣言當時의 擧國一致로 統一 되엇던 民心을 分裂케하엿으며

四. 上海臨時政府는 國衆의 무상한 羞恥오 民族의 莫大한 汚辱인 對美委任統治請願事件에 關하야 對方으로 美國에 向하야셔나 內로 國人에게 向하야셔나外로 友邦에 向ㅎ야 一言의 辨明이 無할쑨아니라 反히 其閣員은 賣國賣族의

行爲를 敢行한 李承晚을 絶對로 擁戴하야 外로 國家의 羞辱을 不關하며 內로
民族의 精神을 眩惑케하니 對美委任統治에 對하야 默認 或 雷同의 責任이自有
한바-라

乙.上海臨時議政院不承認에 關한 理由

一. 上海臨時議政院은 元來上海一隅에 在한 極少數人 卽 自稱 某某道代表로써
內外地同胞의 意思를 可及的으로라도 博採하지아니하고 局部的으로 成立되
엿으니 其組織이 根本的으로 不正當한바-오

二. 上海臨時議政院은 對美委任統治請願의 罪를 査劾하지아니할 쑨 아니라
反히 上海臨時政府組織當時에 對美委任統治事件이 이믜 傳播됨을 不拘하고
其請願者 李承晚을 國務總理로 且其連累者 安昌浩를 內務總長으로 推選하고
且 上海臨時政府 改造 當時에 美國에 在하야 大統領이라 自稱한 國賊인 李承晚
을 大統領으로 安昌浩를 勞働局總辦으로 推選하엿으니 亦是 委任統治에 對하
야 默認 或 贊同의 責任이 有하며

三.上海臨時議政院은 上海一隅 極少數人의 意思로써 內地國하고 쏘 上海臨時政
府에서 俄領國民大會에서 組織發布된 正當하고 神聖한 政府를 無視하고 쏘
上海臨時政府에서 俄領國民議會에 對하야 詐欺的交涉을 行한 事에 協同하야
上海政府改造의 形式을 取하엿으니 亦是大局分裂의 責任을 難逃할 것이라
紀元 四千二百五十四年 四月 二十七日

軍事統一會議

內地	國民公會	代表	朴容寓
美領布	哇國民軍	代表	金天浩
	同		朴承善
	同		金世晙
北墾島	國民會	代表	姜九寓
西墾島	軍政署	代表	宋 虎
內 地	光復團	代表	權敬止
美領布哇	獨立團	代表	權承根
	同		金鉉九
	同		朴健秉

內地	朝鮮靑年會	代表	李章浩
	同		李光東
俄領	大韓國民議會	代表	南公善
內地	勞動黨	代表	金甲
內地	統一黨	代表	申肅
	同		申達模
	同		黃學秀

〈교민총단에관한통고〉

교민총단셔긔지무겸국민보쥬필 김현구씨가모든직임을 사면ᄒᆞᆫᄃᆡ대ᄒᆞ야 1반교민단원은 별로관려ᄒᆞᆯ거시업고 다만 선후방침을 속히뎡ᄒᆞᄂᆞᆫ거시필요ᄒᆞᆫᄃᆡ 나의의견을 알니기위ᄒᆞ야 자에 공포ᄒᆞᆷ니다

몬져 이와갓치된 리유를 간단히 셜명ᄒᆞ자면 하와이한인합동문뎨로 시작ᄒᆞ야 의견이 갈닌거신ᄃᆡ 의견갈닐관계로 모든일에 부지중 손히가 젹지안이ᄒᆞ엿스나 그동안연타ᄒᆞ여아모죠록협동되기를 여러방면으로힘쓰며 향히를엇으려ᄒᆞ엿스되 요지부동이미이러케 더연타ᄒᆞ다가는 일과 사롭을 ᄒᆞ나도 건지지 못ᄒᆞ게 될지라 그럼으로 찰하히 김씨가 종용히 사면ᄒᆞ엿다가 일의결국을보아 다시나셔게ᄒᆞᄂᆞᆫ거시 지혜롭겟다는 생각으로 김씨의친근ᄒᆞᆫ친구의게 부탁ᄒᆞ야권고ᄒᆞ엿ᄂᆞ니 이것도 그마음을 돌녀보고져ᄒᆞᄂᆞᆫ뜻으로ᄒᆞᆫ말이어눌 졸디에 리승만박사가 명령으로 ᄉᆞ면ᄒᆞ라ᄒᆞ기로 ᄉᆞ면ᄒᆞᆫ다고 신문에 광포ᄒᆞ기에이른거시라

ᄉᆞ세가 이에이른고본즉 일은 갓치ᄒᆞᆯ슈업게 된거시니 더연타ᄒᆞᆯ필요가업고 다만 우리일을 계속 진힝 ᄒᆞ게마련ᄒᆞᄂᆞᆫ거시 필요ᄒᆞᆷ니다

리박사가 독립단원들과 동지회로합ᄒᆞ야 교민단을업시ᄒᆞ련다 동지회가 교민단ᄒᆞᄂᆞᆫ일을 닷비앗는다ᄒᆞᄂᆞᆫ 이런 모든션전이 다 호항에 몃사람이합동운동을 실혀ᄒᆞ야 이런말을 션전ᄒᆞ여가지고 교민단 독립단ᄉᆞ이에 이전악감졍을 다시일희켜 싸호게만들어노코 그ᄉᆞ이에셔 교민단과 신문을 뭇들어셔 동지회나 리박ᄉᆞ의범위밧게셔 짜로ᄒᆞ여가려는 의ᄉᆞ에셔 나온거시라

그런즉 1반동포는 이에대ᄒᆞ야 헛되이 션동을 밧지말고 졍즁ᄒᆞᆫ태도로 여젼히 일만ᄒᆞ여나가ᄂᆞᆫ거시을ᄒᆞᆯ거십니다

셜령 교민단을 업시ᄒᆞ려ᄂᆞᆫ사롭이잇슬지라도 교민단원다슈의공결을 ᄯᅡ라 쥰힝ᄒᆞᆯ거시니 ᄒᆞᆫ두사롭의지인언론으로 1죠1셕에 변동될 것도 안이오 ᄉᆞ도ᄒᆞ 날로말ᄒᆞ면 교민단에 ᄃᆡᄒᆞᆫ 태도를 신문상에 광포ᄒᆞ엿ᄂᆞ니 나는 그ᄃᆡ로 직혀나갈 것 ᄲᅮᆫ이라 급기의 ᄉᆞ회시에 다슈단원의원으로 엇지ᄒᆞ던지그칙임은 내가 지지안을터이라

교민단죤지에ᄃᆡ하야는 년리로싸호며 보호ᄒᆞ야 오다가 어려운경우를 당ᄒᆞᆯᄯᆡ에는 ᄃᆡ가 친히 붓들어칙임을지고 계속ᄒᆞ여본젹도 여러번이라 지금

이러흔경우를당ᄒ야 내가 다시 그칙임을 맛하 의사회될쎄까지 보아줄터
이니 모든 단원으 ᄂᆞᆨ히 상당흔긔관으로달ᄒ야 이와갓흔의사를 발표
ᄒ야 중간에이론이업셔지도록ᄒᄂ거시 구제칙이될서기며
만1 이칙임을 내게맛기기 어려운관계가잇스면엇더케던지 더나흔방칙더
로 뎡ᄒ시되 이칙임을맛ᄂ이가 우리와 동1흔쥬의로 진힝ᄒ지안으면 우리
모돈일은 ᄒ여볼슈업슬터이니 이거슬싱각ᄒ야 죠쳐ᄒ시기를 바랍니다

1930년8월28일   리승만

재무 검옷살　리쳥룡
셔긔 최셩뎌　최빅열
사쟝 신셩일　리만긔
　　　　　　리승만

동지식산회사 셔

一九三○년 八월二十二日

뇌에셔 긔록대로 결뎡됨

二十二日(월요)일에 본향 션흥국더 학교

사쥬ㅇ 변례ㅟ회를 헝챵에의ᄒ야 土月

오ᄎᆞ에 동지회 셔무 쇼에셔 긔ᄒ고 본회

동지식산회사 리사회를 본월二十一日 하

〈교민단 통보〉

Ⅰ. 교민단 총당국 협잡

△총단문셔젼침에
△7,918원 빗을더니여
교민총단문셔젼집된익수로   말ㅎ면민국11년1월의사회셔에조사반포된
거시3,500원이오작년4월18일에국민보에긔직된지졍보단을보면구치환
보로512원63젼을감보하얏고동년10월11일국민보에긔겨ㅎ겨졍보단에
구칙환보로 감보된돈이186월이니작년도에구치환보ㅎ총익이 698원63젼
이다
교민총단총부치로말ㅎ면3,100원이오작년에?차감보된금익이698원63젼
인즉부치총실이281원37젼인데작년12월24일에 총단장 손덕인, 부단장 안
영찬, 총무딜김원용, 지무김현구, 4인의 일홈로 쎄숍신탁회사에3,600원부
치를 만도러 798원63젼빗을 더니여쎳스니 총당국에 협잡이얼마나ㅎ거슬
가히알지로다
교민단소유로ㅁ면 현지교민단원의 지졍으로만된거시아니라하와이다수
한인의공동금으로된거시그누가감히자유로홀수업고교민단법측으로만
말ㅎ더리도의사회의통과가업고는부치를자의로더니이지못홀것인데현
총당국손덕인안영찬더리총무라는김원용김현구등이비밀히빗을니엿쓰
는거시곳사긔취지자요하와이6,000동포의게공적이될것이다

Ⅱ. 총당국등의협잡은거거익심

본교민단자치규뎡도자의로가가ㅎ엿는데첫겨로보단자치규뎡뎨16됴에
는류향뿐인데1항을더쳠부ㅎ야7항으로번역ㅎ야졍부에보고ㅎ얏는데그
됴항은이러ㅎ다
7,에항복은응급으로엇어쓰는돈은의사회시에보고ㅎ는사항
이상됴건쳠부ㅎ야가지고돈을 더엇어쎴다
자치규뎡에실인됴목를삭제ㅎ것은93됴와부록젼부는삭제ㅎ얏스니이와
갓치협잡ㅎ야동포를속키고졍부를 속이는 협잡비를후원ㅎ는이무리들아

먼중화바람에아모흔이다나아갓슬지라도졍신들좀차려라구치환보구칙
환ᄒ고동포의피쌈무든돈을거둔돈은다어듸로가고총단긔디를쏘잡혀먹
엇느냐
부도덕흔리용직목사힝동
레비당문을봉쇠
본월5일에는 본긔독교회목사리용직이는레비당에다광고를영문과국문
으로써셔균금을다리고와셔부쳣는데본교회소위리사부원의결의라고ᄒ
엿는데교회니에풍파가어느쎄던지경돈되기ᄭ지쳘봉ᄒ노라ᄒ엿다
이-아모리무지몰각비들이요도젹의심장을가졋다홀지라도목사라는명
칭을가지고셔엇지면남의교회에레비당문을쳘봉ᄒ느냐싱각좀ᄒ야보아
리
이눈셥만쎄여도무엇이나아올자야
민국13년1월6일
공동보　　　　　　사장　박승준
　　　　　　　　　총무　황용익
　　　　　　　　　쥬필　손창희

〈國民代表會籌備委員會宣言〉

우리獨立運動의過去를回顧하건대四年前獨立宣言當時에는一朝에宣言書가 配布되고萬歲聲일어나매,미리約束한적도업것만은二千萬民衆은異口同聲 으로 一齊히 響應하엿나니,이는 純然히半萬年遺傳의自由精神과十年間含蓄 된 獨立思想이固有한本能그대로 發表됨이라 萬種草木이春風을맛나매先後 를爭하여가면셔一다各各져절로萌芽들發함과如하야,무슨約束이나,무슨計 劃이업셧슬지라도足히大同一致의 壯觀을呈함이不難하엿거니와 其後實際 運動에至하야는,그리單純하고容易한것이아니니,단단한約束과相當한計劃 이잇셔야할것이오多大한힘을準備하며無數한生命을犧牲하여야할것이라 然而이實際運動에도這間에內地方面으로는敵의 肝胆을서늘케한 炸彈運動갓 흔壯擧와墾島方面으로는數千名의敵兵을射殺한快事가업슨것은아니나,그 러나二千萬國民이統一的指揮下에셔同一한步調로規模的,組織的으로秩序整 然하게進行하여본적은업셧스며,따라셔,갓흔獨立黨으로셔서로主見이背 馳되고意思가衝突되는點에셔紛糾와軋轢은日復日甚하여가매民心은漸漸渙 散의傾向이잇고軍人은南北滿洲,西比利亞의荒凉한廣野에셔彷徨하고잇슬 쑨 임은可히掩蔽하지못할事實이라

二千萬同胞여國家의運命은國民全體의解決을要하나니萬歲運動卽思想發表期 를지내고實際運動에入하려하던劈頭에際하야應當일직이「우리國民의大結 束」이한번업지못하엿슬것이아닌가,그러나그時에는覺悟가생기지못하엿 던지事情이許하지아니하엿던지何如間임의事實을일우지못한바에는旣往 에溯及할수업니지라追悔한들 쏘한 무엇하리오,우리는다만過去數年間經驗 에依하야「國民의大結束」이라는 深切한覺悟를엇고將來를圖하야運動上一大 轉機를齎來하게된것만前途의至大한 幸運으로思惟하노니「國民의 大結束」이 것은實로今日우리步趣의進退兩路를 分歧하는點이며,우리運動의一切問題 는오직此를俟하야解決되려하도다

於是乎遠近이相應하고中外가一致되야異口同聲으로國民代表會를主唱한바 昨年以來로美,墨,布哇,上海,北京,墾島各地에셔國民代表會期成會가次第成立되 고其他個人或은團體로國民代表會를贊成又는促進하난信息이逐日?至함이이 엇지偶然한事이리오,그런즉國民代表會의實現은可히抑?하지못할 事實임을 알겟도다。 이에本籌備會는時勢의趨向과民衆의要求에應하야過去의모든紛

紏錯雜한問題를解決하고本來의完全確實한方針을 樹立하야우리의獨立運動이다시統一的,組織的으로進行되게할兩大案件에셔國民代表會召集事項을籌備할責任을負擔하고成立되엿도다

然而本籌備會의成立이발셔一年이近하도록,아직쌰지代表會를召集하지못함은 諸般四圍事情의不許함을因함이라實로遺憾千萬이어니와,이제는時期가임의濃熟하엿고事勢가더하기를容許하지아니하는지라急速한期間內에代表會를召集하기로하고爲先우리의國民代表會를籌備하난主旨가何에在한것을中外에宣布하야二千萬同胞의同聲相應을求하노라.

紀元四千二百五十五年(1922년) 五月十日

大韓民國四年

國民代表會籌備委員會

委員 (가나다 順)

姜九禹　　金偉宅　　金 澈　　南公善　　南亨祐　　羅容均

李 鐸　　徐丙浩　　宋秉祚　　申 肅　　元世勳　　崔大甲

〈대됴션 독립단 하와이 지부 약쟝〉

대됴션 독립단 약쟝

하와이에 거류ᄒᄂ 우리 됴션 사람들은 동포간 복리를 증진케ᄒ고 학술상 지식을 발달케ᄒ며 쏘한 됴션 국가의 독립 운동을 항상 원조ᄒ기 위ᄒ야 이에 오아후 하와이 가와이 각디방에셔 대표쟈를 파송ᄒ야 4252년 3월 3일에 호놀룰루에 회동ᄒ야 한 단톄를 조직ᄒ고 거특ᄒ신 하ᄂ님일홈과 공경ᄒ 합중국 법률 알헤 이 약쟝을 졔뎡홈

뎨1쟝 강령

뎨1됴 본 조직톄는 됴션 내디와 원동 각 단톄로조직된 대됴션 독립단의 한부분으로 일홈을 대됴션 독립단 하와이 지부라홈

뎨2됴 본단의 위치는 미령 하와이 슈부 호놀룰루로 뎡ᄒ고 각지부는 하와이 군도 각디방에 셜치홈

뎨3됴 본단의 관활 구역은 하와이 군도로 원위를 삼으되 만일 달은 짜 달은곳 동포가 개인이나 혹 단톄로 본단에 단원이나 혹 지부 되기를 쳥원ᄒᄂ 째에는 그것을 다 일톄로 허낙홈

뎨4됴 본단의 종지는 각쳐에 산재ᄒ 일반 동포의 싱활상 복리를 증진케ᄒ고 학술상 지식을 발달케ᄒ며 쏘 한인 사회에 심리를 민쥬 쥬의로 지도ᄒ고 대소 인민의 사상을 자유 졍신으로 함양코져홈

뎨5됴 본단의 목뎍은 됴션 민족의 독립 운동을 항상 원조ᄒ기로 위쥬ᄒ야 일반 긔관을 그 방면으로 샤용ᄒ며 쏘 원동 본부와 기타 각 단톄로 더부러 대동 단결의 쥬의를 직혀 됴션 국가가 완젼히 독립을 얻기까지는 그런 쥬의에 대ᄒ야 졍신과 물질을 일톄로 희싱ᄒ기로ᄒ며 원동 본부에 대ᄒ야ᄂ 일톄 의무를 지휘디로 시힝홈

뎨6됴 본단의 쥬요되ᄂ 사무는 대강 이상 종지와 목뎍을 관텰ᄒ기 위ᄒ야 위션 재졍을 모집ᄒ고 교통을 민속히ᄒ고 쏘 츌판 사업을 젼력ᄒ며 외교활 동을 시험홈으로 뎨일 급무로 인뎡홈

뎨7됴 본단의 조직톄는 대의부와 협리부와 힝졍부와 쏘 위원부로 셩립ᄒ

되 협리부는 곳 대의부의대리로 호놀룰루에 항샹잇셔 대소사를 협의ㅎ게 홈이요 위원부는 실로 독립홈이 안히라 다소간 힝졍부에 부속ㅎ야 힝졍부를 방죠홈이라홈

뎨8됴 본단은 가급뎍 슈단을 다ㅎ야 왜놈과 교계를 끈코 왜놈의 물화를 배척ㅎ야 한인 사회의 상업상 리익이 한인에게로 도라오게ㅎ며 쏘 동포의 환란을 구원ㅎ야 불힝혼 싱명이 업게ㅎ도록 젼력코져 홈을 구원ㅎ야 불힝혼 싱명이 업게 ㅎ도록 젼력코져홈

뎨9됴 본단은 긔원4252년 3월 1일을 됴션 독립 반포혼 경졀로 직힘

뎨2쟝 대의부와 협리부

뎨10됴 대의부와 협리부는 본단의 가쟝 놉혼 립법 긔관으로 인뎡홈

뎨11됴 대의부는 각디방 단원의 직졉 투표로 한 디방에셔 한사람식 파송ㅎ야 조직홈

뎨12됴 협리부는 매년 대의회에셔 각디방 대표가 각각 자긔디방의 일홈으로 두사람식 쳔거ㅎ야 대의회의 일반투표로 그 두사람중 한사람을 쏍아조직ㅎ며 그러케 쏍힌 그사람들은 항샹 호놀룰루에 잇셔 각각 그를 쏍은디방의 힐홈으로 본단의 립법상 사건과 기타의 즁더혼 문뎨를 째째로 의론케홈

뎨13됴 대의부의 의회는 단쟝의 일홈으로 소집ㅎ고 매년 아몰히 젹어도 한번은 열게ㅎ며 만일 중요혼 사건이 잇는쎄의은 곳 림시 의회를 소집홈

뎨14됴 협리부의 회는 매삭 한번식 열고 모든 일을 의론ㅎ되 만일 필요혼 경우의는 단쟝이 림시의회를 소집홈

뎨15됴 대의부와 협리부는 매년 통샹의회와 림시의회에 함끠 합셕ㅎ야 모든 일을 의론ㅎ고 쏘 모든 의안에 투표ㅎ는것도 동일혼 권리가 잇다홈

뎨16됴 대의부와 협리부의 매년 통샹 의회와 림시의회는 부단쟝이 의쟝의 자리를 간이고 쏘 협의부의 매삭회의에는 단쟝이 의쟝의 자리를 잡으되 투표ㅎ는 권리는 일톄로 다업고 오죽 가부가 샹등혼 쎄는 판결표를 덧이는 권리가 잇슴

뎨17됴 대의부와 협리부는 어느쎄던지 힝졍부의 재졍 문부와 현금 실액을 됴사홀 권리가 잇다홈

뎨18됴 협리부는 힝졍부의 일반 졍형을 감찰ㅎ야 혹 권고ㅎ고 혹 탄힉홀

권리까지 잇다홈

뎨3쟝 힝졍부와 위원부

뎨19됴 힝졍부는 본단 모든 사무를 실힝ᄒᄂᆫ 가쟝 놉흔 긔관으로 그 임원은 대개 사무의 셩질을 의지ᄒ야 부분을 난호고 인원을 뎡ᄒ되 이졔는 아즉 이 알헤와 갇치 임원을 셜치홈

      1. 단쟝 1인   2. 부단쟝 1인

      3. 총무 1인   4. 셔긔 1인

      5. 재무 1인   6. 외교원 1인

      7. 법무 1인   8. 구졔원 1인

뎨20됴 위원부도 힝졍부의 한부분으로 단쟝이 그 위원을 션택ᄒ고 부단쟝 이 그 두령이 되여 각각 사무를 쟝리케ᄒ되 그 종류와 명목은 대개 사건을 ᄯᅡ라 뎡홀지며 이졔는 다믄 이 알헤와 갇치 위원을 션치홈

      1. 위원총회(부단쟝과 밋 각 위원쟝)

      2. 탁지위원   3. 교통위원

      4. 츌판위원   5. 사교위원

      6. 구졔위원   7. 실업위원

      8. 특무위원

      이샹 각 위원은 3인 혹 5인으로 뎡홈

뎨21됴 단쟝과 부단쟝은 협리부에셔 후보쟈 5인을 쳔거ᄒ야 대의부에셔 투표ᄒ야 그즁 3인을 택ᄒ후에 각디방에 광포ᄒ야 그즁 최다슈는 단쟝이 되고 그다음은 부단쟝이 되게홈

뎨22됴 단쟝 부단쟝 이하 힝졍부 각 임원은 단쟝이 친히 쳔거ᄒ야 대의부와 협리부의 승낙을 얻은후에 비로소 시무케홈

뎨23됴 힝졍부 각 임원의 임긔는 모다 일년으로 뎡ᄒ되 혹 재임홈도 허낙홈

뎨24됴 힝졍부 임원회는 사건의 유무를 물론ᄒ고 매쥬일 토요일에 한번식 모히게ᄒ며 각부분 위원회도 각각 사건을 ᄯᅡ라 모혀 의론ᄒ되 원원총회는 맛당히 매삭에 한번식 모히게홈

뎨25됴 단쟝은 매쥬일 임원회에 맛당히 재무의 보고를 받아 슈입과 지츌을

차례로 긔록ᄒ야 이것을 매삭 협리부 회의에 들여노케ᄒ며 ᄯᅩ 재무는어ᄂ
ᄯᅢ를 물론ᄒ고 항상 문부를 밝히고 잇다가 만일 협리부에서 문부 죠사를
요구ᄒᄂᄯᅢ에는 시각을 머무르지 말고 곳 문부를 내여노케홀일
뎨26됴 본단의 힝졍부는 칙임내각의 졔도와 방불ᄒ고로 일반 임원의
칙임을 단쟝 한 사람이 지게홈
뎨27됴 힝졍부와 위원부 각 임원은 모든사무의 진힝되ᄂ디로 그것으
다 문격을 만들어 후일에 력력히 참죠가 되고 증거가 되게홀일

뎨4쟝 디방단과 단원

뎨28됴 디방단은 어나곳을 물론ᄒ고 만일 죠션독립에 쯧이 간결ᄒ쟈
10인 이상이 잇셔 디방단을 조직ᄒ기로 쳥원ᄒ면 본단은 의례히 허낙홈
뎨29됴 디방단에 힝졍 임원은 대략 본단힝졍임원과 달음이 업스되 만일
필요ᄒ 경우가 업ᄂᄯᅢ에는 위원부는 셜치티 안홈
뎨30됴 디방단의 일톄 규측은 다 본 약쟝을 의지ᄒ야 쓰고 일반 셰측은
디방에셔 스스로 졔뎡ᄒ야 쓰되 본 약쟝과 셔로 위반됨이 업게ᄒ며 ᄯᅩ
무슨 규측을 졔뎡ᄒ던지 본단의 승낙을 요구홈이 가홈
뎨31됴 디방단의 회의는 매월 한번이나 두번식 그 디방에서 자유로 택뎡ᄒ
야ᄒ되 매월종에 반다시 그디방 모든 졍형을들어 본단으로 보고홈
뎨32됴 디방단을 새로 조직ᄒᄂ 각디방에셔는 대개 동지쟈가 림시회를
조직ᄒ고 각 임원을 쑵은 후에 그디방을 관리ᄒᄂ 교회 목사는 단쟝을
인도ᄒ야 회중에 나서셔 이 알혜와 갓히 맹셔를 발ᄒ게홈

"나는 죠션 국가의 독립을 위ᄒ야 싱명과 재산을 다 희싱ᄒ기로 결심ᄒ
고 ᄯᅩ 대죠션 독립단에몸을 받혀 그 종지와 그 목뎍을 죽ᄂᄯᅢ까지 보호ᄒ며
이후붓허는 나의몸을 달은 목뎍이나 달은 단톄를 위ᄒ야 쓰지안키로
쟉뎡이고 이것을 거륵ᄒ신 하ᄂ님과 사랑ᄒᄂ 동포압헤 엄슉히 맹셔ᄒ며
ᄯᅩ 그것을 증거ᄒ기 위ᄒ야 나의 일홈을 나의 손으로 친히 이 죠회에
쓰노라"

ᄒ게ᄒ고 목사는 다시 일반 단원을 차례로 인도ᄒ야 다 그와갓히 맹셔
ᄒ고 그와갓히 일홈을 두게ᄒ되 만일 그디방에 교회가 업고 목사가 업스면
이것을 단쟝이 스스로 집힝홈

뎨33됴 본단 단원의 자격은 남녀 노유를 물론ᄒᆞ고 므릇 죠션 민족의 자손으로 됴션 사람의 성명을 갇이고 ᄯᅩ 죠션 독립에 뜻이 간졀ᄒᆞ쟈는 다 합당ᄒᆞᆫ줄노 인뎡ᄒᆞ며 누구던지 새로 단원이 되ᄂᆞᆫᄯᅢ에는 다 이샹죠건과 갇히 맹셔를 발ᄒᆞ고 일홈을 두게홈

뎨34됴 단원 자격의 년령 계한은 남녀간 18세 이샹으로 인뎡ᄒᆞ며 ᄯᅩ 18세 이하의 남녀는 다미셩년 단원으로 인뎡ᄒᆞ되 그 셩명은 다 단원록에 쳠부홈

뎨35됴 누구던지 단원이 되여 맹셔를 발ᄒᆞ고 일홈을 둔후에는 그 자리에셔 곳 입단비 1원을 단즁에 받히게홀일

뎨36됴 입단비를 받고 완젼ᄒᆞᆫ 단원이 된줄로 인뎡ᄒᆞᆫ후에는 그 단원에게 휘쟝과 증셔를 내여즐일

뎨37됴 본단에 대ᄒᆞᆫ 단원의 의무는 매명매삭에 1원식 받히게ᄒᆞ되 이것을 독립 쥰비급이라ᄒᆞ며만일 일년치를 한번에 받히ᄂᆞᆫ 경우에ᄂᆞᆫ 1년에 10원으로 회계ᄒᆞ되 이는 다믄 이 약쟝을 실ᄒᆡᆼᄒᆞ기 시쟉ᄒᆞᆫ후 셕달 동안과 ᄯᅩ 이후 매년 4월 5월 6월3개월ᄭᅡ지만 이런 규측을 시ᄒᆡᆼᄒᆞ고 결코 달은달에는 받지안흠

뎨38됴 각 디방 동포간 므릇 단원으로 셔로 아ᄂᆞᆫᄯᅢ에는 맛당히 졍의를 자별히ᄒᆞ고 교졔를 돈독히ᄒᆞ며 ᄯᅩ 환란을 셔로 구ᄒᆞ고 질고를 셔로 물어 의연히 젹병을 대ᄒᆞᆫ 젼쟝에셔 셔로 맏난것갇히 사싱을 함ᄭᅴᄒᆞᄂᆞᆫ 의를 표홈이 가ᄒᆞ며 아모조록 피차간 용셔홈이 만코 쟁투홈이 업게ᄒᆞ도록 쥬의홈이가홈

뎨39됴 단원즁 무슴 불ᄒᆡᆼᄒᆞᆫ 일을 당ᄒᆞ야 졍샹이가긍ᄒᆞ게된쟈는 디방단과 밋 본단 구졔부에셔 가급뎍으로 구졔ᄒᆞ야 함게 안락을 눌이게홀일

　(이 사업에 당ᄒᆞ야는 본단 구졔원과 구졔 위원이 맛당히 방법을 강구ᄒᆞ고 규측을 만들어 단쟝에게 보고ᄒᆞᆫ후 각디방에 광포홀일)

뎨40됴 본단 단원은 이 약쟝을 실ᄒᆡᆼᄒᆞᄂᆞᆫ이후로붓허 의복 음식과 모든 물품에 매매를 아무조록 왜놈과 셔로 ᄭᅳᆫ키위ᄒᆞ야 홀슈잇ᄂᆞᆫ디ᄭᅡ지 가급뎍 슈단을 다홀일

　(이 됴건에 대ᄒᆞ야는 본단 실업 위원회에셔방칙을 강구ᄒᆞ야 자본을 모집ᄒᆞ야 실업을 경영ᄒᆞ고 복리를 도모홀일)

뎨5쟝 재졍상 규측

뎨41됴 본단의 재졍은 각 단원의 입단금과 독립쥰비금으로 통샹 슈입이라 일홈홈

뎨42됴 각 단원의 입단금은 그 단원의 슌젼흔애국셩으로 하느님끽 맹셔흐고 동포의게 일홈두고거룩흔 사샹으로 본단에 쳐음 들여노흔 돈인고로 그것은 본단에셔 영원히 보젼흐엿다가 독립이 완젼히 된후에 비로소 표격잇게 쓰게홈

뎨43됴 각단원의 매삭 일원식 받히느 독립쥰비금은 그중 빅분의 15는 그 디방단의 경비로 쓰게흐고 85분은 본단으로 보내되 그 85분을 보늬는 우비는 그 디단에서 담당홈

뎨44됴 독립 쥰비금을 매삭에 내지안코 만일 매년 4월 5월 6월 석달동안에 10원을 받히느것은 그가온디셔 100분의 15분을 감흐지 안코 그디로 젼슈히 본단으로 보내되 그런 경우에는 우톄비를 그가온디셔 쓰게홈

뎨45됴 본단 재무는 각디방 각단원에게셔 들어오느바 독립 쥰비금을 받은후에는 그 받은바 실액에셔 빅분의 25는 당쟝에 쎄여 뎌츅금으로 잡아노코 그 남어지 75분을 갇이고 비로소 외교와 츌판과 구졔와 실업과 일반 경비에 쓰게홈

뎨46됴 재무는 일반 재졍을 다 은힝이나 혹 튼튼흔 금융긔관에 임치흐되 입단금과 뎌츅금을 다 각각 그 명목으로 긔한을 뎡흐야 맡기고 그 표지는 협리부 재졍 됴사원이 보관케흐고 오즉 달은경비로 쓰느것만 보통 은힝표로 통용케홈

뎨47됴 은힝에 돈을 맡기느것은 대됴션 독립단의 일홈으로 은힝 문부에 쓰게흐고 은힝표를 쎠내느것은 재무의 일홈으로흐되 맛당히 단쟝의 필격을 의지흐야 쓰게흐며 원래 어느 은힝과 거릐를터노흘쎄에 단쟝은 재무와 됴사원으로 더부러 함께 은힝에가셔 모든 리유를 셜명흐되 위션 이 재졍은 단톄의 재졍인것을 말흐고 쏘 이것을 쓰기는 재무 아모의 일홈으로 쓰되 맛당히 은힝표마다 뒷등에 단쟝이나 혹 됴사원의 일홈 아모가 잇스리라 말흔 후 자긔가 곳 자긔 일홈을 쎠셔 보혀 나의 글시가 이러흐다고 증거흔후 쏘 은힝 사무에게 부탁흐기를 자긔와 재무와 쏘 됴사원 아모는 [그사람을 가룻히며] 어느 쩌던지 은힝에 와셔 현금 실액을 알아볼 권리를

달라ᄒ야 그러케 약속ᄒ후에 돈을 임치ᄒ기로 시쟉ᄒ게홈

뎨48됴 재무는 매쥬일 토요일에 맛당히 그쥬일동안 재정 출납의 총계를 긔록ᄒ야 임원회에 보고ᄒ고 단쟝은 매쥬일 그 보고를 받아 차례로 합산ᄒ야 매삭 협리부회의에 보고홈

뎨49됴 협리부에셔는 재정죠사원 한사람을 택ᄒ야 일년간 영구히 그 칙임을 씌게ᄒ야 은힝과 교섭ᄒ게ᄒ고 ᄯ 매삭이나 ᄯ 어느 필요ᄒ찌에 일뎨 재정을 죠사ᄒᄂ 경우에는 그 죠사원 외에 달은사람 둘을 더 쑵아 문부를 죠사케홈

뎨50됴 본단의 통샹 경비와 일뎨 즁대ᄒ 금액은 모다 협리부에 의결로 힝ᄒ고 단쟝이나 재무가 독단ᄒ야 쓰디몯홈

뎨51됴 므슨 특별ᄒ 일이나 특별ᄒ 목뎍을 위ᄒ야 특별 연죠를 쳥ᄒᄂ것은 단쟝이 협리부에 뎨츌ᄒ야 그 의결디로 힝ᄒ고 ᄯ 항샹 탁지 위원들과 협의ᄒ야 재정 쥬츌홀 방법을 마련ᄒ며 ᄯ 그런방법을 그 위원들에게 맛겨 실힝홈

뎨52됴 본단의 일뎨 재정 출납은 매 삼삭에 한번식 협리부에셔 공포ᄒ야 일반 단원에게 알게홈

뎨6쟝 약쟝에 관ᄒ 됴건

뎨53됴 본 약쟝은 됴션 긔원 4252년 4월 1일로 붓허 실힝홈

뎨54됴 본 약쟝의 일뎨 규측은 본단 사무를 의지ᄒ야 혹 가감ᄒ며 혹 개량ᄒ기는ᄒ되 본단의 목뎍과 종지는 변치몯홈

뎨55됴 본 약쟝을 가감ᄒ거나 개량ᄒᄂ 권리는 오즉 대의부와 협리부에 잇다홈

뎨56됴 본단 사무의 발뎐을 의지ᄒ야 각부와 각디방에셔 능히 셰측을 만들어쓰되 맛당히 본 약쟝과 셔로 위반됨이 업게홈

뎨57됴 본 약쟝외에 일뎨 샹벌을 의론ᄒᄂ법측은 ᄯᄯ로 대의부와 협리부에셔 졔뎡홈

뎨58됴 협리부에셔 므슨 법측을 졔뎡ᄒ던지 이것을 곳 각디방에 통지ᄒ야 셔로 오해홈이 업게홈

긔원4252년 5월 1일
하와이 호놀룰루 태평양시사 샤 츌판
우함 688
뎐화 4506

〈동지회와 교민단〉

나는 하와이에온지 근20년에 다슈동포들의협동을엇어 학원과 교회와 민단을위ㅎ여야 여러번 풍파와 분징중에셔싸흐며 보호ㅎ여온것을 1반동포는 아는바이라

년리로 독립운동을위ㅎ야 동지회활동을 착슈홀적마다 매양교민단칙에셔 불평이이러나셔 말ㅎ기를 동지회로인연ㅎ야 교민단이 업셔지겟다 리박ㅅ가교민단을 업시ㅎ련다ㅎ는 모든션동이 은근히생기는고로 나는 동지회운동을 쇽으로 졍지 식혀셔 졍돈ㅎ여온적이 흔두번이안이라 이것을인현ㅎ야 나를독립운동에 등한흔사롬이라 칙망홀듯ㅎ나 소장지니에셔풍파를일희켜가지고 대ㅅ업을 일우기어려울쥴을 나는 밋는고로 우리 심리가 지량되여 슌리덕으로진힝되기를 바란 것이다

지금에와셔 독립운동을 흔번 대대덕으로진힝ㅎ여 보고져ㅎ는욕심으로 동치회의 중심긔관을 죠직ㅎ기위하야 모든분자를 화동덕으로 단결을 도모ㅎ미 흔편에셔 묵은불이 다시일허나셔 지인의의견이라단테의권리라는 언론으로 별지와 신문샹에사실아인말을 지어내여 셰샹에 셩도ㅎ며 당파덕감졍을 다시 일희켜셔 풍파를야셩ㅎ기에일은지라 나는 이사롬들과시비ㅎ기를 원치안이ㅎ며 다만 죵용히 물너안고 말다름이니 위션교민춍단은 그당국의원을싸라셔 모든 관계를다씃코 뮬너라는니 죵차로는 교민단을보호ㅎ는권리도 내게업스며 교민단을 피과ㅎ는칙망도내게업슬지라 이와갓치 양희홈으로 모든불평이 다 침졍되기를 밋노라

젼자에 통고셔를 발송흔즁 국민보 쥬필사면에디ㅎ야 그 자리를 나에게 림시로 위탁ㅎ면 의ㅅ회시까지 담임ㅎ겟다흔 것은 1시구졔칙으로말ㅎ야 의견을셜명홈이엿스나 이거스로인연ㅎ야 내가권리를다톤다는지목을 밧게되느니 이런지목은 결코맛기를원치안이ㅎ는바라 그런즉 나는 국민보를 다시 간셥지안키를 결심이로다

구미위원부사건은 교민단에 위탁ㅎ여셔 ㅎ엿셧스나 지금부터는 동지회에셔 즉졉으로홀터인즉모든 것을 동지회샹무원에게 교셥ㅎ심을 바라노라

우리민죡끼리 합동ㅎ야 다른민죡을 싸흐는것이오늘 우리의목덕이오 우리 끼리 싸흐다가 다젹국에게 영영먹히고마는거슨 우리의 홀일이 안이라

그러나 부득이ᄒ야 ᄒ두번싸흘 ᄶ가 잇는 것은 이싸홈으로 인연ᄒ야 대단결을 일우어볼희망이잇슴이라 만10년20년에 머리가세도록 밤낫우리ᄶ리만싸호다가 말진디 나는 더싸호기를 원치안이ᄒ며 나혼자라도 나셔셔 적국을 싸호다가 말터이로다

하와이에 한인은이후로 밤낫쉬지안코 싸화온문뎨가 교회사회인디 이문뎨가 오늘까지히결이 못되여 그싸흠을 그디로 계쇽ᄒ고보니 언졔 적국을 대항ᄒ여볼 싱각도 밋칠 결울이 업는지라 지금에도 ᄯ 여전히 이싸홈이나 ᄒ편으로ᄒ여가며 밥이나엇어먹고 지니자면 슈10년츙셩ᄒ던 동지몃몃 ᄒ로보장을삼고 반디ᄒ던분자는 여전히 쵸월갓치 디우ᄒ고 안져셔 이디로 몃10년이던지 지니보겟지만은 만1 민족운동을 시작ᄒ야 걍ᄒ적국이 쥬의홀만치만들어보자면 결코 이것만으로는 될슈업는 일이라 그럼으로 각단톄를 합동ᄒ야 큰단톄를 일우며 인물을집중ᄒ야 즁심긔관을 세우려ᄒ다가 은연즁 츙돌이나서혹은 내 단톄보다눔의단톄가 놉하진다 혹 내디위를 눔에게 일케된다 혹은 우리를 무식ᄒ다고 자니던진다 혹은 우리권리를 무시ᄒ다 임원들을 무디졉ᄒ다 독권을 너무쓴다 공화제도와 위반이라ᄒ는 모든션동에흔들녀서 인심이1뎡ᄒ방향을 잡을슈업시되니 나는 나의 귀ᄒ시간을 이에대ᄒ야 더허비ᄒ지안을터이로라

나도 공화제도를 하와이모모인ᄉ들만치 ᄉ랑ᄒᄂᆫ터이나 공화보다 독립을 더ᄉ랑ᄒᄂᆞ니 공화를 희생ᄒ고 독립을 희싱ᄒ고 공화를 찻겟ᄂᆞ냐ᄒ면 나의디답이 엇더홀거슬 나를 아는사룸은 다 알것이라

그런데 오늘 우리쳐디에 공화제도로 민족대단결을일우어셔 공화졔로 독립운동을 셩공ᄒ려면오린세월을 요구흔후에 그 자리에 이를것이라 일본이 졍? 혁신쵸에 만1 공화제도를 몬져 쥬쟝ᄒ엿더면 오? 져만흔죠직으로 져러흔부강을 일우엇슬젼지기? 의? 이라 법국미국도 혁명쵸에 여러히세월에 무한흔 풍파를치르고 공화정치가 셩립되엿스며 즁국묵국의 모든분란과 분쟁이 다 그 계졔를 발바나가는 것이라 지금 우리형편은 이만흔세월을 허비홀슈도 업고 시험홀자리도될슈업는즁이니 찰하리군인죠직톄조국민대단결을일우러셔 언권이니 의견이니 ᄒᄂᆫ 모든 것을 다바리고 국권을 몬져희복ᄒᄂᆫ디 1심합력ᄒ야 적국에게ᄉ배앗긴 민족젼톄의자유와 독립을 차자노코 그후에 공화제도를 우리형편에 뎍당ᄒ게

제명ᄒᆞ야 힝ᄒᆞᄂ 것이 지혜로은줄로 나ᄂᆞᆫ 확실히 ᄭᅢ달은 배라
그런데 이것을케아ᄂᆞᆫ이들은 다악슈ᄒᆞ고 홈긔독립운동을 힘쓸것이오 불
가ᄒᆞᆫ줄로 아ᄂᆞᆫ이 들은동지회원이되엿슬지라도 퇴회ᄒᆞᄂ 것이 가ᄒᆞᆫ줄로
아노라

민국12년9월4일   리승만

〈독립연금 림시재졍보단(3월로 10월종까지)〉

대한민국원년 11월 23일
하와이국민디방총회　총회장 리종판
총재무 김영우

셔문

3월 1일에 300만명이 대의를잡고 단결흔결과에 독립을션포ᄒ고 공화민국을 건셜ᄒ엿스며 헌법에졍강을만들어 반포흔것이 져 내디동족의 핏갑이며 반만년에 혁혁흔력사를 대표흔 태극국긔가 새광채를 세샹에들어 날니계된것도 애국렬사들의 핏갑이라 내디에 독립군들은 만세국가 독립과 민죡의 자유힝복을 위ᄒ여 보비로은피를홀녀 세샹에 광포ᄒ엿스니 지외흔 하와이 우리는 외교와 물질로 츙셩스러온 후원이되여 내디와 외양에셔 동셔샹응ᄒ여 일에순셔를 졍ᄒ고 합심동력ᄒ여 만구일셩으로 크게 소래를 질너턴디를 흔드러 삼천리강토안에 삼도왜로를 슉쳥ᄒ고 동방례의지국에 이쳔만 단군의혈죡이 억만셰토록 자유힝복을 유젼코져홈이라

하와이4셤에 78산동안 독립운동금 허락흔 젼슈동포는 320여명이오 15원 이샹을 필랍흔 인원은 1335인이며 지우금 필랍지못흔인원은 1965인이며 운동금 슈입총액은 3만3쳔5십원3십5젼이라

디방과 개인의 최고우등을 샹고흔즉 하와이 학갈나우 샹디방에 33인의 연금총합이 평균분배에 23원 73젼이오 듥지는 마위 기파후루디방 연금총합이 7인평균분배에 23원 10젼이오 셋지 마위 마리아마디방에 17인이 매인평균 22원82젼이며

개인의 최고우등은 하와이 희갈나우디방에 박셰인씨 249원 뎨2는 마위 와히아디방 림용셔씨 210원 뎨3은 하와이 올라디방 양인셩씨 150원 이라 이샹은 뎨3등에 분배이며

4도에 각각 최고우등에 훈공밧을 졔군은 하와이 박셰인씨 249원 마위 림용셔씨 210원 오아후 공치순씨 110원 가와이 권봉션씨 80원이라 이샹 최고우등에대ᄒ야 이왕 총임원회에셔결뎡흔바와갓치 특별샹픔을 슈여

494

호기로 준비즁이며 이뜻으로 우리 림시정부에 쥬달호려는즁이라
그러나 이지정보단은 림시초벌건으로만들어 연금내신동포와 금번 대의
회에 교렬을 밧고 쏘흔 미랍죠를 일일히 슈랍후에 정식 긔념문부로 슈졍키
를 예뎡인즉 15월이샹연금을 미랍흔 동포와 전슈불랍흔 동포는 속히
필랍ᄒ여셔 이 긔념문부에 등록ᄒ여 만셰국가독립과 단군의후에 민죡자
유를 위ᄒ야 진츙갈력흔 공료가 셕지안이홀 셩젹을 만셰무궁토록 유젼키
를 힘쓸진뎌
대한인 하와이국민회 총회쟝   리종관

쥬의ᄒ시오
본보단은 여러분이 참고ᄒ기위ᄒ야 림시로 매월분계표이오니 연금내신
이는 쥬의ᄒ여보시오
만일1삭동안에 두 번내스면 일홈이 두 번젹켜니 샹고ᄒ여보시오 독립연
금을 필랍흔후에 다시보단ᄒ겟슴니다 이샹셔문을 보시오

셔론

독립을 완성홈에는 인도와 정의를 가지고 최후의 힝동을 가질날이 잇스려
니와 3월1일 독립운동 시작 이후 내디에셔 진힝ㅎ는 평화뎍 시위운동은
세계에 션포홈과갓치 무해뎍 온화슈단으로 오날까지 보유ㅎ기에 긔만의
생명을 희생ㅎ여오미 4,000여년동안 국가 민죡뎍 사상이 풍부ㅎ 대한민죡
의 단합심과 애국정신은 강악ㅎ 뎌 왜국인의 마음들까지 감화케홀만ㅎ계
되야 지각잇는 왜인들은 자긔 정부의 악정을 공박ㅎ며 한국의 자유와
독립을 찬셩ㅎ는쟈 날로 더ㅎ니 이는 시방것 진힝ㅎ여 나오는 독립운동이
공정을일치안코 격극뎍 힝동을 취ㅎ여 온 결과이다

아울너 외양에 산지흔 우리민죡은 정성과 물지를다ㅎ야 통일치못흔 즁심
긔관을 귀합케ㅎ기 뇌력을 다흔결과에 쥬효를엇엇고 세계의동졍을 야긔
홀만흔 하와이□미쥬에잇는 만치못흔 한죡은 내디동포의 활동을세계에
광포ㅎ며 쏘흔 왜적의 비인도뎍 만힝을 각국에젼하며 셩토ㅎ야 세계렬강
즁 공도와 정의를 뎨일 귀즁이녁이는 미국 상하의원에셔는 한국독립문뎨
로 토론홈이 34차가안이며 인ㅎ야 미국각즁요흔 셩시에셔는 한죡동졍회
가셜립되미 샹하일치로 한국독립을 찬셩ㅎ며 원죠홈으로 쓰거운 동졍을
엇어가니 이는 다 내외일치로 호샹샹응되야 독립운동의 뎨 일보되는
평화뎍 슈단과 민활흔 외교를 힝흔 결과가안이리오

이샹에말흔 독립운동의 련속진힝은 우리2,000만 생령의 희생뎍 츙애가
압흐로더잇셔야 되려니와 이에 요쇼되는바는 지력이라 하와이에셔 과거3
월로10월30일까지 8삭동안에 내디운동과 외교사업을위ㅎ야 재정을 슈합
ㅎ기에 여간 뇌민된일이 잇셧스나 하와이동포의 셩력것보닌 재정으로
미쥬에셔 뇌심초사ㅎ신 림시대통령이하 몃몃인도쟈의 힘을아울녀 이와
갓치 외교사업이 확장케ㅎ엿스니 외양에나온 한죡단톄즁 하와이5,000남
녀동표는 오날독립운동에 한부분뎍 텬직을다ㅎ며 대한독립부활에 효과
를 쥬지안이ㅎ엿다 홀수업도다

3월이후10월까지 8삭간에 독립운동금슈합이 군비져축금병ㅎ야 35,034원
5젼의 총슈입으로 림시재정보단을 슈졍홀째에 한가지미흡흔 것은 하와이
에셔 이왕예산흔 독립운동금 액슈에비ㅎ면 반슈도 되지못흔 연고-라 우리
의 원ㅎ는바는 졍비례로 반셩공을가졋스니 그뒤를 뉘가계속ㅎ야 남어지

결과를 가을잇가 일반츙애동포는 깁히 관찰ᄒ시샤 내디에셔 왜적의계
희생을당ᄒᄂᆫ 우리부형자매의 원한을풀고자ᄒ시며 우리민족의부활과
독립이 우리의힘으로써 나오ᄂᆫ줄아시면 시긔를지만치말고
독립금필랍ᄒ신동포는 자유공채표를사시샤 정부의일을도으려니와 아
직것 필랍치못ᄒ 부형자매가계시면 연금을마쳐 속히내시샤 하와이셔
예산ᄒ 금액을 츙슈ᄒ심으로 우리의 공공ᄒ소원을 원만히 엇계ᄒ시옵소
셔 미쥬에셔 련일오ᄂᆫ급뎐을보면 와싱톤 외교부는 재졍이핍졀되야 목뎍
디로가려던비가 운동력을 내는 셕탄이끈어져 망망ᄒ 대양중에셔 방황ᄒ
ᄂᆫ 형국과갓치잇스니 뉘가 이를 구원ᄒ야 목뎍디에 득달케ᄒ올잇가 구원
ᄒ여달나ᄂᆫ 소식은 하와이에 자조오니 동포동포여 하와이동포여

　　　　대한민국원년11월　일
　　　　하와이국민디방총회 총재무　　김영우

〈딕한독립운동비연금재정보단 (1919년 3월로 9월종까지)〉

3월수입질 령슈증 뎨1권

편셩원 2원	안셩실 2원	김치연 5원	함우현 5원
김영빈 1원	김달삼 7원반	빅윤영 2원	최봉학 1원
졍시준 5원	김명원 3원	남샹학 1원	셔원근 11원
한셩표 5원	박보강 4원	리션일 50전	죠한식 1원
김긔도 5원	졍일셩 2원	강근칠 1원	쟝애니하 1원
김진옥 1원	심태셩 2원	신원필 5원	류태연 2원반
김쥬로 1원	강노득 1원	홍진표 2원반	김경쟝 1원반
황명슈 3원	황명슈부인 1원	쟝춘삼 1원	황샹테 1원
디금셔 1원	숑운션 1원	김졍은 2원	한영운 1원반
한형록 2원	김사문 1원	하홍보 3원	김슈안 3원
리션익 1원	셔봉긔 1원반	최셩딕 1원	김이호 2원
엄영악 1원	박쇼순 1원	곽힝신 1원반	윤덕아 2원
문순쟝 1원	최종만 1원	유졈욱 1원반	오신레 1원
김재슈 2원	리경슈 1원	리용구 1원	숑형빅 1원
리셩하 1원	김영국 1원	오권원 5원	김셩재 10원
김챵슈부인 2원	김나쥬 1원	김태호 1원	김챵슈 2원
졍윤필모친 1원	홍수산나 1원	쟝길셕 2환	윤계상 1환
박봉련 5원	리영조 3환	박인숙 2환	한춘식 2환반
한샹원 1환	박재션 50전	쟝춘명 50전	리재션 25전
리치준 25전	김셩옥 25전	류칠룡 5환	홍학셩 2환
최긔슈 1환반	숑진홍 5환	숑윤서 5환	김태인 1환
고즁션 1환	리영규 3환	함샹녑 2환	박자도 3환
손챵슈 3환	젼도션 1환	한달슈 1환	백작현 10환
로지권 5환	박셩달 2환	김재셕 3환	신을로 2환
김재욱 2환	리준샹 1환반	김재셕부인 2환	류치룡 2환반
셔진슈 1원			

이샹은 령수증 뎨1권종

498

3월슈입질 령슈증 뎨2권

박춘경 1환10전	민광욱 50전	리일문 1환	김치규 1환
최순오 1환	정응칠 50전	강태긍 2환	심명렬 2환
류양긔 1환	김태하 1환	김남운 2환	리원일 1환
숑만여 1환	안대봉 2환	김응식 2환	염덕순 3환
안득은 2환	정셩복 1환	정운셔부인 1환	정운셔 2환
방재순 20환	정준식 10환	신용운 3환	리챵쥰 5환
로챵션 1환	정원근 1환	김계남 10환	손덕인 5환
리강셜 1환	홍영슈 3환	민한옥 5환	홍종수 1환
홍종철 5환	류용범 10환	박만슈 2환	박계실 2환
정일셩 5환	김정집 25환	김헬란 5환	죠병션부인 2환
김긔즁 5환	라홍천 2환	손창희부인 10환	김병규 1환
손승운 1환	김챵원 1환	숑경신 1환	김유실 1환
김신실 50전	셔정일 5환	박래션 10환	박문범 1환
홍만순 25전	죠홍규 2환	윤오덕 5환	김복순 2환
김병준 1환반	배인츄 5환	쟝마리아 2환	쟝사인 1원
김교션 1환	리득이 1환	김재슈 1환	신치준 2환
신치준부인 1환	양세문 1환	리귀용 5환	류챵션 2환
건슈일 1환	곽쳔슈 1환	리복실 1환	강순아 5환
신샹오 5원	신치봉 5환	리셕준 5환	박해나 5환
함치슈 5환	숑진구 1환반	숑두현 5환	김병근 10환
김셩진 5환	강화셔 10환	리덕여 3환	김홍직 10환
김봉셕 2환	리범션부인 3환	배션오 10환	김봉규 2환
정도경 3환	김경낙 10환	리원션 10환	죠경화 10환
리호직 15환	강챵신 10환	정인슈부인 5환	고션신 5환
김응필 3환	최경슈부인 2원		

이샹은 령수증 뎨2권종

3월슈입질 령수증 뎨3권

함삼여 5환	손대벽 1환	오춘한 2환	권금배 1환
박션학 1환	리순보 2환	고인신 3환	김치슈 5환
공치순 10환	리두경 10환	리두경부인 5환	황화일 10환
김경윤 2환	최긔순 3환	량홍녑 2환	오춘환 10환
리졔연 5환	문순칠 10환	량갑셩 1환	리을도 1환
남득도 1환반	리긔현 2환반	죠병긔 1환	김봉규 2환
임덕순 1환	박문범 3환	심졈수 1환반	쟝인신 1환
김인걸 2환	윤희즁 2원	김덕칠 1환	윤동찬 1환
윤공덕 1환	리쳔봉 2환	죠경쳔 1원	쟝셩셔 1환
김샹복 3환	리졈복 2환	함일룡부인 2환	김경션부인 5환
우샹운 5환	남경식부인 1환반	함일룡 3환	김경션 10환50전
허재명 10환	송두현 25환	쟝춘식 1환	김샹하 1환
황현필 1환	강문오 1환	김학긔 1환	안그레스 50전
김용근 1환반	최복동 1환	유복덕 1환	윤대원 2환
리샛별 1환	리복남 1환	채수보 3환	김애신 1환
셔윤문 1환	리원갑 1환	김현슈 1환	쥬경도 1환
림양호 1환	한치빈 1환	리순일 1환	쟝한칠 3환
최셩찬 2환	주메불 1환	쟝두영 1환반	변봉셔 1환
남조학 4환	리순션 1환	백쥬남 2환	안명쥬 1원
김병낙 2원	문달용 2원	우두이부인 2원반	리홍일 5원
전긔홍 1원	강경빈 1원	김치문 1원	정학수 2원

이샹은 령수증 뎨3권종

3월슈입절 령슈중 뎨4권

함삼여 5환	손대벽 1환	오춘한 2환	권금배 1환
박션학 1환	리순보 2환	고인신 3환	김치슈 5환
공치순 10환	리두경 10환	리두경부인 5환	황화일 10환
김정윤 2환	최긔순 3환	량홍넙 2환	오춘환 10환
리졔연 5환	문순칠 10환	량갑셩 1환	리을도 1환
남득도 1환반	리긔현 2환반	죠병긔 1환	김봉규 2환
임덕순 1환	박문범 3환	심졈수 1환반	쟝인신 1환
김인걸 2환	윤희중 2원	김덕칠 1환	윤동찬 1환
윤공덕 1환	리쳔봉 2환	죠경쳔 1원	쟝셩셔 1환
김상복 3환	리졈복 2환	함일룡부인 2환	김경션부인 5환
우샹운 5환	남경식부인 1환반	함일룡 3환	김경션 10환50전
허재명 10환	송두현 25환	쟝춘식 1환	김상하 1환
황현필 1환	강문오 1환	김학긔 1환	안그레스 50전
김용근 1환반	최복동 1환	유복덕 1환	윤대원 2환
리샛별 1환	리복남 1환	채수보 3환	김애신 1환
셔윤문 1환	리원갑 1환	김현슈 1환	쥬경도 1환
림양호 1환	한치빈 1환	리순일 1환	쟝한칠 3환
최셩찬 2환	주메불 1환	쟝두영 1환반	변봉셔 1환
남조학 4환	리순션 1환	백쥬남 2환	안명쥬 1원
김병낙 2원	문달용 2원	우두이부인 2원반	리홍일 5원
젼긔홍 1원	강경빈 1원	김치문 1원	정학수 2원
리졔현 25원	와일알루아동즁 5원	리계션 5원	황덕주 5원
김옥슈 5원	리치법 3원	신태봉 3원	리명셕 3원
김경식 3원	박계옥 3원	리셩춘 2원반	김시호 3원
김시호부인 2원	리원션부인 3원	김정우 2원	오영화 2원
최셩옥 2원	박순옥 2원	최운션 2원	

이샹은 령수증 뎨4권죵

3월슈입질 령수증 뎨5권

오은봉 1원	류정수 1원	배구난 1원	배애니 1원
최순범 1원	리관식 1원	신이백 1원	김엘니사 50전
강직수 2원반	박태형 1원	신챵식 1원	박긔영 1원
셔순집 1원	리바울 10전	양쥬현 1원	김긔두 5원
박션학 5원	박경준 10원	박경준부인 5원	권근배 10원
권근배부인 5원	김형각 10원	김형각부인 5원	고셩보 10원
리군실 5원	최션쥬 5원	김국경 5원	홍순학 5원
셔긔춘 5원	김해리 5원	리덕여 4원	강수산나 2원
안치운 2원	김국경부인 1원	김기암 1원	김계철 1원
김긔주 1원	김해아 1원	셔긔춘 1원	리대순 3원
젼수용 20원	젼승근 10원	김진환 10원	윤수영부인 5원
리병관 5원	최병권 2원반	길팔셕 10원	유진학 5원
공명운 5원	한션복 5원	박홍화 5원	김최현 3원
박경오 2원반	박경오부인 2원반	박남순 2원반	손부동 5원
리완경 5원	김츌이 5원	김요한 5원	김봉각 5원
길태희 5원	공어전 3원	한쳔수 3원	리셩배 2원
강승션 2원	김원찬 1원80전	심미리 1원	리애스다 1원
리루신다 1원	변지학 1원	백신숙 1원	배치슈 10원
김광쳔 5원	연춘보 5원	김챵수 5원	김봉학 5원
정봉황 5원	최덕셩 5원	안학션 5원	함춘화 5원
강봉이 2원반	안학션부인 2원반	김정셕 2원	우갑두 2원
함춘화 1원	우갑두 1원	김졍셕부인 1원	셔챵순 1원
셔챵순부인 1원	신영신 5원	박인양 5원	뎡덕화 5원
정명수 3원	김쳐화 5원	우홍식 2원	김영진 2원
리영셔 2원	윤치완 2원	박승표 1원	

이샹은 령수증 뎨5권종

3월슈입질 령수증 뎨6권

윤치완부인 2원	김영진부인 3원	박인양 2원	홍건표 10원
숑공셩 10원	김춘식 5원	우졍죠 5원	죠졍만 5원
홍건표부인 5원	우졍죠 5원	양긔환 3원	젼도삼 3원
우챵식 3원	최승화 4원	양귀환부인 2원	리샹태 5원75젼
리순홍 5원	김용셔 5원	리왈연 5원	김춘삼 5원
박문이 5원	김근영 5원	리내문 5원	박셩인 2원반
림호경 3원	김영수 2원	리셩용 1원75젼	리학션 1원
김졍녑 6원	배봉룡 5원	셔샹녑 3원	리홍직 3원반
조응쥬 11원	딘셩복 6원	최긔룡 10원	최만홍 3원
리긔갑 2환	류샹옥 2환	채셩봉 5환	민셩현 5환
배학셔 2원반	손졍심 5환	쟝완응 3환	리대일 3환
리졍도 2환	김태복 50젼	리경호 4환	김재근 4환
김치홍 2환	안두길 2환	젼춘일 2환	림경틱 1환
김샹필 1원반	젼틱수 1환	김형찬 1환	문필연 1원25젼
리쏘희 1원반	딘호경 2환	졍혜린 1환	졍윤필부인 1환
손마리아 1환	박인숙 50젼	김헬란 1환	리애니 2환
안교졈 1환	리순여 1환	리근배 2환	리만순 2환
리득원 1환	셔달근 1환	리쥬억 1환	딘셩찬 1원반
곽수명 1환	하학셔 1환	양셰문 1환	라금산 3환
강원실 1환	졍샹션 1환	박효병 2환	손 양 1환
김응구 1환	리규연 2환	윤태호 2환	김인국 2환
로희챵 1환	셔긔문 1환	빅낙현 1환반	김샹호 50젼
림경춘 1환	김챵수 2환	김순욱 2환	

이샹은 령수증 뎨6권종

3월슈입질 령슈증 데7권

쟝경식 1원반	현긔운 1원반	김득가 3환	김션홍 5환
김병수 2원반	림션일 2원반	김샹의 1원반	박지화 1환
안낙풍 1환	김익셩 1환	김치도 1환	안시틱 5환
안시옥 5환	김순화 2환	견도션 5환	견태천 5환
한여태 5환	강셩보 5환	홍찬셕 13환	리건원 20환
김연규 50전	김인규 50전	한영호 50전	김마다 10환
김윤긔 10환	김근영 10환	정찬일 5환	홍세라 5환
김명원 10환	한셩표 1환	남순명 5환	리달삼 5환
셔원근 5환	고덕화 5환	김뉴희 3환	남샹학 3원
편셩원 2원	김태식 2원	김일만 2원	리효진 2원
김경준 2원	김공도 2원	김순남 2원	김정숙 2원
리달셩 2원	리챵식 1원	고양익 1원	고양호 1원
김슈연 1원	김한나 1원	최봉학 1원	최재현 1원
강승도 1원	박계남 1원	안셩실 1원	김슈여 1원
김슈근 1원	김챵영 1원	김셩옥 1원	김치현 5원
권수홍 2원반	차운션 2원반	리춘식 2원반	셔학셩 1원반
정봉운 1원	리옥이 50전	박정신 1원	리달셩 5원
김셩년 2원	리달셩부인 2원	리동원부인 1원	김셩년부인 1원
최사션 1원	허찬옥 1원	리동원 1원	우찬규 1원
강셩오 10원	무명씨 5원	허천일 2원	쟝형신 3원
오신례 3원	안안진 50전	한영운 5원	정학의 50전
하홍보 3원	윤덕아 2원	김시문 5원	리션익 3원
셔봉긔 2원	한형록 3원	셔긔수 5원	염영악 5원
김셩션 3원	최셩틕 5원	리셩옥 5원	리셩옥부인 3원
김이호 5원	박소순 2원	리종호 5원	박보광 1환
리션의 1환			

 이샹은 령슈증 데7권종

3월슈입질 령슈증 뎨8권

디금셔 5원	황인슈 5원	김광현 3원	김긔화 5원
윤광도 1원	죠셩은 5원	함산달 3원	문순쟝 2원
류암젼 2원	김아리나 1원	류졍욱 3원	리셩옥 3원
김광현 2원반	황인수 1원	허쳔일 1원	리수영 1원
곽졍두 1원	류긔쥰 1원	박치룡 1원	김이관 1원반
리쥬일 1원	빅덕규 1원	김춘오 1원	민광여 1원
최용옥 1원	김재현 1원	쥬황용 2원	박경션 2원
숑군오 2원	우익쥬 1원	졍용암 1원	리영근 1원
최영식 1원	손순보 1원	김영두 1원	한긔운 1원
박준비 1원	김일수 10원	리셩묵 5원	디틱녑 5원
김학여 5원	림한오 5원	김일쥰 5원	안명운 5원
쟝치호 5원	김덕순부인 5원	김화순 5원	최졍곤 10원
신호시 2원	최삼죠 1원	박문연 50전	황창로 2원
김관호 1원반	셔졍백부인 1원	리군칠 3원	리대길 1원반
셔덕문 2원	쟝춘삼 1원	홍진표 2원반	심태셩 3원
황챵로 1원	김주로 2원	유태졔 1원반	유셕화 1원반
유셕화부인 1원	졍사젼 1원	황히즁 2원반	김아지 1원
황복순 1원	한창교 1원	염치션 2원	숑국환 1원
김춘삼 1원	최용문 1원	리쳔여 1원	박화실 1환
죠신근 1환	김종률 1환	문긔만 50전	김순문 1환
박챵수 1환	권긔호 5환	리윤문 3환	김영환 2환
김영묵 3환	김덕화 1환	신봉순 2환	정학션 2환
한셩용 1원	김태셩 5환	김긔셔 20원	숑셕순 15원
리셩렬 10환	박경일 10환	손영준 10환	한춘득 5환
리용보 5환	리덕원 5환	김영쥬 5환	박긔션 5환

이상은 령슈증 뎨8권종

3월슈입질 령슈증 데9권

김원묵 5환	리구용 5환	리셕근 5환	졍관조 5환
죠금문 5환	김긔중 5환	김경운 5환	쟝원여 5환
김길셕 3환	졍일셩 3환	김병규부인 2환	김순묵 2환
박만수 2환	리병준 2환	최순오 2환	리만긔부인 1환
리경식부인 2환	손덕인 1환	리덕비 1환	류챵근부인 1환
하학셔 1환	신태임 1환	투례스부인 1환	최원식 1환
김챵수부인 1원반	김명보 1환	홍영수부인 1원65전	강원실 1환
곽수명 1환	죠홍구 1환	손덕신 1원반	민광욱 1환
김챵수 1환	라금동 1환	김병준 5환	리일문 1환
리셕준 1환	박자도 1환	한영식 3환	한영식부인 2환
박문범 1환	김진환 1환	숑만여부인 50전	죠헬란 50전
김션득 1환	홍졍수부인 1환	박태인 5환	최홍위 10환
김홍졔 2환	배용션 2환	죠셩긔 1원반	리졍두 1환반
허봉션 1환반	리인근 1환반	김명옥 1환반	림진오 1환
홍만순 1환	김경운 1환	죠옥조 15원25전	고용운 5환
문순익 3환	김덕화 1환	김복순 1환	강하운 5환
한음젼 2환반	김시화 30원	림태영 25환	심춘화 20환
리경모 16환	로익경 20환	박긔운 15환	박셩오 15환
쳔덕원 20환	김준옥 20환	졍쥬길 15환	리경모 15환
박병션 15환	구명학 15환	강문일 15환	심훈경 15환
신중산 12환	최을술 12환	안긔호 11환	문동셕 10환
박치삼 10환	박챵갈 10환	류쳔일 10환	한중낙 10환
류춘관 10환	오영춘 10환	김웅셔 10환	류찬식 10환
김동준 10환	리긔홍 10환	김영삼 10환	박화인 10환
류춘관부인 5환	한승낙부인 5환	한득환 2환반	한득찬 2환반

이상은 령수증 데9권종

3월슈입질 령슈증 데10권

한봉녜 2환반　박화인부인 2환 긔독학원 12환
김일원 금지환 1긔 가격9원50전

이샹은 3월슈입질종

이샹 3월슈입 도흡 금 3쳔1백8십1원50젼.

4월슈입질 령수증 뎨10권

리춘셩 10환	함샹녑 2환	윤공덕 50전	김지수 1환
리덕이 1환반	쟝마리아 50전	김덕화부인 50전	김지션 50전
김갑셩 7환	양덕션 2환반	졍국현 15환	리챵근 5환
류용범 5환	림금복 5환	김홍슌 2환	리긔션 2환
리봉학 3환	배남수 2환반	졍영수 2환	리덕여 5환
리샹종 2환	리학쥬 5환	차병션 5환	김학션 5환
죠셩복 2환반	리달영 2환반	리근비 2환	쥬원명 10환
오마구레 1환반	강챵오 2환	리봉긔모친 1환반	김영셕 3환
안치운 3환	김셩죠 10환	김봉식 50전	곽연두 1환
한치룡 5환	한치룡부인 5환	셕긔셔 5환	리낙셔 2환
김연달 2환	고슌지 2환	죠갑셕 2환	김영슌 2환반
김용긔 2환	리션의 1환	신요한 1환	김봉인 10환
최홍수 10환	하남수 6환	졍계룡 10환	죠슌옥 5환
졍세준 5환	김경문 5환	김종현 5환	박금우 5환
로셩운 6환	쟝양모 5환	김슌오 5환	리인화 5환
리영션 5환	쟝학필 5환	오명셥 5환	배덕셩 5환
박연황 5환	최귀현 5환	졍남도 5환	젼익셔 4환
류희학 4환	리용녑 4환	구졍수 3환	채경식 3환
쟝한션 3환25전	윤익셔 3환	박내길 3환	젼경션 3환
김셩일 3환	리사만 3환	신태익 3환	황운대 3환
리샹원 3환	졍명삼 2환반	신억만 2환반	리워일 2환반
리쳔일 2환반	리경호 2환	리태졔 2환	박사라 2환
졍호슌 3환	김사겸 2환	박슌이 2환	양치복 2환
배부용 2환	손즁보 2환	리달영부인 2원반	

이샹은 령수증 뎨10권종

4월슈입질 령수증 뎨11권

윤필연 2원	정화칠 2원	김윤익 2원	리영수 2원
정덕순 2원	최유근 2원	쥬윤팔 2원	리사엽 1원반
최셩태 1원25전	순태모친 1원	박챵순 1원반	정샹원 1원반
강우조 1원반	리대은 1원	로실일 1원	박병수 1원
김순오 1원반	최쏘지 1원	리이남 1원	고숙자 1원
셔봉순 1원	쥬명준 1원	리두찬 1원	강정호 1원
리긔은 1원	박사옥 1원	박효병 2원	죠문학 5원
리원식 3원	김필우모친 2원	김샹옥 3원	강근칠 1원
리경녑부인 2원	리경녑 2원	김차득 1원	곽쳔수 1원
정혜린 1원	차제익 2원20전	셔샹홍 5원	김샹원 1원
박응해 1원	리챵림 1원	문홍식 1원	리영규 1원
손슝운 1원	박학이 1원	박톰이 1원	긔동남 1원
리쳔봉 1원	박한봉 50전	로희챵 10원	전화실 1원
김샹호 1원	박샹하부인 50전	김쥬현 1원	배원규 5원
심정열 5원	김인국 1원	박응수 20원	리순봉 7원
민의경 5원	죠우봉 5원	리순봉부인 3원	민의경부인 2원
배선오 4원	걍경길 5원	리경보 5원	리승무 50전
문졍식 1원	오근원 2원	리지명 1원반	정샹션 1원
길덕관 5원	김쥬해 10원	전홍식 10원	셔윤명 10원
셔정근 10원	최마리아 5원	쥬원셔 5원	리챵운 5원
박춘식 5원	젼용문 5원	림학긔 5원	김치셥 1원반
정긔엽 5원	김순경 5원	박영션 1원	최쥬현 5원
로홍근 5원	한동션 5원	강동익 1원반	홍종수 5원
리대순 3원	홍미리 2원	김복남 1원	리셩수 2원
리신실 5원	셔졍일 10원	한셕권 5원	김응구 5원

이상은 령수증 뎨11권종

4월슈입질 령수증 뎨12권

김웅식 2원	숑영걸 2원	숑병션 1원	로챵션 1원
젼틱수 5원	안두길 5원	김샹필 5원	림경틱 5원
젼춘일 5원	김형찬 5원	딘호경 5원	민학셔 2원반
김태호 1원	림순이부인 1원	림평순 10원	엄두환 10환
정도익 5원	박슈관 5원	허 영 3원	림평순부인 2원반
림모셰 1원	림셥셥 1원	정일셩 5원	고용운 1원
김아지 50전	양덕션 50전	홍소연 5원	김차순 5원
순원셔 4원	순한빈 1원	숑긔황 7원반	숑애나 1원반
김봉규 5원	졍긔업 5원	디셩덕 2원	엄쥬용 40원
박복덕 5원	리긔도 5원	젼형균 5원	윤챵식 5원
김두옥 10원	김경호 5원	리덕관 5원	배동명 5원반
리용희 5원	리승운 5원	죠광운 5원	유덕삼 3원
리춘삼 2원	박덕화 2원	박영실 5원	리종협 5원
양남수 5원	박영칠 5원	한병식 1원	김샹원 1원
리셩지 3원	리은형 5원	윤세라 2원	최쏘라 1원
차호경 1원	리호경 1원	김쏘라 2원	리함나 2원
박옥이 1원	박귀임 1원	왕도연 1원	김셩옥 5원반
죠관덕 5원	셔병인 5원	박지션 5원	리치만 5원
숑셩필 2원	쥬형셕 3원	엽 축 10원	리화셔 3환
박셩학 10환	양하길 5환	김홍만 3환	오대유 5환
정용만 5환반	안지덕 5환	최학셔 5환	덕규군 5환
최원숙 2환반	림영만 2환	양 규 1환	김우일 5환
샛 별 60전	화순이 35전	오관션 25전	김복순 50전
리연순 1환	홍소연 1환		

이상은 령수증 뎨12권종

4월슈입질 령수증 뎨13권

황경의 1환	강승진 2환	방찬옥 1환	리국셩 1환
최경렬 1환	김준영 1환	김광졍 1환	인봉쥬 2환
오 신 1환	박진원 1환	함유현 1환	김희경 1환
최윤면 2환	김용학 1환	김의쥬 2환	윤지영 1환
김경션 1환20전	김달원 1원반	림졍셔 1환	죠병학 1환
리연식 1환	강명오 1환	류종한 1환30전	최웅배 1환
죠명준 1환	강태준 5환	안학션 1환	셔챵순 1환
김정셕 1환	함춘화 1환	우갑득 1환	졍봉환 1환
김봉학 1환	김광천 1환	김봉이 1환	배치수 1환
우달수 2환	최셩옥 8원45전	박경션 5환	류순셔 3원90전
리승렬 2환반	김상준 6환	셔진수 5환	김종운 4환
박쳐권 2환반	양수환 5환	쟝왈형 5환	염경철 2원반
윤공진 50전	쟝역빅 10환	김샹의 1원반	김양식 1환
쟝익셩 3환	김양식 5환	박경필 5환	리두셔 1환
김태수 1환	리준익 5환	문션연 5환	오대경 5환
김 철 5환	김철순 2원반	황봉환 1원	문윤화 3환
문윤화부인 2환	전경셔 2환	죠경션 3원반	쟝원각 1환
리마태 2환	리마태모친 3환	김영국 1원반	쟝춘식 1원25전
숑형백 1환	숑현빅부인 1환	한학션 1환	한학션부인 1원
김샹하 1원	리셩하 1원	강문오 1원	리용구 1원
리경수 1원	왕현필 1원	김관일 1원	방건권 2원
리영유 3원	양명구 3원	박춘호 5원	리샹환 5원
리범션 3원	양홍넘 10원	황영어 5원	박경백 5원
문봉셥 5원	강위명 3원	엄시문 3원	채진영 3원
김셩문 3원	김션일 3원	리군실 1원	신치봉 1환반

이상은 령수증 뎨13권종

510

4월슈입질 령수증 데14권

강화서 1환	강도선 10환	한응팔 10환	송상렬 10환
함건복 10환	김호근 10환	손시환 10환	김성실 10환
예찬영 10환	권샹학 7원반	박봉오 6원	김긔영 5원
졍사슉 5원	최홍화 5원	남졍숙 5원	길호준 5원
송치겸 5원	강명운 5원	최희권 5원	리셩화 5원
오춘화 5원	졉하영 4원	김봉화 3원	리션여 3원
쟝인빅 3원	김병긔 3원	홍문션 3원	신원갑 2원
김덕문 2원	최명운 2원	김돈철 2원	리샹빈 2원
리셕쳔 2원	쟝응칠 2원	한태인 2원	박대션 1원
권홍수 1원	리춘도 1원	로희챵 1원	김샹호 1원
민광욱 1원	김덕화 50전	쥬챵근 50전	박긔순 1원
리영규 1원	젼화실 1원	김도연 1원	양지근 1원
문졍식 1원	김샹원 1원	리승모 50전	박응해 1원
박학이 1원	박한봉 50전	리쳔봉 1원	송영걸 2원
김용운 5원반	김정현부인 5원	김정현 10원	졍도원 5원
졍사원 5원	졍일형 1원25전	졍만형 1원25전	최용긔 1원
최에듸 1원	최엘리 1원	최메불 1원	최부인 1원
박인구 2원반	김순보 1원	리원션 1원	배셩일 1원
김용학 1원	리홍수 2원	손시화 1원	김공익 2원
김진옥 1원반	최치명 1원반	리윤틱 1원	홍순영 2원
김셩오 2원	한영숙 5원	변지삼 2원반	졍치쟝 5원
김지은 2원	박션일 1원	염득순 1원	김경션 1원
김한극 1원	로원셕 1원	김셕원 1원	김문채 1원
김홍재 1원	졍만셔 1원	박춘셔 1원반	쟝영백 1원
홍용철 5원	졍원죠 5원		

이샹은 령수증 데14권종

4월슈입질 령수증 데15권

허한식 5원	셔필순 1원	죠석진 5원	숑셰환 2원
쥬광션 2원반	정춘응 5원	배덕화 2원	박응준 5원
김봉준 2원	리긔완 5원	김용이 1원	구지일 3원
박평션 5원	림용셔 110원	박준학 5원	숑학션 1원
김영죠 5원	우힝문 5원	김봉준 5원	리셩환 3원
김학봉 5원	손만수 5원	박홍순 1원	정지삼 5원
김셩긔 5원	리명근 2원	김셩운 1원	김셕환 1원
리운경 1원	신공철 3원	김긔셔 2원	길영호 2원반
김치현 5원	권봉학 2원	박태형 4원	오경수 2원
김익션 1원	손영순 2원	리귀남 1원	유진간 1원
리셩실 2원	셩광학 2원반	김수찬 1원	윤공진 2원
죠원챵 2원	김용한 10원	강한준 10원	최혜경 10원
윤경션 5원	셔윤셔 2원반	박해관 10원	셔금셔 2원
리지만 5원	숑셩만 2원	김문일 2원	김챵렬 2원
정준이 2원반	무명씨 2원반	박샹진 5원	리긔연 5원
길찬옥 2원	천년히 1원	류도범 1원	박화셩 5원
쟝명지 5원	김호근 5원	김영한 5원	김사연 2원
박영삼 1원	박부인 50전	양셩범 2원반	양부인 2원반
신챵식 6원	정현쳘 1원반	박디여 5원	죠정수 2원반
변익보 10원	리운오 2원	리봉운 5원	김치봉 2원
정학셔 2원	정동운 3원	곽힝문 2원반	연운셔 2원
김션유 2원	박긔영 1원	강수명 5원	박만용 2원
젼두셔 5원	신원셔 3원	김순칠 1원	김긔수 2원반
리종믁 5원	백운경 2원반	김춘화 2원반	김지용 1원
박지순 5원	김용보 1원	김경삼 1원반	류셩오 5원

이상은 령수증 데15권종

4월슈입질 령수증 뎨16권

리무진 5원	디셩용 3원	김현슉 2원	김수갑 2원
신셩로 1원반	김형빅 1원반	리만엽 1원	신봉준 1원
최셩옥 1원	김태수 1원	류양션 1원	정명수 2원
김영국 2원	안학션 1원	최덕셩 1원	배치수 1원
홍건표 1원	리하옥 1원	신영젼 1원	강태준 1원
김챵수 50전	김춘식 50전	송공션 50전	윤치완 50전
정덕화 50전	박인양 50전	김관일 50전	젼도삼 50전
양긔환 50전	죠만셕 50전	한인순 50전	함춘화 50전
우홍식 50전	김경셔 50전	리영셔 50전	박승보 50전
우갑득 50전	쟝익환 50전	김봉학 50전	최혜림 1원
탁매리 50전	홍매리 50전	박자션 50전	김인신 50전
최션도 25전	홍매리 25전	리하옥부인 25전	젼이막 25전
리금이 25전	박승보 25전	김필순 25전	김순용 50전
우할나 25전	양순복 25전	윤용션 25전	윤요셥 25전
홍셩준 25전	로정찬 2원	리영수 2원	김챵덕 2원
신샹균 2원	박인용 2원	리긔셕 2원	윤춘명 2원
쟝천오 10원	정광명 2원	리순조 2원	김대근 2원
리명국 2원	송긔만 2원	김덕원 2환	김병수 2환
김수쳔 2환	김광도 2환	박태경 2환	리셩윤 2환
최경식 2환	김교연 2환	김지수 2환	리봉션 2환
리치형 2환	리봉긔 2환	김경식 2환	정금셕 2환
김명션 2환	박승조 2환	김샹옥 2환	박홍돈 2환
김응운 2환	김지희 2환	김현규 2환	김윤오 10환
리동현 2환	무명씨 2환	채윤칠 2환	문금숙 1환
리학션 50전	우정조 50전	리돌바위 25전	박순봉 25전

이샹은 령수증 뎨16권종

4월슈입질 령수증 뎨17권

리숙경 1환	박구연 1환	권부루실네 1환	배긔춘 1환
김봉순 2환	김분화 1환	강수산나 1환	셔순덕 1환
김익마 1환	정금조 1환	김순이 50전	황남이 50전
리소남 50전	리영이 50전	김운경 50전	김려준 1환
배동명 2환	림영만 1환	리경도 1환	죠익션 1환
김부일 1환	최학셔 3환반	덕규윤 1환	죠영호 50전
고치운 40전	강봉용 1환	강봉용부인 1환	김유호 1환
한쟝춘 50전	림순문 50전	한영우 1환	최병숙 50전
리원셥 1환	전종순 50전	김치규 10환	손봉련 1환25전
최인용 5환	김봉셔 5환	죠지중 5환	계운경 5환
류병찬 5환	림셩만 5환	림셩만부인 2환	리긔원 5환
정원션 2환	김형로 2환	황응수 2환	리영언 10환
김달용 10환	량대봉 5환	김권실 5환	리셩털 1환
리종국 2환	전용한 2환반	리욱듸 2환	리상직 1환
김용술 5환	김직션 3환	김학준 1환	리만긔 1환반
정사션 1환	유봉셔 1환	량남순 1환	김광수 1환
로봉우 3환	김치삼 3환	유셩칠 5환	전종순 2환
강봉명 5환	김셩연 1환	리긔홍 5환	김춘셔 2환반
김근수 2환	천시명 1환	죠셩도 2환	우만근 2환
한쟝춘 2환	김춘경 1환	리운경 1환	안경문 2환반
쥬인셥 1환반	최영션 5환	김경션 5환	김경션부인 5환
박용쥬 5환	림순문 5환	리원셥 2환	최병숙 2환
손소남 1환	곽복남 1환	박엘리사벳 1환	김샹현부인 1환
김쥬용 1환	리금복 1환	김마리아 50전	츄덕순 1환
김화숙 1환	박졈숙 1환	홍소연 2원	

이샹은 령수증 뎨17권종

4월슈입질 령수증 데18권

정용암 1환	안의구 10환	김경화 6환반	황천일 5환
최계봉 5환	김천구 5환	리명섭 5환	박미리암 5환
리긔영 5환	김순식 5환	전웅션 5환	박운경 5환
박경순 5환	김샹호 5환	김순이 5환	리정근 5환
김경션 5환	김용식 5환	리셩도 5환	리은형 5환
김덕환 3환	김군셩 3환	리춘식 3환	박종운 3환
리셩매 3환	강셕촌 3환	김챵근 3환	박엘사베스 2환반
김치죠 2환반	김봉쥬 2환반	박사봉 2환반	최셩화 2환반
김백수 2환반	리경풍 2환반	전몽준 2환	최일엽 1환
박수영 2환	박윤식 2환	리약내 2환	리셩배 2환
손한션 2환	강봉희 1환반	림용보 1환반	쥬영퇵 1환반
쟝원실 1환	심매리 1환	양호연 1환	김수산나 1환
김구연 1환	리월쳔 1환	강승션 1환	강태순 1환
권봉선 30환	김백원 3환	송경삼 2환반	리백룡 2환반
함양언 2환반	화부인 2환반	하졔민 2환	신자셩 2환
하긔법 1환반	김용식 1환	김샹연 50전	박용쥬 1환
김달용 1환	리대홍 1환	리영은 50전	김순셩 50전
박셩문 50전	박경일 1환	최원숙 1환	오대유 1환
홍소연 1환	안지덕 1환	리덕만 1환	김셩옥 2환반
김샹준 50전	김수연 6환25전	김순셩 5환	김능연 10환
박봉옥 5환	리지오 5환	안덕준 2환	김경션 2환반
김챵슈 3환	쟝운일 1환	고영순 1환	최치셩 1환
김수복 5환	신힁숙 5환	김시은 5환	송수진 3환
리운오 2환	손공일 3환	송봉쳘 2환	서춘삼 3환
황치운 2환반	박셩문 1환	김봉긔 1환반	황봉준 2환반

이샹은 령수증 데18권종

4월슈입질 령수증 뎨18권

양일성 3환	신대근 5환	안영찬 5환	리근영 5환
김원보 5환	공태셕 1환	김윤명 2환반	최혜림 10환
윤찬문 5환	김준경 5환	김경수 3환	국성환 2환
하경수 1원반	셔쥬틱 10원5전	리긔연 1환	남경쥬 3환
죠덕삼 2원반	세화용 1환	로문엽 5환	문병셥 5환
신덕문 5환	림쎠이 2환	김병철 5환	최덕문 5환
박동근 10환	리환일 5환	리군명 5환	최풀엔쓰 2환
박원준 2환	홍건표 2환반	윤공덕 50전	김만수 5환
조애나 5환	김홍삼 5환	숑순이 5환	김홍복 5원
최경진 1원	김덕삼 1원	리치셔 1원	김치연 1원
김인용 2환반	빅남윤 1원	김원삼 1환반	김챵식 2환반
박팽덕 2원	박셩초 5원	단 요 5원	증 연 2원
황 유 1원	윤한명 5원	리챵규 5원	림황용 5원
한챵규 5원	방 언 5원	황학쥬 3원	디봉쥬 3원
강수동 2환반	리하수 3원	김챵현 5원	한영보 2원
양경필 1원반	죠국셔 1원	김챵연 1환반	라병진 1원
허봉일 1원	박춘경 5원	편셩운 1원	김태식 1원
김치현 1원	리효진 1원	한셩표 1원	검명원 1원
남순명 1원	김경준 1원	박긔홍 1원	황션경 2원
남샹학 1원	셔원근 1원	우명식 5원	리용이 2원
박군실 2원	김익죠 2원	오영식 1원	최학션 3원
죠병현 2원	경봉익 2환반	리춘삼부인 5원	박봉셔 3원반
김진영 2원반	리만정 2원반	정문찬 3원	김태홍 2원
손옥준 1원반	박셩순부인 5원	배샹은 5원	김한규 1원
리운션 3원	황경준 2원반	한영긔 2환반	

이샹은 령수증 뎨19권종

4월슈입절 령수증 뎨20권

류관보 5원	유의쥬 2환반	민광욱 1원	리셩모 50전
쥬찬젼 50전	리쳔봉 1원	박응해 1원	손승운 1원
박학이 1원	박긔순 1원	김샹호 1원	김샹원 1원
로희챵 1원	쥬찬젼 50전	쟝영환 1원	김션집 1환반
셔광셕 15원	죠수산나 3원	죠태셕 5원	김필연부인 5원
김해룡 1원	김부인 1원	리만수 1원	로셕봉 5원
표샹옥 3원	표샹옥부인 2원	박길션 2원	표핼린 1원
표야곱 1원	표옥순 1원	김셩배 1원	홍순대 3원
김춘셕 2원반	최은봉 1원	셔갑출 1원	박운셔 1원
김운셔 1원	윤순필 1원	량쥬원 5원	최셩문 36원
한인순 5원	공셩국 5원	봉인화 3원	김봉학 10원
리광여 5원	김인셥 5원	강봉운 5원	최쥬션 5원
정함나 2원	최봉덕 2원	젼소연 2원	정챵호 2원
정부인 1원	정긔화 1원	정병션 1원반	정부인 1원
쟝윤화 2원	박치대 1원	쟝일봉 1원	차임술 1원
리영순 1원	김달셩 2원	죠학셔 1원	최학셔 2원
김영민 2원	김영문 3원	공덕화 1원	리만춘 2원
김샹규 2원	고셕연 3원	젼학준 3원	쳔수연 3원
리정렬 1원	양봉현 1원	죠갑룡 1원	최동근 1원
쟝치열 1원	디춘명 1원	리셩국 10원	김인수 10원
리긔션 5원	쟝춘명 5원	셔영환 5원	쟝관옥 15원
손챵희 25원	젼도션 5원	김보배 2원	김션봉 1원
김남순 25전	쟝원여 1원	김태환 2원	박셩순 1원
류관보 1원	리만정 1원	정문란 1원	배샹근 1원
김한규 1원	최극삼 1원	최학션 2원	쟝셩옥 1원

　이샹은 령수증 뎨20권종

4월슈입질 령수증 뎨21권

정봉익 1원	김태홍 1원	손옥준 1원	김진영 1원
리운션 1원	김쥬경 5원	김낙원 5원	리자도 5원
최윤섭 5원	우희즁 5원	김순칠 5원	김시연 5원
쟝화셔 5원	쥬경찬 5원	박준엽 10원	방홍돈 2원
죠병국 3원	김샹옥 2원반	리모옥 1원	문개리 1원
김애로 1원	채경애 1원	숑영옥 1원	김막션 1원
홍햴린 1원	김윤홍 1원	리애니 1원	김봉션 1원
쥬복순 1원	리복수 1원	황선이 1원	곤순남 1원
박봉희 1원	김남년 1원	김애늬 1원	김앨비 1원
김봉순 1원	김신유 1원	배용션 5원	림진호 3원
박셕보 3원	최애다 2원	최개귀 1원	김명옥 1원
김홍졔 1원	김봉남 2원	리치준 1원반	한샹원 1원
박인순 2원	박셩환 30원	박세인 30원	젼세욱 15원
젼세화 15원	박셩군 10원	견긔영 10원	전백준 10원
로명근 10원	리시겸 10원	리명수 10원	최하림 10원
리관식 10원	김치화 10원	황수경 10원50전	김긔두 7원반
리봉춘 5원	김준길 5원	죠영쳘 4원	최응범 15원
리경셔 10원	김극수 5원	박셩필 5원	류춘엽 5원
림지호 5원	로봉셔 5원	신용희 5원	황봉셔 5원
김긔순 5원	배일진 5원	피홍신 5원	김홍옥 5원
문셩준 4원	쟝한영 4원	리준여 3원	림영믁 4원
리영슈 2원반	황봉하 2원	김관옥 2원반	박긔태 2원
김학션 1원	리학빅 2원	박두셔 2원	남경호 2원
도도션 2원	강운션 2원	원챵호 50전	김경틱 7원반
박계숙 2원반	김슌이 1원	림쥬필 5원	정쥬경 2원

이상은 령수증 뎨21권종

4월슈입질 령수증 뎨22권

리원식 2원	안경춘 2원	유재순 1원	손응셥 1원
박내션 10원	정일셩 5원	김병준 3원	김샹오 1원반
김복순 1원	유로득 1원	문순익 2원	리동죠 1원
리매긔 2원	리셩구부인 5원	리치경 20원	리치경부인 5원
량 금 1원	골노아대한인부인회즁 24원		홍영삼 20원
김동근 15원	김홍식 10원	리경삼 10원	림명구 10원
리긔률 10원	리민산 10원	리민산부인 6원	림일관 5원
림일관부인 5원	김챵수 5원	김챵수부인 5원	리학이 5원
리학이부인 5원	리낙열 5원	리낙열부인 5원	최학현 5원
최학현부인 5원	박남수 5원	최덕수 5원	옥셩용 5원
림영화 5원	김종학 3원	김동근부인 3원	리사션 2원반
림영화부인 2원	박춘화 2원	김용순 1원	셔윤문 9원반
민셩현 10원	림양호 6원	김태복 1원	곽일션 5원
홍원종 3원	한치빈 7원	리홍식 5원	리샛별 2원
리경호 5원	최긔룡 10원	딘셩복 10원	김두팔 3원
쟝완응 10원	쥬경도 5원	리긔갑 1원반	리도일 10원
리 근 2원	최운션 4원	최긔션 5원	김용근 7원
조응쥬 10원	최셩찬 5원	채슈보 5원	쥬메불 3원
김졍녑 5원	최복동 2원	김재근 5원	리대일 2원
안시흡 1원	강치권 5원	김현수 10원	배봉룡 5원
김응주 4원	도셔산 5원	리경록 1원	안셕윤 2원
김학긔 3원	안글에씨 2원반	박수철 2원	하봉셔 3원
리경셔 1원	김덕화 10원	김덕화부인 5원	쟝사바 50전
쟝마리아 1원	황승현 10원	리영호 5원	리즁셔 5원
리즁셔부인 2원	김병찬 3원	유샹호 5원	신치봉부인 1원
졍원근 2원반			

이샹은 령수증 뎨22권종

4월슈입질 령수증 뎨23권

김샹원 1원	박한봉 50전	리승무 50전	로희챵 1원
리영규 2원	손덕신 2원	손승운 1원	쥬찬젼 50전
민광욱 1원	박긔순 1원	박학이 1원	박응해 1원
김샹호 1원	리쳔봉 1원	최태진 3원	고운선 3원
쟝영환 3원	박치셩 3환	쥬용한 5환	박셕근 3환반
민의식 3환	박원백 5환	김춘셔 5환	정종식 3환반
김용삼 2환	정재수 3환	문인화 3환	박셩삼 3환
김정숙 3환반	김두셥 3환	리쟝션 4환	리쟝춘 3환
김셕진 3환	김승률 10환	김셕우 3환	최셩문 5환
딘정범 5환	리샹학 3환	리면호 5환	김국도 3환
리건션 4환	리은구 5환	김학룡 3환	박쳔홍 3환
김홍규 3환	강화일 3환	김건실 3환	죠문칠 20환
김진둥 6환	정복수 3환	양일셩 3환	김정순 5환
김일찬 3환	리세경 3환	변초셩 3환	안득은 8환
쟝셩셔 1환	김덕만 10환	김영수 5환	한택수 5환
리남수 5환	박준형 5환	강화실 5환	젼경준 5환
하용틱 3환	최춘옥 2환반	빅남수 2환반	최용근 2환반
신용운 1환	권문수 1환	권문수부인 1환	한영순 1환
젼경준부인 1환	강근칠 2환반	강엘리아 2환반	양덕선 1환
로문엽 1환	유증봉 1환	김사정 2환	쟝재현 5환
유증봉모친 1환	죠해나 50전	김명봉 2환	함해나 2환
김득셔 10환	김긔준 10환	쟝긔봉 1환	고춘셔 1환
김양필 2환	변셩운 1환	유문찬 2환	홍셩년 15전
홍대희 5전	리춘실 2환	김순경 2환	리춘명 1환
리근원 1환	죠찬셔 1환	리챵셥 1환	김학션 1환

이샹은 령수증 뎨23권종

4월슈입질 령수증 데24권

권셔긔 1환	박용셔 1환	변분욱 1환반	정성레 2환
정명봉 1환	변챵만부인 2환	변셩덕 1환	리치션 5환
태홍녑 3환	고순이 2환	숀홍식 2환	천엘리사벳 3환
울에스두로빌나니바 7환 75전		홍한식 5환	손학션 5환
김경션 5환	김경션부인 2환반	황치삼 5환	정명수 5환
문병희 2환	박순이 2환	리만춘 1환	리준경 7환
차영필 5환	리셩남 5환	리용삼 3환	전의식 3환
박챵규 2환	신중현 10환	리광현 5환	배패관 5환
김현순 5환	쟝셕천 2환	류명옥 5환	곽명숙 2환반
백치옥 5환	죠공순 2환	전영찬 2환	양순셔 4환
오광닐 2환	리셩화 2환	양우식 2환	리창배 1환
박인구 1환	김광일 5환	홍덕림 2환반	권긔셔 2환반
김규삼 3환	리샹옥 2환	김평일 5환	유필원 4환
셕임준 1환반	리셩호 5환	강경원 10환	셕금산 4환
뎡사준 4환	손챵수 4환	김재셩 4환	셔재근 4환
박용암 4원	김정환 4원	쥬자문 4원	황봉션 4원
엄숭문 4원	리진화 4원	한응필 4원	박봉조 4원
듀룡로 6원	죠경화 4원	김덕우 4원	김숭도 4원
박영채 20원	박등수 4원	차신호 4원	김경태 4원
량긔젼 4원	쟝치억 4원	리인근 2원	공맹도 4원
김문익 4원	리경로 4원	리챵준 10원	김영긂 10원
김치명 3원	공치순 80원	공치순부인 20원	김경낙 10원
위태인부인 5원	고인신 5원	함일룡 5원	김셩긔 15원
민의경 15원	민의경부인 10원	박응수 15원	리용희 15원
한틱수 15원	한연순 3원	김디셩 5원	라 홍 2원
홍긔셔 10원			

 이샹은 령수증 데24권종

4월슈입질 령수증 뎨25권

구명수 1원	쥬명준 1원	정세준 1환반	쟝한션 1원
리영션 1원	쟝양모 1환25전	손즁보 1원	최경수 6원
젼익셔 1원	신태익 1환반	젼경선 1원	신억만 1원
리사만 1원	리쟝원 1원	리사엡 1원	김봉인 1원
김셩룡 1원	리원일 1원	김순오 1원	준윤필 1원
류희학 1원	최홍수 1원	오명션 1원	쟝학필 1원
하남수 1원	졍남도 1원	리쳔일 1원	죠순옥 1원
량치북 1원	졍화칠 1원	박사옥 1원	윤익셔 1원
채경식 1원	로셩운 1원	최귀현 2원	박내길 2원
안광훈 3원	배덕셩 1원	김셩일 1원	리태졔 1원
졍샹원 1원	리경호 1원	배부용 1원	최셩태 1원
박연황 1원	최유근 1원	오옹텩 5원	김마리아 2원
졍명삼 2환반	박문백 2원	하경수 1환반	리도일 3원
김졍윤 3원	김봉긔 5원	홍헬논 5원	문개리 1원
김막션 2원	곤순남 50전	김갑년 1원	박봉희 1환반
셩출배 15전	젼셰욱모친 1원	김일네 1원	젼셰욱쟝모 25전
김봉순 1원	박마리아 50전	박쏘라 50전	박요한 25전
젼남순 25전	김애로 5원	숑영옥 50전	김인애 2환반
김봉션 1원	실나리 1원	리모옥 25전	리복수 20전
황션이 15전	쥬복순 25전	최명애 50전	김윤흔 25전
윤공덕 5원	김웅식 15환	김챵환 15환	쥬찬젼 50전
박한봉 50전	로희챵 1원	리쳔봉 1원	박응해 1원
손덕신 1원	리영규 1원	민광욱 1원	손셩운 1원
박긔순 1원	김샹원 1원	김샹호 1원	박학이 1원
한태셕 4원	리셩만 1원	리규삼 1원	김문식 1원

이샹은 령수증 뎨25권종

4월슈입질 령수증 뎨26권

탁긔홍 1원	리홍식 1원	리경오 3원	리화션 5원
리희순 5원			

이샹은 령수증 뎨26권 4월종

이샹 4월슈입 도합 금 5253원.

5월슈입질 령수증 뎨26권

류용범 10원	정국현 5원	리학쥬 5원	리근배 5원
죠셩복 2원	림금북 1원	최영슈 50원	리덕여 2원
쥬재덕 1원	리봉학 2환반	리긔션 1원	백남수 1원
리샹종 1원	리챵근 1환	차병션 2환	박순일 2환
차셰익 5환	숑영결 2환	박치삼 10환	유덕삼 5환
죠광운 5환	리셩운 5환	김성초 5환	전경준 5환
한영순 3환	남경쥬 20환	윤찬문 30환	안영찬 5환
최혜림 10환	쥬찬봉 5환	심영신 2환	강줄리아 1환
강화일부인 1환	박천홍부인 1환	류필원 3환반	리강셜 1환
죠윤틱 5환	백낙현 5환	김도션 1환	김긔도 10환
신치봉 20환	신치봉부인 10환	신샹흐 15환	강화셔 6환
리재연 15환	홍순학 5환	셔긔춘 10환	김병건 10환
리덕이 2환	김아지 50전	김교션 50전	김재슈 2환
홍천션 5환	셔정일 10환	리일문 5환	정긔업 5환
정학수 7환	박용훈 5환반	안명수 5환	강정빈 5환
문달룡 5환	리홍일 15환	정긔홍 2환	빅슈남 2환
김천리구 2환	안원규 50원	김경호 5환	로홍근 15환
고용운 3환	김남순 2환	박한봉 50전	로희챵 1환
김샹원 1환반	쥬찬전 50전	박긔순 1환	김상호 1환
손승운 1환	리영규 1환	민광욱 1환	손덕신 1환
리천봉 1환	쟝셩셔 2환	김일슈 25환	김화순부인 15환
변등룡 5환	김즁집 25환	셕긔션 15환	김영순 31환
김션유 15환	죠갑셕 7환	리션이 3환	강명옥 30환
신챵식 20환	박긔영 5환		

이샹은 령수증 뎨26권종

5월슈입질 령수증 뎨27권

박대여 20환	정복슈 16환	리춘화 10환	김셩률 10환
문인화 5환	박셕근 21환	최셩문 5환	쟝영환 6환
딘정범 7환	박원백 30원	김쏘라 5환	박옥이 10환
왕모연 10환	리함나 5환	박귀임 10환	국셩환 5환
리샹학 6환	강국두 8환	김학룡 5환	리배근 5환
김한순 5환	한영호 30원	김연구 15원	김마타 15원
김정숙 30원	리근원 5환	박치셩 5환	김인규 15원
김영죠 5환	정재삼 5환	김봉학 5환	림용셔 25원
숑만여 5환	숑만여부인 5환	숑옥슈 1환	숑억만 1환
숑만슈 1환	숑만금 1환	숑만복 1환	김봉규 15원
김봉규부인 10원	리순여 5환	김영완 5환	김인슈 10환
죠병션 10환	김긔증 10환	림두학 5환	리송춘 10환
계명셩 2환	김계현 1환	양세문 2환	박원삼 3환
김챵현 5환	오영식 5환10전	김용셩 5원5전	오용운 5원5전
한대셕 7원반	리귀삼 5환	김문식 5환	탁긔홍 4환
리셕만 2환	로셩배 5원반	리운경 5환	김시연 5환
셔춘삼 5원반	숑부철 5환	박셩문 5환	김봉긔 5환
손공일 5환	황봉준 5환	리샹직 5환	김윤학 5환
김근슈 15원	김경션 5환	리셕준부인 10환	강재문 10환
김긔두 20원	김긔영 3환	권홍슈 2환	김호준 5환
숑치겸 5환	김챵식 5환	김호근 5환	박리죠 5환
강명운 10환	쟝인백 5원	신원갑 3원	김원삼 3원
김덕문 13원	권샹락 7원반	박셩초 1원	홍문션 3원
쟝샹근 1원	박대션 1원반	예찬영 2원반	최희권 5원
박만수 10원	김인수 10원	신셩일 15원	홍영수부인 10원

이샹은 령수증 뎨27권종

5월슈입질 령수증 데28권

김히수 10원	홍영수 5원	리긔션 15원	리경식 15원
윤태호 10원	김운구 2원반	안만슈 15원	죠홍구 20원
김영죠 10원	김원셔 5원	박준이 10원	리챵규 5원
김형찬 5원	됴졍수 5원	연운셔 5원	리락셔 5원
변익보 12원50전	졍현철 20원	곽힝문 5원	곽봉여 5원
김용긔 5원	리문오 5원	리봉운 5원	김치봉 5원
신요한 3원	고순지 10원	졍학셔 5원	졍동운 5원
김연달 3원	김영범 5원	방만용 5원	빅운경 5원
리졍묵 5원	홍권일 10원	박경화 10원	신원셔부인 3원
졍덕셔 5원	리계순 10원	차셩겸 5원	김순칠 5원
박지순 15원	박병혁 10원	신원셔 5원	림사연 5원
셔윤명 15원	최마리아 15원	손마리아 10원	박승근 10원
권셩지 5원	배인츄 10원	배인츄부인 5원	김차득 3원
리원식 15원	리원석쏠 5원	홍종철 5원	리용쥬 5원
리경수 1원5전	한학션 3원	강문오 2원	리셩하 2원
쟝춘식 1원반	김상하 1원반	리백룡 5원	권봉션 5원25전
졍희관 4원	김백윤 5원	숑경삼 2원반	신자셩 5원
박정권 3원	김종호 5원	셔경일 15원	김시삼 5원
쥬 칠 5원	류인셔 5원	류홍봉 5원	리덕원 12원반
리덕원부인 7원반	리덕원모친 3원	리덕원쏠 2원반	리강셜 5원
김덕화 2원	김영환 2원반	공태식 5원	송샹열 10원
송셩필 5원	김사정 5원	김득셔 5원	강셩명 5원
손홍식 5원	김긔준 10원	김학션 5원	리군실 5원
리치션 5원	장재현 15원	리시철 5원	류홍순 5원
김염슈 5원	한학션부인 2원	김득셔부인 5원	

이샹은 령수증 데28권종

5월슈입질 령수증 데29권

변챵만 8원	변챵만부인 3원반	김량필 5원	송셩운 10원
손챵희 25원	손샹가마 2원반	손복녀 2원반	박명환 5원
쟝원여 1원25전	김쥬한 20원	리한규 5원	고셩화 5원
리경넙 5원	리영근 15원	한긔운 5원	박도현 1원
윤종건 1원	손순보 1원	정문찬 1원	김진영 1원
박셩순 5원	최극삼 3원	리운션 5원	리춘삼 2원
민찬옥 5원	쟝셩옥 1원	박쥬현 5원	리남수 5원
태홍넙 5원	젼은셥 10원	최챵옥 1원	윤희근 5원
젼도준 5원	셩춘실 5원	홍용셜 5원	방용셔 5원
리승운 5원	박덕화 5원	김현슈 20원	김덕신 5원
안명운 17원반	김덕순 20원반	김경수 15원	채정신 11원
김준경 7원	쟝치호 5원	신덕문 50원	백치옥 15원
양우식 5원	황운긔 5원	류명옥 5원	곽명숙 5원
박마리아 5원	리운경 5원	고셩준 5원	쟝석천 5원
리광현 5원	김현준 4원	젼영챵 33원	죠공순 50원
빅만금 5원	최즁구 5원	현공춘 5원	고경식 5원
젼쳔셔 5원	서정국 5원	최숑학 5원	김희준 3원
김학슈 3원	김영션 1원반	김힝니 1원반	셩춘도 1원
리슈만 1원	러온셩 2원	박태원모친 1원	한명교 1원
숑인식 10원	박셩민 2원	신긔셩 3원	김유백 5원
문두칠 2원	리션쥰 2원	김영호 20원	빅응준 5원
백재호 5원	죠석진 10원	죠의준 5원	강영복 10원
유 킹 5원	리승학 3원	최정치 3원	최샛별 4원
윤대원부인 4원	김지근모친 50전	젼병구 3원	김소남 3원
유 순 3원	리봉남 3원	김차순 3원	김애신 3원

이샹은 령수증 데29권종

5월슈입질 령수증 데30권

유복덕 3환	쥬메불 3환	쟝시영 3환	우두리 3원
쟝애경 3원	안그레쓰 3환	윤대원 10환	리대일 5환
리홍식 3환	셔윤문 3환	손셩삼 2환	최긔룡 2환
안시흡 1환반	림평순 1환	민승현 1환	쟝완웅 1환
김정녑 1환	리경호 1환	류샹옥 1환	김지근 1환
박슈남 1환	젼긔홍 1환	문달용 1환	리홍일 1환반
남죠학 1환	김병락 1환	김덕신 1환	정학슈 1환
강치권 1환	리순션 50전	채수보 50전	최운션 25전
쟝완웅 25전	최긔룡 50전	죠웅주 50전	최운션 50전
변봉셔 75전	리근이 50전	배봉룡 25전	림양오 25전
리경호 50전	유샹옥 50전	민셩현 50전	최셩찬 25전
김현수 50전	리대일 50전	최긔션 50전	딘셩복 50전
도셔산 25전	리긔갑 25전	김치홍 50전	김정녑 50전
고운환 25전	문원셔 25전	김지근 25전	셔윤문 25전
안시흡 50전	채수보 25전	김셩봉 30환	오두영 15환
박쳐권 15환	김샹준 15환	김앨쓰 10환	류션셔 55환
곽종태 5환	곽종태부인 5환	죠마리아 5환	최셩옥 5환
쟝익해 5환	최용셩 5환	셔진슈 5환	김경식 15환
리긔봉 15환	최근빅10환	박정보 15환	변초셩 5환
김용구 15환	김정순 5환	김일찬 5환	김진동 6환
리세경 5환	심영신 12환	젼봉션 5환	정희관 1환
리셩오 3환	김계현 2환	박만슈 5환	우홍식 5환
리학션 8환	정덕화 2환	리영셔 5환	리하욱 5환
김쳐화 3환	박인양 10환	김인신 8환	강셩일 5환
정복술 2환	박셩보 5환	정영슈 10환	

이샹은 령수증 데30권종

5월슈입질 령수증 데31권

한매리 2환	리순덕 3환	김영진 10환	리내문 5환
리샹태 5환	김춘삼 15환	김용셔 15환	리와련 5환
박셩인 5환	리익션 2환	하와이토인릴리하과하 10환	
목원필 5환	한인순 5환	쟝익환 5환	안학션 5환
김봉학 5환	최션도 5환	최경순 2환반	배치슈 5환
함춘화 6환	김광천 5환	정봉환 5환반	연춘보 5환
최의호 5환	안정호 5환	리샹동 15환	리덕보 5환
라마리아 2환	죠응쥬 10환	최운션 5환	김치홍 3환
손셩삼 5환	셔윤문 5환	리봉남 3환	홍건표 40환
송공션 20환	김춘식 15환	전도삼 5환	우창식 4환
죠만식 5환	최승하 5환	우정죠 10환	최혜림 10환
량긔환 15환	홍매리 5환	전이약 5환	공어진 10환
림용보 11환반	김빅수 2환반	김필셕 20환	윤희죠 5환
정인식 5환	쥬샹빈 3환	공명운 10환	황천일 5환
림봉춘 5환	리셩도 10환	강셕촌 2환	최일엽 1환
쥬용남 1환	변지학 1환	쥬용경 50전	리긔영 10환
정응셥 5환	신공칠 20환	길영호 15환	김용환 15환
리운경 15환	박태영 10환	셔학셔 10환	오은봉 10환
리관실 10환	김치현 10환	리히순 10환	김만수 10환
오경슈 10환	강한준 10환	김군션 10환	손영순 10환
김셕환 15환	김원근 5환	윤공진 5환	박원영 5환
최순범 5환	김인식 5환	박재화 5환	유진간 5환
권봉학 5환	김응삼 5환	송긔준 5환	최응오 5환
김셩운 5환	리셩로 5환	박샹권 5환	정찬일 5환
리영긔 5환	김수복 6환	박보옥 5환	김긔셔 15환
박태원 10환			

 이샹은 령수증 데31권종

5월슈입질 령수증 뎨32권

량하길 5환	리화셔 10환	박셩학 5환	김능연 10환
리재오 6환	안덕준 5환	김양순 3환	리재만 15환
김근양 10환	김지용 10환	홍찬식 7원	김윤긔 5원
홍찬식부인 3원	김귀연 10원	전호연 10원	김연옥 5원
리귀남 5원	김엘니사 5원	김익션 5원	김채봉 10원
정순일 10원	방달문 5원	김광현 5원	김봉운 5원
천년희 2원	하수일 5원	방명진 10원	리춘식 10원
권수홍 5원	박졍신 3원	김영한 5원	김영봉 5원
량셩범 5원	박화셩 5원	전도운 5원	김호근 5원
전태천 5원	죠우봉 5원	미스 밸싼 3환	박용쥬부인 10원
박용쥬 15원	림순문 25환	림순문부인 15원	김달용 21원
박셩문 15원	박셩문부인 10원	김경문 5원	박관셥 4원
김명오 5원	박종원 10원	김군실 15원	남순명 31원65전
셔원근 3원	리효진 5원	박긔홍 3원	한셩표 7원반
안셩실 5원	김셩옥 2원반	남샹학 5원	김태식 5원
편셩운 5원	리창식 5원	김치현 10원	박군실 5원
류명식 4원	김달삼 5원	채긔봉 3원	정예진 5원
공덕화 5원	김달셩 5원	쟝치열 5원	최쥬션 10원
전학준 5원	리졍형 5원	강봉운 5원	고셕연 5원
김봉학 5원	정창호 5원	쟝윤화 5원	정병션 25원
오덕규 5원	리영준 2환반	천순연 2원반	김순오 15원
박치디 10원	쟝일봉 5원	김인엽 5원	김영민 5원
최동근 5원	리광연 5원	최학셔 5원	량보현 5원
디춘명 5원	최봉덕 5원	림현빅 5원	리졍렬 5원
김달원 25환	김익쥬 20환	한유현 15환	김희경 15환

이상은 령수증 뎨32권종

5월슈입질 령수증 뎨33권

김준영 15원	리연식 15원	최응배 십오원	김경션 40원
박진원 15원	리국셩 17원	강승진 5원	ㅈ.윤면 10원
김용학 5원	최경렬 7원	방찬옥 5원	김광졍 10원
강명오 5원	죠병혁 5원	인봉쥬 10원	황경의 5원
윤재영 5원	박영채 50환	김경환 51원	차신호 5원
류영로 5원	정사준 15원	박동수 10원	김경태 5원
쥬복순 10원	황선이 10원	김순화 4환90전	김용학 5원
배셩일 5원	배군원 5원	김덕현 10원	최치명 15원
최용긔 15원	리홍쥬 5원	홍순영 5원	김셩오 5원
정치쟝 5원	정도원 5원	손치화 5원	박션일 5원
한영숙 5원	김지은 5원	김순보 5원	변재삼 5원
졍사원부인 5원	김정현부인 7원	오창익 50원	김치규 40원
죠지즁 5원	리긔원 7원	김형각 15원	권근배 10원
리긔운 5원	고셩부 5환	김셩진부인 5환	엄두환 50환
리대보 5환	한창교 1환	황히즁 1환	죠신근 1환반
리쳔여 1환	박화실 1환	문긔만 1환	송국환 1환
엄치션 1환	김춘삼 1환	오기나히가 50전	박도현 15환
김의관 15환	우익쥬 5환	최원식 5환	최룡옥 7환
리쥬대 5환	송군오 5환	김ㅈ.현 10환	전수용 10환
림성록 5환	유홍봉 5환	유부인 10환	유인셩 10환
문순익 3환	김샹오 2환반	정일셩 2환	김복순 2환
박셩재부인 50전	림션옥 50전	김마리아 50전	구일매 50전
김순명 50전	토인릴릐아 50전	김병준 3환반	곽천수 1환
박광현 3환	김병낙 10환	유상옥 10환	리종관 5환
강창우 15환	오마구롓 15원	손봉연 10환	강마리아 10환

이상은 령수증 뎨33권종

5월슈입질 령수증 뎨34권

리봉긔 10환	리공명 5환	박인용 5환	김창득 5환
로졍찬 5환	김태근 5환	박태경 5환	김재희 5환
김샹옥 5환	신샹균 5환	리명국 5환	김수쳔 5환
김필순 5환	김관도 5환	김덕원 5환	문금순 5환
리봉션 5환	리즁현 5환	리치형 5환	원순식 5환
숑긔만 5환	김용운 4환25젼	박승죠 2환	박홍돈 2환
채윤칠 2환	김슈만 2환	양인수 2환	쥬진옥 3환
미스올리왈리 10환	김셩오 2환	김시영 5환	방수명 50젼
방수복 50젼	방수용 50젼	방봉룡 50젼	김치규 1환
죠지즁 50젼	림승만 1환	김두옥 1환	고셕연 50젼
쟝치열 50젼	공덕화 50젼	김순오 50젼	김봉학 50젼
쟝일봉 25젼	오덕규 25젼	강봉운 50젼	졍여건 50젼
리동근 50젼	김영빈 50젼	최주션 50젼	김달션 50젼
양보현 1환	리광현 1환반	정명순 50젼	림현백 50젼
리졍열 65젼	젼학준 50젼	죠셩학 25젼	리재현 25젼
최학셔 50젼	쟝윤화 50젼	김인엽 50젼	디춘명 50젼
박치디 25젼	강명오 25젼	구명학 50젼	김셩옥 25젼
김준영 25젼	강승진 50젼	김익쥬 50젼	김경션 50젼
황긔영 25젼	림졍셔 50젼	김희경 50젼	리국셩 30젼
인봉쥬 1환	죠병혁 50젼	최경열 50젼	윤재영 50젼
대한인부인구졔회 64원30젼		량재준 5원	졍마태 10원
박인규 5원	셩광학 5원	셔순셔 5원	죠원창 3원
방달문 2원	최순덕 1원	로원슉 1원	박효병 5원
김영식 5원	김남순 1원	고용운 2원	김애니 5원
유노득 2원	박대션 10원	최디벽 1원	

이샹은 령수증 뎨34권종

5월슈입질 령수증 뎨35권

리은구 5원	정재슈 5원	최쏘라 3원	고대남 10원
박은신 10원	김봉셔부인 1원	김유희 4원	김슌남 20원
리호진부인 5원	김해나 3원	리달셩 2원	빅사리 3원반
졍함나 5원	젼소년 3원	도구리화 15원	김졍슉 3원
유샹옥 10원	부네네부인구계회 50원		쥬셩슈 5원
리션영 1원	김남이 1원	곽슈일 5원	리츈삼부인 5원
박창희 1원	김사무 10원	최셩틱 10원	무명씨 10원
졍인슉 3원	쟝수영 3원	최종만 2원	쟝두찬 4원
김원식 2원	죠셩운 1원	리션익 2원	송운션 5원
김졍은 5원	김경쟝 7원반	신원필 4원	황쥰태 15원
홍진표 3원	유셕화 1원반	황명슈 10원	황쥰영 10원
황샹여 2원	황마우대 2원	박대범 5원	박츈경부인 10원
김덕화부인 5원	함일룡 5원	리호영 5원	신태봉 5원
박쥬옥 5원	최재명 5원	김옥슈 5원	리낙열 10원
김경식 5원	리명셕 5원	리겸복 5원	쥬용한 10원
졍종식 5원	최태진 6원	박쳔홍 5원	리원셥 5원
최룡한 2원	리병규 5원	서영완 5원	리병쥰부인 10원
리셕근 15원	박긔션 10원	김관여 5원	박원삼 5원
딘셩찬 5원	김병낙 10환	황덕쥬 5환	유셕화부인 1환

이샹은 령수증 뎨35권

5월슈입질종

이샹 슈입 5월 도홉 금 6297원 10젼

6월슈입질 령수증 뎨35권

리호경 10원　　　차호경 3원　　　김쥬로 5원　　　김쥬로부인 5원
김태성 2원　　　리완규 15원　　　백응쥬자부 50전 빅응주손자 50전
빅응쥬동생 50전 빅응쥬손녀 50전 백응쥬동생 50전 빅응션사위 50전
빅응션형수 50전 백응쥬조카 50전 백응쥬손자 50전 김덕화 5원
리덕이 2원　　　김병순 3원　　　김재슈 2원　　　김슈복 1원
김아지 1원　　　김교선 50전　　　로용범 25원　　　리근배 5원
양인성 10원

　이샹은 령수증 뎨35권종

6월슈입질 령수증 데36권

김성옥 2원반	박쳐권 2원반	우달슈 15원	류홍봉 1원반
쟝찬영 7원	쟝룡긔 5원	홍두셔 5원	김원준 5원
김재한 5원	문성룡 5원	리긔션 1원반	황원명 1원
리배곤 1원	고삼여 1원	젼세욱 35원	박세인 128원
로봉셔 5원	리관식 5원	류춘엽 25원	림영믁 20원
피홍션 7원반	로명근 10원	리봉춘 5원	김홍옥 5원
김창식 7원	리산빅 3원	김관옥 10원	양화리 1원
김막션 3원	김인내 10원	곤남슌 10원	리비립 1원
림은슈 2원	김야곱 3원	리치경 20원	홍우슌 5원
김차손 15원	곽일션 15원	쟝원여 5원	쟝마리아 5원
쟝셩셔 2원	쟝사바 2원	죠졍수 10원	윤공덕 5원
리대홍 5원	황인슈 1원	박셩문 5원	박봉틱 2원
박광익 3원	김유호 5원	김봉순 2원반	셔긔춘모친 10원
최션쥬 5원	강화셔 5원	권오셩 7원반	김응구 10원
리덕여 5원	리셩칠 15원	변셩재 5원	박봉련 5원
김명보 5원	유원칠 5원	김양식 5원	정자원 10원
함로마 1원	함순이 1원	함해나 3원	함요한 1원
함겸순 1원	함마리아 1원	함살노메 1원	함호용 4원
졍해나 3원	홍헤자 1원	쟝봉긔 3원	문쥬현 15원
리재셕 8원	강근칠 1원반	리경녑 5원	김봉우 15원
숑군오 16원반	손순보 4원	라명진 7원반	한긔운 10원
쥬학룡 15원	우익주 5원	숑만여 10원	숑만여부인 5원
리승운 5원	박덕화 10원	박준학 10환	류덕삼 10환
안경화 2환	박찬식 7환반	박찬식부인 5환	김홍섭 20환
김만슈 10환	김봉순 2환	황계실 5환	리한일 15환
최푸린시스 10환			

이상은 령수증 데36권종

6월수입질 령수증 뎨37권

리윤문 5환	한샹룡 2환	전긔홍 5환	전긔홍부인 3환
김순문 5환	리승실 1환	김영믁 1환	신봉순 3환
신봉순부인 2환	정학선 1환	김시연 5환	박셩문 5환
셔춘삼 5환반	숑부철 5환	신힝숙 15환	리영셔 48환
정명슈 37환	강승일 5환	리순덕 5환	정복술 3환
부네네부인회 100원	한매리 2환반	윤치완 5환	김영건 3환
리순홍 20환	박문 20환	리샹태 10환	리와련 10환
리영춘 15환	박사여 5환	구일믜 10환	리션옥 10환
전홍식 20환	쥬원셔 20환	김학셔 20환	허한식 15환
김몽용 5환	김몽용부인 5환	김학긔 10환	전용문 5환
셩춘길 5환	박춘식 7환반	정춘홍 5환	쥬광선 7환반
리챵운 5환	구자열 2환	리경봉 2환반	김귀염 2환반
리시화 2환반	윤학근 5환	정원근 10환	홍용철 10환
최정곤 11환	양일셩 15환	국셩환 5환	안영찬 10환
공태식 10환	리일준 10환	김원보 12환반	죠정슈 10환
정재삼 10환	김봉준 10환	숑학선 7환반	리셩환 5환
김봉학 5환	김소연 5환	김사정 5환	김득셔 10환
천엘리사벳 5환	손웅식 5환	쟝재현 15환	변챵만 8환
변챵만부인 3환반	정치쟝 5환	유도범 5환	김광연 5환
김호근 5환	방달문 10환	길찬옥 10환	리금셔 5환
천년히 8환	전동운 7환	전태천 5환	김호근 5환
쟝명재 5환	최덕셩 10환	한인순 10환	쟝익환 5환
김병슈 20환	김교연 15환	박숭죠 11환	김재희 5환
박인용 5환	리즁현 5환	김샹옥 5환	김자언 5환
신샹균 5환	리영슈 5환	리치형 5환	김슈천 5환

이샹은 령수증 뎨37권종

6월슈입질 령수증 뎨38권

쟝쳔오 5환	로졍찬 5환	소긔만 5환	리공명 5환
리봉션 5환	김대근 3환	김필순 2환	채윤칠 2환
문금숙 3환	쥬원명 15환	신창식 5환	변익보 12환반
리낙셔 10환	고순지 10환	박긔영 5환	리문오 5환
죠갑셕 5환	리션익 3환	신요한 7환	리봉운 5환
곽힝문 5환	정학셔 5환	정동원 6환	김용긔 5환
연운셔 3환	박만용 10환	셩슈학 7환반	김경삼 7환반
차승겸 5환	백운경 5환	김용보 5환	전덕셔 5환
김순칠 5환	빅즁식 5환	신원셔 5환	강경셔 5환
박경화 10환	홍창식 5환	림사연 5환	홍권일부인 5원
리계순 5환	신원셔부인 2환	리승렬 7환반	김슈연 7환반
곽종태 5환	김핼나 5환	전종우 7환반	문병구 10환
박경선 25환	황희즁 1환	한챵교 1환	김춘삼 1환
죠승션 1환	문긔만 1환	박화실 1환	최용문 1환
숑국환 1환	신태익 10환	김봉인 50환	김정룡 10환
정세준 10환	리영션 5환	리쳔일 3환	김종현 10환
정명삼 10환	채경식 10환	윤익셔 5환	리용엽 10환
쥬윤팔 20환	량치복 10환	류희학 15환	로셩운 10환
신억만 10환	정영길 10환	젼경션 10환	김인긔 15환
박연황 5환	김주경 10환	김마리아 10환	로신일 2환
순태모친 2환	김사겸 10환	윤필연 10환	정호순 10환
리시삼 10원50전	강정호 3환	리혜근 3환	류셩윤 3환
정계룡 10환	리순태 1환	리자룡 1환	오광렬 50환
황운긔 5환	윤경호 5환	김현준 5환	양순서 5환
리광현 5환	고셩준 5환	리운경 5환	리창배 10환

이샹은 령수증 뎨38권증

536

6월슈입질 령수증 데39권

쟝셕천 10환	리셩화 4환	박마리아 2환반	오은봉 40환
김용환 25원	김만슈 15환	리희순 20환	셔학셔 10환
윤경선 10환	리명근 5환	윤공진 5환	박태형 5환
박대원 5환	최순범 5환	김인식 5환	리영의 5환
김셕환 5환	정찬일 5환	빅샹권 5환	김셩운 5환
김군션 5환	최응오 5환	셔순셔 5환	셩광학 5환
즁국인 5환	정봉운 10환	리춘식 5환	리영옥 10환
리션명 15환	김남이 10환	박인숙 10환	경신실 3환
윤두환부인 1환	리덕만 10환	정용만 10환	김학긔 7환반
러창식 5환	리경녹 10환	리병두 15환	최철이 15환
최만홍 15환	쟝애경 10환	안그레스 5환	리정도 10환
한션복 5환	김승실 18환	하원집 10환	김호준 5환
최경진 5환	송치겸 5환	림춘화 5환	리셕천 3환
송상열 10환	오춘환 2환반	쟝인백 5환	신원갑 3환
김병긔 7환반	김원삼 4환	권샹락 7환반	리션유 10환
박셩초 3환	홍문션 3환	예찬영 2환반	리셩화 3환
최희권 5환	남정식 5환	홍종철 5환	배셩일 5환
리화션 5환	손치화 5환	배군원 5환	변지삼 5환
홍순영 5환	정사원 5원	정치쟝 7환반	리원션 7환
김순보 5환	오은하 7환반	김공익 8환	김지은 10환
유경한 10환	리춘션 10환	리홍수 10환	한영숙 10환
정도원 10환	김경오 15환	최룡긔 15환	리규삼 5환
박건영 2환반	차운션 60원	정봉운 10환	리영옥 10환
강셩봉 20환	김영한 10환	김사연 5환	김영봉 2환
박샹진 15환	리긔연 15환	박지화 십환	손대길 7환

이상은 령수증 데39권종

6월슈입질 령수증 데40권

쥬성수 5환	하슈일 10환	김셩건 15원	정문찬 10환
황경준 5환	리춘삼 5환	류관보 5환	최극삼 5환
박셩순 5환	박셩순부인 5환	박모셔 5환	박맹조 5환
쟝셩옥 5환	리운션 5환	김진영 1원반	김긔슈 5환
김명슈 5환	리복션 5환	최태진 6환	최셩문 5환
황선경 3원	김용삼 8원	박셩삼 10원	문인화 5뤈
민의식 5원	정종식 5원	리운오 6원	송슈진 5원
최순옥 5원	젼경준 5원	리달셩 25원	최사션 15원
리동원 10원	최쥬이 15원	김셩년 10원	림옥진 10원
리이마 6원	허찬옥 7원	죠우봉 5원	리순봉 10원
펠 짠 3원	최영션 15원	리원셥 10원	정용한 15원
정용한부인 10원	리셩열 10원	리셩열부인 10원	양대봉부인 10원
김유호부인 11원	양대봉 5원	김학준 10원	김쏘라 7원
차호경 3원	리함나 5원	최혜경 5원	김밀나사 5원
리귀남 3원	김연옥 5원	최윤면 6원	강승진 5원
윤재영 5원	림경셔 25원	류정한 7원반	황경의 오원
최경렬 7원	김긔우 5원	김용학 5원	김경션 10원
방찬욱 10원반	김명원 10원	셔원근 10원	김달삼 6원
안셩실 6원	리챵식 4원	편셩원 5원	강셩도 3원
김태식 5원	박군실 5원	우명식 3원	채구봉 5원
한셩표 3원	남샹학 5원	박긔홍 5원	김치현 5원
최봉학 1원	젼백준 ·15원	박셩군 20원	쟝한영 15원
김준길 45환	리시겸 15원	림슈천 15환	리준여 15원
로봉셔 10원	젼긔영 20원	박셩환 30원	리봉춘 10원
김긔순 15원	황슈경 15원55전홍헬론 20원		

이상은 령수증 데40권종

6월슈입질 령수증 데41권

숑영옥 11원	김애니 10원	김봉션 15원	김신유 10원
김막션 4원	김갑년 10원	박셰인 5원	김극슈 5원
김긔두 10원	김학셔 12환반	최하림 10원	최재규 10원
박셩필 5원	림재호 10원	젼셰하 10원	황봉셔 12원
리산빅 5원	배일진 10원	리명슈 7원	리경로 6원
문개리 10원	김태봉 5원	송영호 2원	리요셥 1원
리마태 1원	리산이 2원	젼남순 1원	황춘여 3원
리슈복 14원	양하길 5원	고영순 10원	리재오 7원
박승학 5원	리화셔 20원	김능연 10원	박봉옥 5원
김하순 4원	김나득 7원반	김슈복 5원	김애니 3원
리경녑 3원	쟝사바 1원	정일셩 5원	김병준 2원
김대셩 5원	최션쥬 10원	오춘환 20원	오춘환부인 10원
박경준 15원	박경준부인 10원	권근배 10원	박효병 5원
로순영 2원반	정봉환 5원25전	안학션 5원	최경순 2원반
함춘화 5원	최션도 2원반	김챵슈 5원	배치슈 5원
최의호 5원	김광쳔 5원	숑형빅 5원	김복득 3원
리경슈 5원	김영국 2원	김샹하 2원	한학션 2원
리용구 2원	강문오 3원	리셩하 3원	쟝춘식 2원
리운오 2원	강봉이 1원	김근실 5원	김셔부 5원
김정현 10원	김정현부인 7원	고용운 2원	김남순 3원
강근칠 2원반	쟝엘니하 2원	변초셩 5원	김일찬 5원
김정순 5원	김진동 5원	죠문칠 5원	리시경 5원
리춘화 5원	황봉션 50원	엄승문 10원	류영로 5원
김영호 15원	문두칠 5원	리션준 5원	백웅준 5원
김유빅 5원	송인식 5원		

이샹은 령수증 데41권종

6월슈입질 령수증 뎨42권

신긔셩 5원	김쳔흐 15원	김병희 10원	권봉션 13원
리빅룡 5원	송경심 5원	김빅원 5원	공덕화 5원
김달셩 5원	쟝치열 5원	전학준 5원	김샹규 5원
고셕연 5원	정찬호 5원	쟝윤화 5원	전순연 6원
고길셕 7원	쟝일봉 5원	김영민 5원	최학셔 5원
양보현 5원	림현빅 5원	김시화 60원	김영삼 50원
박병션 15원	박챵길 15원	리재만 15원	김근양 15원
홍찬셕 7원	김윤긔 5원	홍세라 3원	김챵연 15원
전인슈 15원	최원숙 10원	리쥬대 10원	우익주 5원
한명교 3원	현공춘 5원	유명션 5원	박밀리암 5원
리완경 5원	리누신다 5원	리애스다 5원	김군셩 5원
김덕환 5원	백경순 5원	황천일 5원	한천슈 5원
정봉관 5원	최셩화 5원	김순식 5원	김빅슈 5원
리춘식 6원	최일엽 7원	강봉히 8원반	강슈산나 9원
김순이 10원	김츌이 10원	최은경 10원	김태희 10원
박순옥 10원	안의구 10원	리명셥 10원	김요한 10원
김경화 13원반	김치죠 15원	손부동 15원	한션복 20원
유요한 2원	림봉춘 2원	최덕슈 20원	김종학 10원
리 학 16원	림명구 10원	백남슈 7원반	림영화 7원반
최학현부인 15원	리 학부인 13원	김동근부인 10원	김원찬부인 10원
김챵슈부인 10원	리낙열부인 10원	림일관부인 6원	호야부인회중 59원95전
김정숙 3원	리달셩 5원	김한나 3원	김유희 3원
리호직 15원	강챵선 10원	리윤대 30원	죠챵션 5원
김양필 5원	리윤대 5원	죠챵션 5원	김양필 5원
리윤대 5원	셔상근 5원	리명셕 5원	김경식 5원
허재명 5원	리졈복 5원		

 이상은 령수증 뎨42권종

6월슈입질 령수증 데43권

신태봉 5원	박계옥 5원	황덕쥬 5원	현긔운 2원반
김옥슈 2원반	남경식 15원	셔윤문 10원	쥬셩도 10원
김치홍 3원	김태백 5원	리샛별 5원	김시근 10원
김경넙 15원	쟝한필 15원	채슈보 15원	김애신 10원
한범태 5원	최운션 10원	유복덕 10원	리경호 10원
죠웅쥬 10원	정학슈 15원	리순션 5원	전긔홍 10원
우두리 2원	리순보 15원	쥬샹오 10원	김명보 5원
함호요 2원	함해나 3원	김셩률 20원	김두셥 10원
리샹학 6원	김치삼 10원	박원식 10원	길셩지 10원
윤태호 5원	박쥬범 15원	류정욱 3원	김태트린 10원
리순여 10원	엄모세 50전	문순익 5원	김복순 3원
신공칠 5원	셔지근 16원	리복슈 10원	김광현 17원
김긔화 20원	죠셩운 15원	황인슈 15원	쟝슈영 9원
최종만 5원	허쳔일 5원	김셩션 5원	쟝두찬 5원
황인슈부인 2원반	김마리아 3원	리슈영부인 2원	리슈영 3원
김광연 3환	김광연부인 50전	윤광도 10환	김병순 5환
김복슈 2환	리덕이 3환반	김아지 3환	리경률 10환
최용의 7환	안정호 5환	리덕보 5환	라마리아 1환
양의셩 150원	류병슈 50환	안창순 50환	박영원 15환
정춘오 15환	최문규 10환	배학규 10환	김광션 10환
김지운 10환	죠덕진 5환	김긔셔 10환	정춘오부인 10환
전영봉 15환	한길슈 10환	김대호 10환	리신실 5환
류필원 7환반	황경문 7환	강춘화 3환	리학쥬 5환
리근배 3환	리봉학 2환	김경호 45환	정일셩 8환
쟝원여부인 5환	쟝원여 5환	고셩부 10환	김형각부인 10환

이샹은 령수증 데43권종

샹슈입 6월 도흡 금 6907원 97젼

7월슈입질 령수증 뎨44권

김유실 10환	최용의 7환	한셕권 15환	박원삼 5환
박춘경 10환	안경화 2환	윤희중 5환	리영규 6환
젼셩삼 10환	셔샹근 10환	김창슈 15환	정준여 7환반
김준경 13환	리긔연 20환	신대근 10환	박천만 1환
리홍안 1환반	오애마 10환	림두악 10환	손덕인 15환
류정육 3환	셔정완 5환	리태셩 5환	황계신 10환
송경신 10환	차제익 2환반	셔봉긔 3환	김영우 15환
최치쟝 5환	박준학 5환	리춘삼 5환	최귀현 10환
오응틱 50환	쟝양모 10환	구정슈 30환	쟝학필 10환
오명션 6환반	리쟝원 8환	리천일 3환	김순오 5환
리인화 10환	양경룡 100환	쟝한션 26환	리셩로 12환
최유근 15원	리사만 6환	박내길 17환	양치복 10원
리도일 10환	하남슈 50환	신억만 2환반	손즁보 15원
김경문 10환	박창슌 5환	리명운 10환	순태모친 3환
박금우 15환	류창션 10환	림옹션 5환	김경준 15원
리경두 10환	신챵식 10환	죠갑석 6환	연운셔 7환
박긔영 5환	리문오 5환	리봉운 5환	리션익 4환
뱰 짠 4환	김광재 15환	유만셕 15환	리달준 15환
황대현 15환	고셩준 5환	리광현 5환	셔샹홍 10환
리순봉 5환	손영준 5환	셔정일 10환	김응구 10환
변셩지 5환	양셰문 15원	김화경 20환	김차득 7환
김영슈 10환	김형찬 4환	쟝왈형 45환	김순셩 20환
최용셩 10환	쟝익해 10환	박경션 5환	리승렬 7환반
김슈연 7환반	곽종태 5환	곽종태부인 5환	셔진슈 15환
죠마리아 10환	최셩옥 5환	젼종우 7환반	

이샹은 령수증 뎨44권종

7월슈입질 령수증 데45권

김병순 15환	문병구 25환	우상운 15환	박지션 20환
림정숙 15환	한덕지 15환	배유슈 15환	강근칠 7환반
쟝엘리하 2환반	김아지 2환반	박보강 15환	리용인 10환
리화슈 5환	리챵규 10환	리치만 10환	류정욱 3환
김빅숭 7환	김셩실 22환	남정식 5환	송치겸 5환
김경희 3환	쟝응칠 4환	오춘화 7환반	최명운 5환
쟝인백 5환	최경진 5환	신원갑 7환	박리조 10환
김병긔 7환반	김원삼 3환	권샹략 7환반	리션유 2환
박셩초 6환	예찬영 2환반	최희권 5환	김호근 5환
박자도 11환	림셩록 10환	윤공진 10환	김치현 10환
김순화 10환	송긔준 10환	김홍삼 10환	정찬일 5환
김셩운 5환	최응오 5환	리영의 5환	김인식 5환
김셕환 5환	셩광학 5환	셔순셔 5환	리명근 5환
유진간 5환	림용셔 30환	김봉준 5환	홍경삼 5환
김시연 5환	박셩문 5환	송부철 5환	셔춘삼 6환
황봉준 1원25전	김챵호 10환	김춘삼 1환	김종률 1환
죠신곤 1환	문긔만 1환	송국환 1환	최용문 1환
박화실 1환	황희중 1환	김쥬로 10환	김쥬로부인 5환
황챵로 16환	신원필 5환	김두셩 15환	김용술부인 10환
양대봉 10환	최병숙 15환	김경션부인 10환	리국자 5환
리욱대 5환	젼응삼 5환	정사션 7환	리영원 10환
김경션 5환	공셩국 15환	리백룡 5환	김백원 5환
신자셩 10환	송경삼 5환	우홍식 8환	강승일 5환
리순덕 2환	우갑득 12환반	김광천 8환반	연춘보 10환
배치슈 5환	정봉환 5원25전	함춘화 2원반	최션도 1원25전

이샹은 령수증 데45권종

7월슈입질 령수증 데46권

김봉학 5환	송영빅 1환반	김복득 1환	강문오 2환
쟝춘식 2환	리융구 2환	김샹하 1환	리운오 1환
리셩하 1환	리경슈 2환반	박춘셔 18원	김은경 10환
샹달환 10환	로원셕 15환	김한극 15환	김문빈 15환
염덕순 15환	쟝영백 20환	리샹션 10환	김셕원 15환
정만셔 15환	현경운 10환	김경션 5환	김봉은 10환
유도범 10환	김호근 2환	리귀입 5환	안시틱 30환
안시옥 15환	윤경션 10환	최혜경 5환	리귀남 2환
정도운 6환	쟝명지 10환	안영찬 10환	쟝직현 15환
길량필 10환	변챵만 9환	변챵만부인 3환	김만슈 20환
길영우 25환	박태형 5환	림종덕 15환	량셩범 10환
김영봉 5환	방달문 10환	셩순일 8환	김호근 1환
리귀임 1환	최태진 6환	박셩삼 5환	리쟝준 10환
진경법 11환	박준현 10환	최셩문 5환	리운오 5환
최찬옥 5환	전경준 5환	리셩실 2환25전	셩학션 1환
한셩룡 2환	리운문 1환	김영믁 2환	권귀오 2환
김영한 1환	신봉준 1환	홍용쳘 5환	림학긔 5환
구자열 5환	젼용문 5환	리챵운 5원	박춘식 7원반
정원조 5원	박평션 10원	김지션 30원	쥬자문 50원55전
임승문 20환	박용암 12원	차신호 6원	김승도 5원
유샹호 10원	강국일 3원	김일만 15원	박군실 5원
편셩원 5원	김달삼 5원	안셩실 4원	김태식 5원
셔원근 8환반	한셩표 7원	채구봉 7원	남샹학 5원
김명원 5원	리용인 16원	박긔홍 4원	김익조 10원
민광욱 9원	미스 바울듸 마린 50원		리경셔 15원

 이샹은 령수증 데46권종

7월수입질 령수증 뎨47권

하홍보 30원	김사문 10원	쟝형신 13원	박슈철 13원
김학긔 7환반	안석윤 7원	리경녹 10원	리챵식 10원
김긔연 10원	안그레스 5원	박효병 5원	리원식 10원
배션오 6원	곽슈명 15원	차졔익 5원	공덕화 5원
전학준 5원	김샹규 5원	강봉운 5원	고셕연 5원
정챵호 5원	박치대 5원	리광연 5원	최학셔 5원
리만춘 5원	박긔션 15원	유병챵 30원	김봉셔 8원
전셕죠 7원	계운경 7원	김익조 6원	김셕원 10원
윤학근 5원	허찬원 8원	최정곤 11원	허경수 15원
리지만 15원	김근영 15원	최호션 15원	홍찬셕 7원
김운긔 5원	김지응 5원	홍세라 3원	김지훈 5원
손진슈 15원	표샹옥 13원	로셕봉 10원	전도션 15원
문종헌 15원	김긔도 10원	유태인 5원	전도션부인 10원
문종헌부인 5원	손진슈부인 10원	안지션 10원	김용국 21원
정홍관 15훤	권긔셔 15원	로셩배 15원	김광일 15원
박인용 5원	김챵덕 2원	김지슈 15원	김대근 7원
리즁현 5원	김샹옥 5원	리순조 3원	채윤칠 2원
김지희 5원	신샹균 5원	김자언 10원	김덕원 10원
정금셕 21원	로정찬 5원	최경식 6원25전	리명국 10원
황도션 20원	김명션 5원	박홍돈 11원	장쳔오 5원
김필순 3원	리봉션 5원	리치형 5원	김필연 10원25전
김슈만 15원	리봉긔 10원	송긔만 5원	김슈쳔 5원
리영슈 5원	문금슉 2원	리공명 5원	정광명 5원
디금셔 25환	숑운션 15원	한영운 20원	한형록 15원
엄영악 12원	윤덕아 15원		

이샹은 령수증 뎨47권종

7월슈입질 령수증 뎨48권

김의호 16원	박진순 11원	리종현 15원	류긔준 15원
김치수 17원	김정은 15원	리션익 13원	최종만 11원
오신례 11원	리순영 8원	김광연 5원	유암젼 10원
죠원셥 15원	박치룡 23원	리셩옥부인 10원	최셩틱 13원
최신애 10원	셔경호 3원	셔샹호 1원반	김셩션 10원
박마리아 2원반	오영식 15원	량셕준 15원	김사연 10원
셔인셩 15원	배샹근 5원	리만졍 15원	류관보 10환
리춘삼 10환	정봉익 10환	리운션 5환	최극삼 5환
환영긔 5환	한영긔부인 5환	리춘삼부인 5환	쟝셩옥부인 5환
리셩옥 20원	쟝수영 6원	쟝인슈부인 10원	최윤면 9원
황경의 5원	윤지명 5원	김긔우 10원	류정한 7원반
최경렬 6원	박춘빈 20원	박춘빈부인 5원	라마리아 3원
리덕보 5원	안정호 5원	김능연 10원	김나득 7원반
리지오 7원	양하길 5원	리덕배 11원	우창석 8원
젼도삼 4원	하태겸 20원	한병식 1원반	김원셔 10원
문슌익 2원	김복순 2원	리산빅 10원	김관옥 5원
젼세화 10원	신용해 15원	우졍국 15원	박셰인 3원
김극슈 10원	리관식 15원	피흥션 7원반	김학셔 4원반
허봉션 20원	최하림 10원	최지규 5원	김홍옥 10원
김지화 15원	림지호 5원	김챵식 9원반	리길로 9원
박쏘라 5원	박마리아 3원	박요한 2원	배션츌 2원
젼뼤드로 1원	문개리 10원	김막션 3원	곤순남 3원반
림베스쓰 5원	당인과 5원	사라리 12원	김치쟝 10원
박봉희 10원	죠정셕 2원반	김진동 7원	김일찬 5원
변초셩 5원	리셰경 5원	김정순 5원	리은구 5원
정지슈 5원	최쏘라 7원		

이상은 령수증 뎨48권종

7월슈입질 령수증 뎨49권

문인화 5원	리쟝준 5원	홍한식 10원	김명보 5원
쟝봉긔 7원	함호용 6원반	함해나 4원	김재은 10원
우정한 5원	리춘션 7원	배셩일 5원	리화션 7원반
리홍슈 10원	김순보 5원	김인구 5원반	배군원 5원
한영숙 5원	변재삼 5원	정도원 10원	졍사원 5원
박션일 10원	오응하 7원반	리윤태 5원	리원션 7원
김명슈 10원	리긔슈 10원	졍현슈 10원	리야모 5원
졍해나 2원	전태쳔 10원	김병준 1원	김샹오 3원
박졍권 50원	홍영삼 30원	김동근 25원	최학현 17원
리민산 17원	량남슈 15원	리계률 15원	김낙열 15원
김챵슈 15원	림명구 10원	리민산부인 10원	림일권부인 6원
박남슈 7원반	리춘셔 10원	박춘화 5원	리셩옥 4원
남지션 2원반	김용식 15원	박윤경 15원	전응션 15원
량용셔 15원	리경풍 12원반	김치조 12원반	김봉주 12원반
박사봉 12원반	인태익 11원	송복어 10원	졍엘리사벳 10원
변지학 10원	김봉각 10원	졍반셕 10원	졍봉관 10원
박슈염 10원	김샹호 10원	김졍현 10원	안만연 10원
김쳔규 10원	한쳔슈 8원	전뭉준 8원	박윤식 8원
김군셩 7원	김덕환 7원	김슈원 6원	리춘식 6원
림용보 6원	김원찬 5원	졍인식 5원	박셩배 5원
김슌식 5원	윤해조 5원	김백슈 5원	리누신다 4원
박엘레스 7원반	최승하 6원	죠막션 5원	전이악 3원
전도삼 3원	박광익 15원	림경춘 15원	김학준 15원
림경춘부인 10원	졍원근 15원	김순아 10원	최계슌 7원
문달룡 15원	서샹녑 5원	서윤문 5원	림양호 10원
졍원근부인 10환			

이샹은 령수증 뎨49권종

7월슈입질 령수증 데50권

진셩복 10원　　리경호 5원　　죠응주 10원　　셔덕현 15원
강긔우 5원　　김희준 5원　　최송학 5원　　셩춘도 2원
민등룡 15원　　권근배부인 10원전승근 9원　　박경오 15원
박경오부인 10원홍영슈 10원　　박자도부인 5원박싸라 8원
리달셩 3원　　김한나 4원　　김누희 3원　　김졍슉 4원반
쟝셕준 5원　　오영식 5원　　안순셔 15원　　홍진표 15원
신태셩 10원　　김경쟝 8원반　　안순셔쟝자 5원안순셔차자 5원
곽내홍 15원　　곽내홍부인 5원정신실 3원　　김경션 15원
김경션부인 10원함호용 10원　　허지명 10원　　박계옥 5원
김옥슈 7원　　김경식 5원　　리졈복 5원　　리명셕 10원
죠미륜 5원　　강영복 5원　　리션준 5원　　셔샹용 15원
쟝용긔 13원반　　김셩옥 2원반　　홍두셔 5원　　리슈영 4원
리지근 5원　　쟝용긔 1원반　　고삼여 7원　　쟝치억 30원
죠경화 15원　　류영로 10원　　리홍일 30원　　우두리 15환
남조학 15환　　강졍빈 15환　　젼긔홍 5환　　빅슈남 5환
강태순 10환　　정희권 20환　　김마리아 10환　　리덕조 10환
유셩오 8환　　림용셔 10환　　쥬용한 20환　　리근원 10환
차호경 4환　　김일원 6환　　리종관 5환　　숑셕준 15환
김마줄 10환　　셔양부인 레겟트 1환
군비져축금 1503원30전

이샹은 령수증 데50권종
이샹 슈입 7월 도흡 금 7634원 93전

8월슈입질 령슈증 데51권

리규연 15환	박웅해 15환	김원묵 10환	김응구 5환
리덕이 8원50전	고용운 4환반	김남순 3환	김지슈 3환
전화실 15환	한길슈 5환	민한옥 10환	김홍복 10환
최순오 15환	안원규분인 15환	권슈홍 10환	박정신 7환
리셩화 19환	김홍순 15환	김지슈15환	김병률 15환
김셰라 10환	박만슈 5환	박만슈부인 5환	손순틱 15환
김슈안 15환	김태천 10환	양긔환 50환	라병진 12환반
최룡옥 13환	빅셰찬 15환	정문찬 5환	박경션 15환
손순보 10환	김영두 15환	박준비 15환	정용암 5환
함삼달 5환	민광여 15환	박진한 5환	리춘셩 15환
리셩화 5환	손시환 5환	리대순 9환	리군칠 15환
박영긔 10환	김원삼 3환반	리정률 10환	박봉련 10환
권오셩 7환반	김응구 2환반	김학봉 10환	김경화 15환
리천봉 10환	리셩구 10환	리셩구부인 5환	리동조 1환
박영순 5환	빅슈정 6환반	배일진 5환	김긔두 10환
리영슈 7환반	황봉셔 4환	황학슈 7환	박봉희 5환
신즁현 10환	박셰인 10환	황춘이 3환반	박사옥 20환
쥬명준 10환	박내길 3환	리도일 10환	리영션 5환
최홍슈 10환	최경수 10환	정영길 5환	최귀현 15환
최셩태 10환	신태익 10환	쟝학필 10환	리챵원 8환
전경션 10환	하경슈 5환	쟝샹원 5환	리사만 10환
뎡명삼 5환	로셩운 15환	리용엽 5환	김경문 10환
김봉인 10환	김마타 10환	손창슈 5환	김챵슈 15환
김챵슈부인 10환	김계남부인 12환반	김계남빙모 10환	김계남 5환
공치순 20환	송병션 15환		

이상은 령수증 데51권종

8월슈입질 령수증 데52권

김긔연 5환	안셕운 6환	유긔동 16환	안지덕 15환
고치운 15환	김부일 20환	배동명 15환	오대유부인 5환
최원숙 10환	김용범 5환	젼덕셔 5환	김경삼 7환반
박경화 10환	신원셔 5환	김순칠 5환	빅중식 10환
셩슈학 7환반	림사연 5환	차셩겸 5환	리종믁 10환
박병혁 10환	류한웅 10환	김유호 50환	황남이 10환
김경션 10환	염덕윤 15환	염덕윤부인 10환	박원삼 5환
김영긔 10환	리원식 6환	김홍규부인 15환	김연호 1환반
김필호 1환	김겸순 1환	김종운 15환	홍숙표 5환
빅운탁 15환	리병준 5환	정도원 6환	곽힝문 5환
손대길 8환	강셩명 10환	김학셔 10환	리춘실 10환
김득셔 10환	천앨리사벳 5환	리치션 5환	권봉션 27환
강문오 2환	리용구 2환	김영국 1환	한학션 1환
송형백 2환	김복득 1환	김원보 12환반	리일준 10원
계명셩부인 10환	신영젼 10환	윤치완 8환	리금이 8환
함미리 2환반	백만금 5환	김향내 5환	최송학 5환
김경틱 5환	김영셕 5환	안치운 5환	정슈영 3환
안경춘 1환	류지순 1환	죠우봉 10환	유칠용 10환
림졍셔 5환	김상오 2원반	김학여 20환	최삼조 20환
로문엽 15환	박동근 15환	림한오 15환	리셩목 15환
신호시 10환	박영채 50환	박봉죠 20환	최경애 15환
차신호 9환	공맹도 5환	김경태 5환	리경룡 2환
박인규 6원반	김치현 10환	박승학 5환	김양신 3환

이상은 령수증 데562권종

8월슈입질 령수증 뎨53권

성춘도 2환	리대일 15환	김지근 5환	리샛별 5환
류샹옥 5환	리순일 15환	쟝완웅 15환	진셩복 5환
변봉셔 15환	쥬경도 5환	쥬응규 10환	김치홍 3환
전빙구 15환	셔샹엽 10환	김병낙 10환	민셩현 10환
최긔룡 10환	유순씨 10환	리홍식 10환	리봉남 7환
배봉룡 15원	신셩로 15원	신애준 5환	박인순 11원
한샹원 10환	곽태일 10환	리남슈 5환	함호용 2원반
정대근 10환	송셩운 10환	김지훈 10환	김국도 10환
리근션 10환	한션복 20환	박종운 12환	강희근 10환
씨에취김부인 10원	김슈원 9환	리루신다 9환	김원찬 8원25전
박윤식 7환	윤해조 5환	정인식 5환	심미리 5환
리은형 5환	백경운 5환	전몽준 5환	강셕촌 5환
리애스다 4환	인태익 4환	김순명 10환	박 문 5환
디셩룡 5환	한영식 12환	한영식부인 8환	박원숙 5환
쥬 칠 10환	신숙경 10환	림마리아 5환	리샹직 10환
황운긔 5환	채윤칠 2환	윤춘명 15환	리순조 5환
정광명 10환	김광도 10환	림용서 25환	김원식 5환
김관호 10환	리군칠 12환	정사겸 10환	안순셔 5환
리대길 13원반	황명슈 30환	황준양 15환	죠병현 10환
리운션 5환	박봉셔 4환	배샹근 5환	김한규 5환
최극삼 5환	김태홍 5환	죠셕진 15환	김영호 15환
리션준 5환	박셩인 5환	리정두 5환	량우식 8환
쟝두찬 12환	리순영 7환	김광연 5환	리승셥 5환
김신영 10환	홍긔셔 5환	고춘셔 5환	김지한 5환
리긔션 2원반	공응도 2환	리천여 2환	박챵규 2환

이샹은 령수증 뎨53권종

8월슈입질 령수증 뎨54권

리셩운 1원반	김주경 10원	졍화칠 20원	리용엽 5원
로신일 8원	림문삼 20원	젼익주 15원	김순오 10원
리명운 6원	배덕셩 10원	김봉긔 20원	리영션 5원
셔봉순 5원	배쳔복 1원	한에스다 10원	졍일셩 5원
김슈복 2원반	리경삼 20원	죠덕신 10원	홍영철 10원
안티오노 에카모사 5원	실일로 우롤릴 5원	박인찬 15원	민근호 2원반
윤하영 2원반	젼록영 15원	리셕준 15원	리복션 5원
안지션 5원	박길션 8원	안보옥 5원	죠명순 10원
함삼달 5원	리순셔 1원	한영보 5원	채병현 10원
리종혁 10원	김셩일 20원	리태은 10원	리태졔 5원
리복근 1원	리만근 1원	졍남도 10원	박순이 20원
젼익셔 20원	고숙자 10원	박치셩 6원	리종관 5원

 이샹은 령수증 뎨54권

 8월슈입질종

 이상 8월 슈입 도흡 금 3105원 20젼

9월슈입질 령수증 데54권

김정현 15원	오명선 5원	윤익셔 10원	리인화 10원
하경슈 10원	리거은 10원	박셰인 30원	김윤명 15원
박문션 20원	리춘삼 10원	황창민 15원	박셩보 10원
리학션 6원	최셩옥 5원	백슈남 15원	라금산 16원
김샹호 10원	리근영 20원	로희챵 10원	김지슈 2원
죠경천 10원	박에스다 5원	김순근 15원	김순근부인 10원
김학셩 15원	김춘셩 15원	김슈셩 5원	김에림 3원
김복셩 2원	리치경 20원	정학이 3원	유정욱 3원
김즁식 15원	유셕화 15원	유셕화부인 10원	유마리아 3원
유요셥 3원	림순원 15원	박춘엽 5원	쥬경찬 5원
김치셥 13원	리덕원 2원반	리덕원부인 2원반	정경춘 5원
김셩해 10원	홍소연 10원	죠경천 5원	김학봉 5원
디틱녑 5원			

이샹은 령수증 데54권종

9월슈입질 령수증 뎨55권

리순여 10원	김국경 10원	리졉순 10원	빅치옥 5원
김경셕 11환반	리경슈 10원	리셩화 8원	리용구 3원
김복득 4원	쟝춘식 2원	리운오 1원	강문일 15원
한쟝춘 15원	홍우순 10원	김용학 10원	강승진 5원
박종슈부인 15환	최경식 10원	박태경 8원	양인셩 5원
김지염 15원	백덕규 17원	한영보 5원	리영근 1원
리쥬대 5원	백덕규부인 1환반	민광여부인 1원	심민리 3원
리은형 5원	쥬샹빈 7원	리정근부인 10원	정덕화 6원
김학션 10원	김지훈 5원	김한순 5원	박치셩 4원
김셕진 7원반	김중집 25원	강원홍 21원반	리셩로 10원
리공션 10환25전	손영순 10원	셔학셔 10원	리명근 5원
정치쟝 1원반	림용셔 10원	김경션 20원	국셩환 5원
숑슈진 5원	탁긔홍 3환	정일셩 5원	정도경 10원
위태은 10원	유양긔 5원	량홍넙 5원	량홍넙부인 10원
방화중 5원	박승준 5원	리영조 10원	강셕필 15원
허쳔일 10원	박동준 10원	홍명조 15원	배학규 10원
양의셩 5원	실일로 우롤릴 5원	안티오노 에카모사 5원	류경욱 3원
한명교 5원	리윤희 1원25원	리순셔 55전	신금순 2원반
정셩관 2원반	박셰인 40원	김치쟝 10원	문두칠 10원
박셩민 10원	신긔셩 10원	김유백 5원	정시준 20원
김셩일 10원	리원일 5원	김윤익 10원	리영조 5원
박영긔 5원	리구용 15원	윤동찬 15원	여마리아 10원
김소연 10원	심졈슈 15원	숑군오 10원	숑진홍 15원
김응준 11원	김춘셔 15원	안명슈 15원	김치홍 4원

이샹은 령수증 뎨55권종

9월슈입질 령수증 뎨56권

박봉순 10원   리순오 10원   김현슈 20원   쟝치호 10원
권승재 10원   리창준부인 10원 김낙삼 20원   최학션 16원
한영긔 10원   한영긔부인 5원 박봉셔 2원반   최셩찬 15원
림평순 10원   쥬메불 6원   죠응주 40원   리경록 10원
리경셔 5원   김긔증 10원   유한응 50원   졍원근 10원
졍원근부인 10원 김마리아 5원   김졍집부인 10원 김졍집빙모 10원
김경록 2원반   김경희 2원반   홍종철 15원   리순션 10원
인덕준 10원   김병준 2원

이상은 령수증 뎨56권

9월슈입질종

이상 9월 슈입 1677원65젼

10월슈입질 령수증 뎨56권

황경준 10원	강직슈 15원	양보현 5원	리졍현 5원
강슈산아 10원	리진필 15원	셔경일 15원	졍운셔 13원
표상옥부인 9원	계명셩 15원	김용진 10원	안득은 5원
김치명부인 3원	리군신 15원	리군신부인 10원	강화셔 9원
박영실 15원	림영화 7원반	김종학 3원	리국셩 3원
박군옥 10원	최윤셥 5원	황쳔일 15원	채스금 10원
차영필 10원	김경틱 2원반	유재순 1원	림주필 3원
안경춘 2원	김영셕 2원	채경식 5원	채슈봉 2원
리쳔일 5원	순태모친 5원	리사엽 15원	쥬명준 5원
김종현 5원	박문백 20원	박창순 5원	죠순옥 20원
김졍윤 10원	쟝양모 10원	졍상원 10원	최션옥 5원
오경슈 5원	김연달 12원	김익션 5원	한재명 15원
박자도부인 5원	홍종슈 5원40전	리문금 10원	김상규 5원
쟝윤화 2원	쟝일봉 5원	양봉현 5원	리만춘 5원
빅만금 5원	현공춘 10원		

 이상은 령수증 뎨56권종

10월슈입질 령수증 뎨57권

쟝원식 15원	김현준 6원	고셩준 5원	리준경 5원
리애늬 5원	신즁현 10원	김달셩 5원	쟝윤화 3원
문원셔 12원	김차순 6원	셔챵순 5원	하춘식 15원
안티오노 에카모사 5원	실일로 우로릴 5원	고덕화 15원	리챵식 6원
박긔홍 3원	최봉덕 10원	강셩도 10원	졍대근 5원
윤세라 10원	김셩옥 10원	리태셩 10원	천순연 5원
리면호 10원	강근칠 1원	리경녑 2원	송마타 10원
리매리 2원	김효건 10원	최용욱 2원	졍문찬 2원
손순보 2원	박셩순 5원	박셩순부인 5원	김챵슈 5원
림일관 15원	리셩매 15원	김응셥 15원	김용셔 15원
최홍위 20원	림진호 15원	김현규 15원	김용재 10원
셔필주 10원	김학션 10원	한웅팔 10원	윤하영 5원
죠셩긔 5원	죠금녀 5원	홍셩만 5원	리셩셥 5원
김광현 5원	신금순 10원	리셩호 10원	로창션 10원
강셕촌 5원	쥬샹빈 2원	우졍죠 5원	김쳐화 7원
박순태자친 10원	라셩류 10원	김매들린 10원	박셩필 10원
곽쳐두 15워			

이샹은 령수증 뎨57권

10월슈입질종

이샹 10월 슈입 도흅 금 976원 40젼

〈각농장분계표〉

하와이

디 명	연 금	인명슈	매인평균
가파호	1762원50전	112인	15원82전
가마이하동	1328원50전	106인	12원53전
하뷔9동	924원75전	66인	14원1전
파하우샹하동	982원	66인	14원88전
가마이샹동	781원97전	33인	23원73전
홀로알노아	773원50전	66인	11원72전
호녹가	784원25전	89인	8원81전
왜이쓰로이	615원	42인	14원60전
파파로아	470원	43원	9원93전
을라9리	433원	19인	22원83전
하븨호야	453원26전	22인	20원59전
기알나깃구아	327원	23인	9원90전
나리우	328원50전	33인	9원96전
호노나우	370원50전	20인	17원75전
파할라	220원	20인	11환
고할라	288환50전	28인	10환30전
마울나	134환80전	24인	5환62전
미리후	81환	17인	4환12전
하막구아	81환50전	20인	4환75전
분나파호아	87환50전	24인	3환66전
힐로	209환	25인	8환36전
갈나파	92환	14인	6환57전
와미이야	50환	10인	5환
국가야우	36환	4인	9환
옥갈나	26환	9인	2환71전
게호	13환25전	4인	3환31전
할라와	15환	7인	2환14전
기야목고	10환	2인	5환
하와이디경	124환		

이샹 하와이 29디방 도흡 금 11,803원30전

도흡 인명슈 948인 매인 평균 12환45젼

마위

디 명	연 금	인명슈	매인평균
파이야샹동	1475환50전	88인	16환77전
하나	649환35전	43인	18환42전
가일루아샹동	633환	31인	20환54전
파이야하동	530환80전	38인	13환41전
가일록아하동	485환	31인	15환65전
부네네1동	479환	33인	14환36전
마리야마	378환	17인	22환82전
부네네6동	350환50전	15인	15환2전
부네네5동	293환	29인	10환10전
라하이나	258환90전	30인	8환13전
와히야	210환	14인	15환
부네네3동	223환	33인	6환76전
하막구아복고	195환63전	10인	19환56전
와일룩구	188환50전	13인	14환50전
기파훌루	161환70전	7인	23환10전
부네네8동	153환50전	25인	4환93전
와익구아	136환	14인	9환71전
올로알로아	107환	7인	15환15전
부네네부인회	100환		
부네네7동	221환50전	22인	9환15전
부네네크린킴	95환	7인	13환43전
나히쑤	62환	13인	4환77전
기릭구	78환	10인	7환80전
구가일루아	36환	7인	5환10전
라나이	46환75전	13인	7환83전
가나과리	70환50전	8인	8환80전
긱간이아	28환50전	13인	2환79전
가할루	25환	2인	12환50전
굴라	23환	3인	7환67전
기하우	22환32전	12인	1환86전
호노루아	22환32전	4인	5환50전
모록가이	16환50전	4인	4환10전
하익구	65환	3인	21환67전

이상 마위도 22디방 도흅 금 7,697원95젼
도흅 인명슈 590인 매인 평균 13환20젼

이상 마위도 22디방 도흅 금 7,697원95젼
도흅 인명슈 590인 매인 평균 13환20젼

오하후

디 명	연 금	인명슈	매인평균
호항	3877환17전	406인	9환55전
누아누	365환50전	34인	10환75전
와히아와	1062환	99인	10환73전
가훅구	738환60전	45인	13환97전
와이알루아	689환	114인	6환
와이파후	642환50전	65인	9환30전
캐스너	483환50전	40인	12환9전
하리마누	293환	33인	8환88전
군늬아	197환50전	29인	6환81전
목걸리아	170환	20인	8환50전
가하나	85환	7인	12환20전
하울나	77환25전	10인	7환73전
가훌루	57환	25인	2환28전
에와샹동	54환75전	10인	5환46전
에와마날로아	44환	13인	3환71전
사와일루아	40환	13인	3환7전
하리마누8동	35환	3인	11환65전
와이나이	20원	1인	20원
와이비오기파파	15원	2인	7원50전
아이야	3원	1인	3원

이샹 오아후 23디방 도흡 금 8,951원25전

도흡 인명슈 960인 매인 평균 9원39전

가와이

디 명	연 금	인명슈	매인평균
기알리아	1524원75전	114인	10원4전
골로아	1144원50전	99인	11원73전
막가윌리	622원50전	41인	15원30전
하나마루	331원50전	33인	10원40전
하하리학가	354원75전	33인	10원44전
샹하리학가	339원50전	33인	10원29전
후라이아	233원	21인	10원87전
가파	227원	15인	15원80전
엘리엘리	190원25전	15인	12원61전
리휘	50원	5인	10원
길나위아	40원	5인	8원
긱가하	3원	3인	1원

이상 가와이 12디방 도흡 금 5,078원25전

인명슈 도흡 417인 매인 평균 10원18전

이상 8삭 동안 각 디방 연금 총도흡 33,530원75전

군비져축금 1,503원30전

이상 량흡금 35,034원5전

각 디방 인면흡수 2,907인

매인 평균 12원5전

〈독립연금지츌질(각지 1919년3월로10월까지)〉

3월지츌질

9일	샹해현슌씨의게 독립션포 축하답뎐비로	61원80전
	필라델피아 리박사의게 독립션포ᄒᆞᄂᆞᆫ뎐보비로	8원93전
	샹항 안챵호씨의게 독립션포에 관ᄒᆞᆫ 뎐보비로	7원30전
	디방 특별위원 졉대비와 공동회비로(리종관)	8원75전
	별보와집회광고분뎐비로	3원
12일	샹해 현슌씨의게 뎐보비로	13원35전
	필라델피아 리박사의게 뎐보비로	25원58전
	샹항 안챵호씨의게 뎐보비로	6원30전
13일	대한독립 션언ᄒᆞᆫ 소식을젼ᄒᆞ며 운동금 슈봉차로 와이	6원20전
	알루아디방에 래왕 차비로(손챵희·안현경)	
	독립금 슈봉차로 와히아와 리왕차비(리종관·신셩일)	9원
	와히아와 샹동 래왕차비로(리종관·졍윤필)	11원
	집회광고비와 별보 분젼비로	90전
14일	지필가와 인찰지와 우표비로(리호손)	2원55전
	각디방에 대한독립소식 반포비와 우표비로(리종관)	8원
	샹해 현슌씨와 필라델피아 리박사의게 답뎐과	46원99전
	발뎐비로	
15일	률사 폴로씨의게 영문셔역비로	25전
16일	운동금사건으로 가와도 래왕비로(졍윤필)	10원
	각쳐에 셔신발송 셔역비로(류샹긔)	5원
18일	봉투지와 우푯가로(리종관)	10원
	영문보 샹해로 보닌것(리종관)	1원30전
	졉대비로(리종관)	3원
	리박사 려힝긔 발송비로(리종관)	3원15전
	먹과 봉투지와 편지지에 빈 지ᄂᆞᆫ 인도고 글ㅅ자	3원
	(리종관)	
	샹해 현슌씨의게 300원 부숑시에 은힝비병	320원65전
19일	필라델피아 리박사의게 뎐보비로	5원23전
	마위도에 독립금 모집의원 파숑비로(김셩봉)	10원
	국민보샤 경비로(승룡환)	10원

22일 영문보에 변명과 긔셔ㅎ눈디 타입우라이팅ㅎ것	10원
(숑헌쥬)	
참 대 량의원과 임원졉대비로	5원
23일 운동금 슈봉 위원 하와이 려비로(안현경)	15원
샹해 현순씨와 리박사의게 뎐보비로	33원42전
24일 독립금 령수증 셔역비로(리호손)	8원20전
독립금령수증6권가(리종관)	1원80전
28일 리박사의게뎐보비로	4원86전
졍윤필·김셩봉 량씨의개 려비부족비로	19원10전
호녹가·힐로 량디방에 뎐보비로(김경준·차홍위)	16원30전
29일 샹해 현순씨의게 축하ㅎ는 뎐보비로	26원65전
패리 김규식씨의게 뎐보비	22원37전
하와이4셤에 뎐보비로	36원5전
별보지가로	9원20전
외교비와 우함 우비로(리종관)	15원
리박사와 안챵호씨의게 뎐보비로	18원60전
31일 현순씨의게 1,000원 부송시 은힝비병	1024원35전
3월12일동안 셔신셔역비로(류샹긔)	12원
3월1삭동안 각디방독립금 부송시 우편비로	3원50전

이샹 3월 지출 도흡 금 1,887원63전

독립기금 샹해

4월지출질

1일 하와이 독립금 모집의원 려비로(손챵희)	38원40전
2일 리박사와 김규식씨의게 뎐보비로	35원35전
3일 미국국긔 대중본2개가	4원
김규식씨의게 300원부숑시 은힝경비와	316원
령수증50권 쥬문시에 션급죠로	5원
하와이위원파숑시 려비로(안현경)	35원75전
5일 12일경축시 각셥에 뎐보비로	31원40전
각디방슈젼위원이 옷깃에 꽂는표 인쇄-물(쳔값)	1원90전
6일 리박사의게 뎐보비로	28원22전
8일 총회관에 긧대2개세운공젼(진셩찬)	10원
김규식씨의게 뎐보비로	26원76전
9일 안챵호씨의게 뎐보비로	5원85전
리박사의게 타뎐비로	17원12전
10일 샹해 현슌씨의게 타뎐비로	44원44전
즁앙총회재무 한승곤씨의게 군비금 부숑시 경비병	1511원10전
경축일 연단부셜시 목재가로(강지문)	8원84전
국민보샤 경비죠로(승룡환)	20원
경축일 국긔 긔본가로(안원규)	4원50전
11일 공동회시에 의자세	3원
현슌씨의게 타뎐비로	35원84전
경축일에 음악대 사용비로	40원
연단 단쟝ᄒ는디 포의가로	9원10전
12일 미국국긔와 줄2개가로	2원50전
미국긔 긔본2개가로	3원
경축일에 사용혼 의자세	12원50전
미국국긔 24개가(신셩일)	3원
림시졍부 경축일 특별챠6좌비로	42원
경축일에 학생 련합대 운동시 샹픔가로	22원80전
림시졍부 경축일 특별챠6좌비로	42원
경축일에 학생 련합대 운동시 샹픔가로	22원80전

12일	정부 음악부원의게 식료비 지출죠로	20원
	리박사 사진가지려 학교에간이의 차비로	40전
	경축시에 학생 졉대비로	8원85전
	당일 화초운젼비와 노동비로(학생들)	9원40전
	음악쟝 버커쓰의게 션물흔 것	5원50전
	회관에셔 학교로 연단에쓸 재목운젼비로	2원
	경축일에 학생의 식료비로	2원30전
	미국극긔2개가로	2원40전
	경축일에 학싱들 식료비로	2원30전
	경축일에 사용흔 긧대 셜립비로	24원25전
13일	독립션언식 축뎐으로 미국한인의게 타뎐비로	117원2전
	독립금 령수증50권가	47원
14일	오아후 각 디방에 독립금 모집에 대흔 려비로 (신셩일)	18원30전
	각항셔역비로(리호손)	20원
15일	리박사의게 1,000원부숑시에 경비병	1011원52전
	샹항 백일규씨의게 타뎐비로	6원10전
	샹해 현순씨의게 타뎐비로	55원77전
16일	각셤에 타뎐비로	28원10전
	경축일에 사진박힌갑	1원80전
18일	독립금 증셔쟝증서가	50원
	경축일에 음악쟝 쳥요흔 차비로	1원25전
	본국국긔 졔본시간죠(졍원근)	30전
	경축일에 캐시나 한인병뎡 휴가쳥원셔 가지고간부비	3원
	(졍셩복)	
	경축일 학생 차비로	5원70전
	독립금 령수증과 증셔쟝 운젼비로(최개동)	1원
21일	호항 영문보대금 3개월죠	2원
	리박사와 현순씨의게 타뎐비로	25원82전
	와이알루아 래왕차비로	21원25전
	리박사와 현순씨의게 타뎐비로(14일죠)	50원21전
	마위도 독립금 모집의원의 려비로(안현경)	15원
	파리시 김규식의게 1,000원부숑시 경비병	1017원57전
	김규식의게 타뎐비로	6원30전

21일 경축일 사진갑과 각셤에 분젼비로	25원
독립금 츌연인의게주는 샹품가	82원
독립금 긔록지5,000쟝값으로(카드)	14원50전
사진컷가	14원
스팀프(인도고로만든것)	1원20전
인줏가와 우표가로	6원80전
총재무쓴 경비와 신문지갑(각쳐로보닌것)	7원80전
22일 총재무 잡비로(김영우)	6원70전
23일 겸축일에 대한국긔 제죠비로(정원근)	2원50전
총재무의 우표와 봉투지가로(리호손)	11원50전
샹해와 미쥬에보닌 2개월치 영문보가	6원75전
24일 별보갑과 신문샤 경비로(김광재)	40원
5,000쟝 독립금 증셔쟝가로	109원25전
28일 목걸리아, 왜파후 려비로	13원30전
마위도 독립금 모집의원 려비로	15원
오아후농쟝 독립금 슈봉차로 의원파숑비(류샹긔)	2원50전
와히아와디방 독립금슈봉차로 래왕비	8원50진
(숑헌쥬·리종관)	
스코필에 양갑셩·리을용 사건으로 래왕비	12원50전
(리종관·신셩일·승룡환)	
29일 하와이 독립금모집위원 경비와 려비로(송헌쥬)	100원
김규식씨와 현순씨와 리박사의게 타뎐비로	118원2전
김경준씨의게 타뎐비로	2원35전
각디방 연금 부송비로	8원75전
30일 증셔에쓰는먹갑	1원60전

이샹 4원 지출 도흡 금 5,507원97전

5월지출질

3일 4월죠 셔역비로(리호손)	15원
5일 가와도 순힝려비로(리종관)	20원
4월22일에 와히아와 순힝차비로(숑헌쥬·정윤필)	12원
8일 마위도 순힝려비로(안현경)	68원18전
리박사의게 타뎐비로	3원80전
외교원경비로(숑헌쥬씨부인)	20원
10일 리박사의게 2,000원부숑시 경비병	2016원28전
김규식씨의게 타뎐비로	13원10전
4셤에 대한독립쳥원셔를 평화의에서 졉슈흔 축뎐비로	22원75전
김광지씨의게 통신우비로 지급	3원5전
14일 국민보샤 경비죠로(승룡환)	20원
리박사·김규식씨의게 타뎐비로	11원21전
17일 손갑방 봉투지 지필믁가로(김영우)	5원50전
파할나 독립금모집위원 죠셕진씨의 려비로	7원75전
리박사의게 타뎐비로	16원38전
18일 김셩봉씨 와히아와 려힝비로	5원
가와도 순힝려비로(리종관)	57원45전
마위도 순힝려비로(김셩긔)	13원
19일 독립금모집시 잡비로(안현경)	20원
20일 김구씨의게 타뎐비로	2원32전
필라덜피아에셔박힌 샤진4개	5원
21일 리박사의게 2,000원, 현순씨의게 1000원 부송시 경비병	3054원37전
김규식씨의게 1,000원부송시 경비병	1021원50전
5월 셔역비로(리호손)	20원
22일 현순씨·김규식씨의게 타뎐비로	27원45전
23일 신문샤 경비로(승룡환)	20원
24일 하와이 순힝려비로(숑헌쥬)	61원69전
신문샤경비로(승룡환)	20원
27일 셔재필씨의 영문보 인쇄-비로	20원

27일 상해 고보고(Gopoko)로 타뎐비   5원37전
필라덜피아 사진여판4개가로   32원99전

이상 5월 지출 도홉 금 6,650원65전

6월지출질

2일 총지무의 우비로	10원
3일 황사용·강영소 량씨졉대비	6원70전
8일 리박사의게 타뎐비로	4원17전
13일 리박사의게 타뎐비로	5원65전
15일 우표·졉대비·의자세·잡비병(리종관)	27원85전
16일 5월 셔역비로(리호손)	15원
18일 매투률사 고문비로	75원
19일 6월 셔역비로(리호손)	20원
23일 가와이 청연시 려비로(김태희)	8원80전
신문샤경비로(승룡환)	20원
리박사의게 타뎐비로	7원50전
신문샤경비로(김광지)	20원
24일 신문사경비로(승룡환)	20원
27일 총지무 령수증갑방1개가	4원75전
샹해 안챵호씨의게 타뎐비로	9원60전
왜쏘로이디방 회환금5원과 연금모집경비병	9원52전
30일 리박사의게 5,000원부송시 경비병	5,029원41전
가홀루이 순힝비(리종관·안현경)	6원
5월□6월 량삭에각디방연금부송 우비로	18원17전

이상 6월 지출 도흡 금 5,318원12젼

7월지출질

2일 광고분젼비·우비·잡비병(리종관)	7원15젼
5일 신문샤경비로(승룡환)	20원
7일 리박샤의게 타뎐비	17원59젼
리박사의게 안현경 원동사건으로 타뎐비	6원2젼
6월죠 셔역비로(리호손)	15원
10일 샹해·리박사·미국샹의원 스팬스의게 타뎐비로	66원61젼
우표가(김영우)	5원
14일 신문샤경비로(김광지)	25원
15일 문부칙1권가	2원10젼
신문사경비로(승룡환)	20원
16일 리박사의게 타뎐비로	7원15젼
17일 마위도 순힝비(김셩긔)	5원50젼
22일 혹스미씨·마리막 량 삼의원의게 타뎐비로	16원48젼
25일 리박사의게 5,000원부송시 경비병	5022원28젼
29일 7월죠 셔역비로(리호손)	35원
우비·봉투지병(김영우)	10원
신문샤경비로(승룡환)	20원
31일 샹해 현순씨의게 답뎐과·리박사의게 타뎐비	28원66젼
각디방에셔7월연금부송시 우비	13원

이상 7월 지출 도흡 금 5,329원44젼

8월지출질

1일 문부칙가(김영우)	5원
6일 리박사의계 송헌쥬씨사건으로 타뎐비	3원43전
8일 별보비로 신문샤경비(승룡환)	20원
10,000쟝 인찰지갑	55원
12일 군무총쟝 로빅린씨의 월은	50원
13일 로백린씨가 리박사의계 타뎐비	4원91전
안현경씨의 원동려힝비	600원
14일 리박사의계3,000원부송시 경비병	3016원4전
리박사의계 타뎐비로	9원72전
15일 송현쥬씨 미쥬 리박사의계로 가는려비	550원
17일 긔념일 축하뎐보비	21원56전
18일 정윤필의계 대통령축하례식에 경비지급	20원
20일 군무총쟝 로빅린씨의월은	50원
22일 신문샤경비로(승룡환)	20원
23일 독립금 필랍인의계 샹픔(빅동빈)	20원
집정관총재 션언셔 분젼비(리종관)	5원45전
하와이 려힝비로(리종관)	50원
가와이 연금모집위원의 려비(김태희)	3원10전
28일 스팬스·마리막 두 샹의원의계타뎐비	17원59전
8월죠 셔역비(리호손)	35원
대통령 축하시에 미국국긔 1개가	18원50전
31일 송학사 샹항도착사건으로 타뎐비	4원17전
정윤필씨의계 대통령축하식에 잡비로지급	3원75전
강마태의계 별보 분젼비로	50전
8월 각디방 연금부송우비	6원45전

이샹 8월 지출 도흅 금 4,590원67젼

9월지출질

2일	정윤필씨 가와도순힝시 자동차세로 김정현씨의계 지급	15원
	김셩긔씨의계 마위 려힝비로지급	10원
4일	리박사의계 2,000원부송시 경비병	2012원54전
5일	로빅린씨 미쥬션비 션급	100원
6일	우비·봉투지가 병(총재무)	10원
18일	하와이 려힝비로(리종관)	75원25전
	김동혁씨의계300개 샹픔 단초가로	15원
	안현경씨의계 답던비로	9원10전
	리박사의계 1,000원부송시 경비병	1009원4전
	김셩긔씨의계 마위려비	20원
	리박사의계 타던비	5원28전
22일	미국샹의원 스팬스의계 감샤던보비	14원50전
26일	로빅린씨미쥬려힝비	400원
	에와 순힝비로(로백린·리종관)	6원85전
29일	로빅린사건으로 리박사의계타던비	3원80전
30일	9월죠 셔역비(리호손)	35원
	각디방9월연금 부송비로	1원83전
	대통령 축하식에 경축위원의잡비	3원75전

이샹 9월 지출 도흡 금 3,743원22전

10월지출질

3일	신문샤경비로(승룡훤)	30원
6일	미국샹의원 필린씨의게 감사훈 축뎐비	8원61전
8일	통신우함셰로	1원50전
	각항잡비로	10원40전
	리박사의게 타뎐비로	4원54전
14일	하뷔호야에잇는 쟝셕희씨의 연금모집경비로	9원
17일	우비·지필가로(총재무)	10원
	자유공채표등긔표가로	5원
	김익쥰씨의게 자유공채표 령수증 인쇄-비	6원50전
20일	쟝셕희씨 고할나구역 려비	2원
21일	졍한경씨 져술훈 영문칙사셔 빅인의게 분급	50원
23일	자유공재표사건으로 가와이 려힝비(리종관)	20원
	신문샤경비(승룡환)	61원
24일	자유공재표사건로 공동회 소집훈경비	15원
26일	지졍보단 칙짓가	18원
	지나호에 즁국인 양일청의게 대표원보호훈 감샤금	200원
	(안현경·류샹긔)	
	지졍보단 인쇄-인 월은	12원60전
31일	10월죠 셔역비(리호손)	35원
	안현경씨 보호호여준 양일쳥씨 총회관 내왕비	4원50전
	자유공채표에대훈 우표·봉투짓가	10원
	뎐보국 년례금으로 지급	2원50전
	나낙 률사의게 자유공채표에대훈 사실을 문의훈 시간비	10원
	리박사의게 1,000원부송시 경비병	1010원52전
	각디방 연금부송 우비	2원12전

이샹 10원 지출 도훕 금 1,537원79전

이샹 8삭 동안 지출 총훕 금 34,565원49전

독립운동비수입지출분계표

8삭동안각디방연금슈입총흡금35,034원5젼
(군비져축금 1,503원30젼병흐야)
8삭동안각황지출비총흡금34565원49젼

실시재금468원56젼
이샹은10월죵까지
디한민국원년11월 일
독립연금재졍보단죵

지은이 | **김원용**

1896년 출생, 1917년 미국 유학길에 오른 후 독립운동을 후원하기 위한 지방 조직화에 노력하면서 하와이『국민보』편집인, 주필, 하와이 대한인국민회 총무, 재미한족 연합위원회 의사부 비서 겸 행정위원, 재미한족 연합위원회 의사부 위원장, 재미한족 국내 파견 대표단 부단장 역임. 해방 후에는 남한 과도입법의원 의원, 법제 사법분과위원 부위원장, 북미 대한인국민회 중앙집행위원, 한인재단 총무겸 재무 역임, 1958년『재미한인 50년사』완성.

엮은이 | **손보기**

1922년 출생, 연희전문학교, 경성대학 국사학과 졸업, 국립서울대 대학원 국사학과(석사), Univ. of California at Berkeley 연구원, Univ. of California (박사), 국립서울대 조교수, 연세대 교수, Univ. of California 인류학과 초빙교수, 연세대 · 단국대 석좌교수, 한국민족학연구원장 역임.

재미한인 50년사

김 원 용 지음
손 보 기 엮음

초판 1쇄 인쇄 · 2004년 10월 25일
초판 1쇄 발행 · 2004년 10월 30일
발행처 · 도서출판 혜안
발행인 · 오일주
등록번호 · 제22-471호
등록일자 · 1993년 7월 30일
주소 · ⑰ 121-836 서울시 마포구 서교동 326-26번지 102호
전화 · 3141-3711~12 | 팩시밀리 3141-3710
이메일 · hyeanpub@hanmail.net
값 30,000 원
ISBN 89-8494-231-6 93910